Über dieses Buch

Die junge Schwabinger Schriftstellerin Ursula Isbel, die Irland und seine fabulierenden Dichter kennt und liebt, versteht es auch in ihrem neuen Roman, die Atmosphäre dieser ebenso schönen wie rebellischen Insel in ihre Liebesgeschichte einzubeziehen. Es ist die Geschichte eines Münchner Unternehmers, der nach einer enttäuschten Ehe mit seinen beiden Söhnen nach Irland geht, um dort ein neues Leben zu beginnen. In einer verschlafenen Kleinstadt im irischen Westen kauft er ein Haus, ohne zu ahnen, daß er damit der Tochter des früheren Besitzers, unschuldig schuldig, die tiefe Bindung an die Vergangenheit entzieht. Dieser Verlust bedroht mit dramatischen Konflikten auch die Liebesbeziehung, die sich zwischen dem neuen Hausbesitzer und der schönen, stolzen Angharad O'Shea entwikkelt.
Diese Geschichte von Hoffnungen, Träumen und Enttäuschungen, die auch bei Regenwetter, das die Autorin ebenso liebt wie Kinder, Hunde, Katzen, alte Häuser und natürlich Irland, den trüben Alltag vergessen macht, ist voller Zärtlichkeit und Melancholie.

Die Autorin

Ursula Isbel wurde 1942 in München geboren und wuchs in Altschwabing auf. Sie studierte Modegraphik, schrieb Kindergeschichten und arbeitete als Lektorin in einem großen Münchner Verlag. Seit 1972 lebt sie als freie Übersetzerin und Schriftstellerin in München. Sie veröffentlichte bisher drei Romane und vier Kinderbücher.

Ursula Isbel

Irischer Frühling

Roman

Fischer Taschenbuch Verlag

Fischer Taschenbuch Verlag
März 1980
Ungekürzte Ausgabe
Umschlagentwurf: Eberhard Marhold
Fischer Taschenbuch Verlag GmbH, Frankfurt am Main
Lizenzausgabe mit freundlicher Genehmigung des
Wolfgang Krüger Verlages GmbH, Frankfurt am Main

Gesamtherstellung: Hanseatische Druckanstalt GmbH, Hamburg
Printed in Germany
580-ISBN-3-596-22460-8

So true a fool is love that in your will,
Though you do anything, he thinks no ill.

W. Shakespeare

Solch treuer Narr ist Liebe;
niemals sieht sie Arg in deinem Tun,
was auch geschieht.

1. Teil
ANGHARADS HAUS

Erin, the tear and the smile in thine eyes . . .
Thomas Moore

1

Es war Liebe auf den ersten Blick.

Ich verliebte mich in ein Haus, von dem ich wenig mehr als den Namen wußte: Auburn Manor. Ich stellte mir einen kleinen Herrensitz darunter vor mit französischen Terrassentüren, Sprossenscheiben und verwildertem Park. Ein Park, in dem Wildtauben gurrten, Farnkraut seine wehenden Schatten über das Moos warf und Rhododendronbüsche die Rasenflächen säumten.

Gut, daß ich meine Entschlüsse nun ohne Christine fassen konnte. Ich dachte flüchtig an sie, als ich den Kaufvertrag unterschrieb. Sie hätte mich für verrückt erklärt. Ein Haus in einem abgelegenen Winkel Irlands zu kaufen, das ich nicht einmal mit eigenen Augen gesehen hatte, widersprach wirklich jeder Vernunft. Keine zehn Pferde hätten sie in eine verschlafene irische Kleinstadt gebracht, die Ennis hieß, »Fluß-Wiese«, und vermutlich genau das hielt, was ihr Name versprach.

Nun, das war vorbei; sie würde nicht mitkommen. Ich konnte jetzt frei entscheiden, meinem Leben eine neue Wendung geben. Wir würden neu beginnen, die Jungen und ich. Ich sagte mir, daß zumindest sie sicherlich mit meiner Wahl einverstanden sein würden. Sie mußten heraus aus der Großstadt. Christoph war seit dem vergangenen Sommer auffallend blaß und schmal, und Martin sah mich manchmal mit so fremden Augen an.

Meine Kinder waren mir fremd geworden. Vielleicht half mir Auburn Manor, sie zurückzugewinnen.

Eine plötzliche, nie gekannte Unruhe hatte mich erfaßt. Ich mußte Auburn Manor haben; sofort. Niemand sollte mir zuvorkommen. Es mußte mir gehören, uns dreien. Dort würden wir zusammen glücklich sein. Auburn Manor war kein Haus wie jedes andere. Es hatte einen Namen, eine Geschichte, war umgeben von einem großen Park mit verschlungenen Wegen und alten Bäumen. Generationen hatten in diesem Haus gelebt und ihm ihren Stempel aufgedrückt.

Nun gehörte es mir, denn ich hatte es gekauft.

2

Der Flug dauerte nur zweieinhalb Stunden, doch er kam mir elend lang vor. Ich brannte vor Ungeduld, fühlte mich wie ein Kind vor dem Weihnachtsabend. Der Makler hatte mir gesagt, die Fahrt vom Shannon Airport bis Ennis dauere noch etwa eine Stunde. Wir würden also schon diese Nacht in Auburn Manor schlafen. Ich konnte es kaum erwarten.

Meine Jungen saßen ruhig da und tranken Saft. Es war, als hätten wir die Rollen getauscht. Ab und zu warfen sie mir einen verwunderten Seitenblick zu. Sie verstanden meine Vorfreude nicht. Chris hatte seinen widerspenstigen blonden Haarschopf mit Frisiercreme gebändigt; mit seiner steifen Haltung, der Krawatte und der eleganten Wildlederjacke wirkte er wie ein kleiner alter Mann. Martin vermied es geflissentlich, mit seinem Strohhalm unvornehme Geräusche zu machen, und sah mit höflichem Interesse aus dem Fenster.

Wieder einmal verspürte ich den Wunsch, die beiden zu schütteln. Zehnmal lieber wäre es mir gewesen, sie hätten das ganze Flugzeug auf den Kopf gestellt, statt hier zu sitzen wie dressierte Äffchen.

Das war Christines Werk. Ich schloß die Augen, sah sie vor mir: im Ozelotmantel, mit perfektem Make-up und Krokodilledertasche – der Uniform reicher, müßiger Ehefrauen, Töchter wohlhabender Eltern. Manchmal haftete ihr etwas erschreckend Unmenschliches an; doch nun wußte ich, daß es nicht ihre Schuld war. Man hatte sie frühzeitig zu dem gemacht, was sie heute war: eine Marionette, die stereotyp nach den ungeschriebenen Gesetzen einer Kaste lebt. Christine war vollkommen auf ihre steinerne Art. Ich hatte mich oft schon gefragt, wie es möglich war, daß solche Frauen Kinder bekamen. Doch sie bekamen sie – züchteten weiter vollkommene kleine Marionetten, die nickten und sprangen, wenn man an ihren Schnüren zog.

Und die Mechanik funktionierte. Christine hatte dafür gesorgt, daß unsere Jungen perfekte Manieren annahmen und ihren Freundinnen altkluge Komplimente machten, daß sie stundenlang geduldig und wohlerzogen mit in Restaurants saßen und jede kindliche Regung unterdrückten, daß sie sich nur für standesgemäße Sportarten interessierten und sich Freunde aus »unseren Kreisen« suchten.

Was Christine mir angetan hatte, war fast vergessen und vielleicht auch verziehen. Doch was sie aus unseren, meinen Kindern gemacht hatte, vergab ich ihr nicht; ebensowenig wie ich mir selbst vergab, daß ich sie so lange hatte gewähren lassen.

Auch hier setzte ich meine Hoffnung auf Auburn Manor. Dort würde es dämmrige Dachböden und hohle Bäume geben, grünes Obst und Bäche, in denen man fischen konnte. Wenn ich es selbst nicht vermochte – Auburn Manor würde Christines Macht brechen. »Martin«, sagte ich eifrig, »stell dir vor, der Park ist so groß, daß man eine Stunde laufen muß, um vom einen Ende zum anderen zu kommen!«

Er sah mich unbeteiligt an. »Dann brauchst du wohl einen Gärtner, oder?«

Ich nickte enttäuscht. »Ein alter Gärtner ist da. Ich habe ihn vom früheren Besitzer übernommen. Aber wahrscheinlich besteht der Park hauptsächlich aus Wiesen, Bäumen und Gebüsch. Gepflegte Rasenflächen und abgezirkelte Beete wird's dort kaum geben.«

Chris hob den Kopf. »Haben die in Ennis einen Reitclub?« erkundigte er sich.

»Ich weiß es nicht«, sagte ich. »Aber eines weiß ich bestimmt: Pferde gibt es in Irland genug. Ich werde vielleicht eines kaufen. Zum Haus gehört ein alter Stall. Du kannst dann alleine ausreiten.«

Chris stellte seine Saftflasche in den Halter. »Im Internat veranstalten sie nächste Woche ein Wettrennen«, murmelte er. »Wir hatten dort einen Reitclub, weißt du? Aber jetzt kann ich natürlich nicht mitmachen.«

Ich fühlte mich plötzlich niedergeschlagen und schuldbewußt. Vielleicht hatte ich unüberlegt gehandelt. War es richtig gewesen, sie aus ihrer gewohnten Umgebung zu reißen und in ein Land zu bringen, das sie nicht kannten? Ihr Englisch reichte aus, um sich zu verständigen, doch sie würden Privatunterricht brauchen, damit sie es in der Schule nicht zu schwer hatten.

»Wo werden wir zur Schule gehen?« fragte Martin, als hätte er meine Gedanken erraten.

»Vermutlich in Ennis, ich muß mich noch genauer erkundigen. Vorläufig sind ja Ferien. Wir haben Zeit genug, um uns zu entscheiden.«

Martin seufzte verstohlen. »Mama hat mir versprochen, daß ich diesen Sommer einen Segelkurs machen darf«, sagte er.

Ich antwortete nicht. Gute Laune und freudige Erwartung waren verflogen. War es ein Fehler gewesen, Auburn Manor zu kaufen?

Auburn Manor ... Nun klang es nicht länger verlockend.

3

Bei unserer Ankunft auf dem Shannon Airport regnete es in Strömen. Das Bodenpersonal streikte; wir mußten zu Fuß vom Flugzeug in die Abfertigungshalle laufen. Ich suchte verzweifelt nach meinem Schirm. Er war natürlich in einem der Koffer.

Als wir ins Taxi stiegen, trieften wir vor Nässe. »Ennis«, wiederholte der Fahrer. »Wollen Sie zum Old Ground Hotel?«

»Nein«, sagte ich. »Nach Auburn Manor.«

»Kenn' ich nicht, Sir.«

Eine Gischtfontäne spritzte unter den Reifen hervor. Die Scheibenwischer schafften es kaum, die Sicht freizuhalten. Es war die reinste Sintflut.

»Regnet es hier öfter so?« fragte mich Martin schaudernd.

»Ab und zu schon.« Der Fahrer lachte. »Aber man gewöhnt sich daran.«

Ich warf ihm einen erstaunten Blick zu. »Verstehen Sie Deutsch?«

»O ja, Sir, ein bißchen. Ich war mal ein paar Monate in deutscher Gefangenschaft. Hat mir ganz gut gefallen; die Deutschen sind freundliche, tüchtige Leute.«

Wir unterhielten uns eine Weile angeregt über Wirtschaft und Politik, und ich entdeckte, daß er erstaunlich gut über den Gemeinsamen Markt Bescheid wußte. Im Rückspiegel sah ich Chris' Gesicht. Er wirkte nicht länger wie ein kleiner alter Mann. Die Haare hingen ihm in feuchten Strähnen in die Stirn. Ab und zu löste sich ein Wassertropfen und zerplatzte auf seiner Nase. Ich mochte ihn lieber so.

»Hoffentlich holen wir uns keinen Schnupfen«, sagte er.

Der Taxifahrer lachte dröhnend. »Na, na, junger Mann«, erwiderte er gemütlich. »In deinem Alter sorgt man sich noch nicht um die Gesundheit. Hier in Irland sind die Kinder nicht verzärtelt. In meiner Jugend mußten wir zwei Stunden zu Fuß zur Schule gehen, Tag für Tag, und Winter wie Sommer barfuß. – Allerdings fällt bei uns auch nur selten Schnee«, fügte er großzügig hinzu.

Chris und Martin gaben keine Antwort. Ich merkte an ihren Mienen, daß sie alles sehr gut verstanden hatten.

Nachdem nun die Schleusen irischer Beredsamkeit einmal geöffnet waren – wie die des irischen Himmels –, erfreute uns Mr. O'Donnell mit einer farbigen Schilderung seines Lebens und des wechselhaften Schicksals seiner zahlreichen Familie. Ich hörte ihm gern zu; er war ein Mann mit Humor und Redegabe, doch Chris sah mit betont gelangweilter Miene aus dem Fenster, und Martin schlief sanft ein.

»Schöne Gegend«, meinte Mr. O'Donnell, als wir uns Ennis näherten. Dann fügte er überflüssigerweise hinzu: »Aber ein bißchen abseits. Hier sagen sich Fuchs und Hase gute Nacht.« Und er blinzelte mir freundlich zu.

Verstohlen beobachtete ich Chris im Spiegel. Sein Gesicht wirkte steinern.

»Ich glaube, wir sollten hier irgendwo anhalten und nach dem Weg fragen«, sagte ich.

Der Fahrer hielt am Straßenrand und winkte einen Mann in langem Ölzeug heran. »Die Herrschaften wollen nach Auburn Manor«, rief er.

Im schwachen Licht der Scheinwerfer kam es mir vor, als sähe der Mann uns neugierig an. »Die Church Street hinunter, dann nach rechts, über die Brücke und durch die Unterführung. 's ist etwa zwei Meilen vor der Stadt«, erklärte er. »Sie sehen die Parkmauer schon von der Straße aus, auf der rechten Seite. An dem großen schmiedeeisernen Tor können Sie's auch erkennen.«

Ein seltsamer Gedanke schoß mir durch den Kopf. Das Haus gab es also wirklich. Es war kein Traum. Ich nahm mich zusammen. Wie kam ich, ein bisher völlig vernünftiger, harter und von Christine als phantasielos bezeichneter Geschäftsmann plötzlich zu solchen Hirngespinsten? Natürlich gab es das Haus. Ich hatte es ja gekauft. Ich wußte, daß es Küche und Keller hatte, zwei Bäder (wenn auch ohne warmes Wasser), eine Halle und sechs Schlafzimmer.

»Frieren Sie?« fragte der Fahrer.

»Nein«, sagte ich. »Es ist schon gut.«

»Aber mir ist kalt«, brummte Chris aufsässig. Martin schlief noch immer.

»Du kannst dann gleich die nassen Sachen wechseln und bekommst heißen Tee mit Rum«, sagte ich. »Bald ist es überstanden.«

Ich ahnte nicht, was uns erwartete.

4

Das Tor war verschlossen, und keiner von den Schlüsseln, die mir der Makler übergeben hatte, paßte. Damit hatte ich nicht gerechnet. Der Taxifahrer leuchtete mir mit der Taschenlampe, und ich starrte ungläubig auf den mächtigen schmiedeeisernen Riegel, der von innen vorgeschoben war.

»Ich kann Sie nicht bis vors Haus fahren«, sagte Mr. O'Donnell überflüssigerweise. Dann begann er unser Gepäck auszuladen.

Martin kroch blinzelnd aus dem Wagen; Chris folgte ihm. Ich bezahlte den Fahrer und bat ihn, das Tor nochmals nach einer Klingel abzuleuchten.

»Keine da«, sagte er schließlich munter. »Sie werden wohl über die Mauer klettern müssen.«

Bei strömendem Regen war das keine sehr verlockende Aussicht. Die Jungen sahen dem entschwindenden Taxi sehnsüchtig nach.

»Vielleicht sollten wir Krach schlagen«, sagte ich ohne große Hoffnung.

Zu dritt schrien wir hallo, bis wir heiser waren.

»Ist überhaupt jemand im Haus?« fragte Martin mißtrauisch.

»Ja doch, der alte Gärtner. Der Makler hat ihm geschrieben, daß wir heute kommen.«

»Wahrscheinlich ist er schwerhörig. Oder das Haus ist zu weit vom Tor entfernt«, meinte Chris.

»Was es auch immer sein mag, wir müssen uns selbst helfen«, sagte ich. »Sonst werden wir noch weggespült. Wer von euch beiden kann am besten klettern?«

Die beiden sahen sich an. Sie glichen zwei durchnäßten Katzen. Ich begann mich zu fragen, ob sie wirklich und wahrhaftig meine Söhne waren.

»Gut, dann klettere ich eben selbst über die Mauer«, sagte ich gereizt.

Chris hob den Kopf. »Nein, laß nur. Ich mach's. Hier, nehmt meine Jacke.« Er krempelte seine Hosenbeine hoch.

Warum hatte ich nur dem Fahrer die Taschenlampe nicht abgekauft? Es war gefährlich, im Halbdunkel über die hohe Mauer zu steigen. Auf den Steinen wucherten Farnkraut, Efeu und Moos; Wurzeln krallten sich wie Schlangen in die Ritzen zwischen den Felsbrocken. Alles war schlüpfrig vom Regen. Wir hievten Chris ein Stück hoch. Fünf Minuten später schob er den Riegel zurück.

Wir nahmen unsere Koffer und betraten die dunkle Allee. Der Kies knirschte unter unseren Schritten; manchmal trat einer von uns in eine Wasserpfütze, manchmal gaben die Moospolster am Wegrand schmatzend wie vollgesogene Schwämme nach. Bald quietschten unsere Schuhe von alleine. Der Regen prasselte laut auf die Blätter nieder. Es duftete klar und herb wie am Meer.

Auburne Manor – ich hatte mir den Empfang anders vorgestellt.

Wir stolperten vorwärts, keiner sprach ein Wort. Doch ich wußte, daß Chris und Martin nach jeder Wegbiegung genau wie ich hofften, die Umrisse des Hauses in der Dämmerung auftauchen zu sehen.

Ich war der erste, der es sah – eigentlich ahnte ich es mehr. Es war nichts als ein breiter schwarzer Schatten zwischen den Bäumen, fremd und irgendwie abweisend. Unwillkürlich ging ich rascher. Chris und Martin folgten mir keuchend.

Im Haus brannte kein Licht.

Ein Vogel flatterte kreischend aus dem Unterholz. »Dein Gärtner ist vielleicht gestorben«, sagte Martin.

Ich wandte den Kopf und starrte wütend in die Finsternis. »So leicht stirbt man nicht«, erwiderte ich. »Außerdem ist es jetzt gleichgültig. Wir brauchen ihn nicht mehr. Ich habe die Hausschlüssel.«

Chris schniefte. »Wenn sie passen.«

»Verdammt nochmal!« Für einen Augenblick verlor ich die Beherrschung. »Hört endlich auf, euch wie zwei bleichsüchtige, schmollende Großstadtkinder zu benehmen!«

Gleich darauf bereute ich meine Heftigkeit. Die beiden konnten nichts dafür. Sie waren aus ihrer gewohnten Umgebung gerissen, von ihren Freunden getrennt, in einem unbekannten Land. Vermutlich war auch ich ein Teil jener neuen Welt. Ich mußte ihnen Zeit lassen.

»Tut mir leid«, murmelte ich. »Aber mir wäre eine normale Ankunft auch lieber gewesen, das könnt ihr mir glauben.«

Irgendwie gerieten wir dicht vor dem Haus in ein Blumenbeet, denn plötzlich spürte ich, wie meine Füße in feuchter, schwerer Erde versanken.

»Autsch!« sagte Chris. »Das müssen Rosensträucher sein.«

»Hier ist eine Treppe!« rief ich. »Hier, wo ich stehe!« Ich tastete mich an einer Art Balustrade entlang, fühlte bröckelndes Gestein und Moos unter den Fingern und ging fünf Stufen hinauf. Der Vorplatz war gepflastert; mit wenigen Schritten hatte ich die Hausmauer erreicht und stand vor der Tür.

»So«, sagte ich. »Haltet die Hände hoch, damit ich ein Streichholz anzünden kann. Anders finde ich das Schlüsselloch nie.«

Ich fand es, und der größte Schlüssel paßte. Ein wunderlicher Geruch schlug uns entgegen, als wir die Tür aufstießen, fremd und doch irgendwie vertraut: Vanille und Kampfer, staubiges altes Holz, Lavendel, Rosen.

»Hier stinkt's!« sagte Chris und ließ mit einem Knall den Koffer fallen.

Ich erwachte aus meiner Verzauberung und tastete nach dem Lichtschalter, zwischen Furcht und Hoffnung schwankend, gleich hier in der Halle in wildem Durcheinander unsere Möbel vorzufinden.

Das Licht flammte auf – eine kahle Glühbirne baumelte von der Balkendecke. Die Halle war leer. Zu unserer Linken gähnte ein mächtiger offener Kamin aus schwarzem Marmor. Die Wände waren mit Holz getäfelt und hatten kassettenartige Verzierungen.

»Kein Holz im Kamin«, sagte Martin.

Ich schüttelte nur den Kopf, stellte meinen Koffer ab und ging quer durch die Halle auf eine Tür zu, die tief in die Mauer eingelassen war. Sie war nicht abgeschlossen.

Ein großer, niedriger Raum; in der Dunkelheit blinkte eine Terrassentür. Ich suchte nach dem Lichtschalter und fand ihn auch, aber er funktionierte nicht. Als ich die Tür weit öffnete, so daß das Licht aus der Halle einen matten Widerschein ins Zimmer warf, sah ich, daß es ebenfalls leer war.

Ich ging zurück. Martin und Chris saßen auf ihren Koffern. Sie waren beide blau um die Lippen und klapperten gekonnt mit den Zähnen. Kleine Bäche bildeten sich rings um ihre Füße auf dem Riemenfußboden.

»Die Spedition läßt sich Zeit«, sagte ich grimmig. »Wenn ich das gewußt hätte, wären wir in dieses Hotel in Ennis gegangen, das der Taxifahrer erwähnt hat. Na, jetzt ist es zu spät.« Ich wich ihren vorwurfsvollen Blicken aus und fügte hinzu: »Erst machen wir uns einmal auf die Suche nach dem Telefon. Hoffentlich ist's nicht abgemeldet. Wenn wir Glück haben, finden wir auch ein bißchen Holz, um Feuer im Kamin anzuzünden. Meine Zeitung steckt in der schwarzen Reisetasche. Vielleicht ist sie trocken geblieben.«

Sie erhoben sich widerwillig und kamen mit quietschenden

Sohlen auf mich zu. »Und zieht endlich eure Schuhe aus«, sagte ich. »Das nasse Zeug braucht ihr ja nicht anzubehalten. Schließlich haben wir unsere Koffer dabei. Hier sind die Schlüssel, zieht euch um.«

Sie gehorchten schweigend. Ich zog die Zeitung aus der Reisetasche und faltete die Titelseite zu einem Fidibus zusammen. Man konnte nicht wissen, ob im Haus überhaupt noch irgendwo außer in der Halle elektrisches Licht brannte. Wahrscheinlich waren überall die Birnen herausgeschraubt. Ich begann zu befürchten, daß der frühere Besitzer von Auburn Manor alles mitgenommen hatte, was nicht niet- und nagelfest war.

Doch als ich den dunklen Raum mit der Terrassentür durchquert hatte, kam ich in ein fast quadratisches Zimmer, in dem sich das Licht ohne weiteres anschalten ließ. Überall lag Staub; die Seidentapete war schmutziggrau. Wo einst Bilder gehangen hatten, sah man, daß sie ursprünglich cremefarben gewesen war. Der Regen schlug mit unverminderter Heftigkeit gegen die Fensterscheiben.

Ich ging rasch weiter. Unter dem mittleren Fenster stand ein Telefon auf dem Boden.

Erst jetzt wurde mir klar, daß es ohne Telefonbuch so gut wie nutzlos für mich war. Ich kannte ja nicht einmal die Nummer der Auskunft. Ich kniete vor dem Apparat nieder und hob ihn hoch. Er war schwarz und sah altmodisch aus. An der Seite klebte ein vergilbter Zettel. Als ich genauer hinsah, merkte ich, daß der Zettel beschrieben war. Rasch trug ich den Apparat näher zum Licht.

McGrath, stand da, und dahinter eine Nummer. *O'Faolain.* Wieder eine Nummer.

Ich runzelte die Stirn. O'Faolain – hieß nicht der Gärtner so? Hastig nahm ich den Hörer ab und stieß einen erleichterten Seufzer aus. Das Telefon funktionierte! Ich wählte die zweite Nummer. Dann wartete ich gespannt.

»Hallo«, sagte plötzlich eine Männerstimme.

»Gott sei's gepriesen!« sagte ich erleichtert. »Mr. – äh – Mr. O'Faolain, hier spricht Frank Hagen, ich bin der neue Besitzer von Auburn Manor. Sie sind doch der Gärtner?«

In der Leitung hustete es. »Der Gärtner, jawohl, das bin ich.« Plötzlich rief er: »Sie sind also der Herr aus Deutschland? Wo sind Sie denn jetzt?«

Ich zwang mich zur Ruhe. »Ich bin hier, hier in Auburn Manor. Haben Sie den Brief nicht bekommen?«

Kurze Pause. »Welchen Brief?«

»Den Brief, in dem stand, wann wir ankommen. Mein Sohn mußte über die Mauer klettern, um das Tor zu öffnen. Wir sind völlig durchnäßt. Die Spedition hat den Termin nicht eingehalten, aber dafür können Sie nichts. Das Haus ist vollkommen leer. Was wir dringend brauchen, ist etwas Feuerholz und warme Decken.«

Längere Pause. »Ist gut«, brummte er dann. »Decken, hm. Muß mal nachsehen. Holz liegt in der alten Remise. Aber da können Sie jetzt nicht rein. Im Keller ist genug Torf, um das ganze Haus in Brand zu setzen. Na, ja, ich komme und zeig's Ihnen.«

Er legte auf, ehe ich ihn fragen konnte, ob er etwas Alkoholisches im Haus hätte. Wenn man den allgemeinen Gerüchten glaubte, konnte man das von jedem guten Iren erwarten. Ich wollte verhindern, daß die Jungen morgen beide mit Fieber im leeren Haus lagen. Also wählte ich nochmals die gleiche Nummer, doch vergeblich. Er war wohl schon auf dem Weg hierher.

Meine Schritte hallten in den leeren Räumen, als ich zu Chris und Martin zurückging. Sie hatten inzwischen trockene Hosen und ihre wärmsten Pullis angezogen. Die nassen Kleidungsstücke lagen in einem unordentlichen Haufen auf dem Boden.

»Der Gärtner kommt gleich«, sagte ich. »Er bringt Decken mit und zeigt uns, wo Torf zum Feuermachen ist.«

Chris grinste anerkennend. »Wie hast du das geschafft?«

Zum erstenmal seit diesem mißglückten Einzug kehrte meine Zuversicht zurück. »Ganz einfach«, sagte ich vergnügt. »Ich habe ihn aus meinem Zylinder gezaubert.«

Martin sah mich schläfrig an. »Du hast ja gar keinen Zylinder«, murmelte er. Plötzlich wirkte er sehr kindlich.

Ein Kälteschauer überlief mich. Es wurde Zeit, daß ich aus den nassen Sachen kam.

»Hier«, sagte ich und warf Chris eines meiner Hemden zu. »Reibt euch die Haare damit trocken.«

5

Es war fast Mitternacht. Ich lauschte dem Regen, der gegen die Fenster schlug, dem Heulen des Windes im Kamin, dem Knacken und Pochen der alten Holztäfelung. Lauter Geräusche, die zu Auburn Manor gehörten und mir erst vertraut werden mußten.

Die Jungen schliefen unter den groben Wolldecken, gegen die sie zuerst wütend protestiert hatten. »Sie stinken«, hatte Martin verächtlich gesagt, und Chris hatte hinter dem Rücken des Gärtners angewiderte Grimassen geschnitten. »Nach Schafhammel und Moder!« behauptete er.

Michael O'Faolain – er wirkte mit seinen eisblauen Augen, dem dichten grauen Haar und den Bartstoppeln wie eine Gestalt aus einer alten Sage. Als Kind wäre ich von ihm fasziniert gewesen, aber auch heute noch übte er einen eigenartigen Zauber auf mich aus. Er war einer von jenen Menschen, denen man einen unerschöpflichen Vorrat an Märchen zutraut, und vermutlich hatte er auch einen Hang zur Spökenkiekerei.

Das Feuer im schwarzen Kamin schwelte noch. Manchmal entstand eine kleine Explosion aus winzigen Funken. Ich atmete den herben, würzigen Geruch des verbrannten Torfes ein. Die Halle war ein wenig verräuchert, doch dafür war es in der Nähe der offenen Feuerstelle, wo wir unser Nachtlager aufgeschlagen hatten, angenehm warm.

Hoffentlich kamen morgen die Möbel. Ich mußte gleich in aller Herrgottsfrühe nach Ennis, um das Wichtigste zu erledigen – Lebensmittel, Leihwagen, Telefonbuch. Dann waren Handwerker zu bestellen, ich mußte nach Limerick fahren und dort noch Möbelstücke und Haushaltsgegenstände kaufen. Außerdem brauchten wir Personal. Am besten war wohl eine Anzeige in der Regionalzeitung. Ich mußte . . .

In meinem Kopf liefen die Gedanken wie Ameisen durcheinander, verwirrten sich zu einem unlösbaren Knäuel. Um Mitternacht schlief ich endlich ein.

»Ich habe Hunger!« sagte jemand laut.

Ich fuhr erschrocken hoch und sah mich um. Die leere, von grauem Dämmerlicht erfüllte Halle von Auburn Manor war jetzt kalt. Chris und Martin kauerten mit wirren Haaren und verschlafenen Gesichtern zwischen den Wolldecken.

»Wie spät?« fragte ich.

»Gleich acht.«

Ich raffte mich auf, ging durch die Halle und schob das Fenster hoch. Köstliche, kühle Luft schlug mir entgegen. Es regnete nicht mehr, doch der Park glänzte vor Nässe. Ich sah ein Rosenbeet unter der Balustrade; die Blüten waren jämmerlich zerzaust. Im Hintergrund standen die alten Bäume – Eichen, von Efeu umsponnen wie auf einem romantischen Gemälde, Eiben, ein Goldregenbaum, an dem eine Schaukel hing. Eine Drossel saß im Baumwipfel und sang.

»Und kalt ist es auch«, sagte Martin hinter mir.

Das Schiebefenster klemmte; dann fiel es plötzlich mit einem Knall zu. Die Drossel verstummte. Ich sah, wie sie aufflog, und folgte ihr mit den Blicken, bis sie hinter dem Eichengehölz verschwand.

6

Eine Woche später fand ich die Puppe.

Auburn Manor hatte einen riesigen Dachboden, in dem es stark nach altem Holz und Kampfer roch, nach Staub und Lavendel. Als ich die schwere Eichentür aufstieß und eintrat, kam es mir vor, als führte der Raum ein heimliches, verborgenes Leben, als hielte er seinen verbrauchten Atem an.

Hier war es dunkler als im Treppenhaus, doch das alte Gebälk glänzte fast silbrig. Ich knipste die Taschenlampe an. Der Strahl glitt über den staubigen Boden, und irgendwo huschten winzige Füße mit ängstlichem Getrippel davon. Neben einem der mächtigen Querbalken lag ein Haufen leerer Säcke, im Dachgebälk erhob sich geisterhaftes Geflatter. Fledermäuse gab es hier also auch.

Ich ging ein paar Schritte vorwärts. Schwacher Lichtschimmer drang durch ein Dachfenster, von dem sich eine Spinne an langem Faden in die Tiefe ließ. An der Wand, hinter einer hölzernen Verstrebung, schimmerte etwas Weißes.

Auf dem Weg dorthin stolperte ich über ein kleines Bündel, fiel auf die Knie, und die Taschenlampe polterte zu Boden. Sie beleuchtete ein Gesicht mit geschlossenen Lidern und dunklen Korkenzieherlocken. Ich erschrak, denn der rote Mund glänzte wie ein Blutfleck. Unter dem gelblichen Spitzenkleidchen sah ein winziger Schuh hervor. Die Händchen griffen mit hilfloser Gebärde in die Luft.

Ich faßte sie am Arm und richtete sie auf. Sie öffnete die Augen: starre blaue Augen in einem fleischfarbenen, ausdruckslosen Porzellangesicht. Solche Puppen gab es heute nicht mehr. Sie mußte sehr alt sein. Das Kind, das einst mit ihr gespielt hatte, war wohl längst tot.

Irgendwie tat es mir leid, sie so auf dem Boden liegenzulassen. Ich setzte sie in die Gabelung zwischen zwei Balken und ging zu jenem weißen Gegenstand, der meine Aufmerksamkeit zuerst gefesselt hatte.

Es war ein Blatt Papier, das in einer Ritze zwischen den alten

Dielen steckte. Im Licht der Taschenlampe sah ich, wie vergilbt es schon war: ein dickes, großes Blatt mit einer Zeichnung darauf.

Sie wirkte ein wenig ungeschickt, verriet aber ein gewisses Talent. Ich erkannte das Haus auf der Zeichnung sofort – Auburn Manor. Liebevoll waren die Dachziegel gezeichnet, die Schiebefenster, die fünf Kamine, die Freitreppe mit der steinernen Balustrade. Ich wußte, daß es eine Kinderzeichnung war, ehe ich in der rechten unteren Ecke die verblaßten kindlichen Schriftzüge entzifferte: *Angharad, 8 years.*

Angharad – war das ein Vorname? Ich hatte ihn nie zuvor gehört. Vielleicht ein Mädchenname; das würde auch die Puppe erklären. Ich nahm mir vor, Michael O'Faolain bei nächster Gelegenheit danach zu fragen, vergaß es dann jedoch wieder.

7

Miss Bone, Lehrerin an der Volksschule in Ennis, erklärte sich bereit, während der Ferien jeden Tag für eine Stunde nach Auburn Manor zu kommen und die Jungen in Englisch zu unterrichten. Sie war der Prototyp der häßlichen Engländerin – mit Raffzähnen, dünnem Haar und Brille. Ihr Alter war schwer zu schätzen, und sie wirkte irgendwie geschlechtslos; doch ihre Neugier war durchaus weiblich. Vermutlich hatte sie sich deshalb so begeistert bereit erklärt, ins Haus zu kommen. Eigentlich hatte ich damit gerechnet, daß sie die Jungen täglich nach Ennis kommen lassen würde, doch sie hatte wohl schon lange auf eine günstige Gelegenheit gewartet, Auburn Manor von innen zu sehen. Miss Bone war nicht der Mensch, einen solchen Fingerzeig Gottes zu mißachten.

Sie trat mit unverhohlenem Entzücken über die Türschwelle. Ihre Nasenspitze zuckte, ihre mausgrauen Augen hinter den runden Brillengläsern glitzerten. Ich fragte mich insgeheim, was sie hier erwartete – einen Schloßgeist, ein Burgverlies mit schmachtenden Gefangenen, irgendein dunkles Geheimnis?

Ich hatte die Halle inzwischen eingerichtet und war stolz auf das Ergebnis: Die Barocksessel und der Frankfurter Wellenschrank, die in unserer Münchner Wohnung so pompös gewirkt hatten, paßten ausgezeichnet hierher, und die englischen Gemälde mit den Jagdszenen kamen auf der dunklen Wandtäfelung erst richtig zur Geltung.

Miss Bone ließ ihre Augen flink durch die Halle wandern. Ihr Blick blieb auf dem bezaubernden Frauenbildnis aus dem Empire haften, das ich vor Jahren auf einer Auktion erstanden hatte. Ich liebte dieses Porträt sehr und hatte einen ungewöhnlich hohen Preis dafür bezahlt.

»Wie reizend«, sagte sie in einem Ton, der sie mir plötzlich ausgesprochen unsympathisch machte. »Wirklich hübsch. Eine Ahne von Ihnen?«

»Nein«, sagte ich kurz. »Keine Ahne.«

Sie bemerkte die Abfuhr nicht. »Und die Stühle«, zwitscherte sie, »wie kostbar! Ein reizendes Haus, nicht wahr? Ich fragte mich schon, wer es kaufen würde.« Sie senkte die Stimme. »Es heißt, die O'Sheas sollen seit Jahrhunderten hier gelebt haben. Aber zuletzt konnten Sie Auburn Manor einfach nicht mehr halten. Entsetzlich, nicht?«

Ich stimmte ihr höflich zu.

»Ich bin erst vor einem Jahr aus England gekommen und kenne die O'Sheas nicht persönlich. Sie wohnen noch hier in der Gegend, in ihrem ehemaligen Jagdhaus, glaube ich.«

Ich sagte, das hätte ich nicht gewußt.

»Und hier sind ja auch Ihre Söhne, Mr. Hagen! Wie ich höre, wollt ihr beide fließend Englisch sprechen lernen. Sicher werden wir uns gut vertragen, glaubt ihr nicht?«

Die zwei machten verlegene Gesichter. »Jawohl«, sagte Chris wohlerzogen.

»Jaha«, murmelte Martin.

»Ich führe Sie jetzt in die Bibliothek«, sagte ich hastig. »Dort können Sie gleich mit dem Unterricht beginnen, wenn Sie einverstanden sind. Ich lasse Ihnen Tee bringen, oder hätten Sie lieber etwas anderes?«

Bei dem Zauberwort »Tee« leuchteten ihre Augen auf. »Oh, zu liebenswürdig, danke!« zwitscherte sie. »Haben Sie tatsächlich schon Personal gefunden? Das wird heutzutage immer schwieriger, nicht wahr?«

Ich fand sie ziemlich anmaßend und war erleichtert, als wir die Bibliothek erreicht hatten. »Reizend«, sagte Miss Bone bei unserem Eintritt. Das schien ihr Lieblingswort zu sein.

Chris und Martin setzten sich gottergeben an den Mahagonitisch. Ich wollte mich schon zum Gehen wenden, als mir plötzlich etwas einfiel. Sie war zwar neugierig, aber ich wollte es riskieren.

»Miss Bone«, sagte ich, »ich habe kürzlich irgendwo einen Namen gehört oder gelesen, der mir völlig unbekannt ist.«

Ihre Nasenspitze zuckte wieder. »Oh, wie interessant, was für ein Name war es denn?«

»Angharad«, sagte ich. »Ich nehme an, es ist ein weiblicher Vorname. Woher kommt er?«

Sie runzelte die Stirn. »Der Ursprung mag keltisch sein. Ich glaube, er kommt aus dem Walisischen. Ja, es ist ein alter walisischer Frauenname. Wo haben Sie ihn denn gehört, Mr. Hagen?«

»Ich habe ihn in einem Buch gelesen«, log ich und zog mich hastig zurück.

8

»Heumond«, sagte Michael O'Faolain und schwang die Sense.

Ich versuchte gerade wieder einmal geduldig, ihn von den Vorteilen eines elektrischen Rasenmähers zu überzeugen, als sich ein alter schwarzer Bentley auf der Allee näherte.

Ich hatte es nicht anders erwartet. Jetzt kamen also die ersten Nachbarn, um mich in Augenschein zu nehmen. Eine leichte Nervosität überfiel mich. Ich drehte mich um und schickte mich an, zur Freitreppe zu gehen, da wurde der alte Gärtner plötzlich gesprächig. Er richtete sich auf, deutete mit der Sense auf den Wagen und murmelte: »Das ist diese Klatschbase, die Witwe vom Colonel Appleton. Verdammtes Frauenzimmer! Die Miss konnte sie nie leiden.« Und er spuckte verächtlich ins Gras.

Ehe ich noch fragen konnte, wer »die Miss« war, wurde der Wagenschlag geöffnet, und eine energisch wirkende Dame stieg aus. Bei ihrem Anblick kam mir sofort der Ausdruck »von echtem Schrot und Korn« in den Sinn. Sie trug ein pfeffer- und salzfarbenes Tweedkostüm, das über ihrem umfangreichen Busen spannte, derbe Schuhe, einen altmodischen Filzhut und eine Perlenkette um den Hals. Auf muskulösen Beinen kam sie zielstrebig auf mich zu; ich fühlte mich sofort eingeschüchtert.

»How du you do, Mr. Hagen?« sagte sie mit tiefer Stimme und schüttelte mir kräftig die Hand. »Wollte mir doch mal meinen neuen Nachbarn ansehen. Ich wohne am Rand von Ennis, gleich neben dem Fluß. Man muß sich doch mal beschnüffeln, nicht?« Und sie stieß ein bellendes Lachen aus.

»Ja«, sagte ich überwältigt. »Ich freue mich, daß Sie gekommen sind, Madam, Mrs. –«

»Appleton, Mrs. Archibald Appleton. Mein Mann lebt nicht mehr, leider. War Colonel in der britischen Armee, wissen Sie. Ein tüchtiger Mann, aber seine Gesundheit ließ etwas zu wünschen übrig. Ich dagegen war in meinem ganzen Leben noch keine

Stunde krank.« Sie deutete auf den Gärtner. »Aha, den alten O'Faolain haben Sie also übernommen. Wenn man ihm Beine macht, ist er ganz brauchbar. Mein Mann pflegte zu sagen, daß die Iren geborene Faulpelze sind.«

Ich fühlte Mitleid mit Mrs. Appletons Dienstpersonal, denn ich konnte mir vorstellen, daß sie ein strenges Kommando führte. Zweifellos erfreute sie sich am Ort großer Beliebtheit.

»Möchten Sie nicht ins Haus kommen?« fragte ich. »Wie wär's mit einer Tasse Tee?«

»Gern. Wie ich sehe, haben Sie nichts verändern lassen. Das ist vernünftig. Ist ein schönes altes Herrenhaus. Ich hätte es selbst gern gekauft, aber die Summe war einfach unerschwinglich für mich. Zu hohe Belastungen drauf, wissen Sie.«

»Zu hohe Belastungen?« wiederholte ich. »Wie meinen Sie das?«

»Hypotheken«, erwiderte sie kurz, während wir durch die Terrassentür ins Wohnzimmer traten. »Roger O'Shea steckte bis zum Hals in Schulden. Hat auf Pferde gewettet, bis nichts mehr zu verwetten war. Ein leichtsinniger Bursche, das können Sie mir getrost glauben.«

Ich glaubte es ihr. Sie sah sich interessiert um. »Aha, Sie haben etwas aus dem alten Salon gemacht. Gute englische Möbel. Ich war in den letzten Jahren nicht oft hier, aber es sah schon ziemlich übel aus. Wenn ich an all die schönen Stücke denke, die sie nach und nach verkaufen mußten!« Sie machte ein grimmiges Gesicht. »Morag O'Shea ist eine lauwarme Person. Kein Mark in den Knochen. Ich an ihrer Stelle hätte meinem Mann schon Bescheid gesagt. Den ganzen Besitz zu verjubeln!«

Von ihrem Wortschwall überwältigt, bat ich sie, in einem der Sessel Platz zu nehmen. Ich konnte mir vorstellen, daß Mrs. Appleton es schaffte, jedem Mann Bescheid zu sagen. Sie sah mich herausfordernd an. »Weibchen, die immer nur am Fenster sitzen und sticken«, schnaubte sie. »Pah! Da ist ihre Tochter schon aus anderem Holz geschnitzt.«

Ich hatte die Hand nach der Klingel ausgestreckt und hielt mitten in der Bewegung inne. »Ihre Tochter?« fragte ich. »Haben die O'Sheas eine Tochter?«

Sie kramte in ihrer Handtasche, zog ein Brillenetui heraus, setzte ihre Hornbrille auf die Nase und musterte mich. »Natürlich«, sagte sie. »Wußten Sie das nicht?« Dann stand sie auf und trat vor die Vitrine. »Hübsches altes Steingut«, murmelte sie fachmännisch. »Frühes Wedgewood. Und was ist das hier?«

»Meißen«, sagte ich.

Brendan, unser neuer Butler, kam ins Zimmer. »Tee für Mrs. Appleton und Kaffee für mich, bitte«, sagte ich und fragte die energische Dame, ob sie auch etwas Gebäck wolle.

»Nein, danke. Esse nie Süßigkeiten.«

»Und was ist aus den O'Sheas geworden?« erkundigte ich mich, während sie noch immer den Inhalt der Vitrine inspizierte.

Sie stieß sich den Kopf an einer Verzierung, und ihr Filzhut saß plötzlich abenteuerlich schief auf ihrem Haar. »Was soll aus ihnen geworden sein«, sagte sie und rieb sich die Stirn. »Sie sind umgezogen, in ihr altes Jagdhaus. Wohnen ein paar Meilen von hier, hinter Tinkers Woods. Hübsche Gegend, aber gottverlassen. Morag hat bestimmt nichts dagegen, in der Einsamkeit zu leben; sie war schon immer recht ungesellig und geht ganz in ihrer Familie auf. Und für Roger O'Shea ist es nur gut. Dann kommt er vielleicht nicht mehr so leicht in Versuchung, auf Pferde zu wetten.« Wieder jenes bellende Lachen. »Nicht, daß da noch etwas zu verwetten wäre«, fügte sie finster hinzu. »Möchte bloß wissen, wovon sie überhaupt leben. Leid tut es mir nur um Angharad.«

»Angharad?« sagte ich rasch.

»O'Sheas Tochter«, erwiderte Mrs. Appleton und warf mir einen ungeduldigen Blick zu.

»Aha«, sagte ich. »Sehen Sie, ich kenne hier praktisch noch keinen Menschen, und die früheren Besitzer von Auburn Manor interessieren mich natürlich.«

Brendan kam und servierte den Tee, und sie sagte geschmeichelt: »Tja, das verstehe ich. Eigentlich wäre es ein Gebot der Höflichkeit, daß die O'Sheas Ihnen einen Besuch abstatten. Aber ich glaube, da können Sie bis zum Jüngsten Tag warten. Diese Leute sind stolz wie die Sünde – worauf, kann ich Ihnen allerdings nicht sagen.« Sie warf den Kopf zurück. »Haben wahrhaftig keinen Grund mehr dazu. Typisch irisch.«

»Haben die O'Sheas nur dieses eine Kind?«

Mrs. Appleton trank ihre Tasse auf einen Zug leer. Ich beobachtete sie fasziniert. »Ja«, sagte sie. »Ein Glück, denn es gibt ja nichts mehr zu vererben. Angharad hat schon genug darunter zu leiden.«

Ich beugte mich vor. »Lebt sie – lebt Angharad O'Shea bei ihren Eltern?«

Sie nickte und nahm nun doch eines von den frisch gebackenen Plätzchen. »Ja. Könnte wahrhaftig schon längst einen eigenen Haushalt führen«, setzte sie mit vollem Mund hinzu. »In ihrem Alter!«

»Wie alt ist sie denn?«

»Na, ungefähr dreißig. Aber eine Schönheit, das muß man ihr lassen. Gute Rasse, ein Vollblut sozusagen.«

»Ach, und weshalb ist sie noch nicht verheiratet?« fragte ich interessiert. Es gefiel mir nicht, mich mit dieser Frau auf eine Stufe zu stellen, doch meine Neugier war zu groß.

»Keine Ahnung.« Mrs. Appleton machte plötzlich ein beleidigtes Gesicht. »Als hätte sie nicht schon sehr passable Anträge erhalten. Äußerst passabel!« betonte sie. »Mein Neffe zum Beispiel, ein famoser Bursche aus bester englischer Familie. Er war geradezu verrückt nach ihr. Aber wie sie ihn behandelte, ihn abkanzelte ... Na, wissen Sie, das war mir dann doch zu bunt. Ich habe damals ein Jahr lang kein Wort mehr mit ihr gewechselt.«

Als Mrs. Appleton bei der vierten Tasse Tee angelangt war, erklang plötzlich Martins Stimme. Er rief nach Chris. Die Witwe des Colonels spitzte die Ohren.

»Sie haben zwei Jungen, nicht wahr?« sagte sie. »Wie schön. Und da sind Sie so einfach nach Irland gezogen. Haben Sie hier Geschäftsverbindungen?«

»Nein«, sagte ich einsilbig.

»Sehr interessant«, erwiderte Mrs. Appleton ungerührt. »Sie privatisieren also?«

»Ich wickle meine Geschäfte von hier aus ab, soweit es möglich ist«, sagte ich.

Sie nickte und bemerkte taktvoll: »Mit Geld läßt sich alles machen. – Und Ihre Frau? Ist sie damit einverstanden, daß Sie so einfach in die Wildnis gegangen sind?« Sie brachte ein schelmisches Lächeln zustande, doch ihre etwas vorstehenden Augen beobachteten mich gespannt.

Verdammt, war ich denn hier von lauter neugierigen Frauenzimmern umgeben? »Ich habe keine Frau«, sagte ich.

Sie beugte sich vor. An ihrer feuchten Unterlippe hingen Kuchenkrümel. »Ach, sie ist wohl gestorben, die Ärmste?«

»Nein. Ich bin geschieden.«

»So, so«, sagte sie schwach. »Geschieden. Die junge Generation ist damit leichter bei der Hand als wir Alten. In guten und in schlechten Tagen treu zusammenstehen, das war meine und Colonel Appletons Devise.«

»Wie schön für Sie«, sagte ich.

Sie stand auf, rückte ihren Hut zurecht, drückte die Handtasche an ihren Busen und gab mir die Hand.

»War mir eine große Freude, Sie kennenzulernen, Mr. Hagen.

Ich hoffe, Sie besuchen mich bald und bringen Ihre Söhne mit. Ich wohne zwar nicht so elegant wie Sie, aber doch ganz gemütlich, glaube ich.«

Ich begleitete sie durch die Terrassentür hinaus.

9

Ich sorgte mich um Chris. Er saß fast den ganzen Tag in seinem Zimmer, schien an nichts Interesse zu haben und wurde immer blasser und schmaler. So oft ich ihn ansah, fühlte ich mich schuldbewußt. Ich hatte ihn aus seinem gewohnten Leben herausgerissen, und nun fand er sich nicht zurecht. Ich mußte ihm helfen – aber wie? Er wich mir aus; wenn ich mit ihm zu sprechen versuchte, zog er sich sofort in sein Schneckenhaus zurück. Besser ging es mit Martin; vor allem, nachdem Malwine ins Haus kam.

Einen Tag nach Mrs. Appletons Besuch durchstreifte ich den westlichen Teil des Parkes. Ein Pfad, der unter Brombeerranken und Waldrebe fast erstickte, führte zwischen Lorbeer und Eiben zu einer weiten Rasenfläche, die von einem Bach geteilt war.

Als ich die schmale Brücke überquerte, wurde das Murmeln des Wassers und der helle Widerhall meiner Schritte auf den Holzplanken von einem Platschen unterbrochen. Ich beugte mich über das Geländer und bemerkte Martin. Er stand bis zu den Knien im Bach und streckte die Hand nach einem schwarzen Gegenstand am anderen Ufer aus.

»He, Martin«, sagte ich. »Was ist das?«

Er sah zu mir auf. Der helle Haarschopf fiel ihm in die Stirn, und plötzlich merkte ich, daß er sich verändert hatte: Seine Haut war nicht mehr so blaß, er hatte die Hemdsärmel hochgekrempelt, und über seinen rechten Ellbogen zog sich eine große Schramme.

»Irgendein Vogel – eine Krähe, glaub' ich.«

Ich ging über die Brücke und wartete, während er aus dem Wasser stieg. Was er da in den Händen hielt, war wirklich eine völlig durchnäßte Krähe. Zuerst dachte ich, sie wäre bereits tot; dann aber sah ich unter den halbgeschlossenen Lidern das schwache Glitzern schwarzer Augen. Am dünnen Hals, wo sich die nassen Federn sträubten, pochte es matt.

»Sie ist noch jung«, sagte ich. »Schau, die Schnabelecken sind ganz gelb.«

Martin nickte. »Sie hat sich mit einer Kralle in den Schlingpflanzen verfangen und konnte sich wohl nicht mehr befreien. Hat halb im Wasser gelegen.« Er strich ihr zart mit dem Zeigefinger über den Kopf.

»Hier hast du meine Jacke«, sagte ich. »Wickle sie ein, sonst erstarrt sie dir unter den Händen.«

Gemeinsam hüllten wir das Tier in den warmen Tweed. Der schwarze Vogelkopf hing kraftlos über das Revers. »Und jetzt schnell ins Haus!«

In der Halle brannte Feuer im schwarzen Kamin. Martin holte rasch eine Schachtel aus dem Keller, während ich die Krähe in ein Handtuch wickelte. Dann setzten wir sie in die Schachtel und rückten sie dicht vor die offene Feuerstelle.

»Paß auf sie auf, sonst flattert sie dir noch in die Flammen«, sagte ich. »Ich gehe in die Küche und sehe nach, was ich für sie finden kann. Im Verbandskasten müßte noch eine Pipette sein. Eine Pinzette wäre auch gut, um ihr etwas Fleisch zu geben.«

Bei Martins vertrauensvollem Blick wurde mir warm ums Herz. Wie lange hatte ich darauf warten müssen! Das letztemal hatte er mich vor sechs Jahren so angesehen; damals war seine Katze mit einer verwundeten Pfote nach Hause gekommen, und ich hatte ihr einen Verband angelegt. Ich war froh, daß er im Internat wenigstens seine Tierliebe nicht eingebüßt hatte.

Obwohl Mrs. McPherson, die Köchin, sich entrüstete, daß wir »so ein Unglückstier, ein schwarzes Ungeheuer« ins Haus gebracht hatten, beugte sie sich doch der Gewalt und drehte ein Stück rohes Kalbfleisch durch den Fleischwolf. Außerdem ließ ich mir ein Ei und einen kleinen Teller voll Semmelbrocken geben, die in Milch eingeweicht waren. Das mußte fürs erste reichen, um Martins Schützling am Leben zu erhalten.

Das Unglückstier, das schwarze Ungeheuer, sah schon munterer aus, als ich wieder in die Halle kam. Die Krähe saß mit fast trockenem Gefieder in der Schachtel und sah sich furchtsam um. Martin hielt ihren Hals locker mit zwei Fingern umspannt.

»Sie wollte schon losflattern«, berichtete er. »Und den Schnabel hat sie auch ein paarmal aufgerissen.«

»Gut«, sagte ich. »Hoffentlich ist sie auch klug genug, ihn im richtigen Moment aufzusperren. Setz dich auf den Stuhl und nimm die Schachtel auf den Schoß.«

Ich kniete vor ihm nieder, tauchte die Pipette in die Tasse mit Eigelb und hielt das gefüllte Glasröhrchen dicht vor den Schnabel der Krähe. Sie legte den Kopf schief und besah sich die Sache; dann begriff sie es. Sobald sie den Schnabel geöffnet hatte, steckte ich ihr das Glasröhrchen weit in den Schlund und drückte auf den winzigen Gummibalg. Nach dem Eigelb wurde das Fleisch per Pinzette in das rosarote Loch befördert und gierig verschlungen; dann folgten die Semmelbröckchen.

Martin beobachtete mich bewundernd. »Hat die aber einen Appetit!« sagte er ehrfürchtig.

Ich lachte. »Hättest du auch, wenn du stundenlang im kalten Wasser gelegen wärst. Aber paß gut auf. In Zukunft mußt du dich allein um sie kümmern und sie selbst füttern – und zwar anfangs jede halbe Stunde. So ein Vogel hat nämlich ein anderes Verdauungssystem als wir.«

Er nickte. »Weiß ich«, sagte er. »Ich hab' auch schon einen Namen für sie.«

»Tatsächlich? Wie soll sie denn heißen?«

»Malwine«, sagte er.

Ich fand die Gedankenverbindung nicht schlecht. Malwine hatte eines seiner Kindermädchen geheißen, eine flinke, schwarzhaarige Person mit großen dunklen Augen.

In diesem Augenblick tat sich die Verbindungstür zum Wohnzimmer auf. Chris stand auf der Schwelle. Er sah von Martin zu mir und von mir wieder zu Martin.

»Hallo«, sagte er. »Was macht ihr denn da?«

»Siehst du doch«, versetzte Martin. »Ich hab' eine Krähe gefunden. Im Bach, sie war fast ertrunken. Sie ist noch ganz jung und muß gefüttert werden.« Dann fügte er warnend hinzu: »Und sie gehört mir.«

Ich sah Chris an. In seinem Gesicht zuckte es. Dann drehte er sich wortlos um und schloß die Tür hinter sich.

10

»In diesem Haus gehen seltsame Dinge vor«, sagte Mrs. McPherson geheimnisvoll.

Ich saß am Schreibtisch und brütete gerade über einem schwierigen Geschäftsabschluß. Die Störung kam mir nicht sehr gelegen. »Wie meinen Sie das?« fragte ich.

»Der Zucker verschwindet!« erklärte sie mit dramatischer Betonung.

Ich wußte nicht, was sie von mir erwartete. Wahrscheinlich sollte ich eine strenge Untersuchung einleiten. Wenn ich mir nicht ihre Achtung verscherzen wollte, durfte ich mir natürlich nicht anmerken lassen, daß mir der Zuckerverbrauch in diesem Haus herzlich gleichgültig war.

»Hm«, sagte ich schwach. »Tatsächlich?«

Sie hatte rotes Haar und Sommersprossen im Gesicht. Ihre ausgeprägte Vorliebe für Hammelfleisch war nicht ganz nach meinem Geschmack, aber sie war eine gute Köchin. Jetzt beugte sie sich vor, senkte die Stimme zu einem Flüstern und vertraute mir an, daß sie schon einen Verdacht hätte.

Mir wurde unbehaglich zumute. »So. Aber wer sollte wohl den Zucker –«

Mrs. McPherson unterbrach mich. »Der alte O'Faolain ist's, Sir. Ganz bestimmt, er ist's.«

Ich wurde langsam ärgerlich. »Was sollte er mit dem Zucker anfangen?«

»Das habe ich noch nicht herausbekommen können, aber–«

»Und Sie haben ihn dabei beobachtet, wie er den Zucker nahm?«

»Na ja, beobachtet nicht gerade, aber ich weiß es eben.«

Sie sah sich um, als fürchtete sie einen Lauscher an der Tür, und platzte heraus: »Ihre Rosen stiehlt er ja auch. Ich habe gesehen, wie er sie büschelweise abgeschnitten hat. Die hellrosa Rosen, die hinter dem Haus blühen, an der Remise. Ich kann sie nämlich von meinem Küchenfester aus sehen.«

»Na hören Sie mal!« sagte ich empört. »Mr. O'Faolain ist schließlich mein Gärtner, und wenn er verwelkte Blumen abschneidet, gehört das zu seiner Arbeit.«

»Pah, verwelkt! Sie waren nicht verwelkt!« Die Köchin war nun nicht mehr zu halten. »Frisch aufgeblühte Rosen waren's, halbe Knospen noch, und er schneidet sie dutzendweise ab und trägt sie wer weiß wohin?« Sie warf mir einen finsteren Blick zu und fuhr fort: »Ich kann mir schon vorstellen, was er damit macht. Wahrscheinlich verkauft er sie in Ennis und kauft sich Whiskey dafür, der alte Saufkopf!«

Nun wurde es mir zu bunt. »Mrs. McPherson«, sagte ich bestimmt, »was mit den Rosen passiert, ist meine Sache. Michael O'Faolain ist schon länger auf Auburn Manor als wir alle zusammen. Er ist ein guter Gärtner. Ich wünsche nicht, daß Sie hinter ihm herspionieren und solche Dinge über ihn verbreiten.« Ohne mich um ihre wütenden Blicke zu kümmern, setzte ich rasch hinzu: »Und was den Zucker betrifft, so machen Sie sich da keine Sorgen. Die Sache wird sich schon aufklären. Viel wichtiger ist es mir, daß hier im Haus Ruhe und Frieden herrschen. Bitte vergessen Sie das nicht.«

Nach dieser despotischen Rede rechnete ich damit, daß ich mich demnächst nach einer neuen Köchin umsehen mußte, doch vorläufig geschah nichts. Mrs. McPherson verließ mein Arbeitszimmer, und ihr Rücken drückte deutlich aus, was sie empfand: Ich hatte zwar gesiegt, aber sie gab sich noch lange nicht geschlagen.

Über den verschwundenen Zucker dachte ich nicht weiter nach, aber Michael O'Faolain und die Rosen gingen mir den ganzen Tag nicht aus dem Sinn. Ich mochte den Alten, und obwohl ich seine Vorliebe für den Alkohol kannte, traute ich ihm doch keine unehrliche Handlung zu.

Trotzdem beschloß ich, ein wachsames Auge auf die Rosen zu haben. Nicht, daß ich Wert auf jede einzelne Rose legte, die im Park von Auburn Manor blühte – sie verstreuten zu Hunderten ihren verschwenderischen Duft. Jene rosafarbenen, die sich an der alten Remise emporrankten, waren genau meine Lieblingssorte – rötlich in der Knospe, fast weiß, wenn sie aufblühten.

Nein, es ging mir nicht um die Rosen; ich fand die Angelegenheit nur sehr merkwürdig. Nach wie vor konnte ich nicht glauben, daß der alte Gärtner Rosen stahl.

11

Am folgenden Tag klärte sich wenigstens die Sache mit dem verschwundenen Zucker auf.

Ich fuhr nach Ennis, um bei Tony Honan nach mehrtägigen zähen Verhandlungen endlich doch die alte Standuhr zu kaufen, die er in seinem Trödelladen stehen hatte. Die Straße führte direkt am Beechlawn Equestrian Centre vorbei, einer Reitschule mit erstklassigen Pferden. Ich verlangsamte die Fahrt, weil eine Kuh gemächlich vor mir über die Straße trottete, und sah am Koppelzaun einen Jungen stehen, dessen Rückenansicht mir seltsam bekannt vorkam.

Ich drosselte den Motor und kurbelte das Fenster herunter. Der Junge war Chris. Er beugte sich über den Zaun, hinter dem ein schwarzes Pferd stand. Der glänzende Pferdekopf und das blonde Haar meines Jungen berührten sich in einer wunderlich vertrauten Gebärde.

Ich stellte den Motor ab.

In diesem Augenblick wandte Chris ruckartig den Kopf. Als er mich sah, zeigte sich etwas wie Schuldbewußtsein auf seinem

Gesicht. Es tat mir weh, daß er mich so anschaute, als sei ich ein Fremder, dem man mißtrauen mußte.

Langsam stieg ich aus und ging zu ihm. Das Pferd hinter dem Koppelzaun wich ein paar Schritte zurück und beobachtete mich mit seinen großen, sanften Augen. Chris aber rührte sich nicht. Seine Hosentaschen beulten sich und platzten vor lauter Zuckerstücken fast aus den Nähten.

»Chris«, sagte ich. Dann wartete ich eine Weile. Es war schwierig, die richtigen Worte zu finden. Ich mußte auf der Hut sein, wenn ich ihn nicht vertreiben wollte. Gelassen fuhr ich fort: »Du hast dich wohl mit ihm angefreundet? Ein wunderschöner Bursche. Noch ziemlich jung, nicht?«

»Sie ist eine Stute«, erwiderte er nüchtern.

»Aha«, sagte ich. »Aber vielleicht solltest du ihr in Zukunft lieber etwas anderes als Zucker mitbringen. Karotten, zum Beispiel. Und einfache Kekse. Pferde mögen auch Äpfel. Hast du Lust, gleich mit mir nach Ennis zu fahren, dann kaufen wir etwas für sie.«

Er nickte und sah der Stute nach, die sich abgewandt hatte und ein Stück von uns entfernt graste.

Als er neben mir im Wagen saß, wagte ich einen neuen Vorstoß. »Warum hast du mir nicht gesagt, daß du Zucker für das Pferd brauchst? Weißt du, Mrs. McPherson hat gestern einen ziemlichen Aufstand gemacht. Wegen des Zuckers. Sie behauptet, daß der Gärtner ihn stiehlt.«

»Mr. O'Faolain?« fragte Chris. »Blödsinn! Warum sollte er Zucker stehlen!«

»Das habe ich ihr auch klarzumachen versucht. Aber sie scheint ihn nicht zu mögen, weißt du. Und das mit dem Zucker ist ihr wohl komisch vorgekommen. Übrigens bekommen Pferde schlechte Zähne davon.«

Er sah mich halb schuldbewußt, halb eigensinnig an. »Aber Eileen Aroon hat Zucker furchtbar gern. Sie ist ganz wild danach.«

»Eileen Aroon – heißt sie so?« fragte ich.

»Ja, der Stallknecht hat's mir gesagt. Sie ist nach einem alten irischen Lied benannt.« Er stockte und setzte ein wenig verlegen hinzu: »Er hat es mir vorgesungen. Aber ich habe kein Wort verstanden. Es war nicht in englisch.«

»Dann wird's wohl gälisch gewesen sein«, sagte ich. »Die Iren hatten nämlich früher ihre eigene Sprache, ehe die Engländer kamen.«

»Er sagt ... Der Reitknecht sagt, man kann dort Reitstunden nehmen.« Chris schluckte; er brauchte offenbar großen Mut, mit mir darüber zu sprechen. »Ich – meinst du, daß ich auf Eileen Aroon ab und zu ein paar Stunden reiten dürfte?«

Ich hatte nicht gewußt, daß ich so ein furchteinflößender Vater war. »Natürlich«, sagte ich. »Ich werde dich noch heute anmelden.«

Aus den Augenwinkeln sah ich, wie er selig vor sich hinlächelte. »Aber tu mir bitte auch einen Gefallen, Chris: Sag mir in Zukunft, wenn du dir etwas wünschst. Ich werde dir nicht gleich den Kopf abreißen. Abgemacht?«

»Abgemacht«, sagte er.

12

Die Sonne schien durch die zerbrochenen Fensterscheiben der Remise. Ein staubiger Lichtkegel zog sich quer durch den dämmerigen Raum. In der Ecke lehnten die Überreste eines alten Tilbury: zwei hohe Räder, ein zerfetztes Verdeck, eine Kutscherlampe. Auf der gegenüberliegenden Seite bemerkte ich eine Pferdebox.

Ich ging hinüber und sah sie mir an. Die Box mußte vor nicht allzulanger Zeit noch benutzt worden sein. Strohhalme hingen zwischen dem Bretterrost auf dem Boden, und ein paar vertrocknete Apfelschalen lagen im Futtertrog.

Plötzlich fauchte es über mir.

Ich hob den Kopf. Oben auf dem Speicherboden, der die halbe Remise bedeckte, waren ebenfalls noch Reste von Heu. Im Halbdunkel spähten zwei glühende Augen über die Bodenkante – wohl eine halbwilde Katze, die sich hier versteckt hielt. Wenn das die Jungen entdeckten, hatten wir bald einen weiteren Hausgenossen.

Durch das zerbrochene Fenster kam der Duft der blaßrosa Rosen.

Ich trat wieder ins Freie, blinzelte ein wenig im grellen Sonnenlicht und betrachtete die Rückfront von Auburn Manor mit liebevollem Stolz. Der Wind fuhr raschelnd durch den Efeu, der die Hausmauer überwucherte, und drückte die Blätter wellenartig empor. Die blühenden Geißblattranken dufteten. Spatzen tschilpten heftig unter dem tiefgezogenen Dach. Im ersten Stock flatterte ein blauer Vorhang über das Fenstersims.

Plötzlich öffnete sich die Küchentür. Mrs. McPherson erschien auf der Schwelle und winkte mir geheimnisvoll zu.

Lästiges Frauenzimmer, dachte ich. Was wollte sie nun schon wieder von mir? Fehlte plötzlich das Salz? Ich trat langsam näher.

»Sir«, flüsterte sie, »ich habe ihn schon wieder dabei beobachtet!«

Ich sah sie verständnislos an. »Sie haben ihn wieder beobachtet?« wiederholte ich. »Wen, in Dreiteufelsnamen, und wobei?«

»Aber Sir, den Gärtner natürlich, vor einer Stunde etwa. Er trug einen ganzen Korb voll Rosen fort. Dort hinüber ist er gegangen, durchs Eichenwäldchen.«

»Mrs. McPherson«, sagte ich, »ich habe Sie schon einmal gebeten, sich nicht darum zu kümmern. Sie gehen doch jeden Sonntag zur Kirche, nicht? Dann müßten Sie auch wissen, was es bedeutet, seinen Mitmenschen Übles nachzusagen.«

Der Schuß ging daneben. Sie kreuzte die Hände über dem Busen und machte ein selbstgefälliges Gesicht. »Ich weiß, was meine Christenpflicht ist, Sir«, sagte sie kampflustig. »Der Herr selbst hat die Händler aus dem Tempel vertrieben und gesagt: ›Mein Haus soll ein Bethaus heißen, ihr aber habt eine Mördergrube daraus gemacht!‹ Sie müssen wissen, was in Ihrem Haus vorgeht. Der Zucker ...«

Ich schnitt ihr das Wort ab. »Der Zucker ist verschwunden, jawohl. Aber nicht Mr. O'Faolain hat ihn genommen, sondern einer meiner Jungen. Und ich möchte nichts mehr darüber hören.«

Rasch wandte ich mich ab und ging den Pfad zwischen Haus und Remise entlang. Moos wuchs auf den alten Fliesen, und in der steinernen Schale an der Hausecke blühten blutrote Fuchsien.

Ein Korb voller Rosen. Scheinbar ziellos schlenderte ich in den Park hinein, bis ich das Eichenwäldchen erreichte. Irgendwo im Gezweig gurrten die Wildtauben. Es war ein verträumter, friedlicher Laut. Dicke Wolken ballten sich am Himmel. Vom Wind rasch getrieben, verdeckten sie immer wieder die Sonne, und das Licht wechselte ständig.

Ich vergrub die Hände tief in den Taschen meines Jacketts und entdeckte im Weitergehen, daß ich auf einen Pfad gestoßen war, den ich noch nicht kannte. Er war schon ziemlich verwildert und führte an den Resten eines Steinmäuerchens entlang.

Ich kam zum Bach, der hier eine Schleife beschrieb, sich seinen Weg durch das Dickicht aus Rhododendron und Lorbeerbüschen bahnte und in einen kleinen Teich mündete. Er war von einem Schilfgürtel umgeben, und weiße Seerosen blühten auf seiner Oberfläche. Ich blieb stehen und beobachtete, wie Licht und Schatten auf dem Wasser spielten. Eine Libelle schwirrte durchs Röhricht, und am jenseitigen Ufer raschelte es im hüfthohen Farnkraut.

Irgendwo schlug eine Drossel. Ich fragte mich, wie lange es her sein mochte, seit jemand diesen verwilderten Pfad benutzt hatte, und dachte an die O'Sheas und ihre stolze Tochter. Lag hier des Rätsels Lösung – der Grund, weshalb Auburn Manor sich mir zu verschließen schien, obwohl ich es so liebte? Ich ritzte mir den Handrücken an einer Weißdornhecke und starrte achtlos auf den blutigen Kratzer nieder.

Vielleicht, dachte ich, war dies das Los der Reichen: daß sie die Häuser anderer Leute kauften und bewohnten, ohne sie wirklich zu besitzen. Konnte man so ein altes Haus, dem Generationen einer Familie ihren Stempel aufgedrückt hatten, überhaupt mit Geld erwerben?

Ich setzte mich auf die Steinmauer, verwirrt und unsicher gemacht durch meine eigenen Gedanken. Was war in mich gefahren? Ich hatte gutes Geld für Auburn Manor bezahlt, die volle Summe, ohne zu feilschen. Es war ein ehrliches Geschäft gewesen. Wenn die O'Sheas ihren Besitz verschleuderten, mußte er an einen anderen übergehen, der ihn mehr schätzte und sich um seine Erhaltung kümmerte.

Ich nahm mein Taschentuch, um mir das Blut vom Handrücken zu wischen; da sah ich zu meinen Füßen ein Rosenblatt im Moos liegen. Es war blaßrosa und noch ganz frisch.

Also benutzte doch noch jemand diesen alten Pfad. Und dieser Jemand war Michael O'Faolain. Weshalb trug er die Rosen durch den Park? Und wohin brachte er sie?

Ich stand auf und ging weiter durchs dichte Farnkraut. Welche vernünftige Erklärung konnte es dafür geben, daß der Gärtner einen Korb voller Kletterrosen auf Schleichwegen fortbrachte? War es ein alter Brauch? Bei den Iren konnte man das nie so genau wissen. Sie glaubten ja auch noch an ein Unsichtbares Volk, an Geisterwesen in Dornbüschen, an Banshee, die Todesfee.

Ich beschleunigte meine Schritte. Etwas bewegte sich hinter einer Eiche, die einen Bart aus Efeuranken trug. Ich hörte schwere Atemzüge, blieb stehen und wartete, während der Gärtner sich näherte.

Er hielt den Kopf gesenkt und sah mich erst, als er nur mehr wenige Schritte von mir entfernt war. Der Korb an seinem Arm war leer. Ich fühlte mich erleichtert, als ich merkte, daß er über mein plötzliches Auftauchen nicht erschrak.

»Sie sind's, Sir«, sagte er. »Sehen Sie sich nur richtig um. In dieser Wildnis haust noch das Kleine Volk; wer Augen hat, es zu sehen, und Ohren, es zu hören, der weiß es.« Sein Gesicht war ernst und verschmitzt zugleich. Ich wußte nicht, was ich von seiner plötzlichen Redseligkeit halten sollte.

»Es lebt in Dornbüschen, nicht?« fragte ich lächelnd.

Wir gingen nebeneinander her, den Pfad zum Haus zurück. »Überall«, sagte er. »Überall leben sie, die Feen, aber sie kommen nur nachts aus ihren Verstecken. Das können Sie schon bei Séamas O'Sullivan nachlesen:

From our hidden places
By a secret path
We come in the moonlight
To the edge of the green rath.«

Es war schön, ihm zuzuhören, wie er dieses Feengedicht so schlicht und selbstverständlich vortrug.

»Aha«, sagte ich schließlich, »sie bevorzugen also Geheimpfade. Und das hier ist wohl ein Geheimpfad?«

»So könnt' man ihn nennen.«

»Ein Pfad, auf dem man Rosen fortträgt?«

Er sah mich ruhig von der Seite an. »Die alte Schreckschraube, diese McPherson, hat's Ihnen wohl gesagt«, murmelte er. »Sie sind mir also nachgegangen.«

Ich schüttelte den Kopf. »Nein, Mr. O'Faolain. Ich mißtraue Ihnen nicht, glauben Sie mir. Es ist nur ... Ich war neugierig und konnte mir nicht erklären, was Sie mit den Rosen vorhatten.«

Er lehnte sich einen Augenblick gegen die Steinmauer, um Atem zu holen. »Nun, Sie können mir ja kündigen«, sagte er herausfordernd. »Ich werde nämlich nicht aufhören, diese Rosen abzuschneiden und fortzutragen. Jedenfalls nicht, solange sie blühen.«

Ich starrte ihn verwirrt an. »Aber warum ... Ich meine, natürlich können Sie die Rosen abschneiden. Nur – wollen Sie mir nicht sagen, wohin Sie sie bringen?«

»Diese Rosen gehören Ihnen nicht, Sir.«

Eine heiße Welle des Zorns stieg in mir hoch. Er sagte mir nur, was ich noch vor kurzem fast an der gleichen Stelle gedacht hatte; doch ich ertrug es nicht, daß ein anderer es aussprach.

»Soll das heißen, daß mir Auburn Manor Ihrer Meinung nach nicht gehört?« fragte ich laut.

Er lächelte leicht. »Nun habe ich Sie also doch einmal aus der Ruhe gebracht. Dachte schon, Sie wären ein Stockfisch. Nein, Sir, das Haus haben Sie gekauft – wenn's auch eine Schande ist«, fügte er leiser hinzu.

»Eine Schande?« fragte ich, noch immer in Verteidigungsstellung.

Er schüttelte den Kopf. »Nehmen Sie mir's nicht übel, aber alte Häuser sollten nicht den Besitzer wechseln, das ist meine Meinung. Doch dafür können Sie nichts. Sie haben gutes Geld für Auburn Manor bezahlt, und ich glaube, es ist Ihnen ans Herz gewachsen. Aber die Rosen hat die Miss selbst gepflanzt. Es ist ihre Lieblingssorte, deshalb. Diese Rosen gehören ihr. Ich bringe ihr jeden zweiten Tag einen frischen Strauß davon an die Westpforte, wenn sie vorüberreitet.«

»Die Miss?« sagte ich.

»Miss Angharad, Sir.«

Ich sah ihn an und fühlte einen Moment das Bedürfnis, zu lachen. Die stolze Angharad O'Shea kam also regelmäßig zur Parkmauer von Auburn Manor, um ihre Rosen abzuholen.

Es klang lächerlich und traurig zugleich.

13

Schon in Limerick hatte der Himmel eine grauschwarze Färbung angenommen, und kurz vor Ennis brach der Sturm los. Innerhalb kürzester Zeit waren die Straßen wie leergefegt. Gischtschauer überzogen die Windschutzscheibe meines Wagens, und die Scheibenwischer schafften es kaum, die Sicht freizuhalten. Ich verringerte das Tempo und überlegte, ob ich in Ennis haltmachen und einen Drink im »Brass Inn« nehmen sollte, bis das Unwetter vorüber war; doch dann fuhr ich weiter. In Auburn Manor wartete man mit dem Tee auf mich, und ich freute mich auf ein Feuer im Kamin.

Ich war schon im Begriff, von der Straße abzubiegen und das Parktor zu passieren, als ein Windstoß die Regenflut wie einen Vorhang teilte. Plötzlich sah ich, daß etwa fünfzig Meter entfernt ein mächtiger Baum auf dem Asphalt lag.

Ich bremste vor der Toreinfahrt. Der umgestürzte Baum konnte bei diesen schlechten Sichtverhältnissen schon dem nächsten Autofahrer zum Verhängnis werden. Es war wohl am besten, wenn ich zum Haus fuhr und sofort die Polizei verständigte. Oder sollte ich besser zuerst versuchen, irgendein Warnzeichen aufzustellen?

Ein neuerlicher Windstoß fegte über den Park. Zwischen dem

dunklen Gewirr der Äste und Zweige des umgestürzten Baumes bewegte sich etwas Weißes.

Mit einem Satz war ich aus dem Wagen und lief im Regen die Straße entlang. Der Sturm heulte in meinen Ohren, der Wind stemmte sich mit Macht gegen mich. Es war wie in einem Alptraum – ich hatte das Gefühl, keinen Schritt vorwärtszukommen. Doch schließlich erreichte ich den Baum.

Es war die alte Eiche, die dicht neben der Parkmauer gestanden hatte. Ihre Wurzeln hatten ein großes, klaffendes Loch in die Mauer gerissen.

Blätter und Zweige wirbelten mir entgegen. Die Regentropfen schmerzten wie tausend Nadelstiche auf der Haut. Ich hielt eine Hand schützend vor die Augen und spähte zwischen den Fingern durch. Ja, hinter dem gestürzten Baumriesen bewegte sich undeutlich ein großer Schatten.

Ich rief, doch der Wind riß mir die Laute von den Lippen und trug sie mit sich fort. Mühsam kämpfte ich mich durch Steine, Äste und Holzsplitter, kletterte über den nassen, von Moos und Flechten überzogenen Stamm. Es war ein Versuch, unter Wasser zu gehen – in einem aufgewühlten Meer, umgeben von Gischt.

Wieder kam mir der Wind zu Hilfe. Eine heulende Bö fegte aus dem Tal herauf über den Hügel und trieb die Regenflut fast waagrecht vor sich her. Das, was sich dort neben dem Baumwipfel bewegte, war kein Mensch.

Keuchend rang ich nach Atem, wischte mir mit dem Handrükken über die Stirn und blieb mit dem Hosenbein an einem dürren Ast hängen. Das knorrige Gezweig griff nach mir wie die Fangarme eines Polypen; ich stürzte, zerkratzte mir die Hände, zerriß mir die Hose und rappelte mich wieder hoch.

Ganz in meiner Nähe übertönte ein Laut das Heulen des Sturmes. Ein Pferd wieherte schrill und angstvoll.

Wo ein Pferd war, mußte auch ein Reiter sein ... Ich hoffte zu Gott, daß er nicht unter dem zentnerschweren Baumriesen begraben lag.

Schnell – ich mußte schnell weiter; doch tausend feindselige Hindernisse versperrten mir den Weg. Wieder schlug ich hin. Diesmal schrammte ich mir das Gesicht an der rauhen Rinde des Stammes auf und versuchte vergebens, wieder hochzukommen. Noch einmal hörte ich das Pferd wiehern.

Ein frischer Windstoß fegte über den Baum hinweg. Als er die andere Seite des Hügels erreichte, verklang das Brausen. Ich versuchte meinen rechten Fuß zu befreien, der sich in einer Astgabel verklemmt hatte.

»Nur langsam«, sagte plötzlich eine helle Stimme dicht neben mir. »Vorsichtig. Hier ist meine Hand. Nehmen Sie sie. Ich helfe Ihnen.«

Ich hob den Kopf. Undeutlich sah ich die Umrisse einer schlanken Gestalt, die sich über mich beugte. Eine kräftige Hand faßte die meine mit festem Griff und zog mich hoch.

»Das Pferd«, keuchte ich. »Hier war doch eben noch ein Pferd. Ich glaube, man muß dem Tier helfen. Und der Reiter ... Sind Sie das?«

»Ja, es ist meine Stute. Sie ist schon wieder in Ordnung, hat nur gescheut, als der Baum hinter uns umstürzte. Jetzt hat sie sich wieder beruhigt.«

Eine Frauenstimme. Nun sah ich auch die Silhouette des Pferdes; das angstvolle Glühen der Tieraugen durchdrang die dichten Regenschleier.

Endlich kam ich wieder auf die Füße.

Sie ließ meine Hand los und begann plötzlich zu lachen. Es war ein seltsam wildes Lachen, das irgendwie nicht zu dieser Situation paßte. Schon die Tatsache, daß sie mir geholfen hatte, unerschrokken wie ein Mann, stürzte mich in Verwirrung. Eigentlich war ich doch hergekommen, um zu helfen.

War es möglich, daß sie einen Schock erlitten hatte? Vielleicht lachte sie deshalb so wunderlich – fast, als hätte sie Spaß an diesem Sturm.

»Ein richtiger Hexensabbat, nicht?« rief sie. Der Wind fing sich in ihrem langen schwarzen Haar und wirbelte es kerzengerade in die Höhe.

Ja, ein richtiger Hexensabbat, und diese seltsame Frau schien mir ein Teil davon. Nur der Besen fehlte ihr. Die Szene kam mir plötzlich unwirklich vor. Ich straffte die Schultern und sagte laut: »Wir müssen die Polizei verständigen.«

Sie ging auf ihr Pferd zu, und ich sah, daß sie fast ebenso groß war wie ich. »Ja. Haben Sie einen Wagen dabei? Sonst könnte ich nach Ennis reiten?«

»Nein, nein«, erwiderte ich und stolperte hinter ihr her. »Sie dürfen nicht länger in diesem Unwetter bleiben. Hören Sie, ich wohne hier. Sie können mitkommen und sich vors Feuer setzen, während ich die Polizei anrufe. Einen Stall für Ihr Pferd habe ich auch.«

Sie hatte den unruhig tänzelnden Schimmel am Zügel gefaßt.

Nun drehte sie sich mit einer heftigen Bewegung um und fragte: »Sie wohnen hier?«

Ich wollte antworten, als ein Blitz aufzuckte und alles um uns her in grelles Licht tauchte.

Heute weiß ich, daß es ein Zeichen war – wie immer man auch über solche Dinge denken mag. Dicht vor mir sah ich ihr nasses Gesicht, das triefende Haar. Eine pechschwarze Locke klebte an ihren Lippen. Sie war sehr blaß; etwas wie Haß flackerte in ihren blauen Augen.

Da schlug der Blitz krachend ein. Die Straße erzitterte unter unseren Füßen. Ich stand da, sagte nichts und wußte nur, daß ich diesen Augenblick nie vergessen würde. Der Blitz hatte eingeschlagen. Ich war sein Opfer.

Wieder war alles in Dunkel getaucht. Der Regen ließ nach. Die junge Frau wiederholte scharf: »Sie wohnen hier? In – Auburn Manor?«

Noch immer begriff ich nichts. Stolz wie ein Narr erwiderte ich: »Ja, in Auburn Manor. Es ist nicht weit von hier. Kommen Sie mit, ich werde –«

Von da an ging alles so rasch, daß es vorüber war, ehe ich richtig begriff, wie mir geschah. »Niemals!« schrie sie. »Niemals, hören Sie!« Sie zerrte so gewaltsam am Zügel, daß ihr Pferd entsetzt zur Seite sprang. Dann schwang sie sich geschmeidig wie ein Indianer in den Sattel.

Ich stürzte vorwärts, ohne recht zu wissen, was ich damit bezweckte. Im nächsten Moment zischte ihre Reitgerte dicht vor mir durch die Luft. Der Schimmel wieherte schrill, stieg, wurde mit eiserner Hand gebändigt und jagte in rasendem Galopp die Straße entlang, dem Hügel zu.

War der Peitschenhieb für mich oder das Pferd bestimmt gewesen? Ich wußte es nicht und sollte es niemals erfahren.

14

Ich konnte nicht schlafen, obwohl ich erschöpft war und mich am ganzen Körper zerschlagen fühlte. Zusammen mit drei Männern aus Ennis hatte ich bei nicht nachlassendem Regen und beginnender Dunkelheit zwei Stunden lang geschuftet, um die Eiche von der Straße wegzubringen.

Einen der Männer, Sergeant Collins, kannte ich bereits flüchtig.

Er hatte mir vor einigen Wochen bei den Formalitäten für die Ummeldung geholfen. Während die beiden Hilfspolizisten nach Ennis zurückfuhren, kam er noch mit mir ins Haus, um sich bei einem Glas Grog aufzuwärmen. Wir saßen nebeneinander vor dem Feuer; Brendan hatte gerade den Grog gebracht, da beugte sich Collins zu mir herüber und sagte: »Sehen Sie mal, was ich gefunden habe, Sir. Es lag unter einem Ast auf der Straße. Beinahe wäre ich draufgetreten. Hab's gerade noch rechtzeitig glitzern sehen.«

Ich starrte wie gebannt auf den Ring in seiner Hand: ein kleiner, rechteckiger Smaragd in altmodischer Fassung.

»Lang kann er dort noch nicht gelegen haben, sonst wär' er längst von Autoreifen plattgedrückt worden.« Collins machte ein nachdenkliches Gesicht. »Scheint mir ziemlich wertvoll zu sein. Ich kenne keine Lassie – hm – keine Frau hier in der Gegend, die einen solchen Ring haben könnte.«

Aber ich kannte eine. Zögernd sagte ich: »Als ich heute nachmittag nach Hause kam und den umgestürzten Baum entdeckte, traf ich dort auf eine junge Frau.«

Sergeant Collins schaute mich über sein Glas hinweg erstaunt an. »Das wußte ich nicht, Sir. Eine Frau? Ist ihr etwas passiert?«

Ich schüttelte den Kopf. »Nein. Sie war völlig in Ordnung, als sie wegritt.«

»Als sie wegritt? Wollte sie zum Reitstall?«

Ich trank von meinem Grog, um Zeit zu gewinnen. Eigentlich war ich ganz froh über dieses Gespräch. Vielleicht konnte ich von Collins einiges erfahren.

»Nein, das glaube ich nicht. Sie ritt in die entgegengesetzte Richtung – auf einem Schimmel.«

Der Sergeant legte den Ring auf die Tischplatte, wo er mit leisem Klirren hin und her schaukelte. Der Smaragd blitzte auf, als ein Lichtstrahl ihn traf.

»Auf einem Schimmel? Wie sah sie aus?«

Ich fuhr mir mit der Zungenspitze über die trockenen Lippen. Wie sollte ich sie beschreiben? Wie hatte sie ausgesehen? Wie ein Geschöpf aus einer anderen Welt, aus einer alten Sage . . .

»Groß und schwarzhaarig. Blaue Augen«, sagte ich nüchtern. »Kennen Sie sie?«

Er nickte und erwiderte ebenso nüchtern: »Ja, ich glaube schon. Eine Schönheit, nicht wahr? Angharad O'Shea hat schwarzes Haar und blaue Augen. Und sie reitet einen Schimmel.«

Angharad O'Shea ... Ich hatte es geahnt. Unruhig warf ich mich in meinem Bett von einer Seite auf die andere. Das also war der Grund. *Niemals,* hatte sie gesagt. Auburn Manor war ihr Heim gewesen, bis ich kam. In ihren Augen war ich hassenswert, ein Feind.

Ich dachte an die Kinderzeichnung, die alte Schaukel im Goldregenbaum. An die Puppe, die Rosen.

Aus der Tiefe der Halle drangen die Schläge der Standuhr zu mir herauf. Die Efeuranken tappten gegen die Fensterscheibe. In welchem Raum dieses Hauses mochte sie gewohnt und geschlafen haben? Mrs. Appleton fiel mir ein, ihr Urteil über Roger O'Shea. Er hatte seinen Besitz verschleudert. Es war nicht meine Schuld. Ich hatte Auburn Manor rechtmäßig erworben.

Immer wieder sagte ich es mir vor, doch es überzeugte mich nicht. Der Haß in Angharad O'Sheas Augen kannte keine Vernunft.

Angharads Augen. Plötzlich, nach so langer Zeit, erinnerte ich mich wieder an das Wäldchen hinter dem Haus meiner Eltern. Früh im Jahr hatten dort die ersten Veilchen geblüht. Später, als wir in die Stadt zogen, drückte ich mir oft die Nase an den Schaufenstern der Blumenläden platt. Das tiefe Blau der Veilchen hatte mich stets an mein früheres Zuhause erinnert. So blau waren Angharad O'Sheas Augen.

Ich war lange nicht mehr so müde gewesen, und doch konnte ich nicht schlafen. Gedanken und Erinnerungen tauchten auf. Wieder schlug die Uhr in der Halle. Ich richtete mich auf und tastete nach der Lampe. Das Licht blendete mich, doch das Zimmer blieb voller Schatten. Ich war es doch gewöhnt, allein zu sein. Einsamkeit war der Gesellschaft von Menschen wie Christine und ihresgleichen bei weitem vorzuziehen.

Barfuß ging ich zum Fenster und spähte hinaus. Der Park von Auburn Manor war in Finsternis getaucht. Nur mein eigenes Gesicht spiegelte sich im Widerschein des Lampenlichts in der Scheibe. Der Regen tropfte eintönig von den Bäumen.

Frierend kehrte ich ins Bett zurück. Der Ring auf dem kleinen Konsoltisch glitzerte. Ich nahm ihn in die hohle Hand und betrachtete ihn wieder. Sie hatte schmale Finger. Das Weißgold des Reifs war an manchen Stellen schon dünn und abgewetzt. Ein Familienerbstück vermutlich.

Zögernd legte ich ihn wieder auf die Konsole. Morgen würde ich zu den O'Sheas fahren und den Ring zurückbringen, wie ich es Collins versprochen hatte. Sie konnten nicht wissen, daß nicht ich ihn gefunden hatte, sondern der Sergeant, und daß er sich erboten hatte, ihn abzuliefern. Als ich etwas von »längst fälligem Antrittsbesuch» murmelte, ließ er den Ring hier; offenbar war er froh, daß ich ihm den Weg ersparte.

Ich streckte die Hand aus, um die Lampe zu löschen, und verspürte plötzlich den verrückten Wunsch, den Ring zu nehmen, die Finger darum zu schließen und so dazuliegen, bis ich einschlief.

Es war lächerlich. Ich war kein Kind mehr und der Ring kein Teddybär. Ich löschte das Licht und drückte das Gesicht in die Kissen. Ich konnte mich nicht erinnern, die Einsamkeit je zuvor so deutlich gefühlt zu haben wie in jener Nacht.

15

Die Straße war schmal und holprig. Sie führte zwischen mannshohen Hecken und Wällen aus lose aufgeschichteten Steinen entlang, vorbei an einem verlassenen Haus mit zerbrochenen Fensterscheiben und eingesunkenem Dach. Bachstelzen und Rotkehlchen flogen vor mir auf; ein paar zottige Schafe verstellten mir blökend den Weg. Ich bremste und wartete, bis sie zur Seite gingen.

Hinter der Brücke hatten Zigeuner – Tinker – am Rand der Moorwiese ihr Lager aufgeschlagen. Zwei zerlumpte Jungen balgten sich am Lagerfeuer. Über dem Wald ballten sich dunkle Wolken.

Weit und breit keine menschliche Behausung. Ich bremste und warf einen Blick auf die Karte. Sergeant Collins hatte mir den Weg erklärt; ja, ich war richtig gefahren. Zwei Meilen weiter mußte ich an eine Abzweigung kommen, die zu einem Eichengehölz führte.

Eine Amsel flötete irgendwo in den Bäumen und verstummte, als ich etwas später erneut haltmachte und aus dem Wagen stieg. Das Haus war eleganter, als ich es mir vorgestellt hatte – niedrig, mit kleinem Säulenportal, zu dem eine Freitreppe führte. Die hohen Sprossenscheiben glänzten.

Niemand schien meine Ankunft bemerkt zu haben. Im Haus rührte sich nichts, doch plötzlich entstand Bewegung im Nebengebäude. Ein Pferd streckte den Kopf über die Halbtür und sah zu mir herüber. Es war der Schimmel.

Ich ging zum Stall. Die Stute beschnupperte meine Hand und sah mich aus sanften Augen an. »Braves Mädel«, sagte ich. »Kennst du mich noch?«

Sie zupfte am Ärmel meiner Tweedjacke. Unvermittelt spitzte

sie die Ohren und hob den Kopf. Ich blickte mich zum Haus um; flüchtig hatte ich den Eindruck, als bewegte sich hinter einem der Fenster im ersten Stock ein Vorhang.

Eine Klingel gab es nicht, dafür wie auf Auburn Manor einen Türklopfer aus Messing in Form einer Sphinx. Ich hörte, wie der Klopfton durchs Haus hallte, und merkte, wie meine Handflächen feucht wurden. Irgendwo bellte ein Hund.

Ein verhutzeltes Weiblein mit weißer Spitzenhaube öffnete mir. Ihr schwarzes Seidenkleid raschelte. Sie hatte Apfelbäckchen und ähnelte einer als Kammerzofe verkleideten Maus aus Beatrix Potters Märchenbildern.

»Mein Name ist Hagen«, sagte ich. »Frank Hagen. Könnte ich Mr. O'Shea sprechen?«

Ihre Augen huschten mit erschrockenem Ausdruck über mein Gesicht. »Oh«, piepste sie, »der Herr ist nicht zu Hause. Aber Mrs. O'Shea ... Wollen Sie nicht hereinkommen, Sir?«

Sie öffnete die Tür weit und bat mich, in der Halle zu warten. Mit heftigem Röckerascheln trippelte sie davon.

Das Hundegebell wurde lauter. Ich sah mich neugierig um. Die Halle ähnelte einem Möbellager. Schöne antike Stücke standen dicht aneinandergedrängt. Es roch nach Hunden, Pferdestall, Tabak, und dazwischen war ein anderer, mir flüchtig vertrauter Duft. Lavendel? Nein, Rosen vielleicht – eine ganz bestimmte Sorte Rosen.

Türen schlugen; ich versenkte die Hände in den Jackentaschen und fragte mich, ob *sie* zu Hause war. Was würde sie sagen? Würde der erste Eindruck einer normalen, alltäglichen Begegnung standhalten? Vielleicht hatte mir der Sturm nur etwas vorgegaukelt. Wieder dachte ich an ihren haßerfüllten Blick, und der Ring grub sich schmerzhaft in meine Handfläche.

Jemand kam die Treppe herunter. Am Schritt hörte ich, daß es eine Frau war. Langsam wandte ich den Kopf und erhob mich aus dem abgeschabten Ledersessel. Es war nicht Angharad.

Eine ältere Dame im blauen Kleid, das graue Haar im Nacken zum Knoten gefaßt. Sie war nur mittelgroß, wirkte aber durch ihre schlanke Gestalt und die aufrechte Haltung größer.

»Mr. Hagen?« sagte sie mit kühler, beherrschter Stimme. »Ich freue mich, Sie kennenzulernen. Leider ist mein Mann gerade unterwegs.«

Ich beugte mich über ihre Hand und murmelte, daß ich es bedauere, sie so unangemeldet zu überfallen.

»Das macht durchaus nichts. Kommen Sie und trinken Sie eine

Tasse Tee mit mir«, sagte sie. »Diese Halle ist so dunkel und ungemütlich.«

Ich folgte ihr über die Treppe nach oben. An den Wänden hingen alte Ölbilder dicht gedrängt nebeneinander, Porträts von Frauen und Männern mit stolzen Gesichtern und tiefblauen Augen. Bilder, die eigentlich nach Auburn Manor gehörten.

Im Flur des ersten Stockes gab ein Fenster, das bis zum Boden reichte, den Blick aufs Moor frei. In der Ferne stieg eine Rauchsäule zum Himmel.

Mrs. O'Shea war meinem Blick gefolgt. »Es ist einsam hier«, sagte sie und fügte rasch hinzu: »Aber wir haben uns daran gewöhnt.«

Sie ähnelte ihrer Tochter nicht im mindesten. Ihr Gesicht war schmal und ebenmäßig; sie hatte ernste graue Augen und einen ruhigen Blick.

Hinter einer der Türen bellte und scharrte es; als Mrs. O'Shea öffnete, kam ein Irischer Setter japsend auf den Flur gestürzt.

»Sitz, Deirdre! Sitz, sage ich!«

Ich streckte lächelnd die Hand aus. »Sie wird mir nichts tun«, sagte ich. »Ich bin es gewöhnt, mit Hunden umzugehen.«

Deirdre – ein seltsamer Name für eine Hündin! Gab es da nicht ein altes irisches Märchen? Deirdre von den Schmerzen... Sie kam langsam auf mich zu und beschnupperte meine Hand. Der vertraute Geruch des Schimmels schien sie zu beruhigen. Sie ließ es zu, daß ich ihr den Hals tätschelte, und folgte uns in Mrs. O'Sheas Zimmer.

Auch dieser Raum war überfüllt, doch auf anheimelnde Weise – mit Mahagonitischen, kleinen Kommoden, Windsorstühlen, Teppichen, Bildern und einer Unmenge Kleinkram. Auf dem Sessel am Fenster lag eine Stickerei; die Stockuhr auf dem Kaminsims tickte leise.

»Nehmen Sie doch bitte Platz«, sagte Mrs. O'Shea und griff nach dem altmodischen Klingelzug. Ich wartete, bis sie sich gesetzt hatte, und ließ mich mit dem Rücken zur Tür nieder.

»Sie haben bisher in Deutschland gelebt, höre ich? Fühlen Sie sich denn wohl in Irland?«

»Ja«, sagte ich. »Sehr sogar.«

Sie lächelte. »Es ist ein wunderbares Land für Individualisten. Was führt Sie zu uns, Mr. Hagen?«

Ehe ich antworten konnte, öffnete sich die Tür. Ich drehte mich verstohlen um. Das Hutzelweiblein stand auf der Schwelle, jetzt zusätzlich mit einer Spitzenschürze bekleidet.

»Bringen Sie uns Tee, Bridget«, sagte Mrs. O'Shea. »Möchten Sie vielleicht auch Gebäck oder ein Sandwich?«

»Vielen Dank, Madam, Tee genügt.« Als das Mädchen wieder verschwunden war, begann ich hastig: »Ich hoffe, Sie verübeln mir nicht, daß ...« Nein, das konnte ich nicht sagen. Ihr ruhiger Blick lag abwartend auf meinem Gesicht. Von neuem begann ich: »Ich bin hergekommen, um Ihnen etwas zurückzubringen. Ja, das ist der Grund für meinen Besuch.« Sie faltete die Hände im Schoß.

»Haben wir etwas in Auburn Manor zurückgelassen?«

»Nein«, sagte ich und dachte flüchtig an die Puppe. »Jedenfalls nichts von Bedeutung.« Ich stockte. »Gestern nachmittag hat der Sturm die alte Eiche an der Parkmauer gefällt. Sie ist auf die Straße gestürzt.«

»Die alte Eiche?« wiederholte sie. »O ja, sie war längst morsch. Ich habe Roger schon vor Jahren gesagt ...« Diesmal unterbrach sie sich und vollendete den Satz nicht. »Es ist doch hoffentlich niemand verletzt worden?«

Ich schüttelte den Kopf. »Nein, glücklicherweise nicht. Aber ... Sehen Sie, als ich den Schaden bemerkte, begegnete ich dort einer jungen Frau, Ihrer Tochter.«

»Meine Tochter?« Sie beugte sich vor und sah mich überrascht an. Endlich kam ein wenig Leben in ihr Gesicht. »War sie mit Bonny unterwegs?«

»Mit Bonny?«

»Bonny heißt ihr Pferd. Sie ist also mit Ihnen zusammengetroffen. Das wußte ich nicht.« Sie runzelte die Stirn und sah nachdenklich vor sich hin.

Ich holte den Ring aus der Tasche. »Gehört dieser Ring Ihrer Tochter?«

Sie warf einen raschen Blick auf das Schmuckstück in meiner Hand. »Ach ja. Ja, das ist ihr Ring. Wie schön, daß Sie ihn gefunden haben. Angharad wird froh darüber sein.«

Ich wollte gerade erklären, daß nicht ich, sondern Sergeant Collins ihn gefunden hatte, da öffnete sich wieder die Tür, und das Dienstmädchen schob den Teewagen ins Zimmer.

»Lassen Sie nur, Bridget«, sagte Mrs. O'Shea. »Ich mache das schon allein. Bitte sagen Sie Angharad Bescheid, daß Mr. Hagen gekommen ist und ihren Ring zurückgebracht hat.«

Ich saß noch immer da, hielt den Ring in der Hand und spürte, wie mich ein Schauder überlief. War es Furcht oder Spannung? Ich mußte mich zwingen, Mrs. O'Shea zuzuhören, die sagte: »Sie können ihn aufs Tablett legen.«

Klirrend blieb er auf der spiegelnden Fläche liegen; der Smaragd schickte kleine Blitze über das Silber. Deirdre, die Jagdhündin, erhob sich von ihrem Platz vor dem Kamin und schüttelte sich. Die Uhr tickte. Mrs. O'Shea goß mir Tee ein.

Sie haben zwei Söhne, nicht wahr? Sicherlich gefällt es ihnen in Auburn Manor. Der Park ist ein Paradies für Kinder.«

Ich stimmte ihr höflich zu und lauschte auf die Geräusche im Haus. Eine Tür wurde zugeschlagen, und auf der Treppe erklangen rasche Schritte. Die Hündin lief durchs Zimmer, winselte und verlangte hinausgelassen zu werden. Wieder fiel eine Tür ins Schloß, diesmal mit schwerem, dumpfem Ton. Vor dem Haus knirschte der Kies.

Mrs. O'Shea saß unbeweglich da; ihre Hände umklammerten die Armlehnen des Sessels. In diesem Augenblick wieherte der Schimmel hell und freudig.

Ich stellte meine Teetasse auf den Unterteller. Mrs. O'Shea erhob sich mit einer gemurmelten Entschuldigung, schob ihren Stuhl zurück und trat ans Fenster. Rasch streifte sie die Gardine zur Seite und sah einen Moment unbeweglich hinaus.

Die Tür öffnete sich, und die Jagdhündin stürzte ins Treppenhaus. Ich wandte mich um; wieder stand das alte Dienstmädchen auf der Schwelle. Ihre Apfelbäckchen glühten vor Aufregung, ihr weißes Spitzenhäubchen saß ein wenig schief, was ihr ein grotesk abenteuerliches Aussehen verlieh.

»Nun, Bridget?« fragte Mrs. O'Shea scharf. »Haben Sie Miss Angharad Bescheid gesagt?«

»Ja, Mylady«, murmelte sie mit niedergeschlagenen Augen. »Ich habe es ihr gesagt, aber –«

»Aber?«

»Sie wollte nicht kommen ... Ich meine, sie konnte nicht.«

Die Ärmste nestelte mit zitternden Händen an ihrer Schürze, und wenn ich nicht so erstarrt gewesen wäre, hätte ich wohl Mitleid mit ihr empfunden.

Mrs. O'Shea ging ein paar Schritte auf sie zu. »Sie wollte nicht? Was soll das heißen?«

Bridget schluckte. Dann erwiderte sie tapfer: »Sie wollte nicht kommen, Mylady. ›Verflucht soll ich sein, wenn ich da hineingehe, Briddy‹, hat sie gesagt. Und dann hat sie ihre Reitgerte genommen und ist aus dem Haus gestürzt.« Die Alte floh nun ihrerseits aus dem Zimmer, und wieder erinnerte sie mich an eine verängstigte Maus.

Mrs. O'Shea straffte die Schultern. »Mr. Hagen, ich muß mich bei Ihnen entschuldigen«, sagte sie. »Es tut mir leid, aber meine Tochter war schon immer ziemlich aufbrausend. Ich kann es nicht ändern. Und sie ist alt genug, zu tun, was sie für richtig hält.«

Ich stand auf. »Das macht nichts«, sagte ich ebenso mühsam wie sie. »Bestellen Sie Ihrem Mann Grüße von mir. Es tut mir leid, daß ich ihn nicht angetroffen habe. – Nein, bitte, bemühen Sie sich nicht. Ich finde allein hinaus.«

Sie streckte die Hand aus, und ich ergriff sie. »Es ist nicht Ihre Schuld, daß wir von Auburn Manor fort mußten«, sagte sie unvermittelt.

Ich nickte. »Aber es ist bequemer, einen Fremden dafür verantwortlich zu machen, nicht?«

»Bequemer?« wiederholte sie. »O mein Gott, Sie wissen ja nicht...« Sie verstummte plötzlich, vergrub die Hände in den Taschen ihrer Strickjacke und ging an mir vorbei zur Tür.

15

Bei meiner Rückkehr saß Martin auf der alten Schaukel im Goldregenbaum. Malwine, die Krähe, hockte auf seiner Schulter und zupfte ihn liebevoll am Haar. Die beiden waren ein unzertrennliches Paar geworden: Wo Martin war, konnte Malwine nicht weit sein. Sie schlief auf einer Stange neben seinem Bett, und er brachte sie sogar zu den Mahlzeiten mit. Ich hatte mich längst an ihren gierigen roten Schlund gewöhnt, ihre blinkenden Augen und ihr glänzendes Gefieder.

»Hallo, Paps«, sagte Martin und sprang auf den Boden. Malwine krächzte mißtönend, flatterte erschrocken hoch und krallte sich sofort wieder an seinem Pullover fest. »Hast du Chris getroffen?«

Nein, das hatte ich nicht. »Warum?« murmelte ich geistesabwesend, während ich mich wieder und wieder fragte, weshalb ich Sergeant Collins den Ring nicht selbst zurückbringen ließ. Auch dem alten Gärtner hätte ich das Schmuckstück übergeben können, brachte er ihr doch fast täglich die Rosen – meine Rosen.

Ich hätte mir eine Demütigung erspart. Es war nicht anders zu erwarten gewesen. Angharad O'Shea hatte bei unserer ersten Begegnung deutlich genug gezeigt, was sie von mir hielt. Nein, nicht von mir: von dem Mann, der Auburn Manor gekauft hatte.

Martin brachte mich sehr plötzlich auf den Boden der Tatsachen zurück. »Ich glaube, er wollte ausreißen«, sagte er.

»Wer?« Ich starrte ihn an. »Ausreißen? Chris?« Das war zuviel für einen Tag. »Verdammt nochmal! Sag sofort, was passiert ist! Heraus mit der Sprache! Was soll der Unsinn? Habt ihr gestritten?«

Er runzelte die Stirn. »Nö, gar nicht. Ich weiß selber nicht genau, was passiert ist. Es war wohl etwas mit dem Pferd – Eileen Aroon, oder wie es heißt. Du weißt schon, heute hatte er doch Reitstunde.«

Ich packte ihn am Ärmel. »Ja, ja, natürlich, aber wie kommst du darauf, daß er ausgerissen ist?«

»Ich hätte dir eigentlich nichts verraten dürfen.« Martin machte ein trotziges Gesicht. »Aber ich habe ihm nicht mein Ehrenwort gegeben. Dann ist's ja kein Vertrauensbruch, oder?«

Ungeduldig schüttelte ich den Kopf. »Wohin ist er gegangen? Was hat er gesagt?«

»Gesagt hat er nicht viel. Geheult hat er. Und dann ist er in sein Zimmer gegangen und hat seine Zahnbürste in das rotkarierte Hemd und die Jeans gewickelt, und . . . hm, aus der Speisekammer hat er noch was genommen. Dann ist er mit der schwarzen Tasche abgezogen; mit der großen, die eigentlich dir gehört, weißt du. Aber wohin er gehen wollte, hat er nicht gesagt.«

Ich riß den Wagenschlag auf. »In welche Richtung ist er verschwunden?«

Er zögerte. »Du mußt es mir sagen, hörst du, Martin? Chris hat doch keinen Penny mehr! Sein ganzes Taschengeld für diesen Monat hat er schon für Karotten, Kekse und Eis ausgegeben.«

»Na ja . . . Ich bin ihm heimlich bis zum Parktor nachgeschlichen. Deshalb hab' ich gesehen, daß er nach links gegangen ist.«

Nach Ennis also, oder zumindest in diese Richtung. Allerdings gab es auf dem Weg zur Stadt etliche Abzweigungen. Ich ließ den Motor an, wendete so rasch, daß der Kies unter den Rädern hervorspritzte, und sah Martins ratloses Gesicht im Rückspiegel. Warum hatten die Jungen so wenig Vertrauen zu mir? Weshalb war Chris einfach davongelaufen, statt zu mir zu kommen? Hatte ich nicht versucht, den beiden zu zeigen, daß ich keiner von den furchteinflößenden, übermächtigen Erwachsenen war? Der bittere Geschmack auf meiner Zunge verstärkte sich. Ich hatte Glück in Geschäftsdingen, das stimmte; alles, was ich anpackte, gelang. War es mein Schicksal, in menschlichen Beziehungen Schiffbruch zu erleiden – immer und immer wieder? Mit zusammengebissenen Zähnen fuhr ich durch die Allee und passierte die Toreinfahrt.

Vorbei an der Reitschule – drei Pferde grasten friedlich auf der Weide. Ich nahm mir nicht die Zeit, auszusteigen und mich beim Reitlehrer zu erkundigen, was heute nachmittag vorgefallen war. Zuerst mußte ich meinen Jungen finden.

Eine kleine Seitenstraße führte rechts den Hügel hinauf, an einem strohgedeckten Cottage vorbei und auf ein verlassenes Haus zu, das unter Efeuranken fast erstickte. Hinter diesem Haus mündete die Straße in einen Feldweg; bis hierher war ich einmal spazierengegangen und dann umgekehrt.

Einem plötzlichen Impuls folgend, bog ich nach rechts ab und fuhr über den aufgeweichten Boden am Cottage vorbei. Eine erschreckte Hühnerschar floh gackernd vor dem Wagen, und ein Esel sah mir über den Zaun hinweg mit stoischem Gleichmut entgegen.

Am Efeuhaus kam ich nicht weiter. Hier endete die Straße; zur Linken führte ein schmaler, steiniger Pfad den Hügel hinauf. Ich stellte den Motor ab. Weit und breit war kein Mensch zu sehen, den ich fragen konnte, ob ein halbwüchsiger Junge mit einer großen schwarzen Tasche vorbeigekommen war. Langsam stieg ich aus und sah mich um. Die Grillen zirpten, und von den Wiesen kam der süße Duft blühenden Klees und frischen Grases.

Rasch ging ich die kleine Anhöhe hinauf, am Efeuhaus vorbei, und näherte mich der verkrüppelten Eiche am Feldrand. Knapp zwei Meter über dem Boden befand sich eine Narbe im Baumstamm. Ich setzte den rechten Fuß hinein, griff nach einem der knorrigen Äste und zog mich hoch. Es ging leichter, als ich geglaubt hatte.

Minuten später hatte ich einen Ast erreicht, der stark genug schien, um mein Gewicht zu tragen, und hoch genug, um die Wiesen überblicken zu können.

Der Pfad führte zwischen kleinen, von Hecken eingefaßten Feldern hindurch. Die Landschaft ähnelte einem schlecht zusammengefügten Puzzlespiel. Hinter einem brennend roten Fuchsienstrauch bewegte sich etwas zwischen den Steinmäuerchen. Ich beschattete die Augen mit der Hand und beugte mich vor, so weit es ging. Der Ast knackte unter meinem Gewicht.

Ja, sie kamen näher. Ein alter Mann, dessen gebeugte Gestalt mir seltsam bekannt vorkam; sein graues Haar leuchtete in der Sonne. Neben ihm ging ein Junge. In der einen Hand trug er eine schwarze Tasche, mit der anderen hielt er ein Pferd am Zügel.

Es war Chris, und er führte ein Pferd mit sich. Erst als ich genauer hinsah, merkte ich, daß das Tier lahmte.

Krach! Gerade noch rechtzeitig warf ich mich herum und klammerte mich am Baumstamm fest. Der Ast, auf dem ich saß, gab ächzend nach. Morsche Eichen schienen seit kurzem mein Schicksal zu sein. Mit einem Sprung landete ich wieder auf festem Boden. Nun wußte ich auch, wer Chris begleitete: Michael O'Faolain, unser Gärtner.

Die Spitze des geknickten Astes hatte sich ins Gras gebohrt. Ich fuhr mir mit gespreizten Fingern durchs Haar, um Holzmehl und Rindenstückchen zu entfernen, und ging den beiden entgegen. Wie mochte Chris zu dem Pferd gekommen sein? Und was hatte der alte O'Faolain mit der Sache zu tun?

Bis jetzt hatten mich die beiden noch nicht entdeckt. Ich setzte mich an den Wegrand, lehnte den Kopf gegen den Steinwall und schloß die Augen. Meine Hände zitterten noch immer.

Seltsam – sie schienen zu singen. Zuerst trug mir der Wind nur abgerissene Töne zu, dann aber hörte ich es deutlicher. Der Gärtner hatte einen klaren, weichen Bariton, in den sich Chris' helle Knabenstimme mischte.

Ich hob den Kopf und lauschte. Chris, der weinend von zu Hause weggelaufen war, sang – konnte der alte Mann Wunder vollbringen? Was sangen sie? Der klirrende Hufschlag des Pferdes auf dem steinigen Weg dröhnte in meinen Ohren, doch langsam, während sie näherkamen, verstand ich auch die Worte des Liedes:

»I knew a valley fair,
Eileen Aroon!
I knew a cottage there,
Eileen Aroon!
Far in that valley's shade
I knew a gentle maid,
Flower of hazel glade,
Eileen Aroon!«

17

Die Abenddämmerung brach schon herein, als der Tierarzt sich von mir verabschiedete und in seinen Wagen stieg. Ich wandte mich zur Treppe, da öffnete sich die Haustür, und Chris kam mir entgegen.

»Was hat er gesagt?« fragte er atemlos.

Ich blieb stehen und legte ihm die Hand auf die Schulter. »Die Stute braucht ein paar Tage Stallruhe. Das vordere Fesselgelenk ist geschwollen, aber das geht bei guter Pflege bald zurück. Dr. O'Rouke kommt morgen noch einmal vorbei. Und denk daran, Eileen Aroon darf vorerst kein Körnerfutter bekommen.«

»Darf ich ihr wenigstens ein bißchen Gebäck bringen?« fragte Chris.

Ich lächelte. »Sicher, das schadet ihr bestimmt nichts. Komm mit, wir gehen in den Stall. Die Stute ist ja ganz allein in einer völlig neuen Umgebung und freut sich, wenn du kommst.«

Glückselig lief er voraus. Ich folgte ihm langsamer und fragte mich, ob das alles wirklich an einem einzigen Tag geschehen war. Der Zufall hatte mir die Entscheidung, ob ich dem Jungen ein Pferd kaufen sollte, abgenommen.

Elektrisches Licht gab es nicht im alten Stall von Auburn Manor, aber der Gärtner hatte neben der mittleren Box eine Laterne aufgehängt, die ein trübes, mildes Licht verbreitete. Als ich über die Schwelle trat, stand Chris bei Eileen Aroon und lehnte seine Stirn an ihren Hals. Sie beschnupperte ihn liebevoll.

Ich setzte mich auf den Rand des Futtertroges und sah zu, wie Chris seine Stute mit Mrs. McPhersons selbstgebackenen Plätzchen fütterte.

»Übrigens mußt du dich noch genau erkundigen, wie man ein Pferd pflegt, und welches Futter es braucht«, sagte ich schließlich.

Er nickte eifrig. »Ja, der Reitlehrer hat mir versprochen, daß ich gleich morgen früh zu ihm kommen darf. Dann zeigt er mir alles genau.«

»Heute hat sich Mr. O'Faolain ausnahmsweise um Eileen Aroon gekümmert. Er wird ihr auch in Zukunft täglich ein bißchen Grünfutter bringen. Aber paß selbst auf, daß kein Klee dabei ist. Verwelktes Grünfutter führt leicht zu Koliken, merk dir das. Ich habe die Stute getränkt, während der Tierarzt hier war. Das Wasser darf nicht zu kalt sein; neun bis zwölf Grad sollte es haben. Du kannst das Thermometer aus dem Badezimmer nehmen.«

Er sah bewundernd zu mir auf. »Woher weißt du das alles?«

»Oh, als ich klein war, habe ich mich auch sehr für Pferde interessiert«, erwiderte ich. »Aber meine Eltern konnten mir keines kaufen. Dafür las ich dann eine Menge Bücher über Pferdezucht. Das hat mir Spaß gemacht, weißt du.«

Er wandte den Blick nicht von meinem Gesicht. »War Eileen Aroon sehr teuer?« fragte er plötzlich leise.

»Keine Angst, mein Junge, so schlimm war es nicht. Aber sie ist ein Rassepferd, und du mußt mir versprechen, sie gut zu pflegen. Darf ich ab und zu auch auf ihr reiten? Und wie ist's mit Martin?«

Er nickte. »Freilich dürft ihr das.« Chris kletterte aus der Box und setzte sich neben mich auf die Futterkrippe, während die Stute schnaubend nach Kuchenkrümeln suchte. Schüchtern fügte er hinzu: »War Mr. Costelloe vom Reitstall sehr böse, weil ich Eileen Aroon einfach mitgenommen habe?«

»Nein«, sagte ich. »Aber er meinte, du hättest lieber vorher zu ihm kommen sollen. Weißt du, nicht alle Erwachsenen sind so verständnislos wie du denkst.«

Ich hatte mich fast eine Stunde lang mit dem Besitzer des Reitstalles unterhalten. Er liebte seine Pferde und hatte den Amerikaner sofort an die Luft gesetzt, der Eileen Aroon so gehetzt hatte, daß sie sich das Fesselgelenk zerrte. Ich verstand sehr gut, wie Chris zumute gewesen sein mußte, als er auf dem Weg zur Reitschule den amerikanischen Touristen sah, der die Stute brutal mit Sporen und Peitsche vorwärtstrieb.

Ich strich über den glänzenden Hals des Pferdes. »Leider gibt es zu viele gewalttätige Menschen auf der Welt, Chris. Aber glücklicherweise trifft man auch immer wieder andere, denen man vertrauen kann. In Zukunft weißt du hoffentlich, daß du nicht auszureißen brauchst, wenn du nicht mehr weiter weißt. Es gibt immer jemanden, zu dem man gehen kann – mich oder Mr. O'Faolain oder die Leute vom Reitstall zum Beispiel.«

Er griff nach meiner Hand. »Ja, Paps«, erwiderte er. »Jetzt weiß ich es. Wie gut, daß ich Mr. O'Faolain unterwegs getroffen habe. Er ist furchtbar nett, nicht?«

»Ja, das ist er. Und klug dazu. Er kennt viele alte Sagen und Gedichte –«

»– und Lieder«, vervollständigte Chris. »Von ›Eileen Aroon‹ zum Beispiel weiß er nicht nur den englischen Text, sondern auch den alten irischen. Ich hab' kein Wort davon verstanden, aber es klang schön.«

Ich starrte in das trübe Licht der Stallaterne und dachte an ein hochgewachsenes Mädchen mit schwarzem Haar und blauen Augen. »Ja, es ist ein wunderbares Lied. Morgen singst du es mir noch einmal vor, magst du? Und jetzt gehen wir schlafen. Eileen Aroon ist sicher müde. Sie hat einen schweren Tag hinter sich, genau wie wir.«

Chris sah mich bittend an. »Darf ich . . . Darf ich vielleicht heute nacht ausnahmsweise hier schlafen?« stammelte er. »Da oben liegt noch eine Menge Heu. Ich könnte es herunterholen und mich vor die Box legen. Dann ist Eileen Aroon nicht so allein.«

Ich zögerte. Sein Gesicht brachte mir die Erinnerung an meine eigene Kindheit zurück. Wie oft hatte ich mir ausgemalt, wie schön es sein müßte, ein eigenes Pferd zu haben und bei ihm im Stall zu schlafen.

»Gut«, sagte ich. »Heute nacht, ausnahmsweise. Aber zieh zwei Paar Socken übereinander an, die Trainingshose und den wärmsten Pullover, den du hast. Und nimm dir Decken mit.«

Er machte einen Luftsprung und raste mit Indianergeheul aus dem Stall.

18

In den folgenden Wochen wurde ich von einer starken Unruhe ergriffen, die mich nicht losließ. Rastlos streifte ich durchs Haus, machte Pläne für eine elektrische Heizung und neue Badezimmer. Vor über drei Jahren hatte ich mir das Rauchen abgewöhnt; nun kaufte ich mir eines Nachmittags in Ennis kurzentschlossen ein paar neue Pfeifen und begann wieder zu rauchen.

Aktenstücke und Geschäftsberichte stapelten sich auf meinem Schreibtisch, doch ich brachte es nicht fertig, mich hinzusetzen und sie durchzusehen. Die Post einer ganzen Woche lag ungeöffnet daneben. Täglich umkreiste ich den Schreibtisch wie ein Hund seinen Widersacher, beobachtete, wie der Stapel zu einem kleinen Berg anwuchs, und drehte ihm immer wieder den Rücken zu.

Miss Bone saß mit Chris und Martin in der Bibliothek. Die Jungen hatten heute ihre letzte Stunde vor Ferienende. Ich hatte sie bereits an der High School in Ennis angemeldet und spielte mit dem Gedanken, ihnen dort zusätzlichen Sprachunterricht geben zu lassen, da ich Miss Bones neugierig zuckende Nasenspitze gründlich satt hatte. Sämtliche Tricks, ihr auszuweichen, erwiesen sich als unzureichend; sie besaß ein besonderes Talent, mir aufzulauern. Jedesmal, wenn sie vor mir auftauchte und ihre Raffzähne zu einem hingerissenen Lächeln entblößte, sank meine Laune für den Rest des Tages auf den Nullpunkt.

Auch heute hatte sie es wieder geschafft, mir über den Weg zu laufen. Ich stieß einen Seufzer aus, wandte mich vom Schreibtisch ab und trat ans Fenster. Nachdem vormittags eine Serie von Regenschauern niedergegangen war, brach nun die Sonne immer wieder zwischen den Wolken hervor. Der Rasen vor dem Haus dampfte, und über den Baumwipfeln des Parkes wölbte sich ein schwacher Regenbogen.

Plötzlich bemerkte ich eine Bewegung am Rand der Allee. Unter den Eiben ging ein Mann; ich kannte ihn nicht. War es ein Bettler? Nein, dieser Mann sah nicht nach einem Bettler aus. Seinem Gang, seiner aufrechten, lässigen Haltung haftete das unerklärliche Fluidum des »freien Mannes« an. Ein seltsam altmodischer Ausdruck, doch er kam mir unwillkürlich in den Sinn, als ich beobachtete, wie der Fremde sich näherte.

Er hatte die Hände in die Taschen seiner Jacke vergraben und bewegte sich ohne besondere Eile. Plötzlich merkte ich, daß er genau auf die Stelle zuging, wo die Zweige eines Ilexstrauches tief herabhingen. Sie konnten jedem, der unvorbereitet diesen Weg entlangkam und den Blick nicht hob, ins Gesicht schnellen und ihn mir ihren stachligen Blättern verletzen. Ich hatte mir schon öfter vorgenommen, O'Faolain Bescheid zu sagen oder die Zweige selbst abzuschneiden, es jedoch immer wieder vergessen.

Schon wollte ich das Schiebefenster öffnen und dem Fremden eine Warnung zurufen, da sah ich, daß der Mann rechtzeitig einen Bogen machte und den Ilexzweigen auswich, ohne auch nur den Kopf zu heben.

Er war also früher schon einmal im Park von Auburn Manor gewesen. Vielleicht war es ein Bürger von Ennis; ein Beamter oder irgendein Lieferant.

Wieder brach die Sonne zwischen den Wolken durch, schimmerte auf den Lorbeerbüschen und beleuchtete den Kopf des Fremden. Als ich sein schwarzes Haar aufglänzen sah, wußte ich, daß hier der eigentliche Herr von Auburn Manor die Allee entlangkam.

Ich trat einen Schritt zurück. Er sollte nicht sehen, daß ich am Fenster stand und ihn beobachtete. Weshalb kam Roger O'Shea zu mir? Wollte er sich nur bedanken, weil ich den Ring seiner Tochter zurückgebracht hatte? Wenn das seine Absicht war, hätte er früher kommen müssen.

Wieder überfiel jenes idiotische Zittern meine Hände; ich griff nach einer Pfeife und suchte den Tabaksbeutel zwischen den Papieren auf dem Schreibtisch. Der Türklopfer dröhnte mit dumpfem Schlag gegen das Holz. Ich setzte mich in den Ledersessel und begann meine Pfeife zu stopfen.

Ich hatte es beinahe geschafft, mir einzureden, daß ich nichts mehr mit den O'Sheas zu tun haben wollte. Warum ließen sie mich nicht in Frieden?

Ein Klopfen an der Tür des Arbeitszimmers. Ich biß die Zähne zusammen, daß der Pfeifenstiel knackte. Es war Brendan.

»Mr. O'Shea wünscht Sie zu sprechen, Sir«, sagte er. »Wollen Sie ihn hier oben empfangen?«

Ich sah auf und ärgerte mich ausnahmsweise nicht über seine steife Art. »Ja. Führen Sie ihn bitte herauf.«

Die Tür wurde geschlossen; seine Schritte entfernten sich über den Flur, die Treppe. Was wollte Roger O'Shea von mir? Ich bezweifelte, daß er aus purer Höflichkeit kam; es schien mir nicht zu der Vorstellung zu passen, die ich mir von diesem Mann gemacht hatte.

Wieder klopfte es. »Mr. O'Shea, Sir.«

Ich ging ihm entgegen, und wir schüttelten uns die Hände.

»Nehmen Sie doch Platz, Mr. O'Shea. Möchten Sie etwas trinken?«

»Gern. Whiskey mit ein wenig Soda, bitte«, erwiderte er.

»Und Sie, Sir?«

»Das gleiche; danke, Brendan.«

Dann saßen wir einander gegenüber. Er mochte schon in den Fünfzigern sein, sah jedoch jünger aus. Ein Mann, nach dem man sich wohl heute noch umdrehte – groß und sehnig, mit gebräuntem Gesicht und kühnen blauen Augen. Er trug sein schwarzes Haar länger, als man es von einem Mann seines Alters erwartete.

»Tut mir leid, daß ich Sie so überfalle«, sagte er leichthin. »Ich kam gerade vorbei – hatte eine Panne mit meinem Wagen, knapp eine Meile von hier.«

»Oh, das tut mir leid. Kann ich Ihnen irgendwie helfen? Soll ich eine Werkstatt anrufen und Sie nach Hause bringen?«

Er schüttelte lachend den Kopf. »Nicht nötig, vielen Dank. Ich werde mich später selbst darum kümmern. Es ist nichts von Bedeutung; schien mir nur eine gute Gelegenheit, bei Ihnen vorbeizuschauen.«

Brendan hatte das Tablett gebracht. O'Shea griff nach seinem Glas und leerte es auf einen Zug. »Ordentlicher Whiskey«, sagte er. »Paddy?«

Ich nickte und beobachtete, wie er sich umsah. »Ich bin froh, daß Sie Geschmack haben. Ich hatte schon befürchtet, hier würde irgendein Neureicher einziehen und sich mit viel Plüsch und Hausbars in alten Beichtstühlen umgeben.«

Höflich stimmte ich in sein Gelächter ein. Plötzlich wußte ich den Grund für sein Kommen. Seit jener Zeit, als das Geschäft meines Vaters einen so unerwarteten Aufschwung nahm und ich ein reicher Mann geworden war, hatte ich genügend Erfahrung gesammelt, besaß eine Art sechsten Sinn für bestimmte Dinge, die in der Luft lagen. Früher oder später würde er damit herausrücken. Wie ich mein Gegenüber einschätzte, würde es auf sehr selbstbewußte, unbekümmerte Art geschehen.

»Meine Frau hat mir von Ihrem Besuch erzählt. Tut mir leid, daß ich damals nicht zu Hause war.« Er holte nun ebenfalls seine Pfeife aus der Tasche, suchte nach seinem Tabak und nahm dann etwas von dem meinen. »Bei allem Patriotismus, der englische Tabak ist doch am besten – da können wir Iren nicht konkurrieren.«

Wieder trat eine kurze Pause ein, bis er seine Pfeife gestopft und angezündet hatte. Dann lehnte er sich bequem im Sessel zurück und fuhr fort: »Wir sind Ihnen wegen des Ringes natürlich sehr zu Dank verpflichtet. Angharad ist manchmal recht nachlässig. Der Ring stammt noch von meiner Großmutter.«

»Nicht ich habe ihn gefunden, sondern ein Polizist; Sergeant Collins. Er sah ihn auf der Straße liegen, als wir die Eiche wegschafften.«

»Ach so?« murmelte er, während ich ihm erneut nachschenkte. »Danke. Na, dann wird Angharad wohl bei ihm vorbeischauen und ihm –« Er unterbrach sich und lachte ohne Verlegenheit. »Ja, nachlässig und heißblütig, das ist sie, meine Lassie.«

Ich erwiderte nichts, zog nur an meiner Pfeife und sah ihn an.

»Ach, Sie wissen wohl gar nicht, was Lassie bedeutet? Es ist die irische Koseform für Mädchen.«

Ich sagte: »Vermutlich kann Ihre Tochter mir nicht verzeihen, daß ich Auburn Manor gekauft habe?«

Er schmunzelte leicht, doch sein aufmerksamer Blick entging mir nicht. »Nein... Ja, vielleicht ist es so«, erwiderte er dann ehrlich. »Aber wie gesagt, man darf ihre Ausbrüche nicht zu ernst nehmen. So war sie schon als kleines Mädchen. Einmal schenkte ich ihr eine Amethystkette, ohne meine Frau vorher zu fragen. Die Kette gehörte Morag; da sie Angst hatte, das Kind könnte das Schmuckstück verlieren, verlangte sie's zurück. Daraufhin sprach Angharad wochenlang kein Wort mit ihrer Mutter – so lange nicht, bis sie die Kette endlich doch bekam. Ich glaube, sie haßte meine Frau damals beinahe. Sie hätten sehen sollen, wie sie Morag anschaute! Acht Jahre war der kleine Teufel damals.«

»Und auf Sie war sie nicht böse? Ich meine, Sie hatten ihr die Kette schließlich geschenkt, obwohl sie Ihnen nicht gehörte«, sagte ich kühl.

Er zuckte mit den Schultern. »Nein, eigentlich nicht. Wissen Sie, ich bin sozusagen ihre einzige Schwäche – war es immer schon. Mit Ausnahme von Auburn Manor natürlich.«

Ich beobachtete ihn und fühlte eine unerklärliche Abneigung in mir aufsteigen. »Mit Ausnahme von Auburn Manor«, wiederholte ich.

»Ja«, sagte er. »Auburn Manor liebt sie mehr als alles andere auf der Welt, glaube ich. Seltsam, dieses Mädel – aber das hat sie wohl von ihrem Großvater geerbt.«

Nun konnte ich mich nicht länger beherrschen. »Und doch haben Sie den Besitz verkauft?«

Er griff nach seinem Whiskeyglas. »Ja; die Umstände zwangen mich gewissermaßen dazu.« Mit angespanntem Gesicht beugte er sich vor. »Sie halten mich für eine leichtsinnige Spielernatur, nicht wahr? Nun, vielleicht haben Sie recht. Ein Mann wie Sie hat wohl kaum Verständnis dafür, daß man sich von Leidenschaften leiten läßt.«

Vielleicht stimmte das. Mein Leben war bisher in sehr geordneten, vernünftigen Bahnen verlaufen. Leidenschaft hatte mich niemals getrieben. Christine – das war ein kurzes, nicht einmal besonders heftiges Strohfeuer gewesen, ein Irrtum, den ich nur zu bald bereute. Doch auch diese Reue schlug niemals in leidenschaftlichen Haß um; kalte Abneigung war alles, was ich jahrelang empfunden hatte. Zum erstenmal kam mir der Gedanke, daß vielleicht auch Christine von mir enttäuscht worden war.

Roger O'Shea sagte: »Nein, Sie sind wohl nicht aus diesem Holz geschnitzt. Sie gehen auf Nummer Sicher, das ist Ihre Art, nicht wahr? Und Sie haben Erfolg damit gehabt. Ich dagegen habe immer wieder alles auf eine Karte gesetzt und meistens verloren. Aber ich vertraue stets von neuem auf mein Glück. Als ich endlich sah, wohin es steuerte – daß ich Auburn Manor aufs Spiel setzte –, war es schon zu spät.«

Ich war von seiner Offenheit seltsam berührt. Plötzlich wirkten seine blauen Augen nicht länger unbekümmert; sein Mund bildete eine harte Linie. Mehr zu sich selbst gewandt, fuhr er fort: »Dabei habe ich mich nie als wirklicher Besitzer von Auburn Manor gefühlt. Das Gut gehörte nicht mir allein. Es gehörte meiner Familie. Mein Vater, jeder meiner Vorfahren, war eine Art Besitzer auf Zeit und hatte die moralische Verpflichtung, Auburn Manor für seinen Nachfolger zu erhalten. Auch ich hätte die verdammte Pflicht gehabt, es für meine Tochter zu erhalten.« Er lachte bitter. »Sehen Sie, so schleppt auch der leichsinnigste

Bursche ein paar hübsche, dicke Schuldgefühle mit sich herum.«

»Tut mir leid«, sagte ich. »Verzeihen Sie, daß ich Sie falsch eingeschätzt habe.«

Er nickte mir zu. »Schon gut, Sie haben mich ganz richtig eingeschätzt. Solche Anfälle von Selbstkritik habe ich – leider oder glücklicherweise – höchst selten.« Er schlug die Beine übereinander und nahm wieder einen kräftigen Schluck Whiskey. »Und damit Sie gleich beruhigt zu Ihrem anfänglichen Urteil über mich zurückkehren können, möchte ich Ihnen jetzt den Zweck meines Besuches verraten: Ich wollte mir Geld von Ihnen leihen.«

Er beobachtete mich interessiert. Wahrscheinlich erwartete er eine ihm schon vertraute Reaktion – Schrecken, Verblüffung, offene Ablehnung. Doch ich war längst auf diese Wendung vorbereitet.

»Wieviel?« fragte ich nur.

Zum erstenmal kam es mir vor, als betrachtete er mich mit einem gewissen Respekt. »Fünftausend Pfund«, sagte er ruhig. »Soviel brauche ich, um mir die Gläubiger vom Hals zu halten. Bitte sagen Sie mir Ihre Bedingungen. Ich zahle natürlich Zinsen – wenn's nicht gerade Wucherzinsen sind.« Wieder verzog sich sein Gesicht zu jenem leichtfertigen Grinsen, doch nun wirkte es etwas gezwungen.

Ich hatte mir im Laufe meines Lebens eine gewisse Härte angeeignet, die man im Umgang mit Geld unwillkürlich bekommt, wenn man es nicht schneller wieder verlieren will als man es erworben hat. Doch ihn wollte ich nicht demütigen; zu sehr erinnerten mich seine Augen an jemanden, den ich eigentlich zu vergessen hoffte.

»Zinsen nehme ich nicht«, sagte ich und wußte sehr gut, daß ich damit vermutlich eine große Dummheit beging. Ich riskierte auf diese Weise, daß er immer wieder kam und um Geld bat. Andererseits hatte ich auch keine Lust, mich als Moralapostel aufzuspielen und ihn zu ermahnen oder warnen, daß dies die erste und letzte Hilfe sei, die er von mir zu erwarten hätte. Das hatten wohl andere vor mir schon zur Genüge getan; mir würde es ebensowenig gelingen, ihn von seiner Wettleidenschaft zu heilen.

»Zahlen Sie es zurück, wenn Sie können.«

Nun war er blaß unter der Sonnenbräune. Ich glaube, es wäre leichter für ihn gewesen, wenn ich ihn abgewiesen oder verächtlich behandelt hätte.

»Ich habe noch Grundbesitz hier in der Gegend«, sagte er schließlich. »Genügt Ihnen das als Sicherheit?«

Ich nickte und holte einen Zettel aus der Schreibtischschublade. »Unterschreiben Sie mir diesen Schuldschein, dann gebe ich Ihnen einen Scheck über fünftausend Pfund.«

Er unterzeichnete, ohne den Schuldschein richtig anzusehen. »Wer weiß, vielleicht mache ich schon nächste Woche einen Riesengewinn und kann Ihnen alles auf einen Schlag zurückgeben«, sagte er, und seine alte Lässigkeit kehrte zurück. »›Tipperary Pride‹ ist zur Zeit mein Geheimtip.«

»Na, hoffentlich bringt er Ihnen Glück«, erwiderte ich lachend, während ich den Scheck ausschrieb. »Obwohl ich schon oft gehört habe, daß man dann das meiste Pech hat, wenn man am dringendsten Geld braucht.«

Er steckte den Scheck in seine Brusttasche. »Das mag schon stimmen, aber Sie wissen nicht, wie gut ›Tipperary Pride‹ ist. Wenn ich so reich wäre wie Sie, würde ich den Gaul kaufen. Rennpferde sind ein gutes Geschäft.«

»Wenn man etwas davon versteht, vielleicht. Haben Sie selbst einmal Pferde gezüchtet?«

»Ja, früher – vor langer Zeit. Angharad hätte auch das Zeug dazu. Mr. Costelloe hat mir übrigens erzählt, Sie hätten für einen Ihrer Söhne eine Stute aus seinem Stall gekauft.«

Ich nickte. »Ja, Chris war ganz vernarrt in das Pferd. Ein Amerikaner hat es lahm geritten, und mein Junge wollte mit der Stute ausreißen. Da habe ich es doch vorgezogen, ihn mitsamt Eileen Aroon hierzubehalten.«

Lachend sagte O'Shea: »Der Junge ist richtig. Aber es ist schon eine verdammte Schande, daß jeder brutale Dummkopf auf ein Pferd steigen und mit ihm machen kann, was er will.« Langsam stand er auf. »Jetzt muß ich mich endlich auf den Weg machen. Ich danke Ihnen sehr. Von nun an auf gute Nachbarschaft!«

Wir wechselten einen Händedruck, und ich ging voraus zur Tür. »Bitte grüßen Sie Ihre Frau von mir. Wollen Sie nicht doch von hier aus die Reparaturwerkstatt anrufen?«

»Die Reparaturwerkstatt?« Er sah mich verständnislos an. Dann dämmerte es ihm, und er sagte mit entwaffnendem Lächeln: »Mein Wagen ist ganz in Ordnung, wenn ich ehrlich sein soll. Die Panne war nur ein Vorwand.«

In der Halle trafen wir ausgerechnet mit Miss Bone zusammen. Ihre Stunde war beendet; sie stand vor dem Kamin und redete auf Chris und Martin ein. Den Blick hielt sie erwartungsvoll auf die Treppe gerichtet. Sie hatte wohl unsere Stimmen auf der Galerie gehört; Grund genug für sie, nicht von der Stelle zu weichen.

»Mr. O'Shea – Miss Bone«, sagte ich. »Miss Bone hat sich seit unserer Ankunft damit herumgeplagt, Chris' und Martins Englischkenntnisse zu verbessern.«

Roger O'Shea verbeugte sich, und Miss Bone legte begeistert los: »Oh, Mr. O'Shea, wie interessant, Sie endlich kennenzulernen! Sie sind doch der ehemalige Besitzer von Auburn Manor, nicht? Wie herrlich es hier ist! Sicher haben Sie und Ihre Familie es sehr bedauert, Ihren reizenden Landsitz aufgeben zu müssen!«

Ich überlegte krampfhaft, wie ich ihren Taktlosigkeiten ein Ende bereiten konnte, doch Roger O'Shea kam mir zuvor.

»Wahrhaftig«, sagte er liebenswürdig. »Wie schön, daß Sie soviel Einfühlungsvermögen besitzen, meine liebe Miss ... hm ... Miss Brown.« Dann richtete er den Blick auf Chris und Martin, lächelte sie auf seine charmante Art an und fragte: »Und welcher von euch beiden ist der Glückspilz, dem Eileen Aroon gehört?«

»Ich, Sir«, sagte Chris stolz. »Verstehen Sie etwas von Pferden?«

»Ein bißchen schon, glaube ich. Willst du mir deine Stute nicht mal zeigen?«

Chris nickte begeistert und wandte sich eifrig zur Tür.

»Sie müssen auch Malwine kennenlernen, Mr. O'Shea«, sagte Martin.

»Malwine?« Aus O'Sheas Mund klang der Name wie ein fremdartiges Gewächs.

»Ja, Malwine ist eine Krähe. Sie können sich nicht vorstellen, wie zahm sie ist, und ...«

Martin verschwand hinter seinem Bruder durch die Haustür, und Roger O'Shea folgte ihm nach einer kurzen Verbeugung vor Miss Bone und einem leichten Winken in meine Richtung.

Miss Bone starrte ihm fasziniert nach. Ihre Augen glitzerten, ihre Nasenspitze zuckte. Ob sie seine Zurechtweisung verstanden hatte, wußte ich nicht. Die Romantik dieser Situation schien sie zu überwältigen: Sie war Zeugin vom Treffen des früheren und des gegenwärtigen Besitzers von Auburn Manor geworden.

19

Seit vielen Jahren war ich nicht mehr zur Messe gegangen. Ich beabsichtigte längst, aus der Kirche auszutreten, und es war pure Nachlässigkeit, daß ich es noch nicht getan hatte. An jenem Sonntag vormittag brach ich jedoch mit meinen Gewohnheiten und fuhr mit Chris und Martin nach Ennis zur Kathedrale. Ich versuchte es vor mir selbst zu rechtfertigen, indem ich mir sagte, daß ich die Jungen nicht allein lassen konnte, wenn alle anderen Eltern ihre Kinder in die Kirche begleiteten. Miss Bone hatte mir ausdrücklich erklärt, daß jährlich zum Schulbeginn ein Gottesdienst für die Schüler und ihre Familien abgehalten wurde.

Was ich mir nicht eingestand, war, daß es andere Beweggründe gab. In einer Kleinstadt wie Ennis hatte der sonntägliche Kirchgang den Rang eines gesellschaftlichen Ereignisses, dem sich kaum jemand entziehen konnte. Während die Frühmesse wohl nur von eifrigen alten Betschwestern besucht wurde, waren zu dieser späten Vormittagsstunde vermutlich fast alle Familien von Ennis und Umgebung in der Kathedrale versammelt.

»Holst du uns nachher wieder ab, Paps?« fragte Martin unterwegs.

Ich drehte mich nach ihm um und sah, daß er einen weißen Klecks auf dem Schulterstück seiner Wildlederjacke hatte.

»Nein«, sagte ich. »Ich gehe mit in die Kirche. Schließlich kommen alle eure zukünftigen Schulkameraden mit ihren Eltern. – Martin, putz dir die rechte Schulter ab, Malwine hat sich auf dir verewigt.«

Er kicherte und zog sein Taschentuch aus der Hosentasche. »Ja, sie wollte unbedingt mitkommen. Zweimal ist sie mir nachgeflattert.«

Chris beugte sich vor. »Mann, wir müssen uns doch hoffentlich nicht überall vorstellen und mit den Leuten reden?«

»Ich glaube, es genügt, wenn wir einfach anwesend sind. Eure neuen Mitschüler werdet ihr morgen sowieso kennenlernen.«

Martin brummte etwas vor sich hin; es klang nicht sehr begeistert.

»Mir graust's!« sagte Chris aus tiefstem Herzen.

Ich parkte den Wagen hinter der Kathedrale. Die Jungen gingen ungewöhnlich gesittet dicht neben mir den Bürgersteig entlang. Sergeant Collins kam mit Frau und Kindern aus einer Seitengasse, und wir begrüßten uns über die Straße hinweg. Er führte zwei kleine Mädchen an der Hand, die große weiße Schleifen im Haar trugen.

»Propeller«, flüsterte Chris.

Martin versetzte seinem Bruder einen Rippenstoß und wisperte ebenfalls etwas. Es klang wie »die Himmelsziege!«

Ich hob den Kopf. Auf dem Vorplatz der Kathedrale löste sich eine hagere Gestalt aus der Menschenmenge und eilte uns entgegen.

»Oh, Mr. Hagen!« zwitscherte Miss Bone überschwenglich. »Wie schön, daß Sie mitgekommen sind!« Sie strich Chris und Martin mit der weißbehandschuhten Hand über die Köpfe, und die beiden zuckten zusammen. »Ich möchte Sie gleich mit einigen Eltern bekannt machen, deren Jungen in die gleiche Klasse kommen wie Ihre Söhne.«

Ich folgte ihr mit Chris und Martin im Schlepptau und lernte drei schlichte, sympathische Ehepaare kennen, die mich schüchtern beäugten; ihre Sprößlinge sahen unnatürlich adrett aus und schienen sich äußerst unbehaglich zu fühlen. Chris und Martin standen stocksteif da und versuchten sich hinter meinem Rücken zu verstecken. Glücklicherweise redete Miss Bone unablässig. »Ich habe schon zu Mr. McGillycuddy gesagt – Mr. McGillycuddy ist der Rektor unseres Gymnasiums, wissen Sie –, daß es nicht leicht für die beiden neuen Schüler sein wird, denn Englisch ist ja immerhin nicht ihre Muttersprache, nicht wahr? Aber wir sind sicher, daß die anderen Jungen sie nach Kräften unterstützen werden – nicht, das werdet ihr doch? Und ich habe zu Mr. McGillycuddy gesagt ...«

Wir erfuhren nicht mehr, was sie noch zu Mr. McGillycuddy gesagt hatte, denn endlich begannen die Glocken zu läuten.

»Oh, ich fürchte, ich muß Sie jetzt verlassen, ich bin nämlich Mitglied des Kirchenchors!« Miss Bone entblößte ihre Raffzähne. »Wir sehen uns ja wohl nach der Messe, nicht? Auf Wiedersehen also, bis später!«

Ich hoffte es nicht. Wir hielten uns etwas abseits und warteten, während die Kirchengemeinde durch das Portal strömte. Rasch musterte ich jeden einzelnen. Nur wenige Gesichter waren mir bekannt: Mr. Costelloe mit seiner Familie, der Stallknecht und eine der Reitlehrerinnen; der Zigarrenhändler, bei dem ich meine Pfeifen gekauft hatte; der Krämer; Dr. O'Rouke, das Postfräulein, die Schwestern Malloy vom Brass Inn ...

Langsam leerte sich der Vorplatz. Sie war nicht da. Irgendwo tief in meinem Innern fühlte ich dumpfe Enttäuschung, als ich zwischen Chris und Martin durch die hohe Tür in die Kirche trat.

Das allgemeine Füßescharren, Räuspern und Flüstern ging in den Klängen der Orgel unter. Wir suchten uns einen Platz in den Seitenbänken. Es roch vertraut nach Kerzenwachs, Weihrauch und Blumen. Ein blutjunger Pfarrer trat vor, und die Gläubigen knieten mit gesenkten Köpfen und gefalteten Händen in den Bänken: Menschen in schlichter, oft ärmlicher Kleidung – in alten Stoffmänteln und Kapotthütchen, die einen vergessen ließen, daß man in Paris, London und Rom jeden Herbst und Frühling eine neue Mode kreierte. Die kleinen Mädchen trugen das Haar zu dicken Zöpfen geflochten, und in unserer Nähe saß ein Junge, der aus seinem Anzug längst herausgewachsen war. Vor dem Seitenaltar neben dem Portal kniete eine alte Frau. Sie hatte ihren schwarzen Wollschal um Kopf und Schultern geschlungen. Die Perlen des Rosenkranzes glitten über ihre knochigen Finger, ihre Lippen bewegten sich leicht. Wieder setzte die Orgel ein.

Plötzlich begannen die Kerzen unter dem Marienbild des Seitenaltars zu flackern. Ein Luftzug von der Tür ...

Der Klang der Orgel wurde in meinem Ohr zum Brausen. Jemand sang, eine klare, sehr hohe und süße Frauenstimme. Das Kerzenlicht warf zuckende Schatten über die Steinfliesen des Bodens. Es war, als kämen sie lautlos, denn die Musik übertönte den Klang ihrer Schritte.

Ich hob den Kopf. Mrs. O'Shea im schwarzen Kostüm und Strohhut, ihr Mann im hellen Trenchcoat. Die Tür fiel hinter ihnen ins Schloß. Ich weiß nicht, ob sie mich bemerkten, denn ich sah ihnen nicht ins Gesicht.

Sie war dabei. Es war falsch gewesen, ihre Augen mit Veilchen zu vergleichen, denn sie waren nicht sanft. Viel eher erinnerten sie mich an edle Steine, Saphire vielleicht, so hart wirkten sie, als ihr Blick mich streifte.

Doch sonst hatte ich mich nicht getäuscht; der Sturm hatte mir nichts vorgegaukelt. Sie war so schön, wie ich vermutet hatte, ja noch schöner. Ihr schwarzes Haar bauschte sich wie eine Wolke über Stirn und Schläfen, der Kerzenschein verlieh ihrer Haut einen Perlmuttschimmer, ihre Nase war schmal und fein gemeißelt. Ich konnte den Blick nicht von ihr wenden, war wie gebannt von der stolzen Haltung ihres Nackens, der Wölbung ihrer dunklen Brauen, dem ungestümen Ausdruck ihres Gesichts.

Die Orgel verstummte, die Gläubigen begannen zu beten. Ich wartete regungslos, während sie auf mich zukam, gefolgt von ihren Eltern. Dann sah ich, wie Mrs. O'Shea die Hand ausstreckte und ihre Tochter am Arm faßte, als wollte sie sie zurückhalten. Einige Männer und Frauen wurden aufmerksam, drehten sich um und flüsterten miteinander. Immer mehr Menschen hoben die Köpfe; es war wie eine Kettenreaktion. Der Rhythmus des Gebetes veränderte sich, der Chor wurde schwächer, eine Stimme nach der anderen verstummte.

Sie kam immer näher, und ich wich ihrem Blick nicht aus.

»Paps, wer ist das?« fragte Chris leise.

Ich antwortete nicht. Nun war sie stehengeblieben. Ich sah, wie ihre Lippen sich teilten, hörte, wie sie – ohne sich umzudrehen und ohne die Stimme zu senken – sagte: »Vater, da sitzen Fremde auf unserer Bank.«

In meinem Kopf begann es zu hämmern. Hastig stand ich auf und zog Chris und Martin mit mir hoch. Nun war es völlig still in der Kirche, und aller Augen waren auf uns gerichtet. Ich konnte mir nicht erklären, weshalb mir lächerlicherweise gerade in dieser Situation ein Satz aus einem alten Märchen durch den Sinn ging: *Wer hat auf meinem Stühlchen gesessen?*

Roger O'Shea trat hastig einen Schritt vor. »Angharad!« sagte er leise. Und dann, zu mir gewandt: »Nein, bitte behalten Sie Platz. Sie konnten ja nicht wissen, daß das unser Kirchenstuhl ist. Wir setzen uns dort drüben.«

Seine Frau hielt Angharads Arm noch immer umklammert.

»Verzeihung«, sagte ich, und wieder erschrak ich vor dem Haß in ihren Augen.

Mr. O'Shea nickte mir zu und schickte sich an, weiterzugehen. Ich drückte meine Jungen auf die Bank zurück. Zögernd wandten die Leute sich wieder dem Altar zu. Doch es war noch nicht vorüber.

Eine heftige Bewegung – sie hatte sich von ihrer Mutter losgemacht. Ich sah, wie sie sich umdrehte. Der harte Klang ihrer Absätze auf dem Steinboden durchschnitt das Gebetsgemurmel. Das Portal wurde aufgestoßen und fiel mit dumpfem Krachen hinter ihr ins Schloß.

Die Kerzen flackerten heftiger denn je. Das Gebet verstummte. Jemand hustete. Ein gespanntes Seufzen.

»Amen«, sagte der Pfarrer.

20

Daß das Spießrutenlaufen unvermeidlich war, wußte ich. Ich mußte es über mich ergehen lassen, doch Chris und Martin wollte ich es ersparen. Ich schob sie im Gewühl der Menge vor mir her durch den Mittelgang zum Portal und bat sie, mir Tabak zu besorgen.

»Der Laden am Marktplatz könnte geöffnet sein. Hier ist ein Pfund, lauft los!«

Mrs. Appleton erwartete mich schon. Ihre Miene entsprach den Vorstellungen, die ich vom Gesicht einer Harpyie hatte. Sie marschierte mir zu imaginärem Trommelwirbel entgegen, die muskulösen Waden in sonntägliche Seide gehüllt. Die Menschenmenge teilte sich wie die Bugwelle vor einer Fregatte, und alle verdrehten die Köpfe nach mir.

War ich besessen gewesen, hierherzukommen – in diese Kirche, in dieses Land?

»Unerhört!« Mrs. Appleton schnaubte entrüstet. »Dieses Mädchen hat kein Benehmen! Keine Kinderstube, das habe ich immer schon gesagt. Selbstdisziplin, das ist es, was unsere Jugend braucht.« Sie ergriff meine Hand und schüttelte sie schmerzhaft. »Ich werde ihr bei nächster Gelegenheit gründlich meine Meinung sagen; jawohl, davon kann mich keiner abhalten.«

Ihre Sympathiekundgebung hatte mir gerade noch gefehlt. »Ich glaube, wir sollten die Sache nicht so aufbauschen, Madam«, sagte ich knapp.

»Jawohl, jawohl, ganz meine Meinung!« Das eifrige Gesicht des Uhrmachers lugte über Mrs. Appletons Schulter. »Die Lassie ist halt ein bißchen heißblütig; wer kann's ihr verübeln? Der eine ist'n Stockfisch, der andere 'n Hitzkopf – ist alles menschlich, sag' ich immer!« Er zwinkerte mir bedeutungsvoll zu.

Mrs. Appleton drehte sich empört um. »Herr!« sagte sie scharf. »Wer hat Sie um Ihre Meinung gebeten?«

»Niemand. Genausowenig wie Sie jemand um die Ihre gebeten hat«, sagte eine grauhaarige Dame gemütlich, die ich nie zuvor gesehen hatte.

»So is' es. Fremde sollten sich da nicht einmischen«, stimmte ihr ein drahtiger kleiner Mann zu, der wie ein Jockey aussah.

Mrs. Appleton schnappte nach Luft. Plötzlich kam mir die Komik der Situation zum Bewußtsein. Wäre jenes Vorspiel nicht gewesen, hätte ich mich bestimmt köstlich amüsiert. So aber gingen mir ihre Augen nicht aus dem Sinn. Ihr Blick war wie die Berührung einer stählernen Klinge gewesen.

Ehe die Oberstwitwe den Mund auftun konnte, um ihrer Empörung Ausdruck zu verleihen, schob sich Roger O'Shea durch die Menge und legte mir die Hand auf die Schulter.

»Tut mir leid«, sagte er herzlich. »Ich hoffe, Sie nehmen's uns nicht übel. Die Lassie ist zur Zeit ein bißchen reizbar.«

Ich lächelte ihm zu. »Ich habe die Situation selbst heraufbeschworen, fürchte ich. Nächstes Mal weiß ich jedenfalls, wohin ich mich nicht setzen darf.«

Die Kirchengemeinde nahm meine Reaktion mit Wohlwollen auf.

»So ist's recht, Sir«, sagte der Stallknecht billigend, während ein anderer scherzhaft vorschlug: »Vielleicht könnt' es nicht schaden, wenn Sie sie mal übers Knie legen würden, Mr. O'Shea?«

»Dafür dürfte es jetzt etwas zu spät sein«, erwiderte Roger gutgelaunt. »Das habe ich leider zum richtigen Zeitpunkt versäumt.«

»Die war immer ein Wildfang«, rief ein junger Mann mit Sommersprossen und rotem Haar. »Wir sind miteinander zur Schule gegangen, und einmal hat sie mich so in den Finger gebissen, daß ich genäht werden mußte.« Und er streckte nicht ohne Stolz seinen Zeigefinger in die Luft.

Mrs. Appleton äußerte ihre Meinung über Leute, die die wilde Veranlagung ihrer Kinder nicht zu zügeln wußten, doch keiner beachtete sie. Langsam zerstreute sich die Menge, lachend und schwatzend; Roger O'Shea winkte seiner Frau und schlenderte an meiner Seite über den Kirchplatz.

»Ich werde mit Angharad reden«, sagte er nach kurzem Schweigen.

Ich schüttelte den Kopf. »Nein, tun Sie das nicht. Es würde sie vielleicht noch mehr gegen mich aufbringen. Meine Ungeschicklichkeit –«

Mrs. O'Shea gesellte sich zu uns. Sie war ziemlich blaß, und ich erriet ihre Gemütsverfassung an der Art, wie sie das Gebetbuch umklammerte. Glücklicherweise machte sie jedoch keinen Versuch, sich bei mir zu entschuldigen, sondern sagte nur kurz und nicht ohne Humor: »Manchmal kann ich mir vorstellen, wie einem Huhn zumute sein muß, das einen Paradiesvogel ausgebrütet hat.«

»Eine Wildkatze, solltest du wohl besser sagen«, korrigierte ihr Mann halb lachend, halb ernst. »Genauso kommt Angharad mir manchmal vor, wenn sie ihre Krallen zeigt.«

Ich dachte kurz darüber nach, was ich von Wildkatzen wußte. Es hieß, sie ließen sich nicht zähmen. In meinen Gedanken hinein sagte Morag O'Shea: »Sie muß zu Fuß heimgegangen sein. Dort steht noch der Wagen.«

Der Weg von Ennis bis hinauf zum Jagdhaus war weit. Ich stellte mir vor, wie sie zwischen den Hecken über steinige Pfade ging und vielleicht die Abkürzung über den Torfstich nahm, durch den Wald, der »Tinkers Woods« hieß. Vielleicht lief sie barfuß durchs Heidekraut, ihr schwarzes Haar offen im Wind. Moor und Hexen – gehörte das nicht zusammen?

Ich verabschiedete mich von den O'Sheas und sah mich nach

Chris und Martin um. Sie kamen über die Church Street gerannt. Chris schwenkte eine Tüte.

»Er hatte nicht offen, aber wir haben geklopft!« riefen sie.

Ich nickte geistesabwesend. Eine Lerche schwang sich mit hellem Schrei über die Dächer und flog zur Flußwiese hinüber, wo die gelben Schwertlilien wild blühten. Die Schwestern Malloy vom Brass Inn winkten mir zu.

Ich wäre gern zu Fuß gegangen. Wohin? Nach Auburn Manor? Ich wußte es nicht. Ein seltsames Gefühl der Heimatlosigkeit überkam mich. Ich setzte mich hinters Steuer und startete. Eine magere Katze lief dicht vor dem Wagen über die Straße und verschwand in einem Hofeingang.

Es war das erstemal, daß ich jene Heimatlosigkeit verspürte. Heute ist sie mir längst vertraut geworden – ein Zustand, in den man sich fügt, weil man ihm nicht entrinnen kann. Eine Zeitlang glaubte ich, daß *sie* die Ursache dafür war, doch heute bin ich nicht mehr so sicher.

21

Ein anhaltendes Sturmtief vom Meer brachte Wind, Regen und Kälte. Innerhalb weniger Tage kam der Herbst ins Land. Der Park von Auburn Manor lag unter Regenschleiern; morgens hing der Nebel in weißen Schwaden zwischen den Baumstämmen, und der Himmel lastete grau und bleiern über dem nassen Land.

Die rauchenden Feuerstellen im Haus gaben uns einen Vorgeschmack auf den kommenden Winter. Man erklärte mir, daß Wind und Regen auf die Kamine drückten, so daß der Rauch nicht abziehen konnte, sondern die Zimmer mit Qualm erfüllte. Was da zu tun war? Nun, abwarten, bis nichts mehr auf die Schornsteine drücke. Inzwischen hieß es husten oder frieren. Wir zogen es vor, zu husten, und ich beschloß, endlich die geplante Zentralheizung einbauen zu lassen. Schon einen Tag später kamen die Heizungsmonteure ins Haus.

Der alte O'Faolain war eine Woche lang damit beschäftigt, das dichte Buschwerk im westlichen Teil des Parkes auszuschneiden. Auf meinen Rat, damit zu warten, bis das Wetter wieder besser wäre, erklärte er mir, daß er in seinem Leben schon ganz andere Arbeiten bei viel schlechterer Witterung ausgeführt hätte. Ich hielt es für klüger, ihn nicht an sein fortgeschrittenes Alter zu erinnern, und ließ ihn gewähren. Bei strömendem Regen hackte er einen Teil der Rhododendronbüsche um, die wie ein grünes Meer unter den Eschen und Erdbeerbäumen wucherten und alle anderen Pflanzen zu ersticken drohten. Chris und Martin stapften in Gummistiefeln mit Schubkarren und Spaten hinter ihm her. Ich verbot es ihnen nicht, obwohl ich eine Erkältung kommen sah; prompt lag Martin am Ende der Woche mit Fieber im Bett, und Stunden später begann auch Chris heftig zu husten und zu niesen.

Ich bereitete mich darauf vor, ein paar Tage lang Krankenschwester zu spielen. Glücklicherweise zeigte es sich, daß die rothaarige Mrs. McPherson auch ihre guten Seiten hatte. Sobald ihr zu Ohren kam, daß die beiden »Lads« krank waren (»Ich hab's ja von Anfang an gesagt. Wenn dieser alte Schwachkopf nur ein Quentchen Verstand besäße, hätte er die Jungchen ins Haus geschickt, statt sie durchs klatschnasse Gebüsch kriechen zu lassen!«), band sie ihre Schürze ab und tauchte aus den unteren Regionen auf, um die Herrschaft über das Krankenzimmer anzutreten. Martin und Chris, die zuerst heftig gegen die verordnete Bettruhe protestiert hatten, wurden sofort lammfromm, als die Köchin sie mit mütterlicher Strenge aufforderte, »keine Faxen zu machen«. Willig ließen sie sich mit Wadenwickeln, Brustwickeln, Lindenblütentee, Schweinefett, Wollschals und Fieberthermometer traktieren; was den Tee betraf, schien er mir verdächtig nach Brandy zu riechen. Da mir Mrs. McPhersons Methoden aber mehr Vertrauen einflößten als die Tabletten, die der Arzt den Jungen verschrieb, mischte ich mich nicht ein und tat so, als wüßte ich nicht, daß sie die Medizin in den Abfalleimer warf.

Sobald das Fieber gesunken war, hatte ich alle Hände voll zu tun, meine beiden Jungen zu unterhalten. Natürlich blieb es auch mir überlassen, Malwine zu versorgen, die auf einer Stange neben Martins Bett saß und Mrs. McPherson scheele Blicke zuwarf. Die Köchin behielt ihre Abneigung gegen das »gottlose Untier« für sich, um Martin nicht aufzuregen. Es war jedoch klar, daß es sich nur um einen vorübergehenden Waffenstillstand handelte. Ich schleppte Obst, Bücher und Asterix-Hefte herbei, las den Jungen vor und weigerte mich entschieden, Eileen Aroons Hufe mit alten Socken zu umwickeln und sie über die Treppe ins Krankenzimmer zu bringen.

Chris und Martin hielten mich dermaßen in Atem, daß ich den alten O'Faolain erst nach ein paar Tagen vermißte. Am Donnerstag hatte ich noch gesehen, wie er hinter der Remise welkes Laub und dürre Äste verbrannte. Die blaßrosa Rosen hingen schwer und schlaff an den Stielen, und ein Teppich aus bleichen Blütenblättern bedeckte den Rasen. Die meisten Knospen faulten, ehe sie sich entfalten konnten, und niemand war da, um die Blüten abzuschneiden und heimlich in einem Korb aus dem Park zu tragen.

Die Rosen waren es, die mich an ihn erinnerten. Als ich am Montag morgen zu dem Cottage hinter dem Eichengehölz kam, fand ich O'Faolain im Bett vor. Seine Augen glänzten fiebrig, sein Atem ging rasselnd, und das graue Haar klebte an seinen Schläfen. Kein Feuer brannte im Kamin; nichts als ein Kanten Brot und eine leere Flasche lagen neben seinem Bett.

Er hob den Kopf, als ich eintrat, und sah mir stumm entgegen.

»Sie sind krank«, sagte ich. »Warum haben Sie nicht angerufen und mir Bescheid gesagt?«

Er legte sich wieder zurück und schloß die Augen. »Ich erhole mich schon wieder. Brauche keinen Arzt.«

Es klang nicht sehr überzeugend. Ich legte ihm die Hand auf die Stirn. Sie war glühend heiß.

»Sie sind ein eigensinniger alter Dickschädel«, sagte ich, »und ein Arzt ist genau das, was Sie brauchen. Wo steht das Telefon?«

Es schien mir kein gutes Zeichen, daß er nicht länger Widerstand leistete, sondern nur auf einen kleinen Tisch in der Ecke deutete und das Gesicht erschöpft zur Wand drehte. Ich schärfte Dr. Driscoll ein, unverzüglich nach Auburn Manor zu kommen, sagte ihm jedoch nicht, daß ich eine Lungenentzündung befürchtete.

»Wie lange liegen Sie schon im Bett?« fragte ich, nachdem ich den Hörer aufgelegt hatte.

»Seit Freitag«, murmelte er. »'S ist nichts als eine harmlose Grippe.«

Ich behielt meine Meinung für mich und erkundigte mich nach dem Weg zur Küche. Vermutlich hatte er seit Tagen nichts Nahrhaftes mehr zu sich genommen, und eine heiße Fleischbrühe würde ihm guttun. Dann fiel mein Blick auf die rußige Feuerstelle. Rasch holte ich einen Korb voller Torfstücke aus dem angrenzenden Schuppen und machte ziemlich ungeschickt Feuer.

Als ich mich umdrehte, um ihn zu fragen, ob er noch irgendwo eine Wolldecke hätte, war er eingeschlafen. Ich stand eine Weile neben dem Bett und sah auf seine eingesunkenen Wangen und das spitze Kinn unter den grauen Bartstoppeln nieder. Seine Atemzüge kamen mühsam und waren von Geräuschen begleitet, die mir nicht gefielen. Ich machte mir Vorwürfe, weil er über drei Tage allein hier gelegen hatte – ohne eine Menschenseele, die sich um ihn kümmerte. War er nicht auch wie selbstverständlich zur Stelle gewesen, als ich Hilfe brauchte? Hatte ich mein gutes Verhältnis zu Chris nicht überhaupt ihm zu verdanken?

Die Küche war klein, dunkel und schmutzig. Erst nach längerer Suche fand ich die Eier in einem Verschlag neben dem Schrank. Auch hier mußte ich erst ein Feuer im Herd anzünden, ehe ich Wasser aufsetzen konnte. Es gab nichts als einen zerbeulten Blechtopf und einen rußigen Kupferkessel, und es dauerte einige Zeit, bis ich begriff, daß ich zwei Ringe aus der Herdplatte nehmen und den Kessel in die Öffnung stellen mußte. Das Wasser begann schon zu sieden, als ich feststellte, daß kein Fleisch im Haus war. Ich mußte mich also auf den Kampf mit dem Drachen einlassen und an Mrs. McPhersons Gefriertruhe gehen.

O'Faolain schlief noch immer, als ich auf Zehenspitzen die Wohnstube durchquerte. Ich legte einen Buchenklotz aufs Feuer und trat in den Regen hinaus. Kaum hatte ich die Freitreppe erreicht, da näherte sich der Wagen des Arztes schon auf der Allee.

Es war, wie ich vermutet hatte. Eine halbe Stunde später kam Dr. Driscoll zu mir in die kleine Küche, wusch sich die Hände über dem vorsintflutlichen Ausguß und sagte halblaut: »Ich hoffe, der alte Dickschädel hört etwas mehr auf Sie als auf mich. Mit einer Lungenentzündung ist nicht zu spaßen, besonders nicht in seinem Alter. Er muß ins Krankenhaus, und zwar sofort. Aber er weigert sich hartnäckig. Bitte versuchen Sie es, vielleicht haben Sie mehr Glück als ich.«

»Sie überschätzen meine Überredungskunst, fürchte ich, Doktor«, sagte ich. »Was ist, wenn er darauf besteht, hierzubleiben?«

Der Arzt runzelte die Stirn. »Dann kann ich keine Verantwortung übernehmen. Er bräuchte eine Pflegerin, und ich müßte vielleicht wochenlang täglich nach Auburn Manor kommen. Das kann er unmöglich bezahlen, und –«

Ich schnitt ihm das Wort ab. »Gut. Lassen Sie das meine Sorge sein.«

Michael O'Faolain hatte mich offenbar schon erwartet. Er maß mich mit vorwurfsvollem Blick und murmelte: »Aha, jetzt kommen Sie auch noch. Aber Sie können sich Ihre Worte sparen. Ich gehe in keine verdammte Klinik. Krankenhäuser sind Leichenhäuser, das ist ein alter Spruch. Ich ziehe es vor, daheim in meinem eigenen Bett zu sterben, wenn's sein muß. Aber merken Sie sich eines: Soweit ist's noch nicht mit mir!« Er machte ein trotziges Gesicht.

»Also gut«, sagte ich. Er hob den Kopf und sah mich überrascht an. »Sie können hierbleiben, aber Sie müssen mir Ihr Wort geben, daß Sie tun, was der Arzt und die Krankenschwester von Ihnen verlangen.«

»Krankenschwester? Welche Krankenschwester?« fragte er mißtrauisch.

»Die, die ich engagieren werde«, erwiderte ich.

»Pah, Sie bringen mir so ein herrschsüchtiges altes Weib«, sagte er matt. »Oder eine, die mir dauernd die Ohren vollquasselt. Weiber! Die können einem ganz schön auf die Nerven gehen.«

Ich versprach, eine sorgfältige Auswahl zu treffen, holte Dr. Driscoll in die Wohnstube und ließ mir genaue Anweisungen geben, wie ich den Patienten zu behandeln hatte, bis eine Krankenschwester gefunden war. Dann begleitete ich ihn zu seinem Wagen.

»Er sollte wirklich in eine Klinik!« sagte der Arzt ungehalten, als wir die Tür des Gärtnerhauses hinter uns geschlossen hatten. »Der Bursche ist eigensinnig wie ein Maulesel, und Sie scheinen ihn darin noch zu unterstützen.«

»Nein, aber ich verstehe ihn. Für einen Menschen, der sein Leben lang allein gehaust hat, muß eine Klinik ein schreckenerregender Ort sein. Außerdem müßten Sie am besten wissen, daß unter der Landbevölkerung noch immer die Überzeugung herrscht, wer einmal ins Krankenhaus muß, kommt nicht wieder heraus. Ich nehme an, das ist hier nicht viel anders als in Deutschland.«

Er antwortete nachdenklich: »Ja, da haben Sie recht. Es gibt Leute, die sich buchstäblich selbst aufgeben, wenn sie ins Krankenhaus eingeliefert werden. Vielleicht ist es wirklich besser so.« Er musterte mich prüfend. »Sind Sie sich darüber im klaren, daß Ihnen vielleicht mehr als eine Nachtwache bevorsteht? Sie werden Mühe genug haben, in dieser Gegend wenigstens eine Krankenschwester aufzutreiben, und die kann sich auch nicht Tag und Nacht um den Patienten kümmern.«

Ich nickte. »Ich weiß. Überlassen Sie das nur mir.«

Dr. Driscoll behielt recht. Es wurde mehr als nur eine Nachtwache. Mrs. McPherson bot mir zwar mit Märtyrermiene an, den Gärtner zu pflegen, wenn die Schwester abgelöst werden mußte, doch O'Faolain hatte mir schon gleich zu Anfang gedroht: »Wehe, Sie bringen mir diesen rothaarigen Drachen ins Haus, dann stehe ich sofort auf und klettere auf den höchsten Baum!« Also sagte ich ihr, es wäre mir lieber, wenn sie sich noch einige Zeit um Chris und Martin kümmerte, und schlug ein Feldbett in der Wohnstube des

Gärtnerhauses auf. Immerhin war ich dankbar, daß Mrs. McPherson ohne Murren für den Kranken kochte, auch wenn er behauptete, alles schmecke nach Stroh, und täglich nur widerwillig ein paar Bissen zu sich nahm. Die Reste schüttete ich heimlich weg, um Mrs. McPhersons Zorn nicht heraufzubeschwören.

Die ersten Nächte waren so schlimm, daß ich es mehr als einmal bereute, nicht auf den Arzt gehört zu haben. Das Fieber stieg; der alte Mann kämpfte, seine Decken loszuwerden, dämmerte vor sich hin und sprach wirres Zeug. Dann wieder jammerte er, ihm sei kalt, obwohl seine Hand in der meinen sich heiß und trocken anfühlte.

In der dritten Nacht kam die Krise. O'Faolains Zustand verschlimmerte sich, genau wie der Doktor es vorausgesagt hatte. Sein Gesicht rötete sich immer mehr, sein Puls ging erschreckend schnell. Ab und zu fiel er in unruhigen Schlummer, wachte jedoch bald ruckartig wieder auf und stöhnte wie ein gequältes Tier. Sein Kopf glühte; er befand sich in einem Zustand fiebriger Erregung, klammerte sich an meinen Arm und sah sich wild im Zimmer um. Ich hatte Schwierigkeiten, ihm seine Medizin zu geben, und versuchte es mit Wadenwickeln gegen das Fieber, wie Mrs. McPherson es mir geraten hatte. Erst gegen Morgen ging es ihm etwas besser. Als die Krankenschwester kam, legte ich mich in mein Bett und schlief wie ein Stein bis in den späten Nachmittag.

Die Pflegerin war eine wortkarge, aber warmherzige Frau. Nach der vierten durchwachten Nacht sagte sie mit Festigkeit: »Heute bleibe ich hier, Sir. Sie muten sich zuviel zu. Wollen Sie auch noch krank werden?« Sie schloß die Tür hinter sich und legte ihr Schultertuch ab.

Ich lächelte: »Kümmern Sie sich nicht um mich. Ich glaube, er ist bald über den Berg. Sehen Sie, er schläft seit einer Stunde etwas ruhiger.«

Ihre grauen Augen musterten mich prüfend. »Sie haben ihn gern, nicht?«

Hatte ich den alten O'Faolain gern? Ich hatte nie darüber nachgedacht. Jener Tag fiel mir ein, als ich auf dem schwankenden Ast der Eiche saß und den Gärtner mit Chris näherkommen sah. Und wieder war mir, als hörte ich seinen klaren Bariton im Verein mit der hellen Stimme meines Jungen das Lied von Eileen Aroon singen.

»Ja«, sagte ich. »Ich habe ihn gern.«

Die Krankenschwester schärfte mir ein, dem Patienten gegen neun Uhr seine Medizin zu geben, sah sich noch einmal mit geübtem Blick um und nahm ihr braunes Lederköfferchen vom Stuhl.

Ich hielt ihr die Tür auf und wartete, während sie ihr Fahrrad aus dem Schuppen holte. Wolkenfetzen trieben wie dichte, schiefergraue Schleier über den Himmel, und hinter dem Eichengehölz stand ein bleicher Mond. Der Wind blähte den weiten, altmodischen Umhang der Pflegerin wie ein Segel und verfing sich in ihrem Kopftuch.

»Herbst«, sagte sie ein wenig wehmütig.

Ich half ihr, das Köfferchen auf dem Gepäckträger festzuklemmen.

»Wenn das Fieber steigt, machen Sie ihm wieder einen Wadenwickel. Er hat ein starkes Herz, da kann man's schon riskieren. Hoffentlich finden Sie ein paar Stunden Schlaf. Er ist jetzt schon ein bißchen quengelig, das scheint mir ein gutes Zeichen zu sein.« Sie nickte mir zu und radelte davon.

Ich ging ins Cottage zurück. In der Wohnstube lag der Geruch von Krankheit und Fieber. Nachdem ich das Feuer geschürt hatte, setzte ich mich leise auf den Stuhl neben dem Bett. Das Korbgeflecht des alten Sessels knarrte ein wenig; Michael O'Faolains Lider zuckten, dann schlug er die Augen auf.

»Sie sind's«, sagte er und fuhr sich mit der Zungenspitze über die aufgesprungenen Lippen. »Meine Kehle ist wie ausgedörrt.«

Ich reichte ihm die Tasse mit kalten Pfefferminztee, in den ich heimlich etwas Himbeergeist gemischt hatte, und stützte seinen Kopf, während er schlückchenweise trank. Noch immer war seine Haut heiß, doch nicht mehr von jener trockenen Hitze, die mich anfangs so beunruhigt hatte.

Er legte sich ins Kissen zurück. Ich dachte schon, er wäre wieder eingeschlafen, da murmelte er plötzlich: »Bei Gott, warum tun Sie das alles für mich?«

Ich schwieg einen Augenblick; dann sagte ich: »Warum haben Sir mir Chris zurückgebracht – damals, als er von zu Hause fortlief?«

»Hab' den Jungen gern«, erwiderte er knapp.

»Trotzdem stehe ich in Ihrer Schuld.«

Er verzog das Gesicht zu einer Grimasse. »Nun, jetzt sind wir jedenfalls quitt, Sir.«

Nach einer Weile schlief er wirklich ein. Ich blieb still neben seinem Bett sitzen, horchte auf seine schweren, hastigen Atemzüge und beobachtete, wie die Dunkelheit langsam über den Boden, die Wände und Möbelstücke kroch, während der Widerschein der Flammen an der niedrigen Decke zuckte.

Ich mußte eingenickt sein, denn plötzlich fuhr ich von einem Geräusch auf. Mein erster Blick galt Michael O'Faolain. Er schlief mit offenem Mund. Ich sah auf meine Armbanduhr. Es war fast neun; Zeit, ihm seine Medizin zu geben.

Leise stand ich auf, doch ein weiterer Laut ließ mich in der Bewegung innehalten. Ein Rascheln vor der Haustür... War da ein Umriß hinter dem Fenster, dunkler als die Schatten der beginnenden Nacht?

Ich zögerte und machte einen Schritt auf die Tür zu. Die alten Eichen ächzten im Wind; von irgendwoher kam das helle, verwehte Wiehern eines Pferdes.

Ich hielt den Atem an. Jemand pochte an die Tür.

Ich habe nie an übersinnliche Wahrnehmungen und dergleichen geglaubt, und doch wußte ich, wer da vor dem Haus stand; ahnte, daß ich sie in einem verborgenen Winkel meines Unterbewußtseins erwartet hatte.

Doch zweifellos war sie nicht darauf gefaßt, mich zu sehen. Sie wich einen Schritt zurück, als ich die Tür öffnete. Der Flammenschein beleuchtete eine Hälfte ihres Gesichtes und ließ ihren Körper im Dunkeln. Ich sah ihre Augen nicht, da der Wind ihr eine Strähne des schwarzen Haares über die Stirn blies.

Ich trat zur Seite, öffnete die Tür weit und sagte ruhig: »Ich nehme an, Sie wollen Michael O'Faolain besuchen. Bitte kommen Sie herein.«

Sie stand zaudernd da, antwortete nicht, strich sich das Haar aus der Stirn. Eine Wolke verdunkelte den Mond. Einen Augenblick lang war ich sicher, daß sie sich wieder abwenden und fortgehen würde, doch da raschelte es im Zimmer hinter mir, und der Alte sagte freudig: »Sind Sie's – Miss Angharad?«

»Ja, Michaeleen. Ich bin gekommen, um nach dir zu sehen.«

Ich hatte nie geglaubt, daß ihre Stimme so weich klingen könnte. Sie ging an mir vorbei, ohne mich anzusehen, nahm seine ausgestreckte Hand in ihre beiden Hände und setzte sich auf den Rand des Bettes.

»Du hast schlimmes Fieber – warum hast du mich nicht gerufen?«

Ich erwiderte an seiner Stelle: »Er hat es vorgezogen, überhaupt niemanden zu rufen. Sagen Sie mir Bescheid, wenn Sie mich brauchen. Ich warte draußen.«

Ich nahm meine Jacke und öffnete die Tür, da sagte sie rasch: »Warten Sie noch. Wollten Sie Nachtwache halten?« Und sie deutete auf das Feldbett an der Wand.

O'Faolain nickte. »Das tut er schon fast eine Woche lang. Mich nennt er einen Dickkopf, aber er ist selbst ein eigensinniger Bursche.«

Sie sprach zu mir, sah mich dabei jedoch nicht an. »Gehen Sie –« eine kurze Pause »– ins Haus. Ich werde heute nacht hierbleiben. Ich wäre längst gekommen, wenn ich gewußt hätte ...« Sie brach ab.

Es war klar, daß sie ihr Angebot ernst meinte. Vielleicht hatte sie sogar wieder das Gefühl, ich hätte ihr etwas genommen, was eigentlich ihr zustand. So erwiderte ich nur: »Geben Sie ihm alle drei Stunden seine Medizin. Träufeln Sie zehn Tropfen auf ein Stück Zucker; das Fläschchen steht auf dem Klapptisch, der Zucker liegt daneben. Wo haben Sie Ihr Pferd gelassen?«

Schweigen; dann: »An der Westpforte.«

»Ich bringe es in den Stall.«

Sie antwortete nicht; ich deutete das als Zustimmung und schlüpfte in meine Jacke. »Noch eines«, sagte ich. »Wenn das Fieber wieder steigt, machen Sie ihm einen Wadenwickel. Essig ist in der Küche. Kennen Sie sich damit aus?«

»Ich brauche keinen Wadenwickel«, krächzte O'Faolain matt.

Sie tätschelte seine Hand. »Sei du nur ganz ruhig. Natürlich weiß ich, wie man das macht.«

Ich nickte, obwohl sie es nicht sah. »In Ordnung. Wenn etwas sein sollte – ich stelle das Telefon neben mein Bett. Also dann gute Nacht.«

Der Alte murmelte einen schläfrigen Gruß; sie schwieg. Doch es war das erstemal, daß sie mich nicht wie ihren Todfeind behandelt hatte.

23

Als ich früh am nächsten Morgen ins Gärtnerhaus kam, war sie schon fort. Ich fand, daß O'Faolain besser aussah. Er wirkte frischer und interessierte sich sogar für das Frühstück, das Mrs. McPherson wie immer für ihn in den Picknickkorb gepackt hatte.

»Ich braue Ihnen einen Kaffee«, sagte ich. »Wie haben Sie die Nacht verbracht?«

Er murmelte etwas, was ich nicht verstand, und fuhr dann lauter fort: »Hat mir gutgetan, die Miss mal wieder um mich zu haben. Sie hat Ihnen Unrecht zugefügt, Sir, aber das dürfen Sie ihr nicht übelnehmen. Es ist schwer für sie.« Er nickte zwei-, dreimal mit dem Kopf. »Ich hab' den Herrn damals gewarnt. Er behauptete, es gäbe keinen anderen Ausweg. ›Sie zerbricht daran‹, habe ich gesagt.«

Zerbrechen ... Am Verlust eines alten Hauses, eines Stückes Land zerbrechen? Es klang fast lächerlich, und doch – wenn ich an den verzweifelten Haß in ihren Augen dachte, verstand ich, was er meinte.

»Ich nehme es ihr nicht übel«, sagte ich.

»Nein, aber leicht ist's trotzdem nicht für Sie, habe ich recht? Nun«, er legte sich langsam wieder zurück, »wer weiß, wie noch alles kommt.«

Chris war schon seit einer Woche wieder aus dem Bett und brachte voll Stolz eine ziemlich kleine Forelle mit nach Hause, die er selbst gefangen hatte.

»Die ist für Michaeleen«, sagte er. »Darf ich sie ihm bringen?«

Ich war erstaunt, aus seinem Mund den gleichen Kosenamen zu hören, mit dem Angharad O'Shea den alten Gärtner anredete. Michaeleen – das Wort hatte einen zärtlichen Klang.

»Wenn ich Schwester Corley ablöse, kannst du mitkommen«, sagte ich. »Falls er deine Forelle mag, bereiten wir sie gleich miteinander in der Küche zu.«

Der Fisch wurde mit gebührender Anerkennung entgegengenommen. »Ein verdammt prachtvolles Biest!« versicherte der Gärtner. »Gerade die richtige Portion für mich. Gebacken mag ich ihn am liebsten.«

Chris brachte den Kopf kaum mehr aus dem Backrohr. »Ein verdammt prachtvolles Biest«, wiederholte er begeistert. »Fisch ist doch gesund für Kranke, oder, Paps?«

»Ja«, sagte ich. »Sehr. Aber verbrenn dir nicht die Finger.«

Während ich nach Mrs. Corleys Anweisungen den Brustwickel vorbereitete, saß Chris am Bett und beobachtete hingerissen, wie Michael O'Faolain seinen Fisch verspeiste.

»Schmeckt prima, was?«

»Ganz vorzüglich. Wo hast du den rausgeholt, mein Junge?«

»Oben, wo das Flüßchen einen Knick macht, kurz vor der Brücke. An der Stelle, die Sie mir gezeigt haben.«

»Ja, ich weiß, da ist so eine tiefe Stelle, wo sie gern stehen. Hat's lange gedauert?«

»Och, nein, höchstens eine halbe Stunde.«

Chris verschwieg, daß er vor Aufregung ins Wasser gefallen und tropfnaß nach Hause gekommen war. Ich verriet ebenfalls nichts und hoffte, daß er sich den kostbaren Fisch nicht mit einer neuen Erkältung erkauft hatte. Vorläufig hatte ich genug von Krankheiten.

Langsam erholte sich der alte Gärtner wieder. Dr. Driscoll kam seltener; die Krankenschwester erschien nur noch stundenweise. Ich klappte das Feldbett zusammen und schlief wieder in meinem Zimmer in Auburn Manor. Tagsüber aber hatte Michaeleen fast ständig Gesellschaft: Martin und Chris verbrachten den größten Teil ihrer Freizeit damit, an seinem Bett zu sitzen und sich die alten Märchen erzählen zu lassen.

Ich fürchtete, daß sie in jenen Wochen ihre Schularbeiten schwer vernachlässigten, doch was der alte Gärtner ihnen vermittelte, erschien mir mindestens ebenso wichtig – eine Lektion in Phantasie. Sie waren in der Großstadt aufgewachsen und von mehr oder weniger pflichtbewußten Kindermädchen und einer oberflächlichen Mutter erzogen worden, hatten verschiedene ebenso kostspielige wie methodische Internate besucht. Noch ein paar Jahre, und sie wären genau das geworden, was man von ihnen erwartete: nützliche, gut funktionierende Mitglieder der Gesellschaft, maßgeschneidert für die Rollen, die man ihnen zugedacht hatte.

Ich hatte genug solcher Menschen kennengelernt, um meinen Jungen ein anderes Schicksal zu wünschen. Sie sollten wirklich leben, statt ein so vorgefertigtes Dasein zu führen, das nur den finanziellen und gesellschaftlichen Erfolg zum Ziel hatte. Es mußte letztlich alles Gefühl, alle Wärme in ihnen zum Erlöschen bringen. Ich konnte die vergangenen Jahre nicht ungeschehen machen, doch es war noch nicht zu spät, ihnen andere Wege zu zeigen, und dabei konnte ich mir keinen besseren Helfer wünschen als Michaeleen O'Faolain.

Stundenlang saßen sie in seinem Cottage und lauschten den Sagen von Cuchulain, dem irischen Herkules, und von den Kindern Lirs, die in Schwäne verwandelt wurden. Er erzählte Märchen von Geistern und Unholden und von dem Volk der Feen, das nur Auserwählte sehen.

Ich gewöhnte mir bald an, mich zu ihnen zu setzen, so oft ich Zeit fand, und lauschte seinen Geschichten mit der gleichen Faszination wie meine beiden Jungen.

»Er ist ein richtiger Seanchaí, einer von der alten Sorte«, hatte mir Dr. Driscoll einmal gesagt. »Es gibt nicht mehr viele Märchenerzähler in Irland; einer nach dem anderen stirbt, und die jungen Leute lernen diese Kunst nicht mehr.«

Anfangs wunderte ich mich über die fast poetische Sprache seiner Märchen. Bald aber begriff ich, daß dieser Mann, der keine Bildung im üblichen Sinn besaß, alles hatte, was einen wirklichen Dichter ausmacht: Phantasie, Freude am Erzählen und einen untrüglichen Sinn für die Schönheit der Sprache.

Als er von der Speir-bhean, der Feenkönigin, erzählte, beschrieb er sie als »so schön, daß ein Sterblicher von ihrem Anblick geblendet wird – mit goldenem Haar, das bis zum Boden reicht, und einer Haut so weiß wie der Schaum eines Wildbachs«. Ich fragte ihn, wo er diese Formulierung gelesen hätte, da sah er mich erstaunt an und sagte: »Nirgends.« Dann legte er die Fingerspitzen an seine Brust und fügte hinzu: »Es kommt von hier – aus mir selbst.«

Ich merkte, wie Chris und Martin ihre Umwelt langsam mit anderen Augen betrachteten. Bäume waren für sie nun nicht mehr nur Holz und Laub, Büsche konnten Feenwesen als Versteck dienen, und in den Hügeln wohnten die »sidhe«, das Volk der Geister.

»Paps, meinst du, daß es die Kleinen Grünen Männer wirklich gibt?« fragte mich Chris eines Abends vor dem Schlafengehen.

Ich lächelte; sein gebräuntes Gesicht unter dem nassen Haarschopf wirkte plötzlich so kindlich. »Ich weiß es nicht«, erwiderte ich. »Wahrscheinlich hängt es davon ab, ob man an sie glaubt. Für Michaeleen O'Faolain gibt es sie bestimmt.«

24

Ich hatte mir angewöhnt, regelmäßig ins »Brass Inn« zu gehen, wenn ich etwas in Ennis zu erledigen hatte, und die Pekinesen der Wirtinnen begrüßten mich nun schon jedesmal mit hysterischem Freudengebell. Sheila, die ältere der beiden Malloy-Schwestern, schien mich besonders in ihr Herz geschlossen zu haben. Sie komplimentierte mich stets zum Ehrenplatz am Kamin und überschüttete mich mit einem Wortschwall, bei dem es meistens um ihre neuesten Gelegenheitskäufe auf Auktionen ging. Zwar sah sie genauso aus, wie man sich eine Durchschnittsengländerin mittleren Alters vorstellt, doch ihre Erzählfreudigkeit ließ auf reinste irische Abstammung schließen.

Bald merkte ich, daß sie über den neuesten Stadtklatsch stets bestens informiert war. Die O'Sheas schienen nach wie vor im Mittelpunkt des Interesses zu stehen, und Rogers Wettleidenschaft wurde allgemein mit großer Nachsicht beurteilt.

»Es liegt ihm eben im Blut«, sagte Miss Sheila. »Er ist eine Spielernatur, wissen Sie. Es wäre besser gewesen, wenn er nie geheiratet hätte. Das Herrenhaus –« Sie streifte mich mit einem vorsichtigen Blick. »Nun, bei Ihnen ist's in guten Händen. Wenn nur nicht ...« Sie verstummte und eilte davon, um einen neuen Gast zu bedienen.

Die Flammen des Kaminfeuers ließen den alten Sherry in meinem Glas rostrot aufleuchten. Ich sah nachdenklich darauf nieder und drehte das Glas in meinen Händen, während Miss Sheila immer wieder an meinen Tisch kam, Platz nahm, mir ihre neuesten Gedanken und Überlegungen mitteilte, aufsprang und hinter der Theke verschwand. Wortfetzen drangen an mein Ohr: Spielernatur ... Charmanter Mann, aber leichtsinnig ... Das schönste Mädchen weit und breit, genau wie ihre Urgroßmutter, die einen Herzog geheiratet hatte ... Einen Lad wie Mrs. Appletons Neffen? Pah, was sich dieser Esel einbilde?

Schließlich horchte ich auf. Die ältere Miss Malloy hatte ihre Stimme zu einem vertraulichen Flüstern gesenkt und beugte sich über den Tisch. »Es heißt, er wäre arm wie eine Kirchenmaus. Ein jüngerer Sohn, wissen Sie. Ich habe ihn nie gesehen, aber Miß Bridget sagt, er sähe wie einer von diesen Griechen aus – irgendwas mit einem A am Anfang.«

Ich stellte mein Glas auf den Tisch. »Apoll?«

»Jawohl, dem soll er ähnlich sehen. Miss Angharad kennt ihn schon seit ihrer Kindheit. Sie war ab und zu bei seiner Familie zu Besuch. Alter englischer Adel, wissen Sie, aber völlig verarmt. Die beiden sind irgendwie miteinander verwandt, ganz weitläufig natürlich. Aber«, Miss Malloys Stimme nahm einen schwärmerischen Klang an, »wie sollen die beiden jemals zusammenkommen, wenn keiner von ihnen auch nur einen roten Heller besitzt?«

In meinem Kopf summte es höhnisch: *Es waren zwei Königskinder, die hatten einander so lieb ...*

»Woher weiß man, daß sie ausgerechnet diesen Mann liebt – wie hieß er doch gleich?« fragte ich ruhig.

»Aubrey. Aubrey Melton. Na, Miss Bridget sagt's, und sie muß es doch wohl wissen. Seit vierzig Jahren ist sie bei den O'Sheas, hat Miss Angharad sozusagen großgezogen.«

Miss Bridget. Nun erinnerte ich mich an die Spitzmaus im weißen Häubchen, die mir geöffnet hatte, als ich den Ring zurückbrachte. Sie mußte es wohl wissen. Nun, wer immer jener Aubrey Melton war, er schien mir ein verdammter Dummkopf zu sein, weil er sie nicht schon längst geheiratet hatte, ob mit oder ohne Geld. Wenn sie ihn liebte ...

Verwundert erkannte ich, daß mich diese Überlegung völlig unvorbereitet traf. Ich hatte bisher immer geglaubt, sie hätte nur eine Leidenschaft – Auburn Manor. Nein, zwei Leidenschaften: ihre Liebe zu Auburn Manor und ihr Haß gegen mich.

»Wenn sie sich lieben, warum heiraten sie dann nicht und pfeifen auf das Geld?« fragte ich und erschrak über den zornigen Klang in meiner Stimme.

Miss Malloy sah mich verwundert an, und ihr Gesicht verzog sich zu einem anerkennenden Schmunzeln. »Na, das hätte ich nicht von Ihnen gedacht, daß Sie ein so romantisch veranlagter Mensch sind!« sagte sie nicht ohne Wohlwollen.

Ich spürte, wie mir die Röte ins Gesicht stieg, und stürzte den Rest meines Sherrys mit einem Schluck hinunter. Verdammt, warum saß ich hier, hörte mir diesen Klatsch an und gab sogar noch meinen Kommentar dazu? Hastig griff ich nach meiner Brieftasche.

»Was bin ich Ihnen schuldig?«

In diesem Augenblick erklang vor dem Haus helles Hufgeklapper. Sie hob den Kopf und lauschte. Das Geklapper verstummte; Schritte näherten sich dem Eingang. Es waren leichte Schritte, doch nicht die einer Frau.

Sheila Malloy sprang auf, als die Tür aufgestoßen wurde, und ging Roger O'Shea entgegen. Er trug Reithosen und einen Rollkragenpullover, die Reitgerte hielt er in der Hand. Sein Gesicht war gerötet, sein kräftiges schwarzes Haar vom Wind zerzaust. Wieder fiel mir auf, wieviel lässige Anmut und Selbstsicherheit er ausstrahlte. Er legte Sheila die Hand auf die Schulter, und während er ihre Begrüßung lachend erwiderte, ließ er seine Blicke durch die Gaststube schweifen. Mehrere Männer nickten ihm zu; er nickte freundlich zurück, wechselte mit zwei Gästen an der Theke ein Scherzwort. Dann blieben seine Augen auf mir ruhen.

Ich hob die Hand, und er bahnte sich einen Weg zwischen Stühlen und Tischen hindurch in meine Richtung. Ich stand auf, und wir gaben uns die Hand.

»Ich habe Ihren Wagen draußen stehen sehen«, sagte er. »Ist es Ihnen recht, wenn ich mich zu Ihnen setze?«

Statt einer Antwort rückte ich ihm einen Stuhl zurecht.

»Darf ich Sie zu einem Drink einladen? Whiskey? Bier?«

»Bier, danke.« Er wandte sich an Sheila, die schon wartend hinter ihm stand. »Ein Stout, bitte.«

»Das gleiche für mich.«

Die Männer an der Theke hörten auf, uns zu beobachten, und wandten sich wieder ihrer Unterhaltung zu. O'Shea legte seine Reitgerte auf den Tisch und fuhr sich mit den Fingern durchs Haar. Ich stopfte meine Pfeife.

»Sind Sie ausgeritten?«

»Ich mußte zum Hufschmied. Geht's dem alten O'Faolain wieder besser?«

»Gestern ist er zum erstenmal aufgestanden.«

Er nickte. »Sie haben sich sehr um ihn gekümmert, höre ich.«

Ich zündete meine Pfeife an. »Hat Ihnen das Ihre Tochter erzählt?«

»Angharad?« Er sah mich erstaunt an. »Nein. Aber die Krankenschwester hat in der ganzen Grafschaft ein Loblied auf Sie gesungen.«

Sheila Malloy brachte unser Stout und stellte die randvollen Glaskrüge auf den Tisch. Ich merkte, daß sie zögerte, doch O'Shea forderte sie nicht auf, sich zu uns zu setzen; also sagte auch ich nichts. Er schien nicht rein zufällig ins Brass Inn gekommen zu sein. Ich vermutete, daß der Anblick meines Wagens ihn zu diesem Abstecher veranlaßt hatte.

Als Miss Sheila uns widerstrebend alleingelassen hatte, prostete er mir zu, und wir nahmen einen Schluck Bier. Seine Schultern strafften sich fast unmerklich; ich spürte es mehr als daß ich es sah. Dann sagte er: »Mr. Hagen, ich habe Ihnen bis jetzt noch keinen Penny von Ihrem Darlehen zurückbezahlt.«

Ich erwiderte ruhig: »Wir hatten keinen Termin für die Rückzahlung festgesetzt.«

Er hob den Kopf und sah mich an. Etwas wie Unbehagen lag in seinem Blick. »Sind Sie all Ihren Schuldnern gegenüber so großzügig?«

»Nein«, sagte ich. »Sie sind eine Ausnahme.«

Nun war alle Lässigkeit von ihm abgefallen. Er blickte mir geradewegs in die Augen. »Aber warum? Besitze ich noch etwas, was Sie gern hätten?«

»Sie sind sehr mißtrauisch und bitter. Ich habe nicht –«

Ich stockte, zögerte. Hatte er mit seiner Vermutung wirklich völlig unrecht? Ich war bisher überzeugt gewesen, daß ich ihm nur half, um Angharad O'Shea weitere Demütigungen zu ersparen. Vielleicht war es nicht uneigennützig, daß ich dies für sie tat; doch erkaufen wollte ich mir ihre Zuneigung nicht.

Wollte ich sie mir wirklich nicht erkaufen?

Sie war kein Mensch, der sich kaufen ließ. Doch ich besaß etwas, was ihr mehr bedeutete als alles andere. Wollte ich nun meine Position stärken, indem ich mir auch Macht über ihren Vater verschaffte? In diesem Moment begriff ich, wie wenig ich mich selbst kannte.

O'Shea ließ mich nicht aus den Augen. Er wartete auf meine Antwort, doch ich wußte nicht, wie ich es ihm erklären sollte.

»Ich liebe Ihre Tochter.«

Es war heraus, ehe ich es richtig bedacht hatte. Ich hatte es gleichsam unbewußt gesagt, etwas in Worte gekleidet, was ich seit jenem stürmischen Nachmittag geahnt und mir doch niemals eingestanden hatte.

Ich vergrub meine Hände in den Jackentaschen, um ihr Zittern zu verbergen. Er war nicht erstaunt, zeigte keinerlei Überraschung.

Eine Pause; dann: »Wußt' ich es doch.«

Ich lachte und merkte, wie bitter es klang. »Dann waren Sie klüger als ich.«

»Verliebte sind selten klug.« Jetzt lächelte er; nicht spöttisch, sondern nachdenklich. »Nun, ich fürchte, Sie haben – sagen wir einmal – etwas kompliziert gewählt.«

»Ich hatte keine Wahl.«

Roger O'Shea nickte. Noch immer schien er Überlegungen anzustellen, die mir verborgen waren. Ich hörte, wie er etwas von »ungünstigen Voraussetzungen« murmelte. Dann sagte er schmunzelnd: »Ich nehme an, Ihre Absichten sind ehrbar, wie man so schön sagt?«

Ich legte meine Pfeife auf den Tisch und brachte ein heiseres Lachen zustande. »Meine Absichten? Erwarten Sie, daß ich mir darüber schon Gedanken gemacht habe? Sind Sie sich denn nicht im klaren darüber, daß Ihre Tochter mich haßt?«

»Das kann sich ändern«, erwiderte er leichthin.

»Sie ist kein Mensch, der seine Gefühle von heute auf morgen ändert. Sie sollten Ihre Tochter wirklich besser kennen.« Plötzlich kam mir ein Verdacht. »Wagen Sie es nur nicht, sie beeinflussen zu wollen.«

Er schnitt eine leichte Grimasse. »Keine Angst. Wenn Sie auch der Meinung sind, daß ich Angharad nicht gut genug kenne, soviel weiß ich doch, daß ich sie damit nur noch in ihrer Einstellung bestärken würde. Nein, mein Lieber, Sie unterschätzen mich.« Wieder versank er in Grübelei.

Ich beobachtete ihn mißtrauisch. Man brauchte nicht sonderlich viel Scharfsinn, um zu begreifen, daß er die Chance seines Lebens witterte. Ich hatte ihn auf eine Fährte gesetzt, die er so leicht nicht wieder aufgeben würde.

»Sie sind mir sympathisch, aber ich traue Ihnen nicht über den Weg«, sagte ich offen.

Er sah auf und grinste. »Sie meinen, daß ich meine Hoffnungen jetzt auf einen reichen Schwiegersohn setze, nachdem ich es jahrelang ohne Erfolg mit Pferden versucht habe?«

»Genau das meine ich.«

»Ich will's nicht bestreiten. Aber ich liebe meine Tochter viel zu sehr, um sie zu etwas zu zwingen; es sei denn, es wäre ihr Glück.«

»Sie ließe sich auch nicht zwingen«, sagte ich, nun schon weniger wohlwollend.

»Oh, es gibt verschiedene Möglichkeiten, einem Menschen klarzumachen, was das Beste für ihn ist. Aber keine Angst, Angharad soll frei entscheiden. Lassen Sie mich nur machen.«

Ich stellte meinen Krug heftig auf die Tischplatte und sagte warnend: »Lassen Sie Ihre Finger davon, O'Shea, mischen Sie sich nicht ein! Wir leben nicht mehr im Mittelalter. Außerdem pflege ich meine Angelegenheiten selbst zu regeln – seien sie nun geschäftlich oder privater Natur.«

Ein amüsiertes Lachen. »Nur keine Angst. Ich werde nichts tun als ihr klarmachen, daß sie nur mich für den Verlust von Auburn Manor verantwortlich machen kann. Bisher habe ich dieses Thema natürlich vermieden, aber jetzt ... Sie haben meinem Sinn für Gerechtigkeit auf die Sprünge geholfen.«

Dagegen war nichts einzuwenden, aber es wollte mir trotzdem nicht recht gefallen. Sheila Malloy, die uns schon längere Zeit von der Theke aus mit brennender Neugier beobachtete, kam wie eine hungrige Möwe herbeigeschossen, als sie sah, daß wir unsere Gläser endlich geleert hatten.

»Noch ein Bier, die Herren? Auf Kosten des Hauses?«

Das hatte sie sich natürlich ausgedacht, um sich an unseren Tisch setzen zu können. Während ich noch überlegte, daß es unhöflich gewesen wäre, die Einladung auszuschlagen, zog uns Roger O'Shea geschickt aus der Affäre, indem er versprach, beim nächstenmal auf ihr Angebot zurückzukommen.

»Meine Stute muß in den Stall. Es ist zu kalt, um sie länger draußen stehen zu lassen. So ein Rassepferd ist empfindlicher als ein Mensch, und sie kriegt auch bald ein Fohlen. Kommen Sie gleich mit, Frank?«

Die kastanienbraune Stute wartete geduldig vor dem Brass Inn, doch nun hatte es ihr besorgter Besitzer plötzlich nicht mehr so eilig. Er begleitete mich zu meinem Wagen, und als ich den Schlüssel ins Zündschloß steckte, sagte er: »Ach, beinahe hätte ich's vergessen: Könnten Sie mir vielleicht noch dreitausend leihen?«

Diesmal hatte mich mein geschäftlicher Instinkt also im Stich gelassen. Ich war überzeugt gewesen, daß er nur in die Kneipe gekommen war, um sich zu vergewissern, daß ich vorläufig nicht auf der Rückzahlung des Darlehens bestand. Offensichtlich hatte er aber doch noch eine andere Absicht verfolgt.

»Hat ›Tipperary Pride‹ verloren?« fragte ich.

»Er – und andere.« O'Shea schüttelte unbekümmert den Kopf. »Der Teufel soll diese Pechsträhne holen!«

Ich konnte nicht umhin, zu sagen, daß es vielleicht weniger riskante Arten gäbe, seinen Lebensunterhalt zu verdienen; solche, bei denen man nicht so sehr vom Glück abhängig sei.

»Oh, sicher. Aber ein alter Hund lernt keine neuen Kunststücke. – Bitte, verderben Sie ihn doch nicht!«

»Wen verderben?«

»Den guten Eindruck, den ich von Ihnen hatte. Sie haben mir als erster und einziger Geld geliehen, ohne sich bemüßigt zu fühlen, gute Ratschläge und Ermahnungen dreinzugeben.«

Ich ließ den Schlüssel stecken und richtete mich auf. »Mr. O'Shea, darf ich Sie ganz offen fragen, wie hoch Ihre Schulden sind?«

»Oh, freilich dürfen Sie das!« Ich wurde den Verdacht nicht los, daß ihn die Situation irgendwie amüsierte. »Soll ich Ihnen eine Aufstellung meiner Verbindlichkeiten geben?«

»Nein«, sagte ich schroff. »Es genügt, wenn Sie mir ohne Umschweife die Gesamtsumme nennen.«

»Sie können doch nicht verlangen, daß ich das alles im Kopf habe, mein Bester!« protestierte er freundlich.

»Sind es mehr als zehntausend Pfund?«

»Nun, allerdings ... ich schulde Ihnen allein schon fünftausend – das heißt natürlich, bis jetzt. Ungefähr viermal soviel, würde ich sagen.«

Viermal soviel, also zwanzigtausend Pfund. Es stand schlimmer, als ich gedacht hatte. Darum also war ihm der Gedanke an einen reichen Schwiegersohn so besonders willkommen.

»Weiß Ihre Frau Bescheid? Und Ihre Tochter?«

Er schüttelte den Kopf. »Nein, natürlich nicht. Denken Sie, ich würde die beiden so beunruhigen? Ich verlasse mich natürlich auf Ihre Diskretion.«

»Auf meine Diskretion können Sie sich verlassen, aber sonst auf gar nichts. Die dreitausend Pfund zum Beispiel kann ich Ihnen nicht sofort versprechen. Ich muß mir die Sache durch den Kopf gehen lassen. Ist es Ihnen recht, wenn ich Ihnen morgen Bescheid gebe?«

»Sicher.« Er legte mir die Hand auf die Schulter. »Überlegen Sie nur. Ich komme morgen nachmittag bei Ihnen vorbei.«

Ich sah ihm nach, wie er zu seinem Pferd ging und die Zügel losband. Während unseres ganzen Gesprächs vor dem Brass Inn war ich den Eindruck nicht losgeworden, daß er ein Spiel mit mir trieb. Damals, als er das erstemal zu mir kam und mich um Geld bat, wußte ich, daß ihm das Wasser bis zum Hals stand. Er hatte Hilfe gebraucht, und ich hatte sie ihm ohne Zögern gewährt – aus welchen Gründen auch immer. Hinter seinem gespielten Leichtsinn hatte ich etwas wie Verzweiflung gespürt, weil er ausgerechnet mich darum bitten mußte.

Diesmal jedoch war es anders. Er schien seiner Sache sehr sicher zu sein; es war fast, als bereitete ihm die Situation ein gewisses Vergnügen. Deshalb hatte ich gezögert. Es ging nicht nur darum, daß es mir widerstrebte, mich wie ein Grünschnabel um mein gutes Geld erleichtern zu lassen. Ich glaubte auch nicht, daß er sich in einer wirklichen Notlage befand.

Heute hatte O'Shea seine Bitte ohne jede Verlegenheit vorgebracht. Vielleicht lag es daran, daß er nun meine Gefühle für seine Tochter kannte. Ja, es gab unzweifelhaft einen Zusammenhang zwischen meinem »Geständnis« und seinem Verhalten. Ich mußte mir die Sache gründlich durch den Kopf gehen lassen. Doch ich wußte, daß in diesem besonderen Fall der Vorteil auf der Seite des Bittstellers lag; und er wußte es ebenfalls.

Er ritt über die Brücke. Der dumpfe Hufschlag wechselte zu hellem Geklapper, als das Pferd die asphaltierte Straße erreichte. Ich ließ den Motor an; der Lichtkegel meiner Scheinwerfer glitt über die schlanken, geschmeidigen Fesseln der Stute. Eine Sekunde später fuhr ich an ihm vorüber. Als ich in den Rückspiegel sah, waren Pferd und Reiter nur noch ein schwarzer Umriß in der beginnenden Dunkelheit.

Natürlich gab ich ihm das Geld. Schon auf der Heimfahrt, aber mehr noch in der folgenden Nacht, wurde mir klar, daß die Bedenkzeit nur eine Farce gewesen war, um mein Gesicht zu wahren. Stundenlang lag ich wach in meinem Bett, starrte in die Finsternis, grübelte. Nicht die dreitausend Pfund waren wichtig; er sollte sie bekommen. Was mich erschreckte, war das Gefühl der Hilflosigkeit. Etwas geschah mit mir, und ich mußte untätig zusehen, konnte mich nicht dagegen zur Wehr setzen. Vielleicht gelang es mir noch, mich zu befreien, von hier fortzugehen, ehe es zu spät war.

Ich mußte mich entscheiden.

Doch etwas – ein Teil von mir – hatte bereits entschieden. Ich konnte nicht zurück, wollte es auch gar nicht. Ich war im Begriff, etwas zu tun, was meine Großmutter »sehenden Auges in sein Unglück laufen« genannt hätte.

Unglück oder Glück? Beides liegt so dicht beieinander. Das eine ist ohne das andere nicht möglich, glaube ich. Manchmal bereue ich es, daß ich damals blieb. Doch nicht um meiner selbst willen, nur für andere.

Erst gegen Morgen schlief ich ein und träumte einen jener intensiven Träume der Morgendämmerung, die einen wie ein Sog erfassen und mit sich in die Tiefe ziehen. Es begann mit dem Haus, Auburn Manor, das einer dunklen Kulisse glich; davor, im Gras unter den Eichen, saß ein Kind. Von weitem sah ich, daß es langes schwarzes Haar hatte und eine Schürze mit Flügelärmeln trug. Das Mädchen spielte versunken mit seiner Puppe. Obwohl es eine friedliche Szene war, ging eine seltsam bedrohliche Stimmung von ihr aus. Ein Mann kam auf einem Pferd durch den Park geritten. Seine Haltung weckte eine schwache Erinnerung in mir, doch seine Gesichtszüge waren verschwommen. Er galoppierte auf das Kind zu und nahm ihm die Puppe aus den Händen, da weinte das kleine Mädchen. Doch seine Verzweiflung war anders als die eines Kindes, dem man sein Spielzeug fortnimmt – ebenso ohnmächtig, doch tiefer, schmerzlicher. Ich beobachtete, wie es flehend die Hände hob, aber der Reiter nahm die Puppe und schleuderte sie gegen die steinerne Balustrade. Mit zerbrochenen Gliedern blieb sie zwischen den Rosenbüschen liegen. Der Kopf war vom Rumpf getrennt und rollte unter einen Strauch. Ich hörte das Kind schluchzen, und plötzlich war es, als fiele eine Lähmung von mir ab, ich kroch zwischen die Rosenbüsche und sammelte alles ein: Beine, Arme, Rumpf und Kopf. Dann ging ich zu den Eichen, vorbei an dem Reiter, der mich stumm beobachtete. Ich kniete mich neben das kleine Mädchen ins Gras, legte ihm die zerbrochene Puppe in den Schoß und sagte: »Man kann sie wieder ganz machen. Weine nicht, es wird alles wieder gut.«

Da hob es den Kopf, und ich sah, daß das Mädchen in der Flügelschürze kein Kind war, sondern eine Frau. Sie hatte Angharads Gesicht, ihre blauen Augen.

Es war wie ein Schock. Ich erwachte zitternd, mit wild pochendem Herzen. So lag ich da, starrte auf das Fenster, durch das graues Morgenlicht sickerte, und versuchte mich zu beruhigen, zu entspannen. Es war kein wirklicher Alptraum gewesen; nichts daran rechtfertigte das Entsetzen, das mich erfüllte. Hätte ich von einem Vampir geträumt, einem Werwolf, einem Golem – es hätte mich wohl kaum so erschreckt wie dieses Kind mit dem Gesicht einer Frau.

Angharads Gesicht. War es haßerfüllt gewesen, wie ich es nun schon kannte? Nein, leer, von einer seltsamen Leere, die grausiger war als alles andere.

Und jene Puppe... Sie brachte mir die Erinnerung an den dunklen, staubigen Dachboden zurück, die Kinderzeichnung und das vergessene Spielzeug: letzte Spuren der kleinen Angharad, die hier aufgewachsen war.

Ob sie sich nach ihrer Kindheit zurücksehnte, den unbeschwerten Tagen in Auburn Manor? Ich schwang die Beine aus dem Bett; es war empfindlich kalt im Zimmer. Das grelle Licht der Nachttischlampe blendete mich, und ich löschte es sofort wieder.

Ich trat ans Fenster. Über den Wipfeln der Eschen hing eine bleiche Mondsichel. Die ersten Vögel tschilpten verschlafen. Frierend schlüpfte ich in meine Hose, das Hemd, suchte nach dem weißen Pullover. Die Taschenlampe mußte irgendwo in meinem Schreibtisch liegen. Ich hatte keine Lust, quer durchs Haus zu gehen, um sie zu holen. Wenn es dort oben zu dunkel war, konnte ich wieder umkehren.

Noch war es nicht Tag, doch das Haus schlief nicht. Es schien sein eigenes Leben zu haben: die Täfelung knackte und Dielen knarrten. Ich spürte wie nie zuvor, daß ich ein Fremder in diesem Haus war, ein Eindringling, dem nichts vertraut war – weder die heimlichen Laute noch die Schatten der Türnischen und Winkel.

Ich liebte Auburn Manor; doch vielleicht hauptsächlich deshalb, weil es ein Stück von *ihr* war. Und wie sie war es fremd und abweisend.

In diesem Augenblick wußte ich, daß ich es nie wirklich besitzen würde, doch nun erfüllte mich diese Gewißheit nicht mehr mit Zorn. Ich lehnte mich nicht länger dagegen auf. Ja, ich stand im Begriff, etwas zu lernen: daß man ertragen muß, nicht zu besitzen, was man liebt.

Während ich durch das dunkle Treppenhaus ging – vorbei am Erker, den Türnischen, Fenstern, Truhen – und das glatte Holz des geschwungenen Treppengeländers unter meiner Hand spürte, begann ich, mich mit dem Schmerz als Preis für die Liebe abzufinden. *Besser eine unerwiderte Liebe als gar keine Liebe.* Wo hatte ich das gelesen? Oder war es eine der Lebensweisheiten meiner Großmutter? Ich spürte, wie gut es war, daß ich die bisherige Taubheit meines Daseins gegen Gefühl eingetauscht hatte – auch wenn dieses Gefühl vorwiegend aus Schmerz bestand, aus ungestilltem Verlangen, aus Demütigung und hilflosem Verstehen.

War es nicht seit meiner Kindheit das erstemal, daß ich überhaupt wieder fühlte? Was ich für Christine empfunden hatte, war im Vergleich dazu nur ein armseliges Strohfeuer gewesen, eine flüchtige Neigung, die nur zu rasch ins Gegenteil umschlug.

Dies hier war anders, bedingungslos, ließ keinen Raum für Stolz, Vernunft oder Abwehr. Es war, wie ich zu Roger O'Shea gesagt hatte: Ich hatte keine Wahl.

Der mächtige Schlüssel steckte im Schloß der Speichertür. Eine Umdrehung, zwei; der Türknauf bewegte sich fast unwillig unter meinem Griff. Warme dumpfe Luft schlug mir entgegen.

Auf der Schwelle zögerte ich. Hatte ich mir zu viele von Michaeleens Märchen angehört? Geschichten von Feen und Druiden, von Banshee, von den Geistern der Abgeschiedenen ...

Es huschte und trippelte, als ich einen Schritt vortrat. Ein furchtsames Pfeifen – hier hausten nur Mäuse.

Auch Chris und Martin hatten den Dachboden offenbar bereits in Besitz genommen. Ich stieß mir den Fuß an einer von drei Kisten, die wohl Tisch und Stühle darstellten, und fluchte in mich hinein. Dann rannte ich mit dem Kopf gegen einen Schrägbalken. Gebückt tastete ich mich weiter. Wieder eine Verstrebung, dann ein Sparren, der in der Dunkelheit silbern glänzte. Hier mußte es sein. Ich tastete über das Holz: ein Nagel, ein Splitter, darüber etwas Kaltes, Glattes.

Ich hielt die Puppe in der Hand. Die Berührung mit dem runden Porzellankopf und dem lockigen Haar war wie eine Brücke zu meinem Traum. Plötzlich durchlebte ich wieder die gleiche Empfindung wie vorher im Schlaf, als ich die zerbrochene Puppe in den Händen hielt.

Ganz deutlich stand die Szene wieder vor meinen Augen: Das kleine Mädchen im Gras, dem ich die Puppe in den Schoß legte. Angharads Gesicht ...

Ein schwacher Laut, halb Knirschen, halb Ächzen, ertönte, als sich meine Finger um den Hals der Puppe schlossen. Ich spürte die samtschwarze Dunkelheit wie einen Schleier um mein Gesicht. Das Haus, Angharad, die Puppe ... Es war, als gäbe es eine Verbindung, die ich ahnte, doch nicht zu deuten vermochte. Noch nicht.

Ich habe nie an Vorahnungen geglaubt. Doch die Puppe in meiner Hand war wie eine Art lebloser Kontaktperson, ein Bindeglied.

Ein Bindeglied zu Vergangenheit oder Zukunft, zu gewesenen oder künftigen Ereignissen?

Als ich das Gesicht mit dem Kußmündchen und den Korkenzieherlocken ein paar Stunden später bei Tageslicht betrachtete, lächelte ich über die geheimnisvollen Kräfte, die ich ihm zugeschrieben hatte. Es war eine alte Gliederpuppe, die wohl mehreren Generationen kleiner Mädchen als Spielzeug gedient hatte, weiter nichts. Ich setzte sie auf meinen Schreibtisch und lehnte ihren Kopf gegen den Lampenfuß. Die blauen Augen sahen starr ins Leere. Ich mußte sie Roger O'Shea zurückgeben, wenn er am Nachmittag kam. Sie gehörte mir nicht.

Ich weiß nicht, weshalb ich es nicht tat. Als der Türklopfer durchs Haus dröhnte, nahm ich die Puppe und versteckte sie im Schrank.

Noch war es nicht Zeit, sie zurückzugeben.

2. Teil
ANGHARAD

Give sorrow words;
the grief that does not speak
whispers the o'er fraught heart,
and bids it break
W. Shakespeare

Der Kummer, der nicht spricht
Raunt leise zu dem Herzen, bis es
bricht.

26

Im Park trugen die Eiben rote Beeren; Michaeleen nannte sie »Totenlämpchen«. Der Lavendel blühte in den Einfassungen der Beete, und das Laub der Waldrebe verfärbte sich. Chris und Martin ließen auf der Wiese hinter dem Haus Drachen steigen. Der Mann, dem der Torfstich neben Tinkers Woods gehörte, brachte auf dem Rücken seines Esels große Kruken voll Torf in einen unserer Schuppen. Tagelang erklangen die Geräusche von Axt und Säge, denn einige der Bäume im nördlichen Teil des Parkes waren morsch, und ich hatte zwei Landarbeiter angeheuert, die sie fällten und zu Brennholz hackten.

Anfang Oktober mußte ich mich entschließen, nach München zu fliegen. Einer meiner ältesten Geschäftsfreunde hatte Konkurs gemacht. Wir hatten ihm noch vor einem halben Jahr Maschinen geliefert, die erst zum Teil bezahlt waren. Ich bereitete mich auf eine beträchtliche finanzielle Einbuße vor, wollte jedoch zu retten versuchen, was noch zu retten war.

Es war seltsam, nach diesen Monaten irischer Zurückgezogenheit wieder in die Stadt zu kommen, in der ich so lange gelebt hatte. Fern von Auburn Manor schien eine Art Verzauberung von mir abzufallen. Ich fühlte mich fast wieder wie früher: nüchtern und besonnen in einer nüchternen, besonnenen Welt.

Ich verhandelte mit meinem Geschäftsführer, meinem Rechtsberater und schließlich auch mit Salinger selbst. Wir kannten uns schon seit dem Tod meines Vaters, als ich die damals noch kleine Fabrik übernahm. Salinger war nicht einer von denen, die ihr Geld in die Schweiz schaffen, sobald sie Unheil wittern. Gerade seine Ehrlichkeit hatte ich immer besonders an ihm geschätzt, und er sagte mir auch bei unserer Zusammenkunft im Conti-Grill ganz offen, daß die Konkursmasse bestenfalls die Steuerschuld decken würde.

»Und was wirst du machen? Ich meine, wie willst du deine Familie in Zukunft ernähren?« fragte ich.

Er sah auf seine Hände nieder, und ich wandte rasch den Blick ab. Er sollte nicht merken, daß mir das Zittern seiner Finger aufgefallen war.

»Frag mich nicht, ich weiß es selbst nicht. Wer gibt schon einem bankrotten Geschäftsmann eine Chance? Zum alten Eisen gehört man mit fünfzig ja auch schon längst.«

»Du könntest in meine Firma eintreten. Ich werde mit Baumann darüber sprechen.«

Noch ehe ich ihm den Vorschlag machte, wußte ich, daß er ablehnen würde. »Danke, aber das kann ich nicht annehmen. Ich habe deine Freundschaft schon genug strapaziert. Ich wollte, ich könnte wenigstens für die Lieferung geradestehen. Es ist ein ziemlicher Verlust für dich.«

Ich lächelte. »Ich werd's überleben, und die Firma ebenfalls.«

Als ich mein Glas absetzte und Salingers angespanntes, müdes Gesicht betrachtete, störte mich plötzlich die Atmosphäre von Luxus um uns her, die kostbaren Antiquitäten und die Frauen in ihren Pelzen.

»Kann ich dir nicht wenigstens etwas leihen?«

Ich fürchtete, ihn zu demütigen, doch er faßte mein Angebot so auf, wie es gemeint war. »Nein«, sagte er. »Ich hätte es nötig, das kann ich nicht leugnen, verdammt nötig. Aber – ich kann es einfach nicht annehmen, verstehst du?«

Wir sahen uns schweigend an. Dann fügte er plötzlich leise hinzu: »Du könntest etwas für meine älteste Tochter tun, Gabi. Sie studiert seit einem Jahr, weißt du, und ich möchte, daß sie ohne allzu große Belastungen weitermachen kann. Ich habe ihr zum Abitur ein altes Kollier geschenkt, ein Familienerbstück. Ich finde es schön, aber Gabi legt keinen besonderen Wert auf Schmuck. Sie gehört zu den jungen Leuten, die am liebsten in Jeans herumlaufen. Würdest du – würdest du's mir vielleicht abkaufen?«

Ich hatte keine Verwendung für Kolliers, doch es ging ja darum, ihm unter die Arme zu greifen, ohne seinen Stolz zu sehr zu verletzen. Ein Juwelier hätte seine Notlage vielleicht nur ausgenutzt. Ich konnte das Schmuckstück ja immer noch verkaufen, wenn auch wohl mit Verlust.

»Ja«, sagte ich. »Ich kaufe es dir ab.«

Am nächsten Morgen brachte er mir das Halsband. Es wirkte etwas altmodisch, war jedoch sehr anmutig mit Perlen und Diamantsplittern gefaßt. Was mich faszinierte, war der tropfenförmige Saphir, der in der Mitte des Kolliers an einer Schleife aus Weißgold hing. Er war blau wie Angharad O'Sheas Augen.

Als ich ihn auf meiner Handfläche sprühen und funkeln sah, wußte ich, daß ich das Schmuckstück nicht verkaufen würde.

27

Bei meiner Rückkehr fand ich eine Einladung der O'Sheas vor. Vermutlich hatte ich sie dem Scheck über dreitausend Pfund zu verdanken, den ich Roger erst vor einer Woche ausgestellt hatte.

Ich las das gedruckte Kärtchen mit gemischten Gefühlen. Mr. und Mrs. Roger O'Shea gaben sich die Ehre, mich zu ihrem Empfang am neunten Oktober einzuladen.

Wußte Angharad, daß diese Einladungskarte auf meinem Schreibtisch in Auburn Manor lag? Würde sie mir wieder vor allen Leuten den Rücken kehren? Aber nein, sie hatte es ja auch bei unserer letzten Begegnung nicht getan, an jenem Abend in Michaleens Haus. Wahrscheinlich würde sie meine Anwesenheit dulden und einfach durch mich hindurchsehen. »Wir sind es ihm schuldig«, mochte Roger O'Shea gesagt haben. »Er ist immerhin unser Nachbar, und du hast ihn oft genug brüskiert.«

Doch ich wollte sie wiedersehen, und diesmal würde es mehr als nur eine flüchtige Begegnung sein. Ich konnte sie einen ganzen Abend lang beobachten, wie sie mit anderen tanzte, sprach und lachte. Ich mußte aber auch darauf gefaßt sein, zu ertragen, daß sie alle anderen mir vorzog und mich wie einen lästigen Eindringling behandelte, den man nur aus gesellschaftlichen Rücksichten duldet.

Das Kärtchen flatterte zu Boden, als ich mich abwandte und mit dem Jackenärmel über die Schreibtischkante streifte. Ich ging zum Fenster und schob es hoch. Herber, würziger Rauchgeruch schlug mir entgegen. Michaeleen verbrannte im Park Laub und dürres Strauchwerk. Meine Jungen standen dabei, und was war das für eine kleine schwarze Gestalt, die da wie ein Irrwisch ums Feuer flatterte? Malwine. Ihr verzücktes Kreischen drang bis zu mir herauf, als Martin einen Holzprügel nahm und ins Feuer warf, daß die Funken stoben.

Ich lehnte den Kopf gegen den Fensterrahmen und schloß die Augen. Der Geruch von Herbstfeuer ... Er war seit meiner Kindheit der Inbegriff des Herbstes für mich, beschwor das Bild öder Kartoffeläcker vor mir herauf.

Ich rief: »Ihr könnt euch von Mrs. McPherson ein paar Kartoffeln geben lassen und sie über dem Feuer braten!«

»Was sagst du?« schrie Chris zurück

Malwine hüpfte noch immer krächzend ums Feuer. Ich winkte, griff nach meinem Trenchcoat und ging selbst hinaus.

Michaeleen O'Faolain zog seinen verbeulten Hut und blinzelte mir zu. »Macht mächtig Spaß, so ein Feuer – und nicht nur den jungen Lads hier, was?«

Er sah wieder recht munter aus, wenn auch sein Gesicht während der Krankheit abgemagert war und seine Haut sich noch straffer als früher über die Knochen spannte.

»Ja«, sagte ich. »Es erinnert mich an meine eigene Jugend. Los, ihr beiden, wenn ihr einen Korb voll Kartoffeln aus der Vorratskammer holt, braten wir sie.«

»Schmeckt das?« erkundigte sich Chris. Für ihn waren Kartoffeln durchaus keine Delikatesse.

»Prima«, versicherte ich. »Also lauf. Und du bringst mir ein paar Stöcke, Martin. Frisch müssen sie sein. Am besten schneidest du sie von einem Haselbusch.«

»Was willst du damit machen?«

»Die spitze ich an einem Ende an, und wir spießen die Kartoffeln damit auf.«

»Aber laß Malwine nicht zu nah ans Feuer!«

Diese Mahnung war völlig überflüssig. Kaum wandte sich Martin zum Gehen, da flatterte Malwine mit einem letzten glitzernden Blick auf die Flammen hinter ihm her.

»Ein anhängliches Biest«, sagte Michaeleen.

Ich nickte. »Das ist's, was einen an Tieren immer wieder so rührt. Ihre Gefühle ändern sich nicht, was auch geschieht.«

»Tja. Sie verlangen nicht viel, nicht wahr? Und nehmen das, was man ihnen gibt. Jedenfalls sind sie bequemer als Menschen.«

Ich steckte die Hand in die Hosentasche und holte Pfeife und Tabaksbeutel heraus. »Wir ändern unsere Gefühle, ja.« Ich zögerte eine Weile, stopfte meine Pfeife umständlich voll Tabak und zündete sie mit einem zusammengedrehten Stück Papier an, das ich in die Flammen hielt. »Michaeleen, glauben Sie, daß es Menschen gibt, die – die das sind, was man unversöhnlich nennt?«

Seine blauen Augen begegneten den meinen, und wieder war ich erstaunt über ihren klaren, tiefen Blick. »Sie meinen Menschen, die einmal jemanden zu hassen beginnen und es dann ihr ganzes Leben lang tun? O ja, die gibt es.«

Ich sah in die Flammen; die Zweige wirkten fast durchscheinend, während sie verglühten. »Leidenschaftliche Naturen«, murmelte ich. »Ich dachte immer, die kämen nur in Romanen vor.«

Er bückte sich und faßte nach den Griffen seines Schubkarrens. »Sie würden sich wundern, was in den meisten Menschen alles vorgeht«, sagte er. »Die, die immer so ruhig und gleichmäßig sind, haben ihre Lektion nur besonders gut gelernt. Die sogenannte feine Erziehung ebnet die Leute gewissermaßen ein – aber glauben Sie deshalb nicht, daß es in ihrem Innern auch so vornehm und beherrscht aussieht. Nein, da sind mir schon die lieber, die ihre Gefühle zeigen. Das ist lange nicht so gefährlich, meine ich.«

Nach dieser langen und tiefsinnigen Rede deutete er plötzlich mit dem Daumen aufs Haus und fügte hinzu: »Falls Sie Miss Angharad meinen sollten – bei der kann man nie voraussagen, was sie demnächst tun wird. Früher, da war sie ein aufrichtiges kleines Mädel, klar wie Quellwasser. Aber ihr Vater hat sie völlig durcheinandergebracht. Man möcht's nicht glauben, aber Eltern sind oft Gift für ihre Kinder.« Er schüttelte den Kopf. »Ich weiß wirklich nicht, was daraus noch werden soll!«

Ich wußte es auch nicht. Während er seinen Karren schob, ging ich ein paar Schritte neben ihm her und fragte: »Keine Rosen mehr, Michaeleen?«

Ein schwer zu deutender Ausdruck lag auf seinem Gesicht. »Die sind verblüht, während ich im Bett lag. Jetzt kommen noch ein paar Knospen nach, aber ich glaube nicht, daß die Miss sie noch holen kommt.«

Noch sind die Tage der Rosen, ging es mir durch den Sinn.

In der Ferne hörte ich Chris nach mir rufen. Ein Windstoß wehte einen Regen goldener Blätter vor uns über den Weg. Ich wandte mich um und schlenderte zum Feuer zurück, wo Martin schon auf mich wartete, während Chris mit langen Schritten angelaufen kam.

»Paßt auf Malwine auf!« rief ich.

Die Krähe schickte sich gerade an, einen Zweig aus dem Feuer zu zerren, der bereits zur Hälfte brannte. Sie wehrte sich kreischend, als Martin sie ergriff und hochhob.

»Die spielt gern mit dem Feuer«, keuchte Chris. »Da sind die Kartoffeln, Paps, und hier liegen die Stöcke. Richtig so?«

»O ja, bestens.« Ich bückte mich, um eine der Kartoffeln aufzuspießen, da hörte ich Martin halblaut sagen: »Verdammt, wir haben die Englischstunde ganz vergessen. Da kommt die alte Himmelsziege!«

Ich sah rasch auf. Zwischen den Bäumen der Allee näherte sich Miss Bones hagere Gestalt. Sie trug eine karierte Pelerine, die seitlich zipfelte, und einen unbeschreiblichen Hut.

»Wir verschieben das Kartoffelessen auf später«, murmelte ich hastig, ließ Stock und Kartoffel fallen und trat schleunigst den Rückzug an.

28

Rosen ... Das Gespräch mit Michaeleen hatte mich auf einen Gedanken gebracht.

Am Tag der Einladung fuhr ich eigens nach Limerick und kaufte für Mrs. O'Shea ein großes Bukett aus Fresien, Treibhausflieder und Lilien. Später aber, in Auburn Manor, holte ich die Rosenschere aus dem Werkzeugschuppen und ging hinter das Haus zur alten Remise.

Das Wetter war in den letzten Tagen ziemlich sonnig gewesen, und einige späte Kletterrosen hatten ihre Knospen geöffnet. Ich ritzte mir die Finger blutig und fluchte über die tückischen Dornen, doch es wurde ein hübscher Strauß, der mich an die Blumenstücke alter Meister erinnerte.

Chris und Martin tauchten auf, als ich meinen Smoking anzog, und ich mußte ihnen versprechen, am nächsten Morgen genau zu erzählen, wie es auf der Gesellschaft gewesen war.

»Wird *sie* auch dabei sein?« fragte Martin.

Der Manschettenknopf fiel mir aus der Hand und rollte unter die Kommode. »Wer – sie?«

»Na, die Hochmütige, die in der Kirche sagte, daß wir auf ihrer Bank sitzen.«

»Natürlich wird sie dabei sein. Sie ist doch die Tochter von Mr. O'Shea«, sagte Chris und kroch unter die Kommode.

Ich setzte mich auf den nächsten Stuhl. Damals hatte ich mich schon gewundert, daß sie mir keine Fragen stellten; und jetzt, wo sie es taten, verdienten sie eine ehrliche Antwort.

»Sie war nicht sehr höflich zu uns, das stimmt«, sagte ich

langsam. »Und es war keine angenehme Situation, damals in der Kirche. Aber vielleicht könnt ihr Miss O'Shea besser verstehen, wenn ihr darüber nachdenkt, wie euch an ihrer Stelle zumute wäre.«

Ich stockte; ihre Augen lagen prüfend auf meinem Gesicht. »Sie ist hier aufgewachsen, hier in Auburn Manor. Das Haus hat immer ihrer Familie gehört. Sie liebt den Besitz. Nun sind plötzlich wir hier. Plötzlich gehört uns alles, was früher einmal den O'Sheas gehörte. Ihr begreift doch, wie bitter das für sie sein muß?«

»Ja«, sagte Chris nachdenklich. »Ich würde auch nicht mögen, daß fremde Leute hier sind.«

»Aber wir können doch nichts dafür«, wandte Martin ein. »Ihr Vater hat Auburn Manor ja verkauft, und du hast ihm viel Geld dafür bezahlt, nicht?«

»Das stimmt, aber so einfach ist es leider nicht. Angharad O'Shea ist trotzdem unglücklich darüber. Weil sie ihren Vater liebt, kann sie ihm nicht böse sein, daß er den Besitz verkauft hat. Und deshalb gibt sie uns die Schuld an allem.«

Das klang kompliziert, doch ich hoffte, daß die beiden mich verstehen würden. »Wenn man unglücklich ist, kann man nicht immer gerecht sein, wißt ihr.«

Chris nickte, und Martin sagte: »Angharad – heißt sie so?«

»Ja.«

»Ein komischer Name, den hab' ich früher nie gehört.«

»Mir gefällt er«, sagte Chris unerwartet. Ich lächelte. »Mir auch.«

Brendan polierte den Kotflügel meines Wagens mit liebevoller Sorgfalt, als ich aus dem Haus trat. Er liebte Autos wie andere Leute Pferde, und deshalb hatte er die Wagenpflege zu meiner Überraschung freiwillig übernommen. Ich war nicht gerade überglücklich darüber, da ich nach jeder Fahrt durch Regen und schmutziges Gelände die strafenden Blicke fürchtete, mit denen er mich empfing.

»Dieser Wagen ist zu schön für mich«, sagte ich, während er mir feierlich den Schlag öffnete. »Haben Sie ihn mit Champagner geputzt?«

Sein Lächeln wurde fast menschlich. »Nein, Sir, nicht mit Champagner.«

»Aber mit einem anderen Geheimmittel, das Sie mir nicht verraten wollen, stimmts?« Ich legte die Rosen auf den Beifahrersitz und steckte den Zündschlüssel ins Schloß. »Jedenfalls vielen

Dank. Bei den O'Sheas wird es einen Volksauflauf geben, wenn ich mit dieser Staatskarosse ankomme.«

»Viel Vergnügen, Sir. Ich habe das Bukett auf den Rücksitz gelegt.«

Brausender Wind stemmte sich gegen den Wagen, als ich die Hecken hinter mir ließ und das Moor bei Tinkers Woods erreichte. Die Büschel des Wollgrases tanzten wie silbrige Flammen in der beginnenden Dunkelheit. Feuchte Schleier stiegen aus dem sumpfigen Grund und wurden vom Wind zerfetzt, davongetragen. Über den kahlen Hügel am Rand des Torfstiches huschte ein weißer Schatten. Michaeleen O'Faolains Erzählungen von den sidhe fielen mir ein, dem Volk der Geister, das in den Hügeln hauste, tanzte und sang. An einem solchen Abend war es leicht zu begreifen, wie ein derart lebendiger Geisterglaube in den Menschen entstehen und fortbestehen konnte.

Als das Eichenwäldchen in Sicht kam, ertappte ich mich dabei, wie ich das Steuerrad so fest umklammerte, daß meine Fingerknöchel weiß hervortraten. Plötzlich fragte ich mich, was ich hier zu suchen hatte. Noch heute erinnere ich mich an den Gedanken, der mir damals durch den Sinn ging: Ich könnte umkehren. Aber ich tat es nicht.

Ein Wagen folgte dem meinen in rascher Fahrt. Es war ein blauer Cadillac mit irischem Kennzeichen. Ich hatte ihn nie zuvor gesehen. Hinter dem Steuer saß ein Mann. Seine Begleiterin drehte sich um und musterte mich neugierig, als sie mich überholten. Ich fuhr langsamer, um nicht gleichzeitig mit ihnen vor dem Haus der O'Sheas einzutreffen.

Morag und Roger standen auf der Freitreppe und begrüßten das Paar aus dem blauen Cadillac, als ich unter den Bäumen parkte. Ich zählte sechs weitere Fahrzeuge und holte das Bukett vom Rücksitz. Dann zögerte ich. Sollte ich die Rosen wirklich mitnehmen? Wie würde Angharad reagieren? Sie mir vor die Füße schleudern? Mich verspotten? Sich einfach umdrehen und mich wie ein albernes Kind mit dem Strauß stehenlassen?

Vorsichtig hob ich ihn auf und wog ihn in der Hand. Die Blüten dufteten schwach, süß und kühl. Ich sah den alten O'Faolain wieder mit seinem Korb aus dem Dickicht kommen: *Ein Pfad, auf dem man Rosen fortträgt.*

Die Rosen gehören ihr. Die Miss hat sie selbst gepflanzt.

Das Paar verschwand durch die Eingangstür, als ich mich dem Haus näherte. Roger O'Shea kam mir entgegen. »Schön, daß Sie gekommen sind!« sagte er. Im Smoking sah er wie der personifizierte Landedelmann aus den Gesellschaftsnachrichten von »Harpers Queen« aus.

Seine Frau beugte sich vor und gab mir die Hand. »Guten Abend, Mr. Hagen. Ich freue mich ganz besonders über Ihren Besuch.« Etwas leiser fügte sie hinzu: »Wie schön, daß Sie uns nichts nachtragen.«

»Ich wüßte nicht, was ich Ihnen nachtragen sollte«, sagte ich und überreichte ihr das Blumenbukett.

Gemeinsam gingen wir ins Haus. »Ich hoffe nur, Ihre Tochter hat nichts gegen meine Anwesenheit einzuwenden.«

O'Shea lächelte nur, seine Frau aber antwortete ernst: »Ich habe ihr gesagt, daß wir Sie einladen wollten, und sie war einverstanden.«

Das alte Spitzmäuschen huschte uns knicksend entgegen und nahm Mrs. O'Shea das Blumenbukett ab. Aus dem Souterrain tauchte ein feierlich aussehender Mann im Frack auf, verbeugte sich und fragte, ob er jetzt die Aperitifs servieren solle.

Stimmengewirr erfüllte das Haus. Morag O'Shea entschuldigte sich und verschwand durch eine Tür. Ihr Mann begleitete mich nach oben, vorbei an den Porträts seiner blauäugigen Ahnen.

»Sie haben mir Glück gebracht«, sagte er auf der Treppe. »In den letzten beiden Wochen habe ich dreimal aufs richtige Pferd gesetzt.«

»Vielleicht sollten Sie aufhören, solange die Glückssträhne noch anhält.«

Er zwinkerte mir zu. »Ich habe Ihnen doch schon gesagt, daß Sie mich enttäuschen, wenn Sie auch noch zu predigen anfangen.«

Wir gingen an Mrs. O'Sheas Zimmer vorüber, auf eine weit geöffnete Flügeltür zu. Gleich bei unserem Eintritt wurde ich zwei ältlichen Damen vorgestellt, von denen die eine Herzogin war – es mußte die mit den Raffzähnen sein –, und einem militärisch aussehenden Herrn, dessen Namen ich sofort wieder vergaß.

»Sie kommen aus Deutschland?«

»Ja, ganz recht.«

»Und verbringen Ihre Ferien in Irland?«

»Nein, ich lebe hier.«

»Oh, gefällt es Ihnen so gut bei uns?«

Während der Austausch höflicher Redensarten andauerte, sah ich mich verstohlen um. Zwei Herren standen am Fenster und unterhielten sich; auf der Chaiselongue saß das Paar aus dem Cadillac neben einer rothaarigen Dame.

Ein Kristallüster mit weißen Kerzen hing in der Mitte des

Raumes. Die unzähligen Facetten glitzerten in allen Regenbogenfarben. Unter dem Lüster stand eine kleine Gruppe von Menschen, vier oder fünf, ich kann es nicht sagen. Ich sah nur *sie.*

29

Das Kerzenlicht ließ ihre blauen Augen weicher erscheinen. Sie trug das Haar wie immer aus der Stirn gekämmt; es fiel in schweren Locken auf ihre Schultern. Ihr Kleid aus schwarzem Samt, das unter der Brust abgesetzt war und bis zum Boden reichte, entsprach vielleicht nicht mehr ganz der herrschenden Mode. Die Haut ihres Ausschnitts hatte den milchig weißen Schimmer von Perlen.

Sie sah mich nicht, oder wenigstens tat sie so, als würde sie mich nicht sehen. Jetzt erst merkte ich, daß sie sich mit einem Mann unterhielt. Sie überragte ihn um Haupteslänge.

Jemand sagte etwas zu mir. Ich zwang mich, den Blick von ihr zu lösen. Eine der Damen fragte mich leicht gereizt, ob ich hier in der Nähe lebe. Ich antwortete, ja, ganz in der Nähe, nämlich in Auburn Manor – und hatte die Genugtuung, sie für einen Augenblick außer Gefecht gesetzt zu haben.

Roger O'Shea legte mir die Hand auf die Schulter. »Entschuldigen Sie uns jetzt bitte«, sagte er. »Ich muß Mr. Hagen weiter bekanntmachen. Hier kommt ja auch schon Selby mit den Getränken.«

Ich weiß nicht, wie er es anstellte, doch unversehens stand ich mit seiner Tochter unter dem Lüster. Sie hatte mir kühl die Hand gegeben und es übernommen, mich vorzustellen; dann blieben wir plötzlich allein zurück.

Sekundenlang standen wir schweigend voreinander. Ich nahm mich zusammen und sagte: »Ich habe Ihnen etwas mitgebracht.«

Ein distanzierter, aber nicht unbedingt feindseliger Blick.

»Ja?«

Ungeschickt wickelte ich die Rosen aus dem Seidenpapier und hielt sie ihr entgegen. »Ich habe mir sagen lassen, daß das Ihr Eigentum ist.«

Sie sah nachdenklich auf den Strauß nieder. »Ich habe sie gepflanzt.«

»Das weiß ich. Michaeleen O'Faolain hat es mir gesagt. Sie gehören Ihnen, also nehmen Sie sie.«

Ich studierte die Form ihres Gesichtes, ihre dichten Wimpern, den langen, schmalen Hals. Diese Augen. Wie konnte ein Mensch so vollkommen sein? Sie streckte die Hand aus, eine unerwartet kräftige, aber wohlgeformte Hand, griff nach den Rosen.

»Sie haben die Dornen nicht abgemacht?«

Ich schüttelte den Kopf. »Dornen gehören zu einer Rose.«

Zum erstenmal sah ich sie lächeln. »Das also ist es. Ich habe mich schon gefragt...« Sie brach ab. »Ich glaube, die Rosen brauchen Wasser. Nein, läuten Sie nicht. Die arme Bridget ist sowieso völlig verwirrt. Ich kümmere mich selbst darum.«

Ich blieb stehen und sah ihr nach, wie sie aus dem Salon ging und unterwegs ein paar Worte an die Dame mit den Raffzähnen richtete. Ein Mann vertrat ihr den Weg, ergriff ihre Rechte und küßte sie. Ich beobachtete, wie sie eine Augenbraue hob, während er sich über ihre Hand beugte. Dann schrak ich zusammen. Eine dröhnende Stimme sagte dicht neben mir: »Mr. Hagen! Das nenne ich aber eine Überraschung, ausgerechnet Sie hier zu treffen!«

Ich drehte mich um. Es war Mrs. Archibald Appleton in raschelnder nilgrüner Seide. Sie glich einem Seeungeheuer. »Obwohl ich sagen muß, daß es nicht anders als recht und billig ist nach all dem, was man sich bisher Ihnen gegenüber erlaubt hat, mein Lieber.«

Ich erwiderte, ich hätte keinen Grund, mich zu beklagen.

Ihr stark gepudertes Gesicht nahm den listigen Ausdruck eines alten Clowns an. »Nun, der gute Roger scheint ja eine richtige Vorliebe für Sie gefaßt zu haben.«

Ich gab mir alle Mühe, unbefangen auszusehen. »Er ist ein äußerst charmanter Mann.«

»Die charmantesten Männer sind meistens auch die unzuverlässigsten, merken Sie sich das!« Sie nickte einer vorübergehenden Dame zu und fuhr unschuldsvoll fort: »Aber Sie als Geschäftsmann werden sicher am besten wissen, wer Ihr Vertrauen verdient.«

Vermutete sie etwas, oder war mein offenes Ohr für O'Sheas finanzielle Schwierigkeiten bereits Stadtgespräch von Ennis? Sie schien der Wahrheit verdammt nahe zu kommen.

Ich erwiderte, ich hoffe es, wich ihrem inquisitorischen Blick aus und sah mich verzweifelt um. Die Rettung nahte in Gestalt jenes etwas kurz geratenen jungen Mannes, den ich neben Angharad unter dem Lüster gesehen hatte. Er trug in jeder Hand ein Glas und hatte ein ziemlich nichtssagendes Gesicht unter schon recht schütterem Haar. »Hier, Tantchen, wie wär's mit einem Glas Sherry?« sagte er.

Das also war der vielversprechende Neffe, den Angharad O'Shea so schnöde abgewiesen hatte! Mrs. Appleton machte uns miteinander bekannt, strahlend vor Stolz. »Ronny besucht mich regelmäßig, der liebe Junge«, sagte sie. »Er ist der einzige, der seine alte Tante nicht ganz vergessen hat.« Sie tätschelte ihm die Hand, so daß ihm der Sherry fast aus dem Glas schwappte.

Ich vermutete, daß der liebe Junge sehr gut wußte, warum er seine alte Tante nicht vergaß. Soviel ich gehört hatte, besaß Mrs. Appleton ein hübsches Vermögen. »Ronny« musterte mich neugierig; sicher hatte sie ihm schon erzählt, daß ich der neue Besitzer von Auburn Manor war. Die üblichen Fragen folgten. Wie es mir in Irland gefiele? Ob ich mich für immer hier niedergelassen hätte?

Als der Blick von Mrs. Appletons Neffen zur Tür schweifte, sah auch ich auf. Angharad O'Shea war zurückgekommen und begann mit dem Mann zu plaudern, der ihr vorher die Hand geküßt hatte. Er mochte etwa in meinem Alter sein, und ich fand, daß er mit seinem schmalen, etwas nordisch wirkenden Gesicht und dem hellblonden Haar gut aussah.

Mrs. Appleton blickte ebenfalls in ihre Richtung. »Wie hat sie sich dir gegenüber benommen, Ronny?« fragte sie, sich großzügig über meine Gegenwart hinwegsetzend.

»Oh, kalt wie ein Eisberg.« Er lachte, und ich hätte ihn am liebsten geohrfeigt. Dann wandte er sich mir zu, das Gesicht noch immer zu einem Lächeln verzogen, das er wohl für weltmännisch hielt. »Ein Rasseweib, aber verteufelt unnahbar, nicht?«

Ich schwieg und musterte ihn verächtlich. Während sein Lächeln zu einer betretenen Grimasse erstarrte, schien Mrs. Appleton nicht das geringste bemerkt zu haben. Mit ihrer barschen Kommandostimme, in der immer ein selbstgerechter Unterton mitschwang, sagte sie: »Du hättest mal erleben müssen, wie sie Mr. Hagen kürzlich in der Kirche brüskiert hat. Ein Skandal, Ronny, mein Lieber!«

Ich spürte, wie mir das Blut ins Gesicht stieg, zählte bis fünf und erwiderte dann eisig: »Mrs. Appleton, würden Sie die Entscheidung darüber, wann ich mich brüskiert fühle, bitte ein für allemal mir überlassen?«

Sie starrte mich mit offenem Mund an; ihre Augen quollen bedrohlich aus den Höhlen. Ihr Neffe blinzelte bestürzt. Ich beschloß, mich zurückzuziehen, ehe es zum offenen Kampf kam, verbeugte mich knapp, drehte mich um und ging auf die Tür zu.

Ich weiß nicht genau, was ich beabsichtigte. Vielleicht wäre ich gegangen, wenn Roger O'Shea mir nicht in den Weg getreten wäre. Er drückte mir ein Glas in die Hand, dirigierte mich zu einer Sitzgruppe am Fenster und prostete mir strahlend zu.

»Auf Ihren Sieg über den Drachen!«

Mein Zorn wich einer plötzlichen Erheiterung. »Sie haben es mitangehört?«

»O ja, ich stand in Ihrer Nähe, und die Dame hat ein recht durchdringendes Organ. Meinen Glückwunsch, Sie haben eine Schlacht geschlagen. Aber sind Sie sich darüber im klaren, daß Sie von jetzt an eine Feindin in Ennis haben?«

»Auf eine mehr oder weniger kommt es nicht an«, sagte ich mit leichter Bitterkeit.

Er schüttelte den Kopf. »Seit wann läßt man sich von seinen Feinden Rosen schenken?«

»Oh, auch das haben Sie beobachtet?«

»Ich weiß alles, mein Lieber.« Er lachte. »Übrigens finde ich Ihre Taktik gar nicht so schlecht.«

»Ich wende keine Taktik an.«

Ein rascher Seitenblick. »Ach, wirklich nicht? Nun, zumindest kann man doch sagen, daß Sie ein bestimmtes Ziel verfolgen, oder nicht?«

Mein Blick lag auf Angharads hochgewachsener Gestalt. Die Falten des Samtkleides umspielten sanft ihre Hüften, ihr vorgeschobenes Knie. Plötzlich erinnerte sie mich in dieser Haltung an die Statue der Siegesgöttin Nike von Samothrake, die ich vor Jahren im Louvre gesehen hatte.

»Wie bitte?«

Er wiederholte seine Frage: »Es ist doch so, daß Sie ein Ziel verfolgen?«

»Ich weiß es nicht«, sagte ich. Und insgeheim fügte ich hinzu: Ich lasse nichts geschehen – es geschieht mit mir.

»Kein ›Ziel, aufs innigste zu wünschen‹?«

Ich konnte der Versuchung nicht widerstehen. »Schließen Sie da nicht vielleicht von sich auf andere?«

Er lachte. Das Sympathische an ihm war, daß er nie etwas übelnahm. »Touché, mein Lieber! Aber ich glaube, Sie tun mir etwas unrecht. Ich bin nicht der Mann, der seine Tochter an den Meistbietenden versteigert.«

»Ich bin mir noch nicht ganz im klaren darüber, was für ein Mann Sie eigentlich sind«, sagte ich aufrichtig. »Ich weiß nur eines: Ihre Tochter ist nicht die Frau, die sich an den Meistbietenden versteigern läßt.«

Ein Schmunzeln. »Sicherlich nicht – wenn es nur um Geld geht.« Ehe ich noch eine Frage stellen konnte, wechselte er rasch das Thema. »Ihr blonder Sohn ist ein guter Reiter. Ich habe gestern zufällig gesehen, wie er mit seiner Stute über eine Hecke setzte. Der Junge hat Talent! Reiten Sie selbst auch?«

»Früher bin ich geritten, bis vor zehn Jahren etwa. Dann wurde meine Freizeit knapper, und ich habe es aufgegeben.«

»Doch nicht für immer? Ich wüßte einen wunderbaren Hengst für Sie, ausgezeichnete Rasse. Eine günstige Gelegenheit. Einer meiner Freunde löst seinen Rennstall auf. Ich hätte Aengus selbst gern gekauft, aber Sie wissen ja . . .« Er zuckte die Achseln.

Ich hatte bei unserem Einzug in Auburn Manor wirklich mit dem Gedanken gespielt, mir ein Pferd zu kaufen, es dann jedoch über allem andern vergessen. Vermutlich hoffte O'Shea, bei diesem Handel selbst Profit zu machen, da er mir den Hengst so anpries. Noch immer beobachtete ich Angharad, wie sie mit einer ungeduldigen Bewegung ihr Haar aus der Stirn schleuderte, und sagte ohne besonderes Interesse: »Ein seltsamer Name für einen Hengst.«

»Oh, finden Sie? Nun, Sie wissen vielleicht nicht, daß Aengus der irische Gott des Frühlings und der Liebe ist.«

»Und macht der Hengst seinem Namen Ehre?«

»Hm, ja. Vorläufig ist er noch jung, gerade erst zugeritten, aber er dürfte einmal ein vielversprechender Zuchthengst werden. Angharad wollte ihn für ihr Leben gern haben; sie hält große Stücke auf ihn. – Entschuldigen Sie mich bitte einen Augenblick, ich komme gleich zurück!«

Er sprang auf, ging zu seiner Tochter und wechselte ein paar Worte mit ihr. Sie warf mir einen raschen Blick zu, runzelte leicht die Stirn, sagte dann etwas zu dem blonden Mann an ihrer Seite und folgte Roger O'Shea quer durch den Salon.

Ich erhob mich hastig. Unsere Augen waren fast auf gleicher Höhe. Ich sah sie an und fühlte mich plötzlich schüchtern wie ein Schuljunge.

»Ich habe Mr. Hagen eben geraten, Aengus zu kaufen«, sagte ihr Vater. »Aber er scheint mir nicht ganz zu trauen. Sag du ihm, was für eine einmalige Gelegenheit das ist, Angharad.«

Sie schwieg einen Moment. Ihre Hand schloß sich um den Stiel des Glases, und ihr Smaragdring blitzte im Licht. »Nicht jeder Mensch hat den Ehrgeiz, sein Geld in Pferde zu investieren, Vater.«

Die Antwort gefiel mir. »Mr. O'Shea sagte mir, Sie halten viel von dem Hengst?«

»O ja, eine Menge. Er ist ein Prachtexemplar.« Sie musterte mich abschätzend. »Nur eigentlich nichts für einen ...«

Sie stockte, und etwas von der alten Feindseligkeit flackerte in ihren Augen auf.

»Einen Sonntagsreiter, meinen Sie wohl?« vervollständigte ich.

»Eine unkundige Hand könnte das Tier verderben.«

»Ebensosehr wie eine unbeherrschte?«

Einen Moment kreuzten sich unsere Blicke. Ich hatte spontan geantwortet, unsere erste Begegnung im Sturm vor Augen, als sie ihrem Schimmel die Peitsche gab.

Sie biß sich auf die Lippen, und Roger sagte vergnügt: »Ganz richtig. Übrigens solltest du mit deinem Urteil abwarten, bis du Mr. Hagen im Sattel gesehen hast. Sein Sohn jedenfalls hat unbestreitbar Talent.«

Ich lächelte. »Ich fürchte, ich bin wirklich ein Sonntagsreiter. Wollen wir uns nicht setzen?«

Sie nahm zwischen uns Platz. Der Butler kam und versorgte uns mit frischen Getränken. Angharad sagte: »Wie ich höre, sind Sie kein schlechter Geschäftsmann, Mr. Hagen. Ein Pferd wie Aengus dürfte eine recht gute Kapitalanlage sein.«

»Ich handle nicht mit Pferden, Miss O'Shea.«

Ihr Lächeln wirkte nicht sehr fröhlich. »Vielleicht kann man Sie dazu beglückwünschen.«

»Angharad spielt auf meine unglückliche Hand in Geschäften an.« O'Shea beugte sich vor. »Glauben Sie an Veranlagung, Frank? Beispielsweise daran, daß es geborene Verlierer gibt?«

Ich schüttelte den Kopf. »Meiner Meinung nach sind manche Menschen von Natur aus labil und lassen sich deshalb leichter von momentanen Stimmungen leiten als andere.« Aus den Augenwinkeln sah ich, daß Angharad mich beobachtete. »Ich persönlich habe immer mehr an die Macht der Erziehung geglaubt als an die der Veranlagung.«

»Aber die Schlußfolgerung bleibt die gleiche – nämlich, daß der Mensch sein Schicksal nicht selbst in der Hand hat?«

»Vielleicht. Handeln wir nicht ein ganzes Leben lang nach dem Muster, das in der Kindheit in uns geprägt wurde?«

Angharad hob den Kopf. »Sie meinen, daß man bis zu seinem Tod liebt und haßt, wie man seine Eltern geliebt und gehaßt hat?«

Eine dröhnende Stimme sagte: »Angharad O'Shea, mein guter Ronny wartet schon den ganzen Abend sehnsüchtig auf die Gelegenheit, Sie zu entführen.«

Mrs. Appleton, ihren Neffen im Schlepptau, zeigte mir die kalte

Schulter und wandte Angharad ihr neckisch-vorwurfsvolles Gesicht zu.

Ich machte die überraschende Entdeckung, daß ich den guten Ronny mit größtem Vergnügen am Kragen gepackt und aus dem Fenster befördert hätte.

»Ich fürchte, ich würde Sie nur langweilen, Mr. Fitzpatrick.«

Er protestierte heftig. Ich stand auf und überließ Mrs. Appleton meinen Platz, was sie mit verkniffenem Mund und hoheitsvoller Miene zur Kenntnis nahm. Während sie und ihr Neffe Angharad mit Beschlag belegten, beugte ich mich über Roger und bat ihn, mir die Adresse des Rennstallbesitzers zu geben, der Aengus verkaufen wollte.

»Oh, wenn Sie sich den Hengst ansehen möchten, bringe ich Sie natürlich selbst hin! Wann hätten Sie Zeit?«

»Ich muß es mir noch überlegen und mit meinen Jungen darüber sprechen. Sind Sie einverstanden, wenn ich Sie morgen nachmittag anrufe und Ihnen Bescheid gebe?«

»Ja, durchaus.«

Die Verbindungstür wurde geöffnet, und der Butler verkündete, daß das Dinner angerichtet sei.

Man hatte mir den Ehrenplatz an Mrs. O'Sheas Seite zugewiesen, doch ich hätte nur zu gern mit dem blonden Mann getauscht, der am anderen Ende des Tisches saß. Immerhin waren wenigstens Mrs. Appleton und ihr kostbarer Neffe nicht in meiner Nähe.

»Unterhalten Sie sich gut, Mr. Hagen?«

Ich versicherte wahrheitsgemäß, daß ich mich noch keinen Augenblick gelangweilt hätte.

Zu meiner Linken saß eine alte, etwas schwerhörige Dame mit einem verblüffenden Turban aus violetter Seide auf den Löckchen. Sie verlangte dreimal meinen Namen zu wissen und gab die Unterhaltung mit mir glücklicherweise schon nach wenigen Minuten auf, um sich ihrer Nachbarin zuzuwenden.

Mrs. O'Shea hatte meine Anstrengungen lächelnd beobachtet. »Sie müssen einmal nachmittags zum Tee zu uns kommen«, sagte sie. »Eine Gesellschaft wie diese erstickt jedes private Gespräch im Keim. Man redet und bewegt sich nur nach vorgeschriebenen Regeln, fast wie eine Marionette.«

»Tut man das nicht immer?«

»Bis zu einem gewissen Grad, ja.«

»Eigentlich wäre ich jetzt an der Reihe, Sie einzuladen. Ich würde es auch gern tun, aber ich fürchte ...«

»Sie fürchten, Angharad würde es nicht wollen. Vielleicht

haben Sie recht; man sollte wohl noch etwas warten. Wer wen einlädt, ist ja schließlich gleichgültig. Wir wollen nicht so konventionell sein.« Sie nippte an ihrem Wein. »Haben Sie sich in Auburn Manor schon eingelebt?«

Ich starrte zum anderen Ende des Tisches hinüber und fragte mich, was der blonde Mann wohl gesagt haben mochte, um Angharad O'Shea zum Lachen zu bringen. Sie hatte den Kopf zurückgelegt, und zwischen ihren geöffneten Lippen blitzten die kräftigen weißen Zähne.

Was hatte Mrs. O'Shea mich gefragt? Ob ich mich in Auburn Manor eingelebt hätte. »O ja, längst. Vor allem die Jungen – Auburn Manor hat sie richtig verändert; mehr, als ich jemals zu hoffen wagte.«

»Ja, es ist ein Paradies für Kinder.«

Plötzlich sah ich das Mädchen mit der Puppe im Schoß wieder vor mir. Angharads Gesicht ... Ich hob die Augen und merkte, daß sie mich über den Tisch hinweg ansah. Es dauerte nur den Bruchteil einer Sekunde, und ich vermochte ihren Blick nicht zu deuten. Ich wußte nur eines bestimmt: daß diesmal kein Haß in ihren Augen stand.

»Angharad war ein wildes kleines Geschöpf. Wir sahen sie oft den ganzen Tag nicht. Sie war überall und nirgends, wie ein Irrwisch. Im Stall, im Gärtnerhaus, in den entferntesten Winkeln des Parkes, auf den Bäumen, im Speicher. Sie hat nie andere Kinder mitgebracht – vielleicht, weil sie nicht teilen wollte.«

»War sie nicht sehr einsam?«

»Sie hatte Auburn Manor, das war ihr Gesellschaft genug. Und meinen Mann. Die beiden sind manchmal stundenlang zusammen ausgeritten.« Sie lächelte ihr ruhiges Lächeln. »Ich kann mich nicht erinnern, daß Angharad jemals von sich aus zu mir gekommen wäre. Nicht einmal, wenn sie sich verletzt hatte. Einmal fiel sie beim Klettern vom Baum und renkte sich das Schultergelenk aus. Damals war sie sieben. Wir fanden sie abends auf dem Heuboden in der Remise. Dort hatte sie sich verkrochen. Als Dr. Driscoll ihren Arm wieder einrenkte, gab sie keinen Ton von sich, aber als er sie ins Bett stecken wollte, wehrte sie sich wie verrückt.«

Wieder ging mein Blick zum jenseitigen Ende des Tisches. »Wünschen Sie, sie wäre anders?« fragte ich.

»Nein. Ich mache mir nur manchmal – Sorgen um sie.«

»Sorgen? Weshalb?«

Sie senkte den Kopf, aß eine Gabel voll vom Krabbensalat und gab keine Antwort. Vielleicht hatte sie meine Frage nicht gehört.

Plötzlich sagte sie leise: »Sie haben meinem Mann Geld geliehen, Mr. Hagen?«

Es dauerte eine Weile, bis ich mich von meiner Überraschung erholt hatte. O'Shea hatte mich ausdrücklich gebeten, weder seiner Frau noch seiner Tochter etwas davon zu sagen, daß er Schulden bei mir hatte. Woher also wußte sie es, wenn nicht von ihm?

»Hat Ihr Mann Ihnen das gesagt?« fragte ich schließlich vorsichtig.

Sie schüttelte leicht den Kopf. »O nein, natürlich nicht. Aber ich lebe lange genug mit ihm zusammen, um gewisse Schlüsse zu ziehen. Sie scheinen mir genau der Mann zu sein, den er um Geld bitten würde, wenn er in Verlegenheit ist.« Ehrlich fügte sie hinzu: »Und ich kann mich nicht erinnern, daß er jemals nicht in finanziellen Schwierigkeiten gewesen wäre.«

»Vielleicht sollten Sie ihn selbst danach fragen.« Ich schnitt mir ein Stück vom geräucherten Lachs ab; und wieder spürte ich Agharads Blick, noch ehe ich den Kopf hob.

»Er wird es mir nicht sagen.« Eine Pause. »Ich will Sie nicht in Verlegenheit bringen. Sie haben ihm sicher versprochen, es für sich zu behalten, damit ich mir keine Sorgen mache, nicht wahr?« Sie lachte, aber es klang nicht froh. »Er weiß nicht, daß ich mir ein sorgloses Leben gar nicht mehr vorstellen könnte.«

»Meinetwegen brauchen Sie sich nicht zu beunruhigen, Madam.«

»Sie wollen damit sagen, daß Sie ihn nicht drängen werden?« Morag O'Shea runzelte die Stirn. »Das läßt mich nur befürchten, daß er wieder und wieder zu Ihnen kommen wird.«

»Was also raten Sie mir?«

Sie sah auf. In ihrem Blick war etwas, was ich nicht zu deuten wußte. War es Furcht? Vorahnung? Eine versteckte Bitte?

»Ich würde Ihnen raten, uns zu meiden ...« Sie stockte, verstummte, schwieg eine Weile. Dann fügte sie beherrschter hinzu: »Ich kann Ihnen keinen Rat geben.«

Ich ließ die Gabel sinken. »Sie meiden?« wiederholte ich. »Warum? Wie meinen Sie das?«

Sie senkte die Augen und erwiderte hastig: »Oh, ich meine nur, mein Mann könnte Ihre Großzügigkeit zu sehr ausnützen.«

Ich spürte, daß ihre Antwort nur eine Ausflucht war. Es hatte wie eine Warnung geklungen. Doch wovor wollte sie mich warnen? Ich beobachtete sie. Sie sah noch immer auf ihren Teller nieder, und ihr Gesicht war völlig ausdruckslos.

Ich begriff, daß es keinen Sinn hatte, weiter in sie zu dringen. Hatte sie mir zu verstehen geben wollen, daß ich ihren Mann meiden sollte? Oder Angharad? Ich sah zum Tischende und hob mein Glas, als Roger O'Shea mir zuprostete. Ich konnte Angharads Gesicht nicht sehen, da sie sich etwas zur Seite neigte, dem blonden Mann zu. Stirn, Augen und Mund waren hinter der Flut schwarzen Haares verborgen.

Die brennende, schmerzliche Eifersucht eines Kindes – fast hatte ich sie schon vergessen gehabt. Nun überfiel sie mich plötzlich wieder. Ich kämpfte gegen den Wunsch, aufzustehen und fortzugehen. Im Nebenzimmer begann jemand auf dem Klavier zu spielen. Ich erkannte die schmerzlich-schöne Melodie wieder.

»Mein Lieblingslied«, sagte Mrs. O'Shea. »Kennen Sie es?«

»Die Arie aus der Oper Martha, nicht?«

Sie lächelte. »Nein, es ist nicht von Flotow, sondern ein altes irisches Volkslied, *The last rose of summer.*«

Als wir wieder in den Salon gingen, nahm ich Mrs. O'Sheas Arm. An der Flügeltür trafen wir mit Angharad und ihrem blonden Tischnachbarn zusammen. Wir blieben stehen; Angharad sagte: »Doktor McGrath, darf ich Ihnen Mr. Hagen vorstellen?« Und nach einem kaum merklichen Zögern fügte sie hinzu: »Der neue Besitzer von Auburn Manor.«

Einen Augenblick wirkte er überrascht, faßte sich aber sofort wieder.

»Sie sind zu beneiden«, sagte er.

Nun, da wir uns gegenüberstanden, sah ich, daß sein Nasenrükken mit Sommersprossen übersät war, was ihn jünger erscheinen ließ als er vermutlich war. Wir wechselten einen Händedruck, und ich erwiderte: »Ich wohne dort, ja – aber es fällt mir nicht leicht, mich als Besitzer zu fühlen. So ein altes Haus läßt sich nicht einfach in Besitz nehmen.«

Angharad hob den Kopf. Unsere Blicke kreuzten sich. »Man kann nicht alles kaufen, Mr. Hagen.«

»Ich weiß.«

Dr. McGrath sagte unvermittelt: »Ich glaube, man sollte Häuser nicht zu sehr vermenschlichen. In Wahrheit ist es wohl so, daß man selbst bestimmten Einflüssen unterliegt – seien es nun Schuldgefühle, Unsicherheit oder alle möglichen Ängste – und sie manchmal auf ein solches Besitztum überträgt.«

Morag O'Shea mischte sich ein. »Es ist ganz natürlich, daß Sie als Psychologe eine solche Erklärung finden müssen, Doktor«, sagte ich halb lachend, halb ernst.

Ich merkte, daß er nicht zugehört hatte, sondern Angharad beobachtete. »Obwohl ich nicht bestreite«, fuhr er fort, »daß so ein altes Haus oft sehr eng mit menschlichen Schicksalen verknüpft sein kann.«

»Und ›... was Schicksal auflegt, muß der Mensch ertragen; es hilft nicht, gegen Wind und Flut zu schlagen‹, nicht wahr?«

Angharad hatte die Frage an Dr. McGrath gerichtet, doch sie sah mich dabei an.

»Da kann ich Ihnen auf Shakespeare nur mit Schiller antworten, Angharad: ›In deiner Brust sind deines Schicksals Sterne‹.«

Es war ein Zitat, an das ich noch oft denken sollte; in jenen Monaten, die folgten, und auch später, als alles vorüber war.

30

Eine Woche später gehörte der Hengst Aengus mir. Roger O'Shea hatte sich erboten, das Tier mit seinem Anhänger aus Tipperary zu holen, und ich gab einem Bauunternehmer in Ennis den Auftrag, den alten Stall durch einen Anbau zu erweitern. Chris und Martin waren selig. Wie jedes Rassepferd war der Hengst zwar nervös und sensibel, doch er kam aus guten Händen und ließ sich ohne Schwierigkeiten sowohl von den Jungen als auch von mir reiten.

Anfangs zweifelte ich etwas an meinen Reitkünsten; immerhin war es schon Jahre her, seit ich zum letztenmal im Sattel gesessen hatte. Nachdem jedoch die anfängliche Steifheit überwunden war, ging es von Tag zu Tag besser.

»Sie machen Fortschritte«, sagte Roger, der nun immer häufiger nach Auburn Manor kam, um »nach Aengus zu sehen« und mir »den letzten Schliff beizubringen«. Ich hatte nichts dagegen, denn einen besseren Lehrmeister als ihn hätte ich nicht finden können.

»Sie versuchen, einem alten Hund neue Kunststücke beizubringen.«

Er lachte. »Wenn Sie sich schon für alt halten, was bin dann ich, mein Lieber? Nein, warten Sie's nur ab, in einem Jahr reiten Sie wie ein richtiger Ire.«

»Sie setzen große Hoffnungen in einen Sonntagsreiter«, sagte ich, während ich Aengus absattelte.

»Oh, das haben Sie sich gemerkt, wie? Na, nicht jeder kann sozusagen im Sattel geboren sein wie meine Lassie, und das weiß sie im Grund auch. Und daß der Hengst bei Ihnen in guten Händen ist, bezweifelt niemand. Ein prachtvolles Tier, nicht?«

Ja, Aengus war wirklich prachtvoll. Ich liebte seinen schmalen Kopf mit den samtenen Nüstern, auf denen sich die Adern abzeichneten, die wundervollen dunklen Augen, den seidigen Glanz des schwarzen Fells, die schlanken und doch kraftvollen Fesseln.

»Er mag Sie. Sie haben die richtige Art, mit ihm umzugehen.«

Es stimmte; wir beide hatten einander gern, Aengus und ich. Ich gab mir stets Mühe, nie die Geduld zu verlieren und ihn nicht mit fahrigen Bewegungen oder lauten Kommandos zu erschrecken.

»Obwohl er bei Ihnen manchmal zu sehr seinen Kopf durchsetzen darf. Ein Pferd muß wissen, wer der Herr ist.«

Ich klopfte Roger auf die Schulter und sagte halb lachend, halb ernst: »Ich weiß, ich weiß. Das wird ein ewiger Streitpunkt zwischen uns bleiben. Ich fürchte, Sie werden sich an meine Schrullen gewöhnen müssen. Für mich ist ein Tier eben nicht einfach Sklave des Menschen, sondern ein Wesen mit Recht auf eigenen Willen. Wenn dieser Hengst hier einmal keine Lust hat, zu galoppieren, warum sollte ich ihn dazu zwingen? Er wird schon seinen Grund dafür haben, und ich reite schließlich spazieren und fliehe nicht vor feindlichen Indianern.«

Er grinste und schüttelte den Kopf. »Das widerspricht den Prinzipien des Reitsports. Ein Reiter muß sein Pferd unter Kontrolle haben, und das Tier muß ihm unbedingt gehorchen.«

Ich begann Aengus die Hufe auszukratzen. »Unter Kontrolle, ja. Aber wenn ich ein Tier habe, soll es mein Freund sein und nicht mein Untertan.«

»Das klingt verflixt idealistisch und sentimental, seien Sie mir nicht böse. Übrigens sollten Sie sich einen Stallknecht suchen.«

»Vorläufig schaffe ich die Arbeit noch ganz gut allein. Es macht mir sogar Spaß. Und wenn ich mal keine Zeit habe, mich um Aengus zu kümmern, helfen mir die Jungen.«

In diesem Augenblick tauchte Chris mit einem Korb voller Äpfel in der Stalltür auf, und Eileen Aroon begrüßte ihn mit freudigem Gewieher.

»Die hat Michaeleen vom Baum geholt«, sagte er. »Tag, Mr. O'Shea. Soll ich sie auseinanderschneiden?«

O'Shea lachte laut. »Wen, mich?«

»Nein, die Äpfel natürlich.«

»Ja, tu das. Hier, nimm mein Taschenmesser. Was macht Martin?«

»Er versucht mal wieder, Malwine das Fliegen beizubringen.«

»Wie macht er das denn?« Roger hatte sich auf den Rand des Futtertroges gesetzt und streichelte Eileen Aroon, die sich den Hals nach den Äpfeln verrenkte.

»Er wirft sie in die Luft. Manchmal steigt er auch auf einen Baum und läßt sie auf den Boden flattern. Aber sie lernt's doch nicht.«

Aengus schnaubte entrüstet, als die Stute den ersten Apfel bekam. Ungeduldig stampfte er mit dem Vorderfuß auf, und ich konnte gerade noch rechtzeitig zur Seite springen.

»Solange sie fressen, kannst du nichts mit ihm anfangen, Paps«, belehrte mich Chris. »Die sind so futterneidisch, daß sie sich am liebsten beißen würden. Außerdem klaut Eileen Aroon ihm dauernd die Äpfel aus dem Trog.«

»Weiber!« sagte O'Shea.

Ich zwinkerte Chris zu. »Na, jedenfalls war sie zuerst hier, und da meint sie wohl, sie hätte Anspruch auf den größeren Anteil.«

»Wenn du sie weiter so gut fütterst, ist sie bald zu dick, Lad. Und ein dickes Pferd wird träge und verliert seine Geschmeidigkeit.«

Chris musterte seine Stute ernsthaft. »Ich weiß, Sir, aber Sie können sich nicht vorstellen, wie gefräßig sie ist. Man denkt immer, sie wäre kurz vor dem Verhungern.«

»Da muß man hart bleiben, mein Junge. Aber mir scheint, du gerätst deinem Vater nach.«

Ich sah Chris an, und er erwiderte meinen Blick. Vertrauen lag darin und ein geheimes Einverständnis. Plötzlich spürte ich, wie mich ein Glücksgefühl überkam. Sie waren nicht so sehr Christines Kinder als meine Söhne. Ich war nicht zu spät gekommen.

31

Ich hatte es mir angewöhnt, täglich beim Morgengrauen auszureiten, wenn im Haus noch alles schlief. Nicht selten regnete es, doch Aengus war genauso unempfindlich gegen Nässe wie ich. Wir ritten stets den gleichen Weg – in westlicher Richtung an der Parkmauer entlang, vorbei an dem halb verfallenen Haus und über das Flüßchen nach Tinkers Woods. Auf den Moorwiesen blühte das Heidekraut in vielen Schattierungen von blaßrot bis purpur, und über dem Torfstich schwebte der Nebel in geisterhaften Schwaden.

Seit kurzem lagerten wieder Zigeuner am Rand von Tinkers Woods. Sie hatten ein vielfach mit Flicken ausgebessertes Zelt neben dem alten Planwagen aufgestellt, und ein magerer Gaul graste meist irgendwo zwischen den Büschen. Wenn ich frühmorgens kam, schliefen sie noch, doch beim Zurückreiten stand manchmal einer von ihnen vor dem Zelt, beschattete die Augen mit der Hand und beobachtete mich. Die Sippe bestand aus drei halbwüchsigen Jungen, einem Paar, das etwa in meinem Alter sein mochte, und einer bemerkenswerten alten Frau. Sie war die einzige, die meinen Gruß stets mit einem Kopfnicken erwiderte. Die Alte hatte jenes hagere, scharfgeschnittene Gesicht mit schwarzen, stechenden Augen, das man bei fahrenden Leuten so oft findet; und von diesen Augen ging eine seltsame Macht aus.

An einem Oktobermorgen sah ich zu meiner Überraschung schon von weitem eine dunkle Gestalt zwischen Zelt und Planwagen stehen. Ich kam über die Brücke geritten; es war kalt, und ich wunderte mich, denn es konnte nicht viel später als fünf Uhr sein. Als ich näher kam, merkte ich, daß es die Alte war, eingehüllt in einen großen schwarzen Schal. Ich konnte ihr Gesicht nicht erkennen, doch die Art, wie sie da stand, flößte mir Unbehagen ein. Es war, als hätte sie mich erwartet.

Ich hob die Hand zum Gruß, doch sie schien es nicht zu bemerken, denn sie verharrte noch immer regungslos neben dem Planwagen. Vielleicht übertrug sich meine Anspannung auf den Hengst, vielleicht beunruhigte ihn auch die schwarze Gestalt im Morgengrauen: Er spitzte die Ohren, blieb ruckartig stehen, tänzelte nervös und galoppierte dann unvermittelt los. Erst an der großen Eiche, die unter Efeuranken fast erstickte, gelang es mir, ihn zu zügeln. Ich sah mich um; sie stand noch immer auf derselben Stelle, und ich bildete mir ein, daß sie mir nachblickte.

Sicher hätte ich den Zwischenfall bald wieder vergessen, wäre nicht kurz darauf jene zweite Begegnung gewesen, weniger rätselhaft, aber um so bedeutungsvoller für mich. Damals brachte ich die beiden Ereignisse nicht miteinander in Verbindung. Heute aber bin ich nicht mehr so sicher, ob nicht doch ein Zusammenhang bestand.

Aengus war an diesem Morgen ungewöhnlich schreckhaft. Ein Krähenschwarm, der über Tinkers Woods dahinzog, veranlaßte ihn zu einem Bocksprung, und als gleich darauf ein Hase aus dem Unterholz hoppelte und vor uns über die Straße lief, scheute der Hengst heftig und schlug mit den Hinterbeinen aus. Wenn ich mich nicht unvorschriftsmäßig, aber geistesgegenwärtig an seiner Mähne festgeklammert hätte, wäre ich bestimmt in hohem Bogen aus dem Sattel geflogen und recht unsanft im Straßengraben gelandet.

Aengus wieherte schrill, und ich machte mich auf einen halsbrecherischen Galopp gefaßt, da erschien plötzlich wie durch Zauberei eine weiße Stute vor uns, und eine kühle Stimme sagte: »Zügel kurz halten, Schenkel andrücken!«

Es war Angharad O'Shea. Ich glaube, sogar Aengus war so überrascht, daß er keinen Versuch machte, durchzugehen. Ich brachte kein Wort heraus, saß nur da und starrte sie an.

Gelassen fuhr sie fort: »Recht gut gehalten, wenn man sich auch eigentlich nicht an der Mähne seines Pferdes festhält. Aber das hat Ihnen mein Vater wohl schon gesagt.«

Endlich fand ich meine Sprache wieder. »Natürlich. Aber Sonntagsreiter haben hoffentlich Narrenfreiheit.«

Wieder lachte sie jenes ungezügelte Lachen, das mir so lebhaft in Erinnerung geblieben war – mit zurückgelegtem Kopf und blitzenden Zähnen.

»Dafür würde ich mit Vergnügen zehnmal in hohem Bogen aus dem Sattel fliegen«, sagte ich.

Sie schwang sich vom Pferd, ehe ich noch absteigen konnte, um ihr zu helfen, und streichelte Aengus' Hals. »Wofür?«

»Sie so lachen zu sehen.«

Sie starrte mich an. »Sie sind ein seltsamer Mann, Mr. Hagen. Ich habe alles getan, um Sie zu beleidigen, und trotzdem scheinen Sie mir nichts nachzutragen.«

Ich war vom Pferd gesprungen und neben sie getreten. Ihr Haar flatterte im Wind, der den Duft des Heidekrautes mit sich trug. »Vielleicht versuche ich nur, Sie zu verstehen.«

Noch immer streichelte sie den Hengst, doch sie hielt den Kopf dabei abgewandt. »Und gelingt Ihnen das – mich zu verstehen, meine ich?«

Ich zögerte. »Es gibt verschiedene Arten des Verstehens, glaube ich. Eines, das vom Verstand kommt, wie das Wort sagt, und ein gefühlsmäßiges Begreifen. Ich würde sagen, daß ich mir Ihren Haß rein logisch erklären kann, und das hindert mich daran, Ihnen böse zu sein. Aber es gibt natürlich auch andere Gründe.«

Sie ging zu ihrer Stute zurück, und ich folgte ihr mit Aengus am Zügel.

»Ich hasse Sie nicht, Mr. Hagen. Nicht mehr.«

»Ich weiß.« Wir begannen die Straße entlangzugehen und führten unsere Pferde hinter uns her. »Und ich frage mich, was diese Veränderung bewirkt haben mag. Sie vermissen Auburn Manor doch noch ebensosehr wie vorher, nicht wahr?«

Ich merkte, wie sie sich versteifte, als ich Auburn Manor erwähnte. Sie legte den Kopf zurück, und ihr schwarzes Haar mischte sich mit der weißen Mähne ihres Pferdes. Die Sonne erschien wie ein rötlicher Ball hinter dem Nebel. Irgendwo zwischen den Hügeln stieg eine Rauchsäule zum Himmel auf.

Nach längerem Schweigen erwiderte sie: »Ich vermisse es noch genau wie vorher, ja. Es ist ein Stück von mir, verstehen Sie?«

Ein Stück von mir... Plötzlich hatte ich das Gefühl, ihren Schmerz nachempfinden zu können, eine dumpfe Qual, die sich nicht beschreiben ließ.

»Nein, Sie können es nicht verstehen. Sie begreifen nicht, wie es ist, am Tor vorüberzukommen und zu wissen ... Manchmal stehe ich nachts auf und reite zur Westpforte.« Sie brach ab und biß sich auf die Lippen. »Aber es ist nicht Ihre Schuld. Ich habe eingesehen, daß es nicht Ihre Schuld ist.«

»Und das macht es nicht leichter, nicht wahr?«

Ein erstaunter, fast abweisender Blick streifte mich. »Woher wissen Sie das?«

»Manches läßt sich leichter ertragen, wenn man jemandem die Schuld daran geben kann.«

»Ich wollte, ich könnte mich freimachen!« sagte sie plötzlich leidenschaftlich. »Von hier fortgehen, alles hinter mir lassen!« Sie blieb stehen und sah in die Ferne. »Aber ich weiß, daß ich es nicht kann. Man kann sich nicht selbst entfliehen.«

Der Schimmel schien ihre Erregung zu spüren und wieherte hell. Angharad strich ihrem Pferd beruhigend über die Stirn. »Schon gut, Bonny, es ist alles in Ordnung.«

Ich hob den Kopf und beobachtete den Krähenschwarm, der nun in entgegengesetzter Richtung zurückgeflattert kam. Stumm zogen sie über das Gehölz hinweg und verdunkelten einen flüchtigen Augenblick lang den Himmel.

»Ein Schwarm schwarzer Vögel, der den Himmel verdunkelt«, sagte Angharad leise. »Die alten Leute halten das für ein böses Omen. Michaeleen sagt, die Morrigu, die Dämonen der Lüfte, nehmen oft die Gestalt der Krähen an.«

Sie schien dankbar für die Ablenkung, und ich ging darauf ein.

»In diesem Land könnte man wirklich selbst abergläubisch werden«, erwiderte ich. »Es ist ansteckend. Die Landschaft verführt einen dazu.«

»Vielleicht liegt die Neigung zum Aberglauben in jedem Menschen, und es ist nur ein kleiner Anstoß nötig, um uns das bewußt zu machen.«

»Wie lange kennen Sie Michaeleen schon?«

»Mein ganzes Leben.«

»Er hängt sehr an Ihnen.«

»Ebensosehr wie ich an ihm.«

Ich konnte den Blick nicht von ihr wenden: ihr schwarzes Haar vor dem weißen Pferdekopf, ihre blauen Augen, die in Momenten der Erregung fast schwarz wirkten.

»Bestimmt hat er Ihnen viele Märchen erzählt?«

»Alle, die er kannte, überlieferte und selbst erdachte; und Lieder und Gedichte dazu. Früher wäre er wohl ein Barde gewesen und hätte das Lob seines Königs gesungen. Oder ein filí, einer von den Dichtern und Sehern.« Sie lächelte. »Vielleicht sollte man sich vor ihm hüten. In einem alten irischen Lied heißt es, daß der sterben wird, der einen Dichter kränkt.«

»Ich werde mir Mühe geben, Michaeleen O'Faolain nicht zu kränken«, sagte ich feierlich.

»Ach, wenn man es genau nimmt, lebt Michaeleen selbst ebenfalls gefährlich. Das Lied sagt nämlich auch: Wer ein Dichter sein muß, wird daran sterben.« Angharad wandte sich ab und schwang sich rasch in den Sattel. »Ich muß jetzt nach Hause, Mr. Hagen. Es war – eine interessante Begegnung.«

Ehe ich noch etwas erwidern konnte, hatte sie ihr Pferd schon mit einem Schenkeldruck angetrieben, und die Stute setzte mit geschmeidigem Sprung über den Wassergraben am Straßenrand. Ich sah ihr nach. Ihr schwarzes Haar schwang im Wind. Sie drehte sich nicht um.

Plötzlich war mir, als sähe ich sie über eine andere Lichtung und unter anderen Bäumen reiten – über die Wiese im Park von Auburn Manor mit dem Saum aus alten Eichen, im Hintergrund das Haus.

Ein Stück von mir... Schlüsselworte, durch die ich Zugang zu ihrem Schmerz, ihrem Verlust gefunden hatte.

Während jener Minuten, da sich Angharad O'Shea auf ihrer Stute immer weiter entfernte und schließlich im Schatten von Tinkers Woods verschwand, verspürte ich zum erstenmal den verrückten Impuls, ihr Auburn Manor zurückzugeben.

32

Fast eine Woche lang ließ sich Roger O'Shea nicht bei mir sehen. Ich fragte mich schon, ob ich ihn irgendwie beleidigt hatte, da erschien er eines Nachmittags und berichtete, daß er zu einem wichtigen Pferderennen nach Dublin gefahren sei.

»Haben Sie gewonnen oder verloren?« fragte ich ohne lange

Vorrede und schenkte ihm einen Brandy ein; doch ich wußte die Antwort im voraus.

»Verloren«, sagte er mit der reuigen Miene eines Lausbuben, der beim Ballspielen eine Fensterscheibe eingeworfen hat. »Ich werde mal wieder vom Pech verfolgt.«

»Vor kurzem hatten sie noch eine Glückssträhne, wenn ich mich nicht irre.«

Er seufzte und schnitt eine komische Grimasse. »Ja, ja, Fortuna ist eine launische Dame.«

Ich wußte, was kommen würde. Er brauchte wieder einmal Geld. So war es auch. Wider besseres Wissen stellte ich ihm einen Scheck aus; diesmal waren es viertausend Pfund.

Als er ihn in die Tasche steckte, sagte ich: »Sind Sie sich darüber im klaren, daß Ihre Frau Bescheid weiß?«

»Morag weiß, daß Sie mir ab und zu – hm – unter die Arme greifen?«

Ich nickte.

Er schien nicht sonderlich bestürzt zu sein. »Sie haben's ihr doch wohl nicht gesagt? Eine überflüssige Frage; verzeihen Sie, alter Freund. Aber woher weiß sie es dann?«

»Vielleicht kennt sie Sie besser, als Sie ahnen?«

Er vergrub die Hände in den Taschen seines Tweedjacketts. »Gut pariert, das habe ich nicht anders verdient.«

Einen Augenblick schwiegen wir. Ich sah, wie sein Gesichtsausdruck sich änderte. »Aber Angharad weiß doch nichts davon?«

»Danach dürfen Sie mich nicht fragen. Aber keine Angst: Wenn sie es wüßte, würde sie es vermutlich nicht Ihnen übelnehmen, sondern mir.«

»Das klingt bitter.«

»Vielleicht bin ich das manchmal wirklich.« Ich ging einen Schritt auf ihn zu. »Es gibt Augenblicke, in denen ich denke, daß Sie es sich zu leicht machen, O'Shea.«

»Weil ich keiner geregelten Arbeit nachgehe, wie man so schön sagt?«

Ich schüttelte den Kopf. »Ich spreche von Ihrer Tochter, Angharad. Glauben Sie nicht, daß es gefährlich sein könnte, wenn Sie so weitermachen?«

»Gefährlich? Für Angharad?« Er runzelte die Stirn. »Im Gegenteil; ich glaube, es wird sich noch alles zum besten wenden, für jeden von uns.«

Vertraute er noch immer auf sein Glück? Hoffte er noch immer auf den großen Treffer?

Ich sagte: »Hören Sie auf, einem Phantom nachzujagen. Haben Sie ihr nicht schon genug angetan?«

Seine Miene verriet nichts von seinen Gefühlen. Damals, bei unserem ersten Gespräch in diesem Raum, war er ehrlich zu mir gewesen. Er hatte Reue gezeigt, wenn auch nicht die Kraft, sich oder sein Leben zu ändern. Nun war er mir gegenüber nicht länger aufrichtig. Lag es daran, daß ich sein Gläubiger war? Früher war er mir sympathischer gewesen.

»Ich weiß, daß ich Fehler gemacht habe, aber sie liebt mich trotz allem. Und ich werde mein Bestes tun, um alles ungeschehen zu machen.«

»Kann man das – etwas ungeschehen machen?«

»Warum nicht?« Er trank seinen Brandy aus und wandte sich zur Tür. »Aber Sie halten sich nicht an unsere Abmachung: keine Moralpredigten!«

»Ich weiß von keiner Abmachung«, sagte ich hart. »Eine Moralpredigt ist ein geringer Zins für – lassen Sie mich nachrechnen – für zwölftausend Pfund.«

Nun hatte ich ihn doch getroffen. Ich sah es an seinem Gesicht, wenn er sich auch rasch wieder in der Gewalt hatte.

»Wer weiß, vielleicht bekommen Sie doch noch Ihre Zinsen, mehr als genug.«

Ich verstand ihn nicht. Seine Hand schloß sich um den Türknauf, und ich war voller Erbitterung gegen ihn, weil er mich dazu gebracht hatte, ihm seine Schulden vorzuwerfen.

»Ich weiß nicht, was Sie meinen«, sagte ich.

Nun lächelte er wieder, wenn auch etwas gezwungen. »Warten Sie's nur ab, mein Freund.«

33

Vielleicht war es der Vollmond, der mich weckte. Er schien durch eine Vorhangspalte direkt auf mein Bett, mit seltsam grellem, silbrigem Schein. Im Traum hatten mich Augen verfolgt, die zu Spiralen wurden. Beim Erwachen merkte ich, daß ich die Hände auf der Bettdecke zu Fäusten geballt hatte. Eine Weile lag ich unbeweglich da und dachte über das Traumbild nach. Spiralenaugen ... Das uralte Ganggrab von Newgrange fiel mir ein, in dessen Steinplatten Ornamente eingegraben waren, unter anderem eine Doppelspirale. »Ein Symbol für die Augen der Todesgöttin«, hatte der Führer gesagt.

Ich richtete mich auf und zog den linken Arm aus dem Strahlenkreis des Mondes. Der kalte Glanz hatte etwas Furchteinflößendes. Glanz ... Steine ... Saphir. Ich dachte an Angharads Augen.

Ein Stück von mir.

Manchmal stehe ich nachts auf und reite zur Westpforte.

Ich schleuderte die Bettdecke zurück. Winzige Staubkörnchen tanzten im Lichtkegel. Ich brauchte die Lampe nicht anzuschalten, um die Tür zum Schrankzimmer zu finden. Hose, Pullover, Umhang. Die Gummistiefel standen noch da, wo ich sie abends ausgezogen hatte: an der Hintertür.

Von meinen morgendlichen Spazierritten hatte ich schon Übung darin, mich geräuschlos aus dem Haus zu schleichen. Ich kannte die durchgetretenen Dielen, die knarrenden Treppenstufen. Die Türangeln waren frisch geölt. Keiner hörte mich gehen.

Es war hell genug, um zu erkennen, daß von den Kletterrosen an der Remise noch zwei blühten. Es waren die letzten. Ich brach sie ab und bahnte mir einen Weg durch die Rhododendronbüsche, um nicht am Gärtnerhaus vorbeizumüssen. Michaeleen hatte einen leichten Schlaf; ich wollte nicht, daß er herauskam, um nachzusehen, wer da um Mitternacht durch den Park wanderte.

Wo das üppige Buschwerk endete und die Bäume begannen, verhangen von Efeu, Waldrebe und Misteln, empfing mich die Dunkelheit. Nur vereinzelt bahnte sich ein Lichtstrahl seinen Weg durch Gezweig und Blattwerk. Ich tastete mich vorwärts, stolperte, fiel, raffte mich wieder auf. Gras, Moos und Erde waren feucht, und bei jedem Schritt verursachten meine Gummistiefel einen schmatzenden Laut.

Der Pfad stieg sanft an. Ein Zweig schnellte mir ins Gesicht, ein alter Mauerrest versperrte mir den Weg. Ich kletterte darüber, hinterließ einen Hagel polternder Steine und schreckte damit wohl einen Vogel aus dem Schlaf, denn irgendwo in meiner Nähe erklang heftiges Flügelschlagen, und ein krächzender Laut durchschnitt die Stille.

Ich schlug mich seitwärts durch die Hecke aus Haselbüschen und Rotdorn und verließ das Wäldchen. Brombeerranken griffen wie Fußangeln nach mir. Die Wiese war vom Licht überflutet, die braune Wasserader glänzte wie ein Auge. Dünne Nebelschleier schwebten über dem Gras, und der Wind flüsterte in den Bäumen.

Nie zuvor war mir der Park schöner erschienen als jetzt im Mondschein, doch auch niemals fremder. Ich ging am Ufer des Baches entlang. Im Hintergrund standen die alten Eichen wie riesige, verkrüppelte Gestalten, und ihre gelben Blätter wurden zu fahlem Gold, wo ein Lichtstrahl sie traf.

Nach einer Schleife führte der Bach wieder in ein Dickicht aus Rhododendron und Lorbeerbüschen. Ich folgte seinem Lauf, ging über die kleine Holzbrücke, auf der meine Schritte stärker als sonst zu hallen schienen. Hier war mein Lieblingsplatz, der in dieser hellen Herbstnacht wie der Hintergrund eines Jugendstilgemäldes wirkte: hüfthohes Farnkraut und ein Schilfgürtel um den Teich, der unter Schlinggewächsen und Seerosenblättern fast erstickte.

Ich blieb stehen und beobachtete, wie sich die Strahlen des Mondes im Wasser brachen. Der Teich blitzte und funkelte wie Kristall, und das eintönige Glucksen vermischte sich mit dem Rascheln welker Blätter zu einer versponnenen Melodie. Es fehlten nur noch badende Nymphen oder wenigstens ein Schwanenpaar, um das Bild vollkommen zu machen.

Im Weitergehen fiel mir das alte Märchen von den Kindern des König Lir ein, die in Schwäne verwandelt wurden, aber ihre menschlichen Stimmen behielten und jedermann mit ihrem Gesang bezauberten. Ich hatte die Sage erst durch Michaeleen kennengelernt; das Gedicht aber, das Yeats zu diesem Motiv schrieb, kannte und liebte ich schon seit meiner Schulzeit: *I know of the sleepy country, where swans fly round. Coupled with golden chains, and sing as they fly ...*

Plötzlich erfüllte mich das wunderliche Gefühl, heimgekehrt zu sein. Es war eine seltsame Empfindung, die jeder Vernunft widersprach. Heimgekehrt? Nach Irland? Ein Land, in dem ich nicht geboren, nicht aufgewachsen war? In ein Haus, das Generationen einer fremden Familie vor mir bewohnt hatten?

Ein leichter Windstoß verursachte einen knisternden Schauer von Buchenblättern, die durch die Nacht tanzten und zuckend auf dem bemoosten Pfad liegenblieben. Irgendwo schrie ein Käuzchen. Ich hielt neben einem halb vermoderten Baumstamm an und lauschte. Ein anderer Laut war im Schrei des Nachtvogels untergegangen.

Mit angehaltenem Atem wartete ich. Das Geräusch wiederholte sich nicht.

Es war nicht mehr weit bis zur Grenze des Parkes. Eine kleine Anhöhe führte zum Fuß der Mauer. Als ich aus dem Schatten der Bäume trat, sah ich sie über mir aufragen, überwuchert von Efeu, Moos, Farnkraut und Waldrebe. Ein Goldregenbaum streckte seine Äste über den steinernen Wall, und die dürren Schoten zerbarsten knackend unter meinen Schritten.

So hörte sie mich kommen, ich aber sah sie erst, als ich vor der Anhöhe stehenblieb und den Kopf hob.

Die Westpforte stand weit offen. Ich zuckte zusammen, als ich sie dort in dem schmalen, spitz zulaufenden Torbogen sah, denn das Mondlicht umfloß sie von hinten und verlieh ihrer hohen Gestalt etwas Unirdisches. Wie ich trug sie einen Umhang, doch er war schwarz und glockig geschnitten und reichte bis zum Schaft ihrer Reitstiefel.

Einen Augenblick lang bewegte sich keiner von uns; wir sahen uns nur an. Der leichte Wind, der ihren Umhang und ihr Haar bewegte, streifte mein Gesicht. Ein Gemisch aus Gerüchen: Fäulnis, feuchte Erde und noch etwas ... Rosen.

Ich hob die Hand. »Ich habe Ihnen etwas mitgebracht«, sagte ich und erschrak über den lauten, fremden Klang meiner Stimme in dieser Stille. »Wollen Sie nicht – hereinkommen?«

Plötzlich kam Leben in sie. Sie drehte sich heftig um und trat aus dem Lichtkreis des Torbogens hinaus auf die dunkle Straße.

»Gehen Sie nicht!« rief ich und stolperte die Anhöhe hinauf. »Bitte, warten Sie! Sie vergessen Ihre Rosen.« Und noch während ich das sagte, wurde mir bewußt, wie dumm es klingen mußte.

Doch als ich durch die Pforte trat, stand sie noch am Wegrand, gegen die Mauer gelehnt. Jenseits der Straße wartete die weiße Stute zwischen den Bäumen.

Wir atmeten beide heftig. Ich streckte ihr die Rosen entgegen, doch sie nahm sie nicht.

»Woher wußten Sie, daß ich kommen würde?«

»Ich bin aufgewacht, da fiel mir ein, was Sie mir kürzlich frühmorgens sagten – daß Sie nachts manchmal zur Westpforte reiten.«

Sie strich sich mit dem Handrücken über die Stirn. »Der Mond läßt einen nicht schlafen.«

Schweigen. Dann: »Wären Sie in den Park gekommen, wenn ...«

Sie schüttelte den Kopf.

Ich sagte: »Bitte, nehmen Sie die Rosen. Es sind die letzten.«

Zu meiner Überraschung griff sie nun wirklich danach. »Die Knospen werden nicht mehr aufblühen.«

»Nein, dazu ist es zu spät.«

Als ihre Hand die meine berührte, merkte ich, daß sie kalt war und zitterte. Ihr Gesicht war sehr blaß, ihre Augen waren weit geöffnet wie die eines Kindes, das bei einer Heimlichkeit ertappt wurde. Plötzlich stieg wieder Zorn gegen ihren Vater in mir auf, der ihr das angetan hatte. Das Gefühl hinterließ einen bitteren Nachgeschmack auf meiner Zunge. Sie war verwirrt, aus der Bahn geworfen. Der Zorn machte Mitleid und Zärtlichkeit Platz, vermischt mit hilfloser Auflehnung gegen das Schicksal, das gerade mich zu ihrem Feind bestimmt hatte.

»Gute Nacht«, sagte sie und wandte sich ab.

Impulsiv griff ich nach ihrem Handgelenk und hielt sie zurück. »Gehen Sie noch nicht.«

Ich war auf Verachtung und Ablehnung gefaßt, aber sie sagte nur müde: »Warum sollte ich bleiben?«

»Ich möchte mit Ihnen reden.«

»Zwischen uns gibt es nichts zu besprechen.«

Ich hielt ihr Handgelenk noch immer umfaßt. Sie sah darauf nieder, da ließ ich sie los.

»Vielleicht doch. Vielleicht gibt es doch eine Lösung – für uns beide.« Ich sprach überstürzt, wie im Fieber. Der Mond beleuchtete eine Hälfte ihres Gesichts und ließ die andere im Dunkeln. Unter der perlmuttweißen Haut ihres Halses pochte eine Ader.

»Es gibt keine Lösung.«

Mit einem weiteren Schritt war ich dicht bei ihr. Meine Kehle war trocken. Ich schluckte und ballte die Hände zu Fäusten, um über ihr Zittern Herr zu werden.

»Ich ... Werden Sie meine Frau, Angharad.«

Nun war es heraus. Ich atmete ruhiger. Die Spannung der letzten Minuten war gebrochen. Nichts konnte mehr geschehen, als daß sie nein sagte. Und sie würde nein sagen, ich wußte es.

»Ihre Frau? Niemals!«

In ihren Augen flammte der alte Haß auf, und ich senkte den Kopf. Trotzdem ging sie nicht, noch nicht.

»Ich weiß, daß Ihnen die Vorstellung absurd erscheint. Aber ich kann es nicht ändern, ich liebe Sie. Sie müssen es längst gewußt haben.«

»Wie können Sie mich lieben?« fragte sie heftig.

»Wie könnte ich Sie nicht lieben«, sagte ich leise.

Angharad schwieg einen Augenblick und wich zurück. »Es tut mir leid.« Sie stockte, stieß dann rasch hervor. »Sehen Sie nicht, wie unmöglich es ist? Daß von Anfang an alles gegen Sie war? Glauben Sie, ich würde Sie heiraten, nur um wieder ... nur um Auburn Manor zurückzugewinnen?«

Hatte ich das geglaubt? Ja, vielleicht war es so. Ich war nicht frei von Berechnung. Der Besitz, der bisher stets zu meinen Ungunsten ausgeschlagen war, sollte nun plötzlich zu meinem mächtigsten Verbündeten werden.

»Bin ich Ihnen so zuwider, daß Sie mich nicht einmal für Auburn Manor in Kauf nehmen würden?« fragte ich bitter.

Sie warf den Kopf in den Nacken. »Verstehen Sie denn nicht? Wenn Sie keinen Stolz haben, ich habe ihn!«

Ich sah ihr nach, wie sie über die Straße ging. Ihre Schritte hallten auf dem Asphalt, doch meine Stimme übertönte das Klappern ihrer Absätze.

»Stolz? Davon bleibt einem nicht viel, wenn man liebt.«

Sie verhielt noch einmal. »Vielleicht haben Sie recht.« Ein kurzes Auflachen, halb spöttisch, halb schmerzlich. »Ich liebe nur ein Haus, und was tue ich? Stehe nachts vor dem Tor wie eine streunende Katze. Aber das war das letztemal. Ich werde es nicht wieder tun.«

Bonny, die Stute, schnaubte leise und kam ihr entgegen. Angharad raffte ihren Umhang und schwang sich in den Sattel. Der Hufschlag klang hell und laut auf der Straße, entfernte sich hastig, wurde leiser, verklang.

Ich stand da und starrte in die Dunkelheit. Der Torbogen lag nicht länger im Mondlicht. Langsam ging ich in den Park zurück und schloß die Pforte. Die dürren Schoten des Goldregenbaumes knackten unter meinen Sohlen. Der Wind seufzte in den Bäumen.

34

Den Rest der Nacht verbrachte ich hinter meinem Schreibtisch. Ich versuchte zu arbeiten, doch es wurde nichts daraus. Immer wieder schweifte mein Blick von den Zahlen auf dem Papier ab, und ich sah Angharad O'Shea im Torbogen stehen. *Niemals.* Ich würde lernen müssen, mich damit abzufinden.

Nach dem dritten Glas Whiskey wurde mir etwas leichter. Vor dem Fenster dämmerte langsam der Morgen, und auf dem Dach begannen die Wildtauben zu gurren. Im Haus wurde es lebendig; Türen schlugen, Mrs. McPhersons Stimme schallte durch den Flur, aus der Halle kam Indianergeheul. Der Milchwagen näherte sich ratternd über die Auffahrt. Ich hörte, wie der Türklopfer anschlug, stützte den Kopf in die Hände und starrte in meinen Whiskey.

Unter dem dicken, geschliffenen Glasboden verschwammen die Zahlen der Bilanz zu blauen Flecken. Blau ...

Ich schob das Glas zur Seite, stieß den Aktenordner über die Schreibtischkante, hörte ihn krachend auf dem Parkett landen, legte den Kopf auf die Lederplatte und murmelte zwischen zusammengebissenen Zähnen: »Verdammt. Verflucht. Hol's der Teufel!«

Die Tür wurde aufgerissen, und Chris erschien auf der Schwelle. »Paps, mein Fahrrad –« Er stockte und starrte mich an. »Was ist los?«

»Nichts.« Ich drehte das Gesicht zum Fenster. »Ich habe nur Kopfschmerzen. Was ist mit deinem Fahrrad?«

»Im Vorderreifen ist ein Loch.«

»Hast du heute nacht eine Radtour gemacht?«

Ein Kichern entfuhr ihm. »Nein, es ist gestern passiert.«

»Warum hast du es dann nicht gleich in Ordnung gebracht?«

Schuldbewußt erwiderte er: »Ich hab's vergessen.«

»Dann flickst du den Reifen jetzt, vor dem Frühstück.«

»Ich kann nicht, ich hab' kein Flickzeug.«

»Dann gehst du heute eben zu Fuß nach Ennis.«

»Aber das kann ich doch nicht, dann komme ich ja zu spät zur Schule! Kannst du mich nicht mit dem Wagen ...?«

Ich stand auf, vergrub die Fäuste in den Jackentaschen und trat ans Fenster. »Nein, kann ich nicht. Setz dich meinetwegen auf Martins Gepäckträger oder tu sonst etwas. Wie wär's, wenn du zur Abwechslung selbst mal deinen Kopf anstrengen würdest?«

»Schon recht«, sagte er beleidigt, trat auf den Flur und schlug die Tür krachend hinter sich zu. Einen Augenblick lang kämpfte ich mit dem Wunsch, ihm nachzugehen und ihm die Ohren langzuziehen, doch dann erschien es mir unfair, meine Verzweiflung und Enttäuschung an dem Jungen auszulassen.

Ich setzte mich auf die Fensterbank und beobachtete, wie sich der Himmel im Osten langsam rosa färbte. Der Mond stand bleich hinter den Baumwipfeln. Ein neuer Tag.

Jemand klopfte an die Tür. Es war Brendan.

»Sir, es ist Ihnen doch recht, wenn ich die Jungen heute zur Schule fahre?«

Chris hatte sich also hinter den Butler gesteckt. »Tun Sie, was Sie nicht lassen können.«

»Sehr wohl, Sir.« Er musterte erst mich, dann die Whiskeyflasche mit einem flüchtigen, aber aufmerksamen Blick, und fügte dann in vorsichtigem Ton hinzu: »Soll ich Ihr Frühstück hier oben servieren, Sir?«

»Nein, und hören Sie um Himmelswillen auf, mich ›Sir‹ zu nennen.«

»Sehr wohl, Sir. Sie frühstücken also unten?« Er bückte sich und hob den Aktenordner auf.

»Ich frühstücke überhaupt nicht.«

Ehe er ein drittes Mal »sehr wohl« sagen konnte, schob ich das Fenster so heftig auf, daß die Scheibe zitterte. Als ich mich umdrehte, hatte er das Zimmer verlassen.

Ich ging zum Schrank und öffnete die Tür. Die Puppe saß auf dem Bücherstapel und streckte ihre Patschhändchen in die Luft. Die Porzellanaugen blickten mir starr entgegen. Ich hob die Hand und ließ sie wieder sinken. Plötzlich ging mir ein alter, fast vergessener Kinderreim durch den Sinn: *Hier ist's grün, dort ist's grün, unter meinen Füßen; hab' verloren meinen Schatz, werd' ihn suchen müssen.*

Das Telefon klingelte kurz vor elf. Der Inhalt der Whiskeyflasche hatte sich inzwischen bedeutend verringert, und ich fühlte mich kreuzunglücklich.

Es war Morag O'Shea.

Als ich ihre Stimme hörte, zuckte ich zusammen. Ich merkte jedoch rasch, daß sie von den Ereignissen der vergangenen Nacht offenbar nichts ahnte. Sie entschuldigte sich lachend, weil sie ihr Versprechen, mich zum Tee einzuladen, erst jetzt einlöste. »Hätten Sie Lust, um drei Uhr vorbeizukommen?«

Ich strengte mich an, einen klaren Gedanken zu fassen.

»Heute? Meinen Sie heute nachmittag?«

»Natürlich. Sie haben doch hoffentlich nichts anderes vor?«

»Nein, aber wir sollten doch lieber ...« Ich stockte, verwünschte mein whiskeyumnebeltes Gehirn und versuchte es von neuem. »Meinen Sie nicht, es wäre besser ...«

Sie unterbrach mich. »Falls Sie Bedenken wegen Angharad haben, kann ich Sie beruhigen. Mein Mann läßt Sie grüßen. Also, wir erwarten Sie um drei Uhr!«

Ich hielt den Hörer noch in der Hand, nachdem sie längst aufgelegt hatte. Warum zum Teufel hatte ich nicht abgelehnt, Geschäfte vorgeschützt, irgendeine Ausrede erfunden? Wie würde Angharad O'Shea sich verhalten, kaum fünfzehn Stunden nach unserer nächtlichen Unterredung? Für mich war der Gedanke, sie schon so bald wiederzusehen, schmerzlich und verlockend zugleich.

Ich straffte die Schultern, verkorkte die Flasche und stellte sie in die Bar zurück. Dann klingelte ich nach Brendan und bat ihn, mir eine Kanne starken schwarzen Kaffee zu bringen.

35

Roger O'Shea kam gerade über den Hof, als ich unter den Bäumen parkte und aus dem Wagen stieg. Wir schüttelten uns die Hände, und er musterte mich prüfend.

»Schlechte Nacht verbracht?«

»Der verdammte Mond ließ mich nicht schlafen.«

Er lächelte, äußerte jedoch nichts. Ich setzte den Fuß auf die unterste Stufe der Freitreppe, da hielt er mich am Ärmel zurück. »Kommen Sie, ich möchte Ihnen etwas zeigen.«

»Aber ihre Frau ...«

»Ich habe Morag schon Bescheid gesagt. Sie wird mit dem Tee noch warten.« Er ging zum Stall und öffnete die Tür. Bonny, Angharads Stute, stand in einer geräumigen Box zur Linken. Sie spitzte die Ohren, als sie mich eintreten sah. Ich griff in meine Jackentasche. Seitdem ich Aengus hatte, trug ich immer einen kleinen Vorrat an Zwieback mit mir herum. Bonny schnupperte, nahm das Zwiebackstück, das ich ihr unter die Nase hielt, und begann es geräuschvoll zu zermahlen.

»Hier«, sagte Roger. »Sehen Sie sich das an.«

O'Sheas kastanienbraune Stute war auf der anderen Seite der Stallgasse untergebracht. Neben ihr lag ein falbfarbenes Fohlen im Heu. Es mochte nicht älter als ein paar Stunden sein.

Die Stute beäugte mich mißtrauisch, als ich nähertrat, und schnaubte unruhig. Roger tätschelte ihr den Hals. »Braves Mädel, keiner tut deinem Kleinen etwas. Wir wollen's uns nur ansehen.«

Ich beugte mich über den Bretterverschlag und sah mir das Fohlen an. Es hatte einen zu großen Kopf und dünne Beine, doch der lange Hals und der edle Nasenrücken zeugten von guter Rasse.

»Ich verstehe nicht viel davon, aber das scheint mir ein kleines Prachtstück zu sein.«

»Und ob!« O'Shea strahlte vor Stolz. »Sein Vater ist ein erstklassiger Zuchthengst. Wer weiß, vielleicht gewinnt der kleine Bursche mal den großen Preis von Dublin.«

»Sie wollen ihn behalten?«

»Angharad soll ihn bekommen.«

»Ich werde ihn Chuchulain nennen.«

Ich fuhr herum. Angharad stand in der Stallgasse; die weiße Stute schnupperte liebevoll an ihrem Haar. Sie sah mich ruhig an, ohne jede Befangenheit, und ich fragte mich für einen Augenblick, ob jene Szene an der Westpforte nur ein Traum gewesen war.

»Chuchulain?« wiederholte ich, um meine Verlegenheit zu verbergen.

»Ein Held der Sage, der irische Herkules. Hat Ihnen Michaeleen noch nie von ihm erzählt?« Mit langen, geschmeidigen Schritten kam sie auf mich zu.

»Ja, jetzt erinnere ich mich. Er lebt mit seinen Gefährten auf Hy Brazil, der Insel der Phantasie, nicht wahr?«

»Dort, wo die Toten ein glückliches Leben führen, ja. Wo es weder Arbeit noch Sorgen gibt, wo man kein böses Lachen hört.«

Sie stand nun vor mir, und im würzigen, warmen Stallgeruch streifte mich ein vertrauter Duft. Ich hatte nie gewußt, daß Liebe einem körperlich Schmerz bereiten kann. Mit großer Anstrengung löste ich meinen Blick von ihrem Gesicht, sah das Fohlen an. Sie sollte nicht wissen, wieviel sie mir bedeutete. Ein Rest Stolz war mir geblieben. Ich wollte nicht, daß sie mich zu allem übrigen auch noch verachtete.

»Es ist in einer Vollmondnacht geboren«, sagte sie plötzlich. »Die Alten sprechen dem Vollmond magische Kräfte zu. Sie glauben, daß er Einfluß auf Geburt und Tod hat.«

Ihre Stimme klang seltsam. Ich erwiderte, ohne aufzusehen: »Und manche Menschen tun bei Vollmond verrückte Dinge. Dinge, die man vielleicht besser vergessen sollte.«

»Vergessen? Der kleine Held dort wird mich immer daran erinnern. Als ich Bonny heute nacht in den Stall zurückbrachte, war er gerade zur Welt gekommen.«

Ich hob den Kopf. Plötzlich wurde mir bewußt, daß ich Roger O'Shea völlig vergessen hatte. Als ich mich umwandte, merkte ich, daß er nicht mehr im Stall war. Wann war er gegangen? Wieviel hatte er mitangehört?«

Angharad beobachtete mich. Ruhig sagte sie: »Er weiß alles.«

»Daß ich Sie gebeten habe, meine Frau zu werden?«

»Und daß ich nein gesagt habe.«

»Nicht nein, sondern niemals. Das ist ein kleiner Unterschied«, erwiderte ich.

Sie strich sich das Haar aus der Stirn. »Sie sollten meine Worte nicht so auf die Waagschale legen, Mr. Hagen. Ich sage in der Erregung manches, was ich nicht wirklich meine.«

Ich starrte sie an. Wieder waren ihre Augen fast schwarz. Es hätte mich warnen sollen, doch blitzartig glaubte ich den Sinn ihrer Worte zu verstehen. Aber nein, es war unmöglich. Es konnte nicht sein.

Ich hörte mich sagen: »Was Sie nicht wirklich meinen? Heißt das ...?«

Als ich Angharad an den Schultern faßte, wieherte die kastanienbraune Stute schrill und stampfte mit den Hufen auf. Im Heu raschelte es; das Fohlen stellte sich auf seine schwankenden Beine. Ein Schauer von Blättern rieselte vor dem Stallfenster zu Boden. All das registrierte ich, als wären meine Sinne plötzlich unnatürlich geschärft, während ich in Angharads Augen sah. Sie flackerten seltsam, und plötzlich mußte ich an die Szene in meinem Traum denken, als ich dem kleinen Mädchen die Puppe gab.

»Angharad O'Shea«, sagte ich sanft, »wollen Sie meine Frau werden?«

Sie erwiderte mit gepreßter Stimme: »Ich liebe Sie nicht.«

»Ich weiß.«

»Ich kann Ihnen nichts versprechen.«

»Ich verlange kein Versprechen.«

»Überlegen Sie es sich gut!«

Ich nahm ihre Hand. »Für mich gibt es nichts zu überlegen, Angharad. Ich habe keine Wahl.«

Sie senkte den Kopf. »Vielleicht haben wir beide keine Wahl.«

»Auburn Manor?«

Sie antwortete nicht. Ich hätte glücklich sein müssen, doch ich war es nicht. Obwohl ich wußte, weshalb sie nachgegeben hatte, konnte ich mir die Demütigung nicht ersparen, es auch noch aus ihrem Mund zu hören.

»Hätten Sie ja gesagt, wenn ich nicht der Besitzer von Auburn Manor wäre?«

»Ihre Hand lag noch immer in der meinen; jetzt zog sie sie heftig zurück. »Ich weiß nicht«, erwiderte sie. »Manchmal wünschte ich, wir wären uns nie begegnet.«

Vielleicht verstand ich damals die wahre Bedeutung dieser Antwort nicht. Für mich bewies sie nur, was ich bereits zu wissen glaubte: daß ich für sie nur Mittel zum Zweck war, den geliebten Besitz zurückzugewinnen. Ich bedeutete ihr nicht mehr als ein lästiges Anhängsel, das man in Kauf nimmt.

»Ich fürchte, viel Stolz bleibt uns beiden nicht«, fügte sie leise hinzu.

»Stolz – ist das wirklich so wichtig?«

Sie warf den Kopf in den Nacken; etwas von ihrer alten

Unbeherrschtheit offenbarte sich in dieser Gebärde. »Für mich, ja.«

Ich fühlte mich plötzlich müde und wie in einem unheilvollen Traum befangen. Was hatte ich getan? Was hatten wir beide getan? Noch war es Zeit, alles rückgängig zu machen – vielleicht. Was mir in der vergangenen Nacht als Ziel aller Wünsche, als Verheißung vollkommenen Glücks erschienen war, wurde nun zum hoffnungslosen Wagnis. Und doch konnte ich den Gedanken nicht ertragen, diese Chance, so kläglich sie auch sein mochte, ungenützt verstreichen zu lassen.

»Haben Sie es sich gut überlegt?«

»O ja.«

»Ich hoffe, Sie werden es nicht bereuen.«

»Dasselbe gilt für Sie. – Kommen Sie jetzt, Mutter wartet.«

Sie ging zur Stalltür, strich ihrer Stute im Vorübergehen flüchtig über die Mähne und trat ins Freie. Ich folgte ihr. Nach der Wärme im Stall hatte der frische Ostwind fast die gleiche Wirkung wie ein Sturz in kaltes Wasser.

Morag O'Shea stand auf dem steinernen Vorplatz und sah uns entgegen. Ihr Gesichtsausdruck verriet mir, daß sie bereits alles wußte. Doch seit wann? Hatte sie es erst jetzt von ihrem Mann erfahren, oder wußte sie es schon seit Stunden? Hatte Roger es ihr nachts erzählt, nachdem das Fohlen zur Welt gekommen war?

Und plötzlich, während ich mit den beiden Frauen durch die Halle ging, stellte ich mir eine andere, bedeutsamere Frage: Wann hatte Angharad ihren Sinn geändert? Noch während der Nacht, als sie mit ihrem Vater sprach, oder später, allein? Morag O'Sheas vormittäglicher Anruf sprach für die Vermutung, daß Angharad ihren Entschluß nicht allein gefaßt hatte.

Die Ahnen der O'Sheas sahen kalt und stolz von der Wand des Treppenhauses auf mich hinab; mir war, als folgten sie mir mit den Blicken. Hatte Roger O'Shea nicht schon an jenem Abend im Brass Inn angedeutet, daß er seine Tochter »zu meinen Gunsten beeinflussen« wollte? Der Gedanke verstärkte mein Unbehagen. Bisher war ich überzeugt gewesen, daß niemand auf der Welt Angharad dazu bringen könnte, etwas zu tun, was ihr widerstrebte. Nun beschlichen mich leise Zweifel. Sie liebte ihren Vater – hieß das nicht, daß er eine gewisse Macht über sie besaß?

Angharad selbst würde mir nichts sagen. Ich mußte Roger fragen, sobald ich mit ihm allein war. Vielleicht würde er mich belügen, doch auch Lügen können aufschlußreich sein.

Als ich aufsah, merkte ich, daß er am Treppenabsatz wartete.

Das spitzmäusige alte Weibchen stand neben ihm und knickste. Roger O'Shea lächelte; eine Spur von Triumph schien in seinem Lächeln zu liegen, doch vielleicht täuschte ich mich. Es war, als wollte er sagen: Nun haben wir erreicht, was wir wollten – wir beide.

Was aber war mit Angharad? Ich sah mich nach ihr um. Sie beugte sich über Deirdre, die Jagdhündin, die sie stürmisch begrüßte. Ihr Gesicht war hinter der Flut schwarzen Haares verborgen. War sie der Zins, den er mir versprochen hatte? *Vielleicht bekommen Sie doch noch Ihre Zinsen, mehr als genug* . . . Plötzlich überlief mich ein Schauder.

»Das muß gefeiert werden!« sagte er.

Einen Moment lang antwortete niemand, dann hörte ich Morag mit kühler Stimme sagen: »Roger freut sich wie ein kleiner Junge über das Fohlen.«

Er ging voraus und öffnete die Tür zum Zimmer seiner Frau. »Heute ist ein Glückstag. Sie stimmen mir doch zu, Frank?«

»Ich hoffe es.«

»Mr. Hagen meint wohl, daß man den Tag nicht vor dem Abend loben sollte, Vater.«

Mrs. O'Shea bot mir den Platz neben ihrer Tochter an und zündete die Kerzen im Leuchter an. Als das Licht auf ihr Gesicht fiel, merkte ich, daß sie ungewöhnlich blaß war.

»Sind die Apfeltörtchen rechtzeitig aus dem Ofen genommen worden, Bridget?«

»Ja, Madam. Die Köchin verziert sie gerade mit Schlagsahne.«

Die Alte trippelte aus dem Zimmer. Eine Zeitlang herrschte Schweigen. Die Uhr auf dem Kaminsims tickte, der Wind rüttelte an den Fensterläden. Deirdre saß neben Angharads Stuhl und hatte den Kopf auf ihre Knie gelegt. Ich konnte den Blick nicht von der schlanken, kräftigen Hand wenden, die über die gefleckten Ohren des Hundes strich. Eine verhaltene Zärtlichkeit lag in dieser fast mechanischen Bewegung. *Ich liebe Sie nicht*, hatte sie gesagt.

»Ich habe Ihre Tochter gebeten, meine Frau zu werden«, sagte ich in die Stille hinein.

Morag O'Sheas Hand mit der Teekanne schwebte in der Luft. Ein Tropfen fiel auf die glänzende Mahagoniplatte des Tisches.

»Ich nehme an, Sie wissen es bereits.«

Roger sprang auf, als könnte er nicht länger stillsitzen. »Jawohl, wir wissen es«, erwiderte er mit glänzenden Augen, »und Sie können sich sicher denken, wie froh wir darüber sind. Ich habe es längst geahnt – nicht, Morag, habe ich nicht schon vor Wochen gesagt, daß Frank eine Schwäche für unsere Angharad hat?«

Seine Frau erwiderte nichts, doch Angharad sagte an ihrer Stelle: »Du hast noch nicht gefragt, welche Antwort ich Mr. Hagen gegeben habe.«

Roger blieb hinter seinem Stuhl stehen und starrte sie an.

»Wie bitte?«

»Du hast mich nicht gefragt, ob ich ja gesagt habe.«

Die Tür ging auf; Bridget erschien mit dem Tablett, und der Duft von warmem Apfelkuchen erfüllte das Zimmer. Roger wartete ungeduldig, bis die Törtchen auf dem Tisch standen und die alte Bedienstete wieder verschwunden war.

»Aber ... Und hast du ja gesagt?«

Angharad nickte. »Ja, das habe ich. Obwohl es nicht so selbstverständlich ist, wie du offenbar dachtest.«

Endlich schaltete sich auch Morag O'Shea ein. »Nein, selbstverständlich war es nicht«, sagte sie. »Im Gegenteil. Ich hoffe, Sie sind mir nicht böse, daß ich das sage, Mr. Hagen.«

»Ich kann Ihnen nur zustimmen.«

Roger setzte sich wieder. Ein etwas hilfloser Ausdruck lag auf seinem Gesicht. »Aber es war sicher die ideale Lösung«, murmelte er nach einer Weile.

»Und von da an lebten sie alle herrlich und in Freuden, nicht wahr?« Nun sprang Angharad auf und trat ans Fenster. »Du hast immer daran geglaubt, daß sich alle Probleme mit einem Schlag lösen lassen. Dein Leben lang hast du auf den großen Glückstreffer gewartet, Vater.«

Sie wandte sich um, und ihre hochgewachsene Gestalt zeichnete sich gegen die beginnende Dunkelheit ab. Der weiße Schafwollpullover mit dem großen Rollkragen ließ sie wie ein Titelmodell von »Vogue« aussehen, das die passende Garderobe für ein Weekend auf dem Lande vorführt.

»Aber Lassie«, sagte er, »du weißt doch, daß ich immer nur dein Bestes gewollt habe!«

»Wirklich? Ist das Beste für mich nicht eigentlich immer nur das Beste für dich gewesen? Versuch einmal, ehrlich mit dir selbst zu sein, Vater, ein einziges Mal.«

Er wurde blaß unter der Sonnenbräune. Morag ließ ihren Teelöffel sinken; er fiel klirrend auf ihren Teller.

»Entschuldigen Sie, Mr. Hagen.«

»Sie brauchen sich nicht zu entschuldigen. Je älter ich werde, desto klarer wird mir, daß man offen sein sollte – sich selbst und anderen gegenüber. Es würde weder Ihnen noch mir etwas nützen, wenn Sie mir hier eine höfliche Szene vorspielten.«

»Angharad«, sagte Roger, »ich wußte nicht, daß du so von mir denkst. Du hast mir nie gesagt ...« Er brach ab, stand wieder auf, ging zu ihr. Einen Augenblick fühlte ich fast Mitleid mit ihm.

»Schon gut, Vater.« Sie legte ihm die Hand auf die Schulter und kam mit ihm zum Tisch zurück. »Dein Tee wird kalt.«

Morag O'Shea hatte die Hände im Schoß gefaltet und die Finger fest ineinander verschränkt. »Wann soll die Hochzeit stattfinden?«

Ich warf Angharad einen Blick zu, doch sie sah mich nicht an. »Bald, wenn Ihre Tochter einverstanden ist«, sagte ich.

»Bitte keine große Feier«, sagte Angharad.

»Ich glaube, ihr solltet euch kirchlich trauen lassen. Die Leute erwarten das hier. Sind Sie katholisch, Frank?«

Ich nickte. »Allerdings nur auf dem Papier, fürchte ich. Aber das ist wohl kein Hinderungsgrund. Ich habe nichts gegen eine kirchliche Trauung einzuwenden.«

Angharad stieß ihren Stuhl zurück und ging mit raschen Schritten durchs Zimmer. »Ihr braucht mich wohl nicht mehr.« Sie legte die Hand auf die Türklinke. »Auf Wiedersehen, Frank.«

Ich erhob mich rasch, doch sie hatte den Raum schon verlassen, gefolgt von Deirdre. Mit gedämpftem Knall fiel die Tür hinter ihr ins Schloß.

36

»You could do it if you try«, leierte Chris. »You could do it if you tried. You could have done it if you had tried.«

Er hatte die Finger in die Ohren gesteckt und kauerte auf der Fensterbank im Wohnzimmer, sein Englischlehrbuch auf den Knien.

»Chris«, sagte ich. »Chris! Entschuldige bitte. Wo ist Martin?«

»Hm? Oh, ich weiß nicht, irgendwo. Vielleicht bei Michaeleen.«

»Chris, ich möchte mit euch sprechen.«

»Ja?« Er ließ sein Buch fallen. »Hast du dich endlich entschlossen, einen Hund zu kaufen?«

Ich lächelte. »Ich glaube, wir bekommen einen umsonst«, sagte ich. »Allerdings werdet ihr euch daran gewöhnen müssen, daß er euch nicht allein gehört.«

Er warf mir einen mißtrauischen Blick zu. »Umsonst? Und er gehört uns nicht? Wie meinst du das?«

Ich zog ihn neben mich auf das Ledersofa. »Das ist eine längere Geschichte, und eigentlich wollte ich, daß ihr beide sie gleichzeitig hört. Aber du bist ja der Ältere, warum solltest du es also nicht zuerst erfahren.«

Nun hatte ich ihn wirklich neugierig gemacht. Er saß kerzengerade da und musterte mich erst gespannt, dann angstvoll.

»Was ist es, Paps? Wir müssen doch nicht von hier fort?«

»O nein, natürlich nicht. Es ist nur... Du kennst doch Mr. O'Sheas Tochter, Angharad?«

»Die aus der Kirche? Ja. Michaeleen mag sie sehr gern.«

»Ich habe sie auch gern, Chris.« Ich stockte. »Mehr noch als Michaeleen. Und ich – ich habe sie gefragt, ob sie mich heiraten will.«

Nun war es heraus. Er runzelte die Stirn und biß sich auf die Lippen. »Du machst dich über mich lustig, Paps. Das ist doch nicht wahr, oder?«

»Doch, es ist wahr. Ich liebe Angharad O'Shea und möchte, daß sie meine Frau wird.«

»Liebt sie dich auch? Das glaube ich nicht.«

Jetzt war ich es, der sich auf die Lippen biß. »Sie hat eingewilligt, mich zu heiraten«, sagte ich nach kurzem Schweigen.

»Sie kommt hierher? In unser Haus?« Eine Mischung aus Entsetzen und Zweifel. »Aber wir wollten doch nicht... Es war doch so schön, nur wir drei und Michaeleen! Genügt dir das denn nicht?«

Ich legte den Arm um seine Schulter und spürte, wie er sich versteifte. »Nein, Chris, es genügt mir nicht. Wenn du einmal erwachsen bist, wirst du mich verstehen. Und denk daran, mein Junge: Ich habe dieses Haus zwar gekauft, aber Angharad ist hier geboren und aufgewachsen. Sie liebt Auburn Manor mehr, als wir es jemals lieben können. Sie gehört hierher – versuche, das zu begreifen.«

Ich sah, daß er mit den Tränen kämpfte, und strich ihm übers Haar. »Aber... Aber wir gehören doch auch hierher, nicht, das tun wir doch, Paps?«

»Ja«, sagte ich. »Wir alle gehören hierher – du, Martin, Michaeleen, Angharad und ich. Auburn Manor wird uns allen gehören. Es ist groß genug für uns alle.«

Chris starrte zu Boden, folgte den Ornamenten des alten Teppichs mit den Blicken, ohne sie wirklich wahrzunehmen. Plötzlich stellte er mir eine merkwürdige Frage: »Ist es, weil sie so schön ist, Paps?«

Ich schluckte. »Vielleicht. Ja, sicher ist das einer der Gründe. Aber es gibt noch andere. Oder liebst du dein Pferd nur wegen seiner Schönheit?«

Vielleicht war es ein seltsamer Vergleich, doch mir viel kein besserer ein, und er schien ihn zu akzeptieren. Ein langsames, bedächtiges Kopfschütteln; dann: »Nein, nicht nur deshalb. Eileen Aroon ist stolz und feinfühlig und feurig und ... Ach, ich kann es nicht richtig erklären. Sie ist einfach das großartigste Pferd, das es gibt!«

»Na siehst du«, sagte ich.

»Aber Angharad ist doch kein Pferd!«

Ich mußte lachen. »Es war nur ein Beispiel, um dir zu helfen, mich zu verstehen. Übrigens glaube ich nicht, daß es zwei Arten von Gefühl gibt, eins für Tiere und eines für Menschen. Meiner Meinung nach gibt es nur stärkere und schwächere Empfindungen, mein Junge.«

»Und du liebst sie mehr als uns?«

Das war eine gute Frage, und sie brachte mich in Verlegenheit. »Darüber muß ich nachdenken«, sagte ich ehrlich.

Mein erster Impuls war gewesen, ihm zu antworten: Ich liebe sie anders als euch. Doch widersprach das nicht der Theorie, die ich ihm gerade erklärt hatte? Und stimmte es wirklich? Meine Liebe zu Angharad war stärker als alles, was ich jemals empfunden hatte. Ich liebte meine Söhne; doch was war diese warme, beständige Zuneigung gegen jenen Gefühlssturm, der mich überwältigt, überrannt, blind für alles andere gemacht hatte? Der alle übrigen Empfindungen verdrängte und in den Schatten stellte?

»Du weißt es also nicht«, sagte Chris anklagend.

»Ich glaube, ich kann dir jetzt noch nicht darauf antworten. Eines Tages – vielleicht. Ich verspreche dir, daß ich dir eine Antwort geben werde, wenn ich sie gefunden habe.«

Er stand auf und trat mit gesenktem Kopf ans Fenster.

»Wann heiratest du sie?«

»Ich weiß es noch nicht genau. Bald. Ende des Monats, hoffe ich.«

Er preßte die Stirn gegen die Fensterscheibe. »Dann wird alles anders.«

Ich öffnete den Mund, um ihm zu widersprechen, schwieg dann jedoch. Ja, alles würde anders werden. Er hatte recht. Noch wußte ich nicht, wie sehr.

37

Ein Reigen von Gesichtern, vertraute und fremde, neugierige, lächelnde: die Schwestern Malloy mit ihren Schleierhütchen, der Tierarzt, Mrs. Appletons Bullenbeißergesicht, Miss Bones Raffzähne, Dr. Driscoll, der Milchmann – vorbei. Augen, die aufblitzten, uns musterten, sich wieder senkten – vorbei. Und hinter uns Getuschel, das sich im Brausen der Orgel verlor.

Flackernde Kerzen, der Duft von Blumen und Weihrauch, eine Madonna mit Kind. Angharads Hand auf meinem Arm, der Ring mit den blitzenden Diamanten an ihrem Finger.

Mein Ring an ihrem Finger. Ich hob den Blick. Das alles war kein Traum. Sie trug den Kopf hoch und sah starr geradeaus. Ihre Augen hatten die gleiche Farbe wie das lange Samtkleid und die Parmaveilchen in ihrer Hand. Sicher erregte es Aufsehen, daß sie nicht in Weiß ging, doch nichts hätte vollkommener sein können als dieses blaue Kleid.

Während wir langsam durch den Mittelgang zum Kirchenportal schritten, verfolgt von Blicken, geflüsterten Worten und heimlichen Gedanken, sah ich Angharad an, und nun endlich erwiderte sie meinen Blick. Ihre Augen verrieten nichts – nicht, was sie über dieses öffentliche Schauspiel dachte, nicht, ob sie Reue empfand, Angst oder vielleicht sogar Befreiung. Sie, die sonst so voller Leben war, erinnerte mich plötzlich in Ausdruck und Bewegung an eine Marionette.

Man hatte ihr Haar im Nacken zu einem kunstvollen Gebilde aus Zöpfen und Locken zusammengefaßt. In den dicken Flechten, die ihr Gesicht umrahmten, steckten Veilchenblüten. Um den Hals trug sie das Kollier mit dem tropfenförmigen Saphir, das ich ihr zur Hochzeit geschenkt hatte.

Ich wußte, daß ich sie nie schöner gesehen hatte, obwohl es mir am liebsten war, wenn sie ihr Haar offen trug. So wollte ich sie malen lassen – in diesem Kleid, mit dieser Frisur. Ein Gainsborough wäre ihrer würdig gewesen.

Mein Ring an ihrem Finger ... Hatte sie wirklich ja gesagt? Ihre klare, ein wenig brüchige Stimme; das Gemurmel des Priesters. Sie hatte mich nicht angesehen. Michaeleens gebeugter Kopf, als er die Urkunde unterschrieb. *In guten und in schlechten Tagen.* Das kaum merkliche Zittern ihrer Finger, als ich ihr den Ring ansteckte. *Wo du hingehst, will auch ich hingehen.* Der helle Gesang der Chorknaben.

Die Glocken begannen zu läuten. Zwei Meßdiener öffneten uns

das Portal. Es hatte geregnet; das Pflaster vor der Kirche glänzte vor Nässe. Roger O'Shea führte uns zur Seite und umarmte seine Tochter.

»Angharad, meine Lassie! Laß dir Glück wünschen.«

Als sich ihre Wangen berührten, löste sich eine Veilchenblüte aus ihrem Haar und fiel ihm auf die Schulter.

»Meinen Glückwunsch«, sagte der Pfarrer und schüttelte mir die Hand.

Martin und Chris drängten sich an mich. Ihre Gesichter waren blaß, ernst, unkindlich. Ich strich ihnen über die Köpfe.

Morag O'Shea umarmte mich flüchtig. Ihre Lippen streiften mein Kinn. »Passen Sie gut auf sie auf.«

Die Menge kam aus der Kirche geströmt.

Eine Männerstimme rief: »Hoch das Brautpaar! Wo bleibt der Vermählungskuß?«

»Ja, wo bleibt der Vermählungskuß?« lachten ein paar andere.

Sie war fast so groß wie ich; ich mußte den Kopf nur etwas beugen. Wieder jener vertraute Hauch – der kühle Duft von blaßrosa Rosen. Ihre Lippen waren fest geschlossen und berührten meine nur flüchtig. Jemand schrie »Hurra!« und eine Frauenstimme rief: »Gott segne das Brautpaar!«

»Ja, Gott segne das Brautpaar!«

Michaeleen schüttelte mir die Hand, und Angharad umarmte ihn. Erst jetzt kam wieder etwas Leben in sie. Die Leute von Ennis umringten uns; einer nach dem anderen trat vor, um uns Glück zu wünschen. Mrs. Appleton brachte ein süßsaures Lächeln zustande; die Federn auf ihrem Hut nickten. Sheila Malloy drohte mir lächelnd mit dem Zeigefinger, weil ich sie so »an der Nase herumgeführt« hätte. Dr. McGraths sommersprossiges Gesicht tauchte vor mir auf und verschwand wieder; aus den Augenwinkeln beobachtete ich, wie er Angharad die Hand küßte. Die alte Bridget hatte ein Taschentuch vors Gesicht gedrückt und brachte schluchzend und knicksend ihre Glückwünsche dar. Mr. Costelloe vom Reitstall zerquetschte mir fast die Hand und nannte mich einen Glückspilz. Ich nickte automatisch, bedankte mich, lächelte, und von neuem begannen die Glocken zu läuten.

Plötzlich öffnete der Himmel wieder seine Schleusen. Morag legte ihrer Tochter einen blauen Samtumhang um die Schultern. Die Leute schrien, lachten und liefen durcheinander. Ich nahm Angharad an der Hand, schob Chris und Martin vor mir her, und gemeinsam eilten wir die Stufen hinunter. Am Straßenrand wartete die alte Kalesche, die Roger aus seiner Remise geholt und eigens für diesen Zweck auf Hochglanz poliert hatte – eine zur Hälfte überdachte schwarze Kutsche, der zwei weiße Pferde aus Costelloes Stall vorgespannt waren. Einer der Reitknechte fungierte als Kutscher.

Als er uns im Laufschritt näherkommen sah, schob er den Zylinder tiefer in die Stirn und schrie: »Ho, vorwärts, schnell, das kommt noch ärger! Die Lads können sich zu mir auf den Kutschbock setzen!« Und er schwang die Peitsche, während Martin und Chris zu ihm auf die Bank kletterten.

Angharad raffte ihr Kleid hoch, und als ich sie unter dem Geschrei der Menge in die Kalesche hob, sah ich, daß sie lachte – jenes wilde, ungezügelte Lachen, das ich so liebte. Schon umringten die Leute das altertümliche Gefährt; ich stieg aufs Trittbrett und schwang mich hinauf. Angharad stand hoch aufgerichtet hinter dem Kutscher und warf ihren Veilchenstrauß in die Menge.

Eine Horde Jungen balgte sich darum. Unversehens tauchte ein Mann mit einer Flöte neben der Kalesche auf und begann zu spielen – eine seltsame, eintönige Melodie. Die Männer und Frauen feuerten ihn an, begannen zu singen, und Angharad sah lachend auf sie nieder. Die Pferde wieherten, warfen die Köpfe zurück und stampften mit den Hufen. Plötzlich gab es einen Ruck, der mich auf den Sitz zurückschleuderte. Angharad klammerte sich an der Eisenstange fest, und schon ging es in vollem Galopp ratternd die Straße entlang. Eine Schar Kinder folgte der Kalesche mit entzücktem Geschrei, und Chris und Martin verrenkten sich die Hälse nach ihnen.

Ich beugte mich vor, umfaßte Angharads Handgelenk und zog sie neben mich auf die gepolsterte Bank. Sie war außer Atem, ihre Augen blitzten, Ihr Mund war leicht geöffnet, ihr Haar glänzte vor Nässe. Eine Strähne hatte sich aus den Flechten gelöst und ringelte sich wie eine dunkle Schlange um ihren Hals.

Der Kutscher knallte mit der Peitsche, und die Pferde, die ihr Tempo etwas verringert hatten, fielen wieder in flotten Trab. Chris und Martin zogen ihre Mäntel über die Köpfe. Ich fragte Angharad, ob ich ihr meine Jacke umlegen solle, doch sie schüttelte den Kopf.

»Ich friere nicht.« Ihre Stimme mischte sich mit dem hastigen Hufgeklapper. Sie streckte die Arme aus und drehte die Handflächen nach oben, als wollte sie den Regen auffangen.

»Schön.«

»Ja, schön.«

Sie wandte sich mir zu und sah mich an. Ein Schatten glitt über ihr Gesicht.

»Es ist vorbei, nicht wahr?«

»Ja, das Schlimmste haben wir hinter uns.«

»Hoffentlich.«

Nun fror sie doch. Ich sah, wie ein Schauer sie überlief, und legte ihr meine Jacke um die Schultern. Sie duldete es, daß ich sie so umfaßt hielt, aber ich spürte, wie sie sich versteifte.

»Angharad«, sagte ich. »Bereust du es?«

Ein Tropfen löste sich aus ihrem Haar, lief über ihre Stirn und ihren schmalen Nasenrücken hinunter. Sie sah mit spähendem Blick geradeaus, über den Zylinder des Reitknechts und die Köpfe der Pferde hinweg, als hielte sie nach etwas Ausschau, was in weiter Ferne lag.

»Jetzt nicht. Aber vielleicht werden wir es beide bereuen – eines Tages.«

Ich sagte: »Wir fahren nach Auburn Manor.«

»Ich brauche keinen Trost.« Sie sah mich an. »Hoffentlich hast du kein schlechtes Geschäft mit mir gemacht.«

»Geschäft? Du warst kein Geschäft, Angharad.«

Sie runzelte leicht die Brauen, erwiderte jedoch nichts. In diesem Augenblick hupte es hinter uns. Die Pferde zogen nach links, und Roger O'Shea überholte uns in seinem Wagen, kurbelte das Fenster herunter und winkte uns zu. Moragს Gesicht erschien über seiner Schulter; es war blaß unter dem breitrandigen schwarzen Hut. Roger rief etwas, was im Hufgeklapper unterging, gab dann Gas und brauste an uns vorbei den Hügel hinauf.

Chris drehte sich nach mir um. Ich nickte ihm zu, doch seine Miene blieb ernst. Eine nasse Haarsträhne hing ihm in die Stirn. Er sah schmal aus und wirkte seltsam verloren. Ich stand auf, hielt mich mit der linken Hand am Eisengriff fest und streckte ihm die rechte entgegen.

»Alles in Ordnung, Chris?«

Er sah auf meine Hand nieder, zögerte, ergriff sie dann.

»Alles in Ordnung.«

Die Pferde machten einen vergeblichen Versuch, den vertrauten Weg zum Reitstall einzuschlagen, und die Kalesche neigte sich leicht zur Seite, als der Kutscher sie zwang, geradeaus weiterzutraben. Ich setzte mich rasch wieder. Angharad sagte: »Es ist schwer für die Jungen.«

»Sie werden dich bald gern haben.«

»Mir scheint, du überschätzt meine Anziehungskraft. Kinder sind unbestechlich, sagt man.«

»Vergiß nicht, daß ihr etliches gemeinsam habt: die Liebe zu

Pferden und – zu Auburn Manor.«

Sie gab keine Antwort. Wir bogen nach rechts ab, brachten die letzte Wegbiegung hinter uns und fuhren an der Mauer entlang. Die schmiedeeisernen Gittertore standen weit offen. Sie waren mit Sträußen aus Heidekraut geschmückt, die vor Nässe trieften.

Angharad war aufgestanden. Ich konnte ihr Gesicht nicht sehen, doch die Haltung ihres Nackens sagte mir genug.

Sie war heimgekehrt. Doch um welchen Preis?

Die Räder rollten knirschend über den Kies der Allee, wie sie es vor langer Zeit wohl oft getan hatte. Tiefhängende, regennasse Zweige streiften das Verdeck der Kalesche. Angharad streckte die Hand aus und brach einen kleinen Zweig von einer Eibe. Die dunkelgrünen Nadeln glänzten. Sie ließ sich wieder auf die alte Polsterbank sinken und hielt den Zweig im Schoß, als wäre es ihr Hochzeitsstrauß.

Es hatte aufgehört zu regnen. Ein Streifen blauen Himmels schimmerte am Horizont. Als wir uns dem Haus näherten, hörten wir Stimmen; wir bogen um die letzte Baumgruppe und sahen, daß die O'Sheas an der Brüstung standen, zusammen mit Michaeleen und der alten Bridget. Unter dem Vordach warteten Mrs. McPherson, Brendan und die Dienstmädchen. Ein drahtiger kleiner Mann stand auf der untersten Treppenstufe, hielt eine Geige im Arm und fiedelte wie verrückt.

»Da kommen sie!« rief Roger.

Er lief die Freitreppe hinunter, doch ich war schneller als er, sprang vom Trittbrett und hob Angharad aus der Kalesche. Schon kam Mrs. McPherson heftig raschelnd auf uns zu, um zu gratulieren. Sie war in festliche Seide gehüllt und trug ihren Granatschmuck; auf ihrem Gesicht stand brennende Neugier. Brendan folgte sehr viel würdevoller und flüsterte mir mit Verschwörermiene zu, daß alles vorbereitet sei.

»Kind, du bist ja ganz durchnäßt!« sagte Morag O'Shea. »Rasch, du mußt dich umziehen, ehe die Gäste kommen.«

Schon erklang das Geräusch eines Wagens auf der Allee. Angharad raffte ihren Umhang, ich nahm meine Jacke, und wir liefen die Treppe hinauf. Als ich mich nach Chris und Martin umsah, waren sie schon verschwunden.

Michaeleen hatte die Eingangstür mit einer Girlande aus Stechpalmen und Eiben umwunden, und der Mahagonitisch in der Halle bog sich fast unter silbernen Platten mit Wild und Geflügel, Pasteten, Appetithappen, Lachs, Spargel und farbenprächtigen Desserts. Überall standen Michaeleens Blumengestecke – vor dem

Spiegel, auf dem Kaminsims, inmitten der langen Tafel: Fresien und Rosen, Farn, Lilien, Treibhausflieder, sogar Mandelbüten.

Die Tür zum angrenzenden Wohnzimmer stand offen, doch wir gingen rasch daran vorbei und eilten die Stufen zur Galerie hinauf. Im Flur stapelten sich die Geschenkpakete. Bei ihrem Anblick überkam mich eine alptraumartige Vorstellung von drei Dutzend Blumenvasen und ebenso vielen Präsentiertellern.

Angharad blieb einen Moment lang stehen, die Hände aufs Geländer gestützt, und sah in die Halle hinunter, die von sanftem Kerzenschein und dem Flackern des Kaminfeuers erhellt war. Roger und Morag standen am Fuß der Treppe und blickten zu uns auf.

»Es ist nicht mehr so wie früher«, murmelte sie.

»Sag mir nur, welche von deinen Möbeln du wieder aufstellen willst. Ich werde Platz machen.«

Ihre Fingerspitzen strichen sacht über das geschnitzte Geländer. »Wir werden sehen. Die Halle gefällt mir so – mit den Teppichen und Sesseln.« Sie wandte sich zu mir um. »Vater sagt, ihr habt meine Sachen wieder in meine alten Zimmer gebracht.«

Ich nickte. »Einer deiner Räume grenzt an mein Schlafzimmer. Ich hoffe, das stört dich nicht.«

»Hast du vorher darin gewohnt?«

»Nein, die drei Zimmer standen noch leer.«

Stimmengewirr erklang vor dem Haus, Wagentüren wurden zugeschlagen, der Geiger fiedelte eine Tanzmelodie. Roger und Morag gingen zur Eingangstür zurück, und die alte Bridget kam uns nachgetrippelt und schob Angharad mit aufgeregten Lauten, die dem Glucken einer Henne glichen, vor sich her.

Ich hörte sie im Nebenzimmer sprechen: Angharads ein wenig spröde Stimme und dazwischen Bridgets Gepiepse. Die Tapetentür war bisher von einem Bücherschrank verstellt gewesen, doch ich hatte ihn vor zwei Tagen zur Seite gerückt. Während ich mich auszog und mir das Haar mit einem Handtuch trockenrieb, wurde mein Blick immer wieder wie magisch von der Tapetentür angezogen. Ich hörte Bridget hin und her huschen, ein Stuhl wurde gerückt. Dann näherten sich Schritte über den Flur.

Ein Klopfen, und Morag O'Sheas ruhige Altstimme klang gedämpft zu mir herüber.

Ich zog meinen Smoking an und trat auf den Flur. Das Haus schwirrte von Stimmen, Gelächter und den Klängen der Geige. Rasch ging ich am Treppenabsatz vorbei. Die Halle war voller Menschen, doch keiner achtete auf mich.

Am Ende des Ganges hatten Chris und Martin ihre Zimmer. Ich öffnete zuerst Chris' Tür; er war nicht da. Sie saßen beide nebenan, auf Martins Bett. Malwine hockte auf dem Bettpfosten, krächzte bei meinem Eintritt und schlug mit den Flügeln.

Ihre hängenden Schultern, der verlorene Ausdruck auf ihren Gesichtern verstärkten mein Schuldbewußtsein. Ungeduldig sagte ich: »Was ist los mit euch? Weshalb macht ihr solche Leichenbittermienen? Hier findet doch keine Beerdigung statt.«

Sie sahen mich schweigend an. Ich setzte mich zwischen sie und legte die Arme um sie. »Versucht mich zu verstehen«, sagte ich bittend. »Und versucht euch mit mir zu freuen. Ich liebe Angharad und bin glücklich, daß sie meine Frau geworden ist. Sie wird euch keine Vorschriften machen.« Ich stockte, suchte krampfhaft nach einem Trost. »Wenn ihr etwas über Pferde wissen wollt, braucht ihr sie nur zu fragen. Sie versteht eine ganze Menge von Pferden, genau wie Mr. O'Shea.«

Sie sagten noch immer kein Wort. »Angharad wird ihre Stute mitbringen«, fügte ich hinzu. »Und bald auch ein junges Hengstfohlen, das Mr. O'Shea ihr zur Hochzeit geschenkt hat. Es heißt Cuchulain.«

Ihre Mienen hellten sich ein wenig auf. Ich erhob mich und strich ihnen übers Haar. »Ihr wollt wohl nicht mit hinunterkommen, nehme ich an? Ich werde Brendan bitten, euch etwas von der kalten Platte zu bringen. Und vom Nachtisch natürlich auch. Wollt ihr heiße Himbeeren mit Eis, Wiener Apfelstrudel, Birne Hélène, Ananas-Beignets oder –«

»Alles, bitte«, sagte Chris.

Ich lachte. »Gut, von allem etwas. Und kein Gejammere, wenn ihr euch den Magen verdorben habt.«

Mir war etwas leichter ums Herz, als ich wieder in mein Schlafzimmer zurückkehrte. Nebenan herrschte Stille. War Angharad schon ohne mich nach unten gegangen? Ich trat vor die Tapetentür und klopfte leise. Keine Antwort. Als ich es noch einmal versuchte, hörte ich ihre Stimme.

»Ja?«

»Kann ich hereinkommen?«

»Bitte.«

Angharad war allein im Zimmer, kauerte auf dem Teppich vor dem offenen Kamin und trocknete ihr Haar. Sie trug einen schottisch karierten Morgenmantel; ihre Füße waren nackt.

»Setz dich.« Mit einer Kopfbewegung deutete sie auf den

Windsorstuhl. »Ich bin gleich fertig. Könntest du etwas Holz nachlegen?«

Ich kniete neben ihr nieder, nahm zwei Buchenscheite aus dem Korb und stieß sie ins Feuer. Die Funken stoben, der Flammenschein zuckte über die Wände, das Fenster und Angharads Gesicht. Es war von der Wärme leicht gerötet. Sie hielt den Kopf ein wenig zur Seite geneigt und fuhr sich mit gespreizten Fingern durchs Haar.

Ich verharrte in meiner knienden Stellung, sah ihr zu und horchte auf das Knacken des Holzes und das Knistern ihrer Haare unter den Bürstenstrichen. Dann sagte ich: »Es ist dir doch nicht unangenehm?«

»Was?«

»Daß ich dich so anstarre.«

»Nein, es macht mir nichts aus. Aber hast du noch nie eine Frau gesehen, die sich das Haar trocknet?«

Ich lachte. »O doch, das habe ich. Mit Lockenwicklern und überdimensionalen Hauben.«

»Dann ist das hier wohl romantischer.«

»Allerdings. Aber es geht nicht ums Haaretrocknen. Ich kann es noch nicht fassen, daß du hier bist – daß du hier neben mir vor dem Feuer sitzt.«

Sie wandte den Kopf ein wenig ab, so daß ihr Gesicht nicht länger vom Flammenschein erhellt wurde.

»Ist es dir lieber, wenn ich so etwas nicht sage?«

»Kommt es darauf an, was mir lieb ist?«

Ich sprang auf. »Ob es darauf ankommt?« Meine Stimme mußte etwas von meinem plötzlich aufflammenden Zorn verraten haben, denn sie hob den Blick und beobachtete mich.

»Hör zu, Angharad, merk dir eines: Ich bin kein Drache aus dem Märchen, und du bist keine gefangene Jungfrau.«

»Die Ehe gibt dir gewisse Rechte.«

»Vor dem Gesetz, ja. Vielleicht hast du dir nie die Mühe gemacht, über mich nachzudenken. Aber mit ein wenig Menschenkenntnis müßtest du begreifen, daß ich auf bestimmte Dinge keinen Wert lege, wenn man sie mir nicht freiwillig gibt.«

Sie betrachtete mich aufmerksam. »Dann wirst du vielleicht lange warten müssen.«

»Ich werd's ertragen.«

Ein Holzscheit zerbarst mit einer kleinen Explosion von Funken. Ich bückte mich und rückte den Ofenschirm etwas dichter vors Feuer.

»Bis vor zwei Tagen stand in meinem Schlafzimmer ein Bücherschrank vor der Verbindungstür. Ich habe ihn weggeschoben. Willst du, daß ich ihn wieder zurückstelle?«

Sie stand auf, ging zum Bett und griff nach dem Seidenkleid, das ausgebreitet auf der Tagesdecke lag. Jemand klopfte an die Tür.

»Kann ich hereinkommen, Miss Angharad?«

Ich ging durchs Zimmer. »Du hast mir noch keine Antwort gegeben.«

»Das kannst du halten, wie du willst. – Komm herein, Bridget.«

38

Ich hatte nur drei alte Freunde aus Deutschland zur Hochzeit eingeladen. Alle anderen Gäste waren Verwandte oder Bekannte oder O'Sheas. Roger und Morag hatten sie mir bei dem Stehempfang im Jagdhaus vorgestellt, ehe wir zur Kirche fuhren, doch die meisten Gesichter war mir noch immer fremd; kaum einen der Namen hatte ich im Gedächtnis behalten. Nun standen sie dicht gedrängt in der Halle und erwarteten uns.

Das Stimmengewirr verstummte, als ich mit Angharad am Arm die Treppe hinunterging. Sekundenlang fühlte ich mich ebenso unbehaglich wie vorher in der Kirche, und ganz ähnlich wie dort flackerten auch hier die Kerzen in den Mauernischen.

Roger stand am Fuß der Treppe und streckte seiner Tochter mit einer etwas theatralischen Gebärde die Arme entgegen. Plötzlich entstand eine Bewegung an der Tür zum Wohnzimmer. Ein hochgewachsener Mann löste sich aus der Menge und erreichte die Treppe, gerade als wir auf der untersten Stufe angelangt waren. Er schob Roger O'Shea ohne Umstände beiseite, ergriff Angharads beide Hände und rief: »Angie!«

Ich wußte nicht, was mir mehr mißfiel – die besitzergreifende Art, wie er sie an sich drückte, oder die absurde Verkleinerungsform für ihren Namen. Was ich ihm nicht verzeihen konnte, war das Gefühl, seinetwegen eine lächerliche Figur abzugeben. Ich stand starr da und sah zu, wie sie sich stürmisch begrüßten; und mir war, als seien aller Augen auf mich gerichtet, als müßte jeder meine Hilflosigkeit sehen oder doch wenigstens ahnen.

»Aubrey! Du bist doch gekommen!«

»Ich konnte dich doch nicht allein heiraten lassen! Angie, was machst du für Sachen?«

Noch ehe sie seinen Namen genannt hatte, wußte ich schon, wer er war: Der schöne Habenichts, der die Phantasie der Bürger von Ennis und vor allem die von Sheila Malloy so beschäftigte. *Es waren zwei Königskinder...*

»Frank, ich möchte dir Aubrey Melton vorstellen, einen weitläufigen Verwandten. Ich nenne ihn der Einfachheit halber immer Cousin.«

Wir gaben uns die Hand. Das erste, was mir an ihm auffiel, waren seine Augen, Augen von einem durchdringenden Grüngrau, das mich an Glasmurmeln erinnerte. Sein blondes Haar war leicht gelockt. Er hatte wirklich etwas von einem Apoll.

»Ich muß Ihnen gratulieren. Sie sind zu beneiden.«

Ich erwiderte seinen prüfenden Blick. »Danke, das bin ich wirklich.«

»Kommen einfach daher und schnappen sich das schönste Mädchen von ganz Irland. Na ja, die Deutschen waren schon immer für ihre Tüchtigkeit berühmt!« Er lachte, daß seine makellosen Zähne blitzten, und Roger schlug ihm auf die Schulter. »Muß ein schwerer Schlag für dich gewesen sein, Aubrey, mein Junge!«

Melton küßte Angharad die Hand »O ja, meine Ruh' ist hin, mein Herz ist schwer!«

Sie zupfte ihn spielerisch am Ohr. »Verschon uns mit deinen Zitaten, großer Mime!«

Während ich mich zu einem höflichen Lächeln zwang und die üblichen Redensarten mit dem »Cousin« wechselte, versuchte ich mich zu erinnern, was Miss Malloy über ihn erzählt hatte. »Arm wie eine Kirchenmaus.« Nun, danach sah er nicht aus. Sein Smoking verriet einen erstklassigen Schneider, und er hatte ganz das Auftreten eines wohlhabenden Müßiggängers.

»... habe ich schnell ein Flugzeug genommen«, hörte ich ihn sagen. »Aber ich muß leider schon in drei Stunden zurück. Meine Vorstellung beginnt um acht im Old Vic.«

Unsere Gäste hatten sich wieder ihrer Unterhaltung zugewandt. Ich atmete unwillkürlich auf.

»Was spielst du gerade?« fragte Angharad und hängte sich bei ihm ein.

»Den Worthing in Wildes ›Bunbury‹.« Er lachte. »Der jugendliche Liebhaber wird mir wohl anhängen, bis ich mit dem Kopf wackle.«

Er war also Schauspieler. »Aber es macht Ihnen Spaß?«

»O ja, die Schauspielerei ist das einzige, wofür ich tauge. Meine Traumrolle ist der Romeo, aber so weit habe ich es noch nicht gebracht.«

»Sie würden zweifellos einen wunderschönen Romeo abgeben.«

»Ja, nicht?« Er schien den Spott in meiner Stimme nicht zu bemerken. »Das sagt fast jeder, nur die Intendanten scheinen nie auf diese Idee zu kommen.«

Ich merkte, daß er mich noch immer musterte, doch sein Blick war freimütig und ohne Feindseligkeit. Entweder ahnte er, daß ich kein Gegner für ihn war, oder die rührende Liebesgeschichte entsprang nur den romantischen Gehirnen der Leute von Ennis. Zu viert arbeiteten wir uns zum Buffet vor, angeführt von Roger, der sich ganz als Gastgeber fühlte. Mit natürlicher Selbstsicherheit rief er mir Namen und Verwandtschaftsgrade wieder ins Gedächtnis und wechselte mit jedem ein paar Worte. Angharad half ihm dabei, bedankte sich für Geschenke, die noch nicht ausgepackt waren, und ließ wieder und wieder Glückwünsche über sich ergehen. Keiner schien sich darüber zu wundern, daß die Braut nicht an meinem, sondern an Aubrey Meltons Arm durch die Halle schlenderte, und daß wir die Gratulation der neu angekommenen Gäste getrennt entgegennahmen.

Endlich war es überstanden, und Roger führte im Wohnzimmer mit Angharad den Tanz an. Die Möbelstücke waren teils in andere Räume gebracht, teils an die Wand gerückt worden; der Kristallüster spiegelte sich im honigfarbenen Riemenboden.

Angharad hatte den Kopf zurückgelegt und lächelte. Die Kerzen flackerten, als Vater und Tochter am Wandleuchter vorübertanzten.

Mein Jugendfreund Richard Hausmann stand neben mir an der Terrassentür und folgte ihr mit den Blicken.

»Ein Bild von einer Frau«, sagte er.

»Ja, sie ist schön.«

»Diesmal hat's dich schwer gepackt, Frank.«

Seine Bemerkung versetzte mir einen leichten Schock. Ich war so sicher gewesen, meine Gefühle für Angharad geschickt zu verbergen – und doch wußte er es bereits, obwohl er erst vor wenigen Stunden eingetroffen war. Ich musterte ihn aus den Augenwinkeln. Wir waren schon seit unserer Schulzeit befreundet, und er kannte mich offenbar besser, als ich geglaubt hatte.

»Ich habe schon so etwas befürchtet. Du bist nicht für ein geruhsames Leben geschaffen, Frank. Es gibt Menschen, die sich neue Probleme schaffen, sobald sie die alten überwunden haben.«

Ich lachte. »Da hast du den Nagel auf den Kopf getroffen. Aber dies hier ist ein Problem, das mein Leben erst lebenswert macht, verstehst du?«

Er hob die Brauen. »Kann sein. Ja, womöglich hast du recht. Vielleicht hindert einen diese ständige Vorsicht nur daran, wirklich zu leben. Man erspart sich Schmerz – aber was hat man davon? Nichts als Pflichten und Alltagstrott, der einen bis zur Gefühllosigkeit abstumpfen läßt. – Du bist an der Reihe, mein Freund.«

Roger verbeugte sich vor seiner Tochter, und ich ging in die Mitte der Tanzfläche. Die alte Dame am Klavier begann einen englischen Walzer zu spielen, begleitet von dem Geiger. Ich legte den Arm um Angharads Taille, faßte sie an der Hand und sah im Spiegel, wie Roger neben seine Frau trat. Morag nickte uns zu.

Ich hatte nie zuvor mit Angharad getanzt, doch es ging unerwartet leicht, als gäbe es nichts, was uns trennte. Wir tanzten schweigend, und sie wich meinem Blick nicht aus, doch nach einer Weile konnte ich es nicht lassen, ihr die Frage zu stellen, die mir längst auf der Zunge lag.

»Warum ist aus Apoll und Aphrodite kein Paar geworden?«

Einen Moment wirkte sie überrascht. »Ich wußte nicht, daß du auf den Klatsch der Leute hörst.«

»Eure Begrüßung war aufschlußreich genug.«

Wir tanzten an Aubrey Melton vorüber; ihr Lächeln galt wohl ihm und nicht mir. »Wenn du ein besserer Menschenkenner wärst«, ihre Stimme hatte einen spöttischen Unterton, »hättest du merken müssen, daß wir wie Bruder und Schwester zueinander stehen.«

»Oh – wie Lord Byron und Lady Augusta?« sagte ich.

Ihre Mundwinkel zuckten. War es Belustigung oder Zorn? »Ich muß dich leider enttäuschen. Du hast dir für deine Vermutungen den Falschen ausgesucht. Viel eher wäre es möglich, daß er sich für dich interessiert. Ich fürchte nur, du bist nicht ganz sein Typ.«

Ich holte tief Luft. Ehe ich noch eine Antwort finden konnte, brach die Musik ab, und unsere Gäste strömten auf die Tanzfläche, voran Roger mit Morag. Schon stand Aubrey Melton neben uns, verbeugte sich vor Angharad und legte den Arm um sie.

Einen Augenblick sah ich ihnen verblüfft nach. Dann erinnerte ich mich an meine Pflichten als Gastgeber, wandte mich zum Sofa und forderte eine von Roger O'Sheas zahlreichen Schwestern auf, mit mir zu tanzen.

»Die beiden sind ein schönes Paar, nicht?« bemerkte die alte Baronin, als wir an Angharad und Aubrey vorbeitanzten.

»Ja, sehr schön«, bestätigte ich zerstreut.

»Wir dachten alle, aus den beiden würde einmal ein Paar«, fuhr sie mit der großartigen Gedankenlosigkeit ihres Standes fort,

»aber die Meltons sind völlig verarmt. Und Rogers Verschwendungssucht ist wirklich beklagenswert.«

Ich gab mir Mühe, meine Gesichtsmuskeln unter Kontrolle zu halten. Inzwischen plätscherte ihr Redefluß munter fort.

»Wie ich höre, sind Sie Besitzer eines deutschen Konzerns?«

»Einer Fabrik«, verbesserte ich.

»Wie schön!« sagte sie.

»Für wen?«

Ein unschuldig-erstaunter Blick traf mich. »Nun, für Sie und die liebe Angharad natürlich. Und Auburn Manor. Jetzt erinnert es mich wieder an die alten Zeiten, als unser Vater noch lebte. Er war ein eigenartiger Mann. Ich glaube, er liebte Auburn Manor mehr als seine Frau und uns Kinder. Man hätte ihn fanatisch nennen können – ja, in gewisser Weise war er das.« Die Baronin runzelte die Stirn und fügte hinzu: »Ich habe Roger nie verstehen können. Es war unverantwortlich von ihm, den Besitz so leichtsinnig aufs Spiel zu setzen, schon Angharads wegen.« Plötzlich lächelte sie mich strahlend an. »Aber jetzt ist ja wieder alles gut, nicht wahr?«

Ihre Naivität war rührend und aufreizend zugleich. Ihre trüben, etwas verschwommenen Augen mochten einst so blau wie Angharads gewesen sein.

»Ja«, sagte ich. »Jetzt ist alles wieder gut.«

39

Vor dem Fenster raschelten die letzten Blätter in einem Netz wirrer Geißblattranken im Wind.

Chris übte im Wohnzimmer auf dem Klavier das Lied von Eileen Aroon. *Far in that valley's shade, I knew a gentle maid, flower of hazel glade, Eileen Aroon.*

Sein Spiel klang ein wenig stümperhaft und doch seltsam rührend. Ich ließ das Buch sinken, und mein Blick wanderte zum Fenster. Ein grauer Tag ...

Hufschlag näherte sich vom Stall her. Rasch stand ich auf und ging durch die Bibliothek. Angharad hatte ihre Stute gesattelt. Ich sah, wie sie neben der alten Remise stehenblieb und die Hand ausstreckte, um das bröckelnde Mauerwerk zu berühren. Ihre Finger glitten über einen klaffenden Riß, in dem Moos und winzige Farnkrautbüschel wuchsen.

Ich trat einen Schritt zurück. Es war nicht richtig, daß ich sie heimlich beobachtete. Ihr Widersehen mit Auburn Manor fand im verborgenen statt. Sie war wie eine Frau, die ihrem Liebsten nach langer Trennung wiederbegegnet. Während der letzten Tage hatte ich sie oft so in Gedanken versunken gesehen und mich stets wie ein Eindringling gefühlt. Angharad war nicht bereit, Freude oder Schmerz mit mir zu teilen.

Langsam kehrte ich zu meinem Sessel vor dem Kamin zurück. Ich hatte es mir schwierig vorgestellt, war auf einen langen Weg voller Hindernisse gefaßt gewesen. Ich hatte geglaubt, Angharad zu kennen, doch ich kannte sie nicht. Sie war nicht länger impulsiv, aufbrausend, ungestüm. Das hätte ich gern in Kauf genommen – es schien ein Teil von ihr zu sein, wie plötzliche Stürme zum Frühling gehören. Nein, Angharad hatte sich auf unerklärliche Weise in sich selbst zurückgezogen. Es war, als hätte sie eine Rüstung angelegt, durch die niemand zu ihr vordringen konnte.

Wieder Hufschlag, der sich auf weichem Grund verlor. Chris spielte noch immer das gleiche Lied. Erneut trat ich ans Fenster und sah ihr nach. Sie ritt über die weite, geschwungene Rasenfläche zu Michaeleens Haus, gefolgt von ihrer Hündin.

Michaeleen O'Faolain. Ich mußte mit ihm sprechen. Er kannte sie besser als ich, vielleicht sogar besser als jeder andere. Gedankenverloren stellte ich das Buch an seinen Platz im Schrank zurück, eine alte Ausgabe von Jane Austens »Stolz und Vorurteil«. Dann verließ ich die Bibliothek und trat auf den Flur. Seit Angharads Einzug war er zur Bildergalerie geworden. Sie hatte einen Teil ihrer blauäugigen Ahnen heimgeholt und die Porträts wieder an ihren angestammten Plätzen aufhängen lassen.

Ich hob den Blick zum imposantesten ihrer Vorfahren – einem Herrn mit Spitzenrüschen an Hals und Handgelenken und weißgepuderter Perücke, unter der er sein schwarzes Haar verborgen haben mochte. Eine Dame mit perlmuttfarbener Haut und gewagtem Ausschnitt, das Haar à la grecque frisiert, sah hochmütig auf mich nieder. Die Tür zwischen den beiden Porträts stand angelehnt. Angharad hatte wohl vergessen, sie zu schließen.

Ich trat näher, um sie zuzudrücken, blieb dann jedoch auf der Schwelle stehen. Diesen und die beiden angrenzenden Räume, die durch Flügeltüren miteinander verbunden waren, hatte sie mit ihren eigenen Möbeln ausgestattet: ererbten Stücken aus dem Regency, ein paar französischen Stühlen und Gobelins, einem Eichensekretär, einer Standuhr aus Mahagoni mit Rosen auf dem Zifferblatt, zwei zierlichen Klapptischen.

Ich sah mich um und fühlte mich wie ein Kind, das eine verbotene Schublade öffnet. Die Türflügel zum mittleren Raum standen weit offen. Angharads schwarzer Umhang lag achtlos hingeworfen auf einem Sessel. Ich hörte die Uhr auf dem Kaminsims ticken; gleich würde sie die Stunde schlagen. In der Mitte des Zimmers, auf dem runden Tisch, stand die Meißener Schale, die mein Freund Richard uns zur Hochzeit geschenkt hatte, mit einem Gesteck aus Brombeerranken und Heidekraut.

Die Kaminuhr begann melodisch zu schlagen, und in ihr Läuten mischten sich die dunklen Töne der Standuhr. An diesem Tisch nahm sie also allein ihre Mahlzeiten ein. Sie hatte noch nicht ein einziges Mal mit uns im Speisezimmer gegessen.

Ich trat zurück und schloß sacht die Tür. Der Flur roch wie stets nach staubigem altem Holz und Bienenwachs. Ich dachte an den ersten Tag nach unserer Hochzeit, als Brendan mit unbeweglichem Gesicht im Eßzimmer erschien und mir meldete, daß Madam den Wunsch geäußert hätte, allein zu speisen.

Chris und Martin hatten nicht von ihren Tellern aufgesehen, und Brendan wandte sich taktvoll ab und machte sich an der Anrichte zu schaffen. Ich aber stand mit hängenden Armen am Tischende. Es war, als hätte man mir einen Schlag in die Magengrube versetzt, und zum erstenmal war ich froh über die unerschütterliche Förmlichkeit meines Butlers.

»Danke, Brendan«, sagte ich mühsam und schob meinen Stuhl zurück. »Hoffentlich macht es Ihnen nicht zuviel Mühe, zweimal zu servieren.«

»Nein, Sir, durchaus nicht. Es gibt einen alten Speiseaufzug im Haus. Madam hat ihn mir gezeigt. Er ist lange nicht mehr benutzt worden. Wir haben ihn geölt. Jetzt funktioniert er wieder ausgezeichnet.«

Ich murmelte etwas vor mich hin, setzte mich und faltete meine Serviette auseinander. Chris und Martin beobachteten mich verstohlen aus den Augenwinkeln. Wir aßen schweigend, und nachdem ich mich gezwungen hatte, zum Abschluß auch noch meine übliche Tasse Kaffee zu trinken, ging ich nach oben. Angharad saß am Fenster ihres Schlafzimmers und wandte sich bei meinem Eintritt wortlos um.

»Brendan hat mir gesagt, daß du hier oben essen möchtest. Gilt das nur für heute?«

»Nein.«

Ich biß mir auf die Lippen und sagte: »Du hast sicher deine Gründe. Darf ich mich setzen?«

»Ja, bitte.« Sie beobachtete, wie ich auf dem Windsorstuhl Platz nahm, und fügte hinzu: »Ich hätte es dir selbst sagen sollen –

heute vormittag schon. Es war nicht richtig, dich damit zu überraschen.«

Obwohl ein Feuer im Kamin brannte, überlief mich ein Frösteln. »Ich hatte gehofft, du könntest dich daran gewöhnen, mit mir über alles zu sprechen und vielleicht sogar Vertrauen zu mir haben. Aber das ist wohl zuviel verlangt. Ich versuche wirklich, dich zu verstehen.

»Aber du verstehst nicht, warum ich allein hier oben essen will?«

»Nein. Kannst du es mir erklären?«

Sie stützte das Kinn auf ihre linke Hand. »Ich glaube nicht, daß es sich erklären läßt. Ich – will es einfach so. Genügt das nicht?«

»Es muß wohl genügen.«

»Ist es wegen der Dienerschaft?«

Erstaunt hob ich den Kopf. »Sie werden eine Zeitlang klatschen und sich dann wieder beruhigen. Nein, es ist meinetwegen – unseretwegen. Du willst mich und meine Jungen möglichst wenig sehen, nicht? Du dachtest, es könnte alles so sein wie früher, aber unsere Anwesenheit zerstört diese Illusion. Wir erinnern dich ständig daran, daß Auburn Manor dir nicht allein gehört, habe ich recht?«

Ihr Gesicht wurde eine Spur blasser; vielleicht täuschte mich aber auch nur das fahle Licht des Novembernachmittags.

»Vielleicht.«

Ich riß mich zusammen. Ich mußte ihr Zeit lassen. Dies war erst der Anfang. Langsam stand ich auf und ging zur Tür. »Ich kann dir nur das gleiche sagen wie Chris und Martin. Auburn Manor ist groß genug für uns alle.«

»Ist es das wirklich?«

Ich umklammerte den Türknauf, daß meine Fingerknöchel weiß hervortraten, und mir war, als hörte ich in meinem Kopf das Echo ihrer Worte: *Ist es das wirklich? Ist es das wirklich?*

»Mein Gott, hast du etwa nicht genug Platz?« fragte ich schroff.

»Darum geht es nicht, das weißt du so gut wie ich.«

Ich wunderte mich selbst, wie bitter meine Stimme klang, als ich sagte: »Was können wir dir schon wegnehmen?«

Sie sah aus dem Fenster und antwortete nicht. Auf dem Dach gurrten die Wildtauben wie einst im Sommer, im Frühherbst. Ich ließ den Türknauf los, ging durchs Zimmer und trat hinter ihren Stuhl.

»Ich bitte dich, Angharad, mach dich von solchen Gedanken frei! Du tust dir damit nur selbst weh. Keiner will dir etwas nehmen. Wir könnten hier so glücklich sein, wir alle, wenn du nur wolltest!«

Erst viel später begriff ich, daß sie weder die Macht noch die Kraft hatte, sich zu befreien.

40

Äußerlich veränderte sich unser Leben auf Auburn Manor kaum. Die Jungen spielten, ritten und lernten wie vorher, wenn ich auch spürte, daß sie wieder begannen, sich vor mir zurückzuziehen. Sie behandelten Angharad wie einen Gast, und wenn sie ihr begegneten, antworteten sie höflich-distanziert auf ihre höflich-distanzierten Fragen. Mrs. McPherson war in der Zuversicht zu ihren Kochtöpfen zurückgekehrt, daß die »Mylady« ihr in allem, was die Haushaltsführung betraf, freie Hand lassen würde. Brendan las Angharad jeden Wunsch von den Augen ab, die Dienstmädchen himmelten sie an, und Michaeleen brachte ihr täglich frische Blumen aus seinem Gewächshaus.

Ja, alles hatte sich während dieser ersten Wochen unserer Ehe gut eingespielt. Niemand wußte, wie oft ich an der Tapetentür stand und lauschte – tagsüber, und auch nachts. Wenn ich schlaflos in meinem Bett lag, war mir manchmal, als könnte ich sie durch die Wand atmen hören, und ich stellte mir vor, wie sie dort lag und schlief und ihr schwarzes Haar über das Kissen floß.

Es war nicht leicht, mein Versprechen zu halten – wenn es eines gewesen war –, doch ich ging nicht zu ihr. Schon bald begann ich abends Schlaftabletten einzunehmen. Es half eine Weile, für ein paar Stunden; doch meistens wurde ich schon vor Morgengrauen wieder wach, knipste das Licht an, versuchte zu lesen oder lag einfach im dunklen Zimmer und starrte vor mich hin.

»Du hast Schatten unter den Augen«, konstatierte Roger O'Shea lachend. Er kam nun fast täglich vorbei, um mit seiner Tochter auszureiten, durch das Haus und den Stall zu schlendern und sich mit mir bei einem Glas Whiskey zu unterhalten.

Ich fragte mich, wie diese Bemerkung gemeint war. Wieviel wußte er? Hatte Angharad ihm erzählt, daß wir hier wie Fremde nebeneinander lebten, daß sie sich nicht einmal mit uns an einen Tisch setzte? Doch vermutlich glaubte er noch immer, daß jetzt alles gut sei. Er war ja seit jeher ein Meister darin, die Dinge so zu sehen, wie sie ihm am angenehmsten und erfreulichsten erschienen. Und Angharad liebte ihn zwar, doch sie vertraute ihm nicht.

Seltsam war die Ähnlichkeit zwischen dem Verhalten Angharads und ihrer Hündin Deirdre. Es war, als spürte das Tier

Angharads Abwehr gegen mich und die Jungen. Vielleicht waren wir für die Jagdhündin auch nur Eindringlinge in dem Haus, in dem sie geboren worden war und die ersten Jahre ihres Lebens verbracht hatte. Sie wedelte zwar pflichtschuldig mit dem Schwanz, wenn man mit ihr sprach oder sie streichelte, und ließ es auch zu, daß Chris und Martin sie hinter den Ohren kraulten, doch das war alles. Ging Angharad ohne ihre Hündin aus, so streifte Deirdre entweder allein durch den Park oder verkroch sich in den Räumen ihrer Herrin, und kein Schmeicheln konnte sie herauslocken. Die Jungen waren nicht umsonst enttäuscht; sie fühlten sich auch um das Hengstfohlen betrogen, das noch immer in O'Sheas Stall stand. Ich spielte mit dem Gedanken, ihnen im kommenden Frühling einen Welpen zu schenken.

Mitte Dezember war das Wetter noch immer recht mild, wenn auch oft stürmisch. Chris und Martin warteten sehnsüchtig auf Schnee, doch es sah nicht danach aus, als sollte ihr Wunsch in Erfüllung gehen. Angharad ritt nun meistens nachmittags aus. Vielleicht tat sie es, um mich nicht bei meinen morgendlichen Spazierritten begleiten zu müssen – ich wußte es nicht und hielt es auch nicht für klug, sie danach zu fragen.

An einem Samstag war ich gerade von einer Fahrt nach Limerick zurückgekommen, stand in der Halle und wärmte mich vor dem Kaminfeuer, als die Eingangstür aufgestoßen wurde. Es war Angharad. Sie sah blaß aus, und ihr Haar war vom Wind zerzaust. Ein Blick auf ihr Gesicht verriet mir, daß etwas geschehen war.

»Ist etwas mit deinem Pferd?« fragte ich.

Sie schüttelte den Kopf und stellte sich neben mich vor das Feuer.

»Deirdre«, sagte sie. »Ich habe sie heute mitgenommen. Wir sind durch Tinkers Woods geritten. Sie muß irgendwo eine Fährte aufgenommen haben, denn plötzlich war sie wie der Blitz verschwunden. Ich habe nach ihr gerufen, bis ich heiser war, aber sie ist nicht zurückgekommen.«

»Sie wird bestimmt bald mit hängender Zunge wieder hier auftauchen«, sagte ich beruhigend. »Wann ist es passiert?«

»Vor etwa zwei Stunden. Ich habe bis jetzt nach ihr gesucht.« Sie streckte die Hände aus; ihre Finger waren blau vor Kälte. Etwas leiser fügte sie hinzu: »Ich habe so eine Ahnung, daß sie nicht wiederkommen wird, Frank.«

Zum erstenmal seit unserer Hochzeit hatte ich das Gefühl, daß sie wieder sie selber war – und daß sie sich nicht vor mir verschloß. Sie hatte mich beim Namen genannt. In meinen Ohren klang es wie eine unausgesprochene Bitte. Ich nahm ihre Hände in die meinen, um sie zu wärmen.

»Du bist ja ganz durchgefroren«, sagte ich. »Sorg dich nicht, ich fahre mit dem Wagen nach Tinkers Woods und suche sie.«

»Aber es wird bald dunkel.«

»Ich nehme eine Taschenlampe mit.«

Sie sah mich an. Ich spürte, wie sie zitterte. »Ich komme mit.«

»Aber wäre es nicht besser –«

Sie schnitt mir das Wort ab. »Nein, ich komme mit. Warte nur noch einen Augenblick, ich ziehe meine Fuchsjacke über.«

Der Wind fegte die welken Blätter vor uns her, als wir das Parktor passierten und auf die schmale Straße nach rechts abbogen. Langsam brach die Abenddämmerung herein. Schwarze Vögel hockten im kahlen Geäst der Alleebäume. Eine Weile fuhren wir schweigend, dann sagte Angharad: »Du hältst mich wohl für albern.«

»Warum? Weil du dir Sorgen um deinen Hund machst? Ich hatte als Junge selbst einmal einen Setter und weiß noch sehr gut, wie mir zumute war, als er starb. – Aber Deirdre ist ein kluges Tier. Sie wird zu dir zurückkommen.«

»Wenn sie kann.«

»Du fürchtest also, daß ihr etwas zugestoßen ist?«

»In Tinkers Woods wird viel gewildert. Der Wald hat seinen Namen nicht umsonst.«

»Du meinst, Deirdre könnte erschossen worden sein?«

Sie biß sich auf die Lippen. »Für manche Zigeuner ist Hundefleisch eine Spezialität.«

Ich parkte den Wagen am Straßenrand. Die Bäume von Tinkers Woods wirkten wie eine dunkle, bedrohliche Festung vor dem grauen Hintergrund des Himmels. Der sumpfige Boden gab schmatzend unter unseren Schritten nach. Am Waldsaum flakkerte ein Irrlicht auf und verschwand so rasch wieder, daß man an eine Sinnestäuschung glauben konnte.

Ein Windstoß empfing uns, als wir den Wald erreichten, und dürre Zweige knackten unter meinen Stiefeln. Brombeerranken zogen sich wie Fallstricke über den Weg. Ich knipste die Taschenlampe an und faßte Angharad an der Hand.

»Deirdre!«

Irgendwo flatterten Vögel auf. Ich pfiff, und Angharad rief, doch nur das Rauschen des Windes antwortete uns. Ganz in unserer Nähe huschte ein brauner Körper durchs Unterholz. Ein Ilexzweig verfing sich in Angharads Haar.

»Gibt es hier viele Füchse?« fragte ich, während ich ihre Locke aus der grünen Umklammerung befreite.

»Ja, mein Vater schießt jährlich etwa ein Dutzend.«

»Dann ist sie vielleicht in einen Fuchsbau geraten.«

»Dazu ist sie zu groß. Sie würde gar nicht erst hineinkommen. – Deirdre!«

Die Dunkelheit verdichtete sich. Hoch oben zwischen den Baumwipfeln ging der Mond auf. Ich pfiff durch die Zähne.

»Deirdre!«

Ein Laut mischte sich in das Wispern des Windes. Es klang wie das Gewimmer eines Kindes. Wir hörten es beide, blieben stehen und lauschten. Wieder rief sie, und wieder vernahmen wir den Laut.

»Das ist Deirdre«, sagte Angharad. »Ich glaube, es kam von links.«

Ich nickte. »Hoffentlich spielt uns der Wind keinen Streich.«

»Wir werden sie finden. Irgend etwas muß ihr zugestoßen sein, sonst würde sie mir entgegenlaufen.«

Ich teilte ihre Befüchtungen, sagte jedoch nichts. Nun ging Angharad voraus und rief immer wieder den Namen ihrer Hündin. Langsam wurde das Gewinsel lauter.

Wir fanden sie unter einer Eibe. Sie war in ein Tellereisen geraten. Ich hätte Angharad den Anblick gern erspart, doch sie war tapferer als ich. Sie kniete neben der Hündin nieder und befahl mir mit beherrschter Stimme, in der nur ein leichtes Zittern mitschwang, den Strahl meiner Taschenlampe auf Deirdre zu richten.

Ich sah sofort, daß es hier keine Hilfe mehr gab. Das Tier wedelte mit dem Schwanz und versuchte den Kopf zu heben, als es seine Herrin erkannte, doch die braunen Augen waren von einem trüben Schleier überzogen, und der Waldboden war rot von Blut. Das Tellereisen hatte Deirdre beide Vorderläufe durchschlagen; die Sehnen waren grausam zerschnitten. Vermutlich hatte sie verzweifelt versucht, sich zu befreien, und sich dabei nur noch stärker verletzt.

Das Klagen des Hundes, halb Winseln, halb Heulen, unterschied sich kaum von dem eines gequälten Menschen. Mir wurde übel bei diesem Gewimmer, diesem Anblick. Ich sah, wie Deirdre versuchte, Angharads Hand zu lecken, die ihr den Kopf stützte, und plötzlich war mir wieder wie einst zumute, als mein eigener Hund in meinen Armen starb.

Ich hätte am liebsten geweint. Angharad aber weinte nicht. Das Licht der Taschenlampe beleuchtete ihr Profil. Sie war kreidebleich, und ihre Lippen bildeten eine harte, verzerrte Linie.

»Wir müssen sie nach Ennis zum Tierarzt bringen. Er muß sie einschläfern«, sagte ich leise.

Angharad schüttelte den Kopf. »Mach das Eisen los!« erwiderte sie nur.

Ich kniete neben ihr nieder. Meine Hände zitterten vor Furcht, dem Tier noch mehr Schmerz zu bereiten, doch Deirdre wimmerte nur kurz auf, als ich die Bügel öffnete. Angharad legte den Kopf der Hündin in ihren Schoß; Blut lief über ihre Handgelenke, versickerte in ihrer hellen Reithose und den Pelzstulpen ihrer Jacke.

»Aber sie kann doch nicht... Du wirst doch nicht glauben, daß sie jemals wieder gesund wird! Wir müssen sie von ihrem Leiden erlösen.«

Sie hatte den Kopf so tief über Deirdre gebeugt, daß sich ihr schwarzes Haar mit dem blutigen Fell des Hundes mischte. »Das weiß ich selbst. Aber es wäre grausam, sie noch den ganzen Weg bis zum Wagen zu tragen und dann nach Ennis zu bringen. Wir müssen sie erschießen.«

»Aber wir haben kein Gewehr bei uns!«

»Hol meine Jagdflinte – bitte. Sie liegt im mittleren Zimmer, in der untersten Kommodenschublade.«

Ich zögerte.

»Bitte!« Sie hob den Kopf und sah mich an. Ihre Augen waren weit aufgerissen und standen schwarz in dem bleichen Gesicht. »Und mach schnell, so schnell du kannst!«

»Aber du – willst du hierbleiben?«

»Natürlich bleibe ich bei ihr. Denkst du, ich lasse Deirdre jetzt allein?« Mehr zu sich selbst gewandt, fügte sie hinzu: »Sie ist halb bewußtlos. Ich hoffe, sie spürt nicht mehr allzuviel.«

Noch einmal sah ich unsicher auf sie nieder. »Ich lasse dir die Taschenlampe hier.«

»Nein, die brauchst du selbst. Es nützt keinem von uns etwas, wenn du dich verirrst. Geh jetzt.«

Ich ließ sie im Dunkeln zurück und stolperte blindlings vorwärts. Auf der Lichtung hörte ich, wie sie mir nachrief: »Bring auch die alte Laterne mit. Sie hängt im Stall, am Pfosten neben der Tür!«

Endlich kam ich aus dem Wald. Ich hatte mir Gesicht und Hände zerkratzt, und als ich die Wiese betrat, geriet ich mit dem rechten Fuß in ein Sumpfloch, doch ich merkte es kaum. Ich dachte an Angharad, die da in der Finsternis neben ihrem sterbenden Hund kauerte. Sie hatte nicht geweint, doch vielleicht wäre es besser gewesen, wenn sie es gekonnt hätte.

In rasendem Tempo fuhr ich über die Brücke und die Anhöhe hinauf; es war gut, daß mir niemand entgegenkam. Der Kies spritzte unter den Reifen hervor, als ich vor dem Haus bremste. Martin und Chris kamen angelaufen, um zu sehen, was passiert war.

»Deirdre«, sagte ich kurz und schob sie zur Seite. »Sie ist in ein Tellereisen geraten.«

Mit erschrockenen Gesichtern folgten sie mir ins Haus.

»Wo?«

»In Tinkers Woods.«

»Willst du den Tierarzt rufen?«

»Nein, das dauert zu lange. Wir müssen sie erschießen.«

»Wo ist Angharad?«

Ich stieß die Tür zu ihrem Wohnzimmer auf. »Bei ihrem Hund.«

Martin ging hinter mir her durch die Flügeltür. Ich kniete vor der Kommode nieder.

»Ganz allein im Wald?«

Ich nickte und nahm die Flinte aus der Schublade. »Bitte laufe in den Stall und bring mir die Laterne, mein Junge«, sagte ich. »Sie hängt neben der Tür. Sieh nach, ob noch eine Kerze im Halter steckt.«

Er stürzte hinaus, Chris auf den Fersen, und ich vergewisserte mich, daß die Flinte geladen war. Als ich zum Wagen kam, standen sie schon mit der Laterne dort und warteten auf mich. Sie reichten mir schweigend die Lampe und traten zurück, als ich den Wagen anließ. Ehe ich um die Wegbiegung fuhr, sah ich im Rückspiegel, daß sie noch an derselben Stelle standen – zwei kleine, dunkle Gestalten am Rande des Lichtscheins, der sich von der Eingangslampe über die Balustrade ergoß und hinter den Rosenbüschen endete.

Den Rückweg durch den Wald hätte ich wohl kaum gefunden, wenn Angharad nicht auf meine Rufe Antwort gegeben hätte. Deirdres Kopf lag noch in der gleichen Stellung wie vorher in ihrem Schoß. Die Hündin atmete schwer, und krampfartige Schauer überliefen ihren Körper.

»Gut, daß du da bist«, sagte Angharad.

Ich kniete neben ihr nieder. »War es schlimm?«

»Einmal... einmal wollte sie plötzlich aufspringen. Sie hat geschrien wie ein Kind.« Sie stockte und fuhr mit etwas festerer

Stimme fort: »Aber jetzt ist es gleich überstanden. Ich werde ihren Kopf auf den Boden legen und die Laterne daneben stellen. Du brauchst nur abzudrücken.«

Ich erschrak. Erst jetzt wurde mir klar, daß ich den Hund erschießen sollte. Die ganze Zeit hatte ich die Flinte mit mir herumgetragen, ohne zu überlegen, was Angharad von mir erwartete. Zögernd sagte ich: »Ich war nie ein besonders guter Schütze.«

»Es ist keine Kunst.« Sacht hob sie Deirdres Kopf, strich ihr über die seidigen Ohren. Die Augäpfel des Tieres bewegten sich, die Zunge erschien zwischen den Lefzen. »Du brauchst nur den Lauf gegen ihre Stirn zu halten.«

Sie erhob sich ein wenig steif, lehnte sich gegen den Stamm der Eibe und sah mich an. »Hast du noch nie ein Tier getötet?«

»Noch nie.«

Mit einer ungeduldigen Bewegung nahm sie mir die Waffe aus der Hand. »Dann erledige eben ich es. Bringen wir es hinter uns.«

Ehe ich sie noch daran hindern konnte, hatte sie den Flintenlauf gesenkt. Der Schuß dröhnte durch die Stille der beginnenden Nacht. Der Leib des Tieres bäumte sich auf, die verstümmelten Läufe zitterten ein letztes Mal, dann war es vorüber.

Ein Schauer überlief mich, als ich Angharad so stehen sah. Sie hielt die Flinte noch immer in der Hand und sah auf ihren toten Hund nieder. Ihre Härte und Unerbittlichkeit gegen sich selbst erschreckten mich und erweckten zugleich meine Bewunderung. Trotzdem ging von ihrer Haltung etwas Hilfloses aus.

Sanft nahm ich ihr die Waffe aus der Hand. »Du hast mehr Mut als ich, Angharad.«

Sie wandte sich ab und begann ihre Jacke auszuziehen.

»Sie hat es überstanden.«

»Was willst du tun?«

»Sie in der Jacke nach Hause tragen.«

»Nein, laß das. Ich nehme meinen Trenchcoat. Geh du mit der Laterne voraus, ich trage sie.«

Eine Weile gingen wir schweigend durch den dunklen Wald. Plötzlich sagte sie halblaut, mehr zu sich selbst: »Vater hat sie mir zu meinem einundzwanzigsten Geburtstag geschenkt. Verdammtes Zigeunerpack!«

»Gibt es hier eine Forstverwaltung?«

»Ja, in Limerick.«

»Wir sollten sie informieren. Sie müssen einen Beamten nach Tinkers Woods schicken, der nach den Fallen sucht. Vielleicht läßt sich aufklären, wer dort auf so grausame Art wildert. Ich werde das Tellereisen morgen holen.«

Chris und Martin waren noch nicht schlafen gegangen. Sie hatten auf uns gewartet. Als wir aus dem Wagen stiegen, standen sie an der Balustrade und beobachteten stumm, wie Angharad das leblose Bündel die Freitreppe hinauftrug.

»Hast du sie erschossen?« fragte mich Chris. Seine Stimme war leise, doch Angharad hatte ihn gehört.

»Ich hab's getan«, sagte sie.

Halb erschrocken, halb ehrfürchtig folgten sie ihr in die Halle. Erst jetzt sah ich, wie durchnäßt und blutbesudelt ihre Reithose war.

»Martin, sag dem Dienstmädchen Bescheid, es soll ein Bad einlassen.« Er rannte los, und ich fragte Angharad, ob sie heißen Tee oder einen Drink wolle.

Sie stand schon auf der untersten Treppenstufe. »Einen Whiskey, bitte«, sagte sie. »Pur.«

Eine halbe Stunde später klopfte ich an ihre Tür. Angharad saß im Morgenmantel auf dem Bett. Sie hatte Deirdre in ihr Körbchen gelegt und mit einem seidenen Tuch zugedeckt.

Ich stellte den Whiskey auf den Klapptisch neben dem Bett, schenkte ihr Glas voll und sah zu, wie sie einen kräftigen Schluck nahm.

»Besser?« fragte ich.

Sie hustete und nickte.

Ich setzte mich neben sie auf die Bettkante.

»Möchtest du einen neuen Hund?«

»Eine zweite Deirdre gibt es nicht. Man kann im Leben nicht alles kaufen.«

»Ich weiß.«

»Du hast diese Erfahrung selbst gemacht, nicht wahr?«

Ich zuckte zusammen. Sie hielt ihr Glas so fest umklammert, daß ihre Fingerknöchel weiß hervortraten. »Oder vielleicht sollte man besser sagen, du hast die Katze im Sack gekauft.«

Ich faßte sie an den Schultern und drehte sie heftig zu mir um. »Hör auf damit! Ich weiß längst, daß du mich nie geheiratet hättest, wenn ich nicht zufällig der neue Besitzer von Auburn Manor wäre!«

Sie schüttelte meine Hände ab und stand auf. »Ich spreche nicht von Auburn Manor. Es stimmt doch, daß du meinem Vater Geld geliehen hast – eine ganze Menge Geld?«

Ich starrte sie an. Langsam begann ich zu begreifen.

»Er hat es dir also gesagt.«

»Du hast es ihm geliehen, obwohl du wußtest, daß er es dir nie zurückzahlen konnte.«

Ich sprang auf und trat vor sie hin. »Ich habe es getan, weil ich dich liebe, Angharad.«

»Liebe«, wiederholte sie verächtlich. »Du wolltest dadurch Macht über uns beide gewinnen – über ihn und damit auch über mich.«

»Ich wollte dir weitere Demütigungen ersparen«, sagte ich leise.

»Demütigungen ersparen? Indem du dafür gesorgt hast, daß ich dir verpflichtet war? Du mußt gewußt haben, daß ich alles tun würde, um meinen Vater vor dem Bankrott und Schlimmerem zu bewahren.«

Das war es also. Ich hatte alles falsch gemacht. Roger O'Shea hatte sein Versprechen gehalten und »eingegriffen«. Und er hatte sein Ziel erreicht. Wie aber sollte ich mich zur Wehr setzen?

Ich lehnte mich mit dem Rücken gegen die Wand und zwang mich zur Ruhe. »Wann hat er dir gesagt, daß ich ihm Geld geliehen habe?« fragte ich.

»In der Nacht, als das Hengstfohlen zur Welt kam. Die gleiche Nacht, in der du mich batst, deine Frau zu werden. Er sagte, du wärst sehr großzügig gewesen.« Ihre Stimme drückte Spott und Verachtung aus. Sie hatte sich von mir abgewandt, so daß ich ihr Gesicht nicht sehen konnte.

»Er sagte, du müßtest mich heiraten, weil ich ihn sonst ruinieren könnte?«

»Es war nicht nötig, das zu sagen.«

Ich biß die Zähne zusammen. »Er wußte genau, daß ich nie die Absicht hatte, ihn zu ruinieren. Ich hätte das Geld nicht einmal zurückverlangt! Er kam immer wieder, und immer wieder gab ich ihm, was er brauchte. Was hätte ich deiner Meinung nach tun sollen? Ihn wegschicken?« Ich holte tief Atem und fuhr überstürzt fort: »Erst waren es fünftausend Pfund. Dann kam er, um mir zu sagen, daß er mir das Geld noch nicht zurückgeben könne. Das war an einem Abend, als wir uns im Brass Inn trafen. Ich gestand ihm, daß ich mich in dich verliebt hätte. Er sagte, er würde versuchen, dich versöhnlicher zu stimmen. Ich wollte es nicht, aber er meinte, er wollte dir nur klarmachen, daß ihr Auburn Manor durch seine Schuld verloren hättet. An diesem Abend bat er mich um weitere dreitausend Pfund.«

Sie fuhr heftig herum und ballte die Fäuste. »Was willst du damit sagen?«

»Nichts.«

Plötzlich änderte sich ihr Gesichtsausdruck. Ihr Zorn machte einer Mischung aus Ratlosigkeit und Erschöpfung Platz. Sie kauerte sich auf den Teppich vor den Kamin. »Ich kann es nicht glauben«, sagte sie halblaut. »Und doch – vielleicht hielt er es wirklich für mein Bestes.«

»Er dachte wohl, es würde alle eure Probleme mit einem Schlag lösen.«

»Er hat sein Leben lang an solche Patentlösungen geglaubt.« Sie hob den Kopf. »Ich hätte wissen müssen, daß du so etwas nicht tun würdest. Du bist nicht der Mensch dazu.«

»Danke«, sagte ich. »Aber trau mir bitte nicht zuviel Edelmut zu. Ich fürchte, ich habe mit anderen Mitteln gekämpft, die vielleicht auch nicht ganz frei von Berechnung waren.«

»Du meinst Auburn Manor?«

Ich nickte.

»Nun, das wußten wir beide von Anfang an. Du hast immerhin fair gespielt. Bitte gib mir noch einen Whiskey.«

Ich schenkte ihr Glas ein zweites Mal voll. »Ich wollte, du könntest lernen, mir zu vertrauen.«

»Vielleicht lerne ich es – eines Tages.«

»Geh jetzt schlafen. Du bist müde.« Mein Blick fiel auf den Korb mit der toten Deirdre. »Soll ich das nicht ins Nebenzimmer bringen?«

Sie schüttelte den Kopf. »Nein. – Frank?«

Ich war schon an der Tür und drehte mich noch einmal um.

»Ja?«

»Verzeih mir.«

»Schon gut. Gute Nacht, Angharad.«

»Gute Nacht.«

41

Die Standuhr auf dem Treppenabsatz schlug zwölf, doch etwas anderes hatte mich geweckt. Ich richtete mich auf und horchte. Als die tiefen, hallenden Schläge verklungen waren, hörte ich es wieder: leise Schritte, ein Rascheln.

Es kam aus dem Nebenzimmer. Ich stieg aus meinem Bett, tastete im Dunkeln nach dem Schlafrock und warf ihn über. Das Bärenfell verschluckte das Geräusch meiner Schritte, als ich zur Tapetentür ging. Ich wartete, lauschte wieder. Sie schien durchs

Zimmer zu gehen – von einem Ende zum anderen. Kein Lichtschimmer drang durch die Türritzen.

Ich klopfte. Die Schritte zögerten, verhielten. In der Stille glaubte ich zu hören, wie wir beide den Atem anhielten.

»Angharad?«

Es war kaum mehr als ein Flüstern, doch sie hörte mich, denn Sekunden später wurde die Tür von innen geöffnet, und sie stand in der Finsternis vor mir.

»Kannst du nicht schlafen?«

»Nein.«

»Ist es wegen Deirdre?«

»Vielleicht. Ich weiß es nicht.«

Ihr Gesicht war nur ein schwarzer Umriß im dunklen Zimmer.

»Kann ich etwas für dich tun?«

Sie bewegte den Kopf. »Du?«

»Ja, ich.«

Sie antwortete nicht. Ich streckte die Hand aus, berührte ihren bloßen Arm. Ihre Haut war eiskalt. Ich zog sie näher zu mir, und sie leistete keinen Widerstand.

»Du frierst«, sagte ich. »Hier, nimm meinen Morgenrock.«

Als ich Angharad den Mantel um die Schultern legte, konnte ich der Versuchung nicht widerstehen, sie festzuhalten. Mein Gesicht war so dicht vor dem ihren, daß mich ihr Atem streifte. Ich tastete nach dem Kinn, umschloß es mit den Fingern und küßte sie leicht auf den Mund.

»Angharad?«

»Ja?«

»Du brauchst nur nein zu sagen, wenn du nicht willst.«

Sie gab keine Antwort. Diesmal umarmte ich sie fester. Wir zitterten beide, vielleicht nicht allein vor Kälte.

»Komm.«

Ich nahm sie an der Hand und zog sie sanft über die Schwelle in mein Zimmer; und das Bärenfell verschluckte den Laut unserer Schritte.

42

Als ich am nächsten Morgen erwachte, war sie fort.

Einen flüchtigen Augenblick lang lag ich unbeweglich da und fragte mich, ob es nur ein Traum gewesen war. Dann stand ich auf und öffnete die Tapetentür. Angharads Schlafzimmer war leer, ebenso die beiden angrenzenden Räume. Die tote Hündin lag nicht mehr in ihrem Korb. Angharad war also zu Michaeleen gegangen, um Deirdre begraben zu lassen.

Rasch wusch und rasierte ich mich und zog mich an. In der Halle kam mir Brendan entgegen und erwiderte auf meine Frage, daß Madam das Haus schon vor einer Stunde verlassen hätte.

»Wollte sie ausreiten?«

»Nein, Sir. Sie trug keinen Reitanzug, sondern einen Pelzmantel. Der Gärtner kam, und sie übergab ihm den toten Hund. Dann ist sie in ihrem Wagen weggefahren.«

Es war überflüssig, zu fragen, wohin. Sie hatte keine Nachricht hinterlassen.

Ich wandte mich ab und sagte über die Schulter: »Gut. Die Jungen sollen alleine frühstücken. Ich komme später.«

Michaeleen war nicht in seinem Haus. Ich ging der Radspur nach, die sein Schubkarren im feuchten Gras hinterlassen hatte, und fand ihn in der Nähe der kleinen Brücke.

Er hatte gerade begonnen, unter einem Dornbusch eine Grube zu schaufeln. Ich hörte seinen Spaten knirschend auf Stein, Wurzeln und hartes Erdreich stoßen.

»Lassen Sie mich das machen«, sagte ich.

Er warf mir einen empörten Blick zu. »Danke, aber so alt und schwach bin ich noch nicht, daß ich kein Loch mehr ausheben könnte.«

Ich entschuldigte mich hastig.

»Na ja, schon recht, 's war ja gut gemeint.«

»Sie begraben Deirdre.«

»Ja. Miss Angharad hat den Platz selbst ausgesucht.« Er nannte sie noch immer Miss, wie früher. »Die werden schon nichts dagegen haben.«

»Wer wird nichts dagegen haben?«

Er stützte sich auf seinen Spaten und zwinkerte mir zu. »Na, die natürlich, die in den Dornbüschen hausen.«

»Die Feen?«

»Ja, sie – und andere.«

Wieder begann er zu graben. Eine Zeitlang sah ich ihm schweigend zu, dann gab ich mir einen Ruck und sagte: »Wissen Sie, wohin sie gefahren ist?«

»Sie hat's mir nicht gesagt.« Er hielt in der Arbeit inne und fügte hinzu: »Aber ich müßte mich verdammt irren, wenn sie nur nach Ennis gefahren wäre. Ich weiß, was das bedeutet, wenn ihre Augen so schwarz sind. Das hatte sie schon als Kind. ›Sturmwarnung‹, hab' ich es immer genannt.«

Sturmwarnung ... Er sah mich an, doch in seinem Blick war keine Neugier, nur Anteilnahme. »Hatten Sie sich's leichter vorgestellt?«

»Ich weiß nicht«, sagte ich zögernd. »Ich habe gehofft ...«

»Auf Wunder sollte man nicht hoffen, nicht bei einem Menschen. Wir schleppen alle von Kindheit an unser Bündel mit uns herum und können's nicht abwerfen. Angst und Mißtrauen sind darin, vielleicht auch Schuldgefühle, Gebote und Verbote ... Und das läßt sich nicht so leicht abschütteln.« Er schnupfte gedankenvoll auf und wischte sich die Nase mit dem Handrücken.

»Wo haben Sie das gelesen?« fragte ich.

»Gelesen?« Er beäugte mich belustigt. »Dazu braucht man kein Buch. Es reicht, wenn man sich die Leute ein bißchen genauer ansieht.«

»Und glauben Sie«, fuhr ich zögernd fort, »daß es einem Menschen gelingen kann, dieses – Bündel – abzuwerfen, wenn man ihm dabei hilft?«

Michaeleen seufzte. »Ich weiß es nicht. Schön wär's ja, aber man kann nicht einfach ungeschehen machen, was einmal war. Und manche büßen für die Fehler anderer«, fügte er dunkel hinzu. »Da kommt Mr. O'Shea.«

Erst jetzt hörte ich Hufschlag von der Wiese. Roger winkte uns zu, galoppierte heran und sprang vor uns ab. »Hallo, Frank! Morgen, Mike. Was macht ihr solche Leichenbittermienen? Ist jemand gestorben?« Lachend legte er mir die Hand auf die Schulter.

»Ja«, sagte Michaeleen mürrisch. »Die gute alte Deirdre.«

Roger sah uns erschrocken an; dann fiel sein Blick auf das Bündel im Gras. Er bückte sich und lüftete das Seidentuch.

»Tatsächlich! Sieht ja übel aus. Wie ist das passiert?«

Ich schilderte ihm kurz, was sich am vergangenen Abend ereignet hatte.

»Teufel!« sagte er erregt. »Das war bestimmt dieses Zigeunerpack. Ein Tellereisen! Ich muß Angharad sofort einen neuen Hund kaufen.«

»Kaufen Sie sich 'nen neuen Freund, wenn der alte gestorben ist?« brummte Michaeleen und begann wieder mit verbissenem Eifer zu schaufeln.

»Sie will keinen neuen Hund, jedenfalls vorläufig nicht«, sagte ich. »Ich hatte schon die gleiche Idee.«

»Ist sie im Haus?«

»Nein. Ich glaube ...«

»Weggefahren«, warf Michaeleen dazwischen.

»Aber wohin?«

»Ich weiß es nicht«, sagte ich. »Komm bitte mit, Roger, ich muß etwas mit dir besprechen.«

Er führte sein Pferd am Zügel hinter sich her und protestierte lächelnd: »Warum so feierlich? Willst du mir den Kredit kündigen?«

»Das wäre vielleicht keine so schlechte Idee«, sagte ich kalt. »Dann käme Angharad wenigstens nicht noch einmal auf den Gedanken, daß ich dir Geld leihe, um Macht über euch beide zu gewinnen.«

»Aber das ist doch Unsinn, Frank!«

»Willst du abstreiten, daß du ihr gesagt hast, sie müßte mich heiraten, weil ich dich sonst ruinieren könnte?«

»Wann soll ich das gesagt haben?«

»In der Nacht, als das Hengstfohlen zur Welt kam.«

»Nun, ich habe ihr vielleicht gut zugeredet ...«

»Nennst du das gut zureden?«

Er sah mich mit freundlichem Erstaunen an. »Hör mal, mein Junge, du hast doch bekommen, was du wolltest, oder nicht?«

»Was ich wollte?« wiederholte ich bitter. »Ich wollte, daß sie sich frei entscheidet. Um ihretwillen und um meinetwillen. Du glaubst, jetzt wäre alles in Ordnung, weil die Entscheidung gefallen ist, wie?«

Er band sein Pferd an einer Steinsäule der Freitreppe fest. »Nun, mir war natürlich von Anfang an klar, daß ihr einige Zeit brauchen würdet, um euch – hm – zusammenzuraufen.«

»Zusammenraufen?« Ich hätte ihm am liebsten den Rücken gekehrt und ihn stehengelassen. »Du machst es dir wirklich leicht. Merkst du denn nicht, daß Angharad in einem furchtbaren Zwiespalt ist?«

Nun erschrak er offenbar doch. »Aber Frank, ich habe ja nur gewollt, daß sie wieder glücklich ist. Sie ist wieder hier, wohin sie gehört. Du liebst sie und hast Verständnis für sie –«

»Was kann ihr meine Liebe und mein Verständnis nützen? Ja, sie ist wieder zu Hause, aber sie muß Auburn Manor mit anderen teilen – mit mir und meinen Jungen. Ich fürchte manchmal, daß wir Fremde für sie sind, Eindringlinge. Man kann die Zeit nicht zurückdrehen, nichts ungeschehen machen. Und ich glaube, daran erinnern wir sie ständig: daß nichts so ist wie es früher einmal war.«

Ich schloß die Tür meines Arbeitszimmers hinter mir, und er

ließ sich in einen der Ledersessel fallen. »Morag hatte recht«, sagte er schließlich. »Sie hat mich gewarnt, aber ich wollte nicht auf sie hören.«

»Ich fürchte, sie kennt Angharad besser als du.«

»Wenn mir das früher jemand gesagt hätte, hätte ich ihm ins Gesicht gelacht.« Er sah mich voll an. »Ich hielt es wirklich für die beste Lösung, Frank.«

»Für dich oder für Angharad?«

Er zuckte zusammen. »Glaube mir –«, begann er heftig, doch dann kreuzten sich unsere Blicke, und er stockte. Eine Weile schwieg er und fügte leiser hinzu: »Für uns alle.«

Ich nickte. »Ich bin froh, daß du mir gegenüber wieder ehrlich bist, Roger. Das scheint mir der richtige Zeitpunkt, auch andere Dinge ins reine zu bringen – geschäftliche.«

Seine Stimme war ruhig, als er sagte: »Falls du mir jetzt eröffnen willst, daß ich dir dein Geld zurückgeben soll, muß ich dich leider enttäuschen. Ich kann es nicht. Ich wollte, ich könnte es, aber ich kann's nicht.«

Ich nahm meinen Tabaksbeutel und begann meine Pfeife zu stopfen. »Ich habe niemals erwartet, das Geld zurückzubekommen. Nein, darum geht es nicht. Ich wollte dir nur ein für allemal klarmachen, daß ich dir nichts mehr leihen werde.«

Er antwortete nicht.

»Angharad zuliebe habe ich versucht, eine andere Lösung zu finden. Ich habe auch schon einen Plan, aber es bleibt natürlich dir überlassen, ob du auf meinen Vorschlag eingehen willst.«

»Ich tauge nicht für Aufsichtsratsposten, falls du so etwas meinen solltest«, sagte er und schenkte sich einen Kognak ein.

»Das brauchst du mir nicht erst zu sagen. Nein, ich dachte an eine Pferdezucht.«

Er stellte das Glas so heftig auf den Tisch, daß es klirrte. »Eine Pferdezucht? Frank, mein Junge, das ist ja großartig! Genau das, was ich mir mein Leben lang gewünscht habe! Du wirst sehen –«

Ich unterbrach ihn. »Ich habe vor, eine Art Treuhänder einzusetzen, der dafür sorgt, daß das Betriebskapital und später die Einnahmen richtig investiert werden. Mich wirst du als – nun, als stillen Teilhaber akzeptieren müssen. Ich verspreche, daß ich mich nicht einmischen werde, es sei denn, es gibt finanzielle Schwierigkeiten.«

Lächelnd sagte er: »Du traust mir nicht über den Weg, wie?«

»So ist es«, bestätigte ich. »Ich habe dich gern, aber auch wieder nicht so sehr, daß ich ruhig mitansehe, wie ein paar Buchmacher auf meine Kosten reich werden.«

»Ich verspreche dir, damit ist's jetzt ein für allemal vorbei.«

»Versprich mir nichts«, sagte ich. »Wer weiß, ob du es halten kannst. Ich werde mir Mühe geben, alles so festzulegen, daß du nicht in Versuchung kommst. Du kannst mit Baumeister Finn über die Pläne für die Stallungen sprechen, sobald du willst. Er soll eine Kalkulation aufstellen.

Ich habe an zwei, drei Angestellte gedacht. Wir müssen uns demnächst auch mit einem Fachmann zusammensetzen, um einen Überblick zu bekommen, wie groß die Zucht sein muß, damit sie Gewinn abwirft.«

Roger war aufgesprungen und ging mit großen Schritten durchs Zimmer. »Ich werde alles genau durchrechnen«, sagte er eifrig. »Einer meiner Freunde führt einen Rennstall. Er wird uns viele Tips geben können. Ich weiß auch, wo ich die besten Zuchthengste bekomme. Land habe ich ja genug. Wir brauchen Zäune für die Koppeln und Weiden, einen Futterspeicher und einen zusätzlichen Transporter. Und wenn's soweit ist, wirst du mir deinen Aengus ab und zu ausleihen müssen!« Er zwinkerte mir zu, strahlend wie ein Kind vor dem Weihnachtsbaum. »Du wirst sehen, jetzt schaffe ich den Sprung.

Ich hatte nicht das Herz, ihm zu sagen, wie skeptisch ich war. Ich begleitete ihn in die Halle und blieb am Portal stehen, während er sein Pferd losband und sich in den Sattel schwang.

»Ich reite gleich nach Ennis, zu Finn!« rief er mir zu und hob grüßend die Hand. »Vielleicht treffe ich die Lassie unterwegs.«

Ich sah ihm nach, wie er davongaloppierte, unter den Alleebäumen dahin, und dachte bei mir, daß er sich in bezug auf Angharad wohl falsche Hoffnungen machte, falls Michaeleen recht behielt.

Den Rest des Vormittags verbrachte ich mit unruhigem, angespanntem Warten, wenn ich es mir auch nicht eingestehen wollte. Angharad mochte zu Freunden oder Verwandten gefahren sein; vielleicht machte sie Einkäufe in Limerick. Sie war ja frei und nicht verpflichtet, mir Rechenschaft abzulegen, wenn sie einmal für einen Tag wegfuhr.

Mit großer Willensanstrengung versuchte ich, mich auf meine Arbeit zu konzentrieren, während Chris und Martin den Stall säuberten und den Pferdemist vor Michaeleens Gewächshaus karrten. Ich hörte sie vor dem Haus rufen: »He, nicht so schnell, du kippst ja den Schubkarren um!« – »'raus aus dem Mist, Malwine, du Ferkel!« – »Laß doch, Hunde fressen auch Pferdemist, das soll gesund sein.«

Ich trat ans Fenster und sah sie mit ihrer dampfenden Fuhre in Schlangenlinien über die Wiese kurven. Michaeleen kam ihnen entgegen, verstellte ihnen den Weg und deutete auf die Rosenbeete, da kehrten sie wieder um. Wenn ich schon nicht glücklich war, sie waren es.

»Auburn Manor ist ein Paradies für Kinder«, hatte Morag O'Shea gesagt. Plötzlich fiel mir die Puppe wieder ein. Ich ging zum Schrank und öffnete die Tür. Sie saß noch immer zwischen Büchern und Aktendeckeln. Der rote Kindermund wirkte wie ein Blutfeck in dem rosigen Porzellangesicht.

Ich griff nach der Puppe, trug sie zum Schreibtisch und setzte sie zwischen die Lampe und das Telefon. Wenn Angharad nach Hause kam, wollte ich sie ihr endlich zurückgeben.

Eine knappe Viertelstunde später läutete das Telefon. Es war Angharad.

»Frank?« sagte sie. »Ich komme erst morgen nach Hause.«

Ich wußte, daß es klüger gewesen wäre, ihr keine Fragen zu stellen, doch ich brachte es nicht fertig.

»Wo bist du?«

»In Dublin.«

»In Dublin?«

»Ja.«

Es war klar, daß sie nicht mehr sagen wollte.

»Dein Vater war heute morgen hier und hat nach dir gefragt.«

»So?« Dann folgte eine Frage, rasch, mit gepreßter Stimme: »Er hat doch kein Geld von dir gewollt?«

»Nein, aber ich habe ihm einen Vorschlag gemacht. Ich erzähle dir davon, wenn du zurückkommst. Viel Vergnügen in Dublin. Vielleicht können wir auch einmal zusammen hinfahren. Ich möchte gern mal wieder ins Theater gehen.«

»Ja, vielleicht.«

»Angharad?«

»Ja?«

»Nichts. Ich ... Ich glaube, wir sollten miteinander sprechen, wenn du wieder hier bist.«

»Auf Wiedersehen.«

Es knackte in der Leitung. Sie hatte aufgelegt.

Weihnachten stand vor der Tür. Mir war nicht sehr festlich zumute, doch die Jungen hatten ihre Heimlichkeiten und halfen Michaeleen voll Begeisterung, das Haus zu schmücken. Unter seiner Anleitung wanden sie Kränze und Girlanden aus Stechpalmen und befestigten sie über Türen und Fensterrahmen. Mrs. McPherson buk, was das Zeug hielt, und eines Tages kam Miss Bone auf ihrem Fahrrad die Allee entlanggefahren und bat mich um Erlaubnis, Chris im Kirchenchor mitsingen zu lassen.

»Er hat eine Stimme wie ein Engel!« sagte sie verzückt. »Sie wissen vielleicht, daß ich im Gymnasium Musikunterricht gebe. Man muß diese Gottesgabe nutzen, ehe der Junge in den Stimmbruch kommt.«

Ich mußte zugeben, daß ich von der engelhaften Stimme meines Sohnes nichts gewußt hatte. »Natürlich habe ich nichts dagegen«, sagte ich. »Aber die Entscheidung will ich schon ihm überlassen.«

Ich klingelte nach Brendan, bat ihn, Chris heraufzuschicken, und bot Miss Bone pflichtschuldigst etwas zu trinken an. Sie gestand mir, daß sie Antialkoholikerin sei, hingegen zu einer guten Tasse Tee nie nein sage. Also bestellte ich Tee, während ihre mausgrauen Augen hinter den runden Brillengläsern neugierig über die Bilder an den Wänden glitten, meine Pfeifensammlung streiften, auf dem Porträt meiner Mutter verweilten. Ich schickte ein Stoßgebet zum Himmel, daß der Junge irgendwo in greifbarer Nähe sein möge.

»Ihre Hochzeit war einfach wundervoll« zwitscherte Miss Bone. »Ein glanzvolles Ereignis! Und was für eine schöne Braut! Wie mutig von ihr, nicht in Weiß zu gehen!«

Ich wußte nicht, wie ich diese Bemerkung auffassen sollte.

»Mutig?« wiederholte ich. »Ich glaube, meine Frau hat sich noch nie sehr um Konventionen gekümmert. Sie tut, was ihr gefällt.«

In diesem Augenblick öffnete sich die Tür meines Arbeitszimmers. Ich hob den Kopf in der Erwartung, Chris hereinkommen zu sehen, doch es war Angharad.

»Frank«, begann sie, »ich habe –«

Sie stockte, als ihr Blick auf Miss Bone fiel, die sie wie ein hypnotisiertes Kaninchen anstarrte.

»Entschuldige, wenn ich störe. Miss Brown, nicht wahr?«

»Bone«, verbesserte Miss Bone und entblößte ihre Raffzähne.

»Miss Bone unterrichtet in Ennis. Sie hat Chris und Martin

Nachhilfestunden in Englisch erteilt«, soufflierte ich.

»Wir sind uns schon in der Kirche begegnet, glaube ich.«

»O ja, ich bin Mitglied des Kirchenchors, wissen Sie!« Nun öffneten sich die Schleusen von Miss Bones Beredsamkeit. »Ich sagte gerade zu Ihrem Mann, wie wundervoll Ihre Hochzeit war. Ein glanzvolles Ereignis! Die Leute haben tagelang von nichts anderem gesprochen. Alle sind sich einig, daß es nie eine schönere Braut in Ennis gegeben hat.«

»Wie schmeichelhaft.«

»Miss Bone ist der Ansicht, daß es mutig von dir war, ein blaues Kleid zu tragen«, warf ich trocken ein.

»Das war kein Mut, sondern Selbsterkenntnis«, erwiderte Angharad, der die Sache offenbar Spaß zu machen begann, denn sie ließ sich auf der Schreibtischkante nieder und legte ihre Reitgerte neben sich. Miss Bone fielen die Augen fast aus dem Kopf. »Blau steht mir nämlich besser als weiß, wissen Sie.«

Miss Bone atmete hörbar auf. Auf dem Flur erklang das Quietschen von Gummisohlen. Die Tür wurde aufgestoßen. Diesmal war es wirklich Chris, über und über mit Schmutz bespritzt.

»Hast du ein Schlammbad genommen?« sagte ich.

Er grinste. »Tag, Miss Bone. Nein, Eileen Aroon hat mich abgeworfen.«

»Du hast doch hoffentlich die Zügel nicht losgelassen«, bemerkte Angharad.

»Natürlich nicht.«

»Ich glaube, du brauchst dringend ein Bad, aber wir wollen Miss Bone nicht zu lange warten lassen«, sagte ich. »Ich habe gehört, daß du wie ein Engel singst...«

Chris schnitt eine angewiderte Grimasse.

»Und dein Vater hat nichts dagegen einzuwenden, daß du unserem Kirchenchor beitrittst«, vervollständigte Miss Bone eilig.

»Nein, ich habe nichts dagegen, aber die Entscheidung liegt bei dir, mein Junge.«

Angharad schlenderte zum Fenster, die Hände in den Taschen ihrer Reithose vergraben. Miss Bone folgte ihr mit den Blicken.

»Nö«, sagte Chris. »Ich hab' keine Lust.«

Seine Gesanglehrerin blinzelte fassungslos. »Du hast keine Lust dazu? Aber Chris, es ist eine Ehre für jeden Jungen –«

»Mir wär's lieber, die würden mich endlich in ihre Hockeymannschaft aufnehmen«, fiel er ihr ziemlich mürrisch ins Wort. Glücklicherweise kam in diesem Augenblick Brendan mit dem Tee.

»Angharad, trinkst du eine Tasse mit?«

Sie wandte sich um. »Tee? Ja, danke.«

»Ich sage immer, nichts geht über eine gute Tasse Tee«, bemerkte Miss Bone gesellig.

»Kann ich jetzt gehen?«, fragte Chris.

Miss Bone versuchte es noch einmal. »Willst du es dir nicht doch noch überlegen, Liebes? In unserem Chor sind eine Menge ganz reizender Jungen, und –«

»Nein«, sagte Chris mit Festigkeit.

»Na, dann verschwinde und nimm ein Bad.«

Angharad hatte sich mit ihrer Teetasse zum offenen Kamin zurückgezogen und saß auf der Armlehne eines Ledersessels. Die Buchenscheite knackten im Feuer. Ich lehnte mich mit dem Rükken gegen die Marmoreinfassung des Kamins und sah auf sie hinunter.

»Wie seltsam das Schicksal doch spielt«, sagte Miss Bone seelenvoll, nachdem die Tür hinter Chris ins Schloß gefallen war. »Jetzt sind Sie also wieder in Ihr altes Heim zurückgekehrt.«

Ich beobachtete Angharads Profil. Ihr Lächeln mochte Miss Bone liebenswürdig erscheinen, doch mich täuschte es nicht.

»Ja, nicht wahr? Wie in einem Roman.«

Es war merkwürdig, die beiden Frauen einander gegenübersitzen zu sehen. Sie mochten etwa im gleichen Alter sein, doch einen größeren Gegensatz konnte man sich nicht vorstellen. Es war, als hätte man einen Spatzen zu einem Paradiesvogel in den Käfig gesteckt.

Miss Bone beugte sich vor. Ihre Nasenspitze zuckte. »Ja, genau das sage ich auch immer! Wir reden oft darüber – im Lehrerzimmer, wissen Sie. ›Ist es nicht genau wie in einem Roman?‹ sage ich jedesmal. Und ›das Leben schreibt wirklich die besten Geschichten!‹ «

»Wie schön, daß wir Ihnen soviel Gesprächsstoff liefern«, sagte Angharad mit honigsüßer Stimme und stellte ihre Teetasse klirrend auf den Unterteller.

Die Sturmwarnung war nicht zu überhören, nicht einmal für Miss Bone.

Sie verhaspelte sich in einem Durcheinander von unfertigen Sätzen. »O nein, wir haben natürlich nie ... Ich wollte damit nur sagen ... Es ist doch so romantisch! Aber Tratsch liegt uns völlig fern, glauben Sie mir. Ich würde niemals ...«

Ihr Kinn war weiß vor Aufregung, und sekundenlang tat sie mir beinahe leid. Unter Angharads eisigen Blicken schien sie sich förmlich zu winden. Ich griff nach der Kanne, trat hinter ihren Stuhl und sagte ruhig: »Noch etwas Tee, Miss Bone?«

»Wie bitte? Ach ja, Tee ... Nein, vielen Dank, ich fürchte, ich muß mich verabschieden. Wir haben heute Probe im Kirchenchor, wissen Sie. Und es wird ja auch schon bald dunkel.« Sie warf Angharad einen gehetzten Blick zu und raffte ihr Handtäschchen an sich.

»Tut mir leid, daß Chris Sie enttäuscht hat«, sagte ich.

»Chris? Ach so, ja; nun, vielleicht überlegt er es sich doch noch anders. Kinder sind ja so unberechenbar, nicht? Ein reizender Junge, wirklich. Sie können stolz auf ihn sein.« Sie stand auf. »Auf Wiedersehen, Mrs. Hagen. Es war ganz reizend bei Ihnen.«

Angharad versenkte ihre Hände in den Hosentaschen. »Guten Abend, Miss Bone.«

»Ich begleite Sie hinunter«, sagte ich.

Als ich zurückkam, saß Angharad noch immer vor dem Kaminfeuer.

»Pflegst du mit armen Kirchenmäusen immer so umzugehen?« fragte ich.

»Nein. Für gewöhnlich beachte ich sie nicht.«

»Es sei denn, sie kommen dir in die Quere?«

Sie machte eine heftige Bewegung. »Ich kann es nicht leiden, wenn man Mäusekonferenzen über mich abhält.«

»Ich dachte, daran wärst du längst gewöhnt.«

»Offenbar doch nicht.«

»Die Leute haben hier nicht viel Gesprächsstoff.«

Sie sprang auf, griff nach ihrer Reitgerte und ging zur Tür.

»Angharad?«

Sie blieb stehen, die Hand auf dem Türknauf.

»Du hättest die Kommode nicht vor die Tür zu schieben brauchen.«

Ich sah, wie sie sich versteifte. »Die Kommode?«

»Du weißt sehr gut, was ich meine.« Ich trat einen Schritt auf sie zu. »Ich habe dir schon einmal gesagt, daß ich nie etwas erzwingen würde. Du benimmst dich wie ein Kind, Angharad, nicht wie eine erwachsene Frau. Es war feige und deiner nicht würdig, die Kommode einfach vor die Tapetentür zu rücken, statt offen mit mir zu reden.«

Nun hatte ich sie doch getroffen. Sie wirbelte herum, und ich sah den alten Haß in ihren Augen. »Feige? Ich weiß genau, was du dachtest: Du hast geglaubt, du könntest Rechte daraus ableiten. Du dachtest, was du einmal erreicht hast, läßt sich wiederholen ...

Du glaubtest, du hättest mich!«

Ich erschrak über ihren wilden, unsinnigen Zorn, ihren Verdacht, der mir verriet, wie sehr sie auf der Flucht vor mir war. Sie glich einem Gefangenen, der überall nur Riegel, Mauern und Gitter sieht. Dabei merkte sie nicht, daß sie ihr eigener Gefängniswärter war.

»Du wirst mich nie verstehen«, sagte ich müde. »Ganz einfach deshalb, weil du es nicht versuchst. Ich wollte niemals Rechte aus dieser einen Nacht ableiten, wie du es nennst. Ich habe nie an eine Art Gewohnheitsrecht in Gefühlsdingen geglaubt. Allein schon mein Verstand sagte mir, daß es nicht so bald eine Wiederholung geben würde, als du am folgenden Tag so überstürzt wegfuhrst. Du brauchst mir nicht zu sagen, daß du mir nicht gehörst. Ich wußte es von Anfang an.

Angharad erwiderte stumm meinen Blick, doch ich erriet nicht, was in ihr vorging.

»Versuch, ehrlich zu sein«, sagte ich. »Versuche wenigstens das. Du kannst die Tür nicht aus Angst vor mir verstellt haben, denn du weißt sehr gut, daß ich dich zu nichts zwingen würde. Du hast es getan, um mich zu verletzen. Du wolltest mir weh tun, weil ich deine Abwehr durchbrochen hatte, wenn auch nur für wenige Stunden.«

Sie sagte noch immer nichts.

»Du konntest dich nicht damit aussöhnen, wolltest vor dir selbst nicht zugeben, daß du die gleiche Verantwortung dafür trägst wie ich. Wieder einmal hast du einen Schuldigen gesucht, und wieder einmal war ich der Sündenbock. Und ich mußte dafür büßen, genau wie für den Leichtsinn deines Vaters. Er hat Auburn Manor verschleudert, aber mich hast du dafür gehaßt.«

»Er kann nichts dafür«, sagte sie trotzig.

»Nein, er nicht, nur ich, nicht wahr? Du machst es dir verdammt leicht, Angharad. Aber man kann der Wahrheit nicht sein Leben lang ausweichen und die Verantwortung auf andere abwälzen. Du mußt deine Handlungsweise erkennen und zu ihr stehen – um deiner selbst willen.« Ich trat vor sie hin. »Warum läßt du dir nicht von mir helfen?«

»Ich brauche keine Hilfe.«

»Willst du nie erwachsen werden?«

Mit einem Ruck öffnete sie die Tür.

»Laß mich zufrieden«, sagte sie heftig, und ihre Stimme klang wie splitterndes Glas. »Ich bin dir nichts schuldig.«

»Mir nicht«, sagte ich. »Aber dir selbst.«

Ich sah ihr nach, wie sie sich über den Flur entfernte; langsam, als ginge sie durch einen Fluß und kämpfte gegen die Strömung. Ihre schwarzen Reitstiefel glänzten zwischen den geschnitzten Streben des Treppengeländers; die Stufen knarrten. Das Gefühl der Ratlosigkeit verstärkte sich und wich einem neuen, unerklärlichen Gefühl der Bedrohung.

Dies war erst der Anfang, und ich wußte es.

44

»Angharad!«

Martin klimperte im Wohnzimmer auf dem Klavier, und Chris sang mit Engelsstimme »Es ist ein Ros' entsprungen«. Aus der Küche drang Geschirrklappern und Mrs. McPhersons schriller Befehlston zu mir herauf. Nur aus Angharads Zimmer kam kein Laut. Ich versuchte es an der mittleren Tür. Auch sie war verschlossen.

»Angharad, bitte, mach auf!«

Mitten im kalten Winter, wohl zu der halben Nacht.

Wut und Angst überkamen mich. Ich schlug gegen die Tür.

»Mach mir auf, sage ich! Ich weiß, daß du mich hörst!«

Ich lauschte. Im Wohnzimmer begann Chris von neuem: *Das Blümlein, das ich meine ...* Leichte Schritte näherten sich der Tür. Der Schlüssel wurde im Schloß umgedreht, die Tür einen Spalt geöffnet.

»Was willst du?«

Ihr Gesicht war blaß. Sie hatte dunkle Schatten unter den Augen.

»Angharad, bitte ... Was ist los?«

»Nichts. Gar nichts.«

»Dann laß mich hinein.«

Sie ließ den Knauf los und blieb mit hängenden Armen neben dem Türpfosten stehen, während ich ins Zimmer trat. Erst jetzt sah ich, daß sie ihren Morgenrock trug und barfuß war.

»Sag mir, was du hast. Ich muß wissen, was los ist. Hat dir jemand etwas getan? Habe ich etwas falsch gemacht?« Ich starrte sie hilflos an, versuchte vergeblich, ihren Blick festzuhalten.

»Nein. Du hast nichts getan. Niemand hat mir etwas getan.«

Ihre Stimme klang gleichmäßig, fast monoton. Ein Stuhl war vors Fenster gerückt. Auf der Fensterbank, gegen die Scheibe gelehnt, saß die alte Porzellanpuppe.

»Bitte«, sagte ich. »Bitte, Angharad, verschließ dich nicht so vor mir.«

Sie strich sich langsam das Haar aus der Stirn, und ich bemerkte, daß sie ihren Ehering nicht mehr trug. Eine plötzliche Furcht schnürte mir die Kehle zu. Was war mit ihr geschehen – mit diesem lebhaften, leidenschaftlichen Geschöpf? Von Tag zu Tag zog sie sich mehr in sich selbst zurück, ohne ersichtlichen Grund; und nun begann sie auch noch, sich einzuschließen.

Das Blümelein so kleine, das duftet uns so süß. Mit seinem hellen Scheine vertreibt's die Finsternis...

»Angharad, warum schließt du dich ein?«

»Ich weiß es nicht«, sagte sie.

»Habe ich dir jemals Anlaß dazu gegeben?«

»Nein.«

Ich streckte die Hand aus, um ihren Arm zu berühren, ließ sie jedoch wieder sinken. »Willst du dich nicht anziehen und hinunterkommen? Das Essen ist gleich fertig, deine Eltern können jeden Augenblick hier sein.«

Sie ging durchs Zimmer, zum Fenster, und setzte sich auf den Stuhl. Als sie sprach, sah sie die Puppe an, nicht mich.

»Nein, ich mag nicht«, sagte sie.

Ich biß die Zähne zusammen. »Angharad, heute ist Weihnachten. Wir haben deine Eltern zum Truthahnessen eingeladen. Die Jungen freuen sich darauf, daß der Baum angezündet wird. Mrs. McPherson platzt fast vor Stolz über ihren Plumpudding, und –«

Ich stockte. Mein Blick war auf den Schreibtisch gefallen. Das Päckchen, das ich ihr am vergangenen Abend gegeben hatte, lag unausgewickelt zwischen Büchern und Briefen.

Schlaf, Kind, und tu die Äuglein zu, sang Chris. *Schlaf und gib uns die ewige Ruh...*

Der Türklopfer schlug an. Das Geräusch hallte dumpf durchs Haus. Das Klavierspiel endete mit einem Mißton, Schritte eilten durch die Halle. Gleich darauf erklang Roger O'Sheas vergnügte Stimme.

»Frohe Weihnachten!«

»Komm jetzt, bitte«, sagte ich.

Sie schüttelte den Kopf.

Ich ging aus dem Zimmer und schloß die Tür hinter mir. Die Kerzen in den Mauernischen flackerten, als ich die Treppe hinunterstieg. Die O'Sheas standen mit Martin und Chris in der Halle um den großen Mahagonitisch, und die Jungen packten mit Feuereifer die mitgebrachten Geschenke aus.

»Ein Zaumzeug, schau doch!« – »Und was für ein schöner Mähnenkamm!« – »Oh, ein Buch über Pferdezucht!« – »Ich hab' eine Reitkappe aus Rehleder!«

Morag O'Shea hob den Kopf und sah mir entgegen. Sie schien zu spüren, daß etwas vorgefallen war, denn in ihren Augen stand eine angstvolle Frage. Sie kam auf mich zu und gab mir die Hand.

»Frank, was ist –«

Roger unterbrach sie lärmend. »Hallo, Frank, frohe Weihnachten! Wo ist Angharad? Noch nicht mit dem Umziehen fertig, wie?«

Morag und ich wechselten einen Blick. »Ich hole sie«, sagte sie rasch und ging nach oben.

»Sieh mal, Paps, ein besticktes Zaumzeug!« rief Chris.

Roger schmunzelte. »Das ist eine indianische Arbeit; ein Freund von mir hat's aus Amerika mitgebracht. – Einen wunderbaren Baum habt ihr da, wohl eine Nordmanntanne. Wo hast du die aufgetrieben?«

»Ein Gärtner in Limerick hat sie für mich besorgt.«

Während ich Roger mein Geschenk gab und seines auspackte, lauschte ich angespannt auf Geräusche aus dem ersten Stock. Eine Tür schlug, doch es war nur Brendan, der meldete, daß Mrs. McPherson den Truthahn aus der Backröhre genommen und das Ansinnen an ihn gestellt habe, die Suppe unverzüglich zu servieren.

»Einen Augenblick noch«, sagte ich. »Chris und Martin, ihr lauft und holt Michaeleen. Wir sind gleich soweit; es ist allerdings möglich, daß meine Frau nicht am Weihnachtsessen teilnimmt. Sie fühlt sich nicht besonders wohl.«

Brendan zuckte nicht mit der Wimper, doch Roger platzte heraus: »Nicht wohl? Angharad? Warum hast du mir das nicht gleich gesagt? Was hat sie denn – eine Magenverstimmung? Sie ist doch immer kerngesund gewesen!«

Ich ließ mich in einen Sessel fallen. »Frag sie selbst«, sagte ich.

»Aber wirklich, Frank, die Lassie ist in ihrem Leben noch keinen Tag krank gewesen!« Er stockte. »Hör mal, mein Junge, sie wird doch nicht –?«

»Nein, wird sie nicht. Von allen absurden Vermutungen –«

Ein Geräusch auf dem Flur. Ich hob den Kopf und sah die beiden Frauen die Galerie entlangkommen. Morag hatte den Arm um die Schultern ihrer Tochter gelegt, und einen Moment lang hatte ich den Eindruck, als führte sie Angharad.

»Na endlich!« Roger sprang auf. »Da bist du ja, Lassie. Frank wollte mir schon weismachen, daß du dich nicht wohl fühlst. Frohe

Weihnachten, mein Mädchen!«

»Frohe Weihnachten, Vater.«

Er nahm sie in den Arm, und sie ließ es mit sich geschehen; ließ sich von ihm auf beide Wangen küssen, ohne die Liebkosung zu erwidern, und ging an seinem Arm voraus ins Eßzimmer. Ich folgte ihnen mit Morag. Als wir am Weihnachtsbaum vorüberkamen, blieb Morag stehen und beugte sich über die größte der Glaskugeln, die wie eine Seifenblase glitzerte.

»Schön«, sagte sie und fügte leiser hinzu: »Was ist vorgefallen?«

»Nichts Bestimmtes. Sie zieht sich immer mehr in sich selbst zurück.«

»Ich habe es kommen sehen.«

Die Eingangstür wurde aufgestoßen. Chris und Martin kamen in die Halle gestürzt und zogen Michaeleen hinter sich her. Er trug seinen guten blauen Anzug und machte ein leicht verlegenes Gesicht.

»Diese Racker!« keuchte er. »Einen alten Gaul hetzt man nicht so herum, merkt euch das!«

Die Jungen drängten ihn zum Tisch, um ihm rasch ihre Geschenke zu zeigen, doch plötzlich kam Angharad in die Halle zurück und faßte Michaeleen am Arm.

»Komm mit«, sagte sie. »Setz dich neben mich, wie früher. Erinnerst du dich noch an das schwarze Kätzchen, das du mir einmal zu Weihnachten geschenkt hast? Es saß in einem Korb mit einer großen weißen Schleife, und du sagtest, es versteht nur Gälisch, weil es von den Aran-Inseln kommt ...« Sie brach ab und drückte Michaeleen neben sich auf den Stuhl. Ihre Wangen waren plötzlich unnatürlich rot, und der eifrige Ausdruck eines Kindes lag auf ihrem Gesicht.

Er tätschelte ihr die Hand, als wollte er sie beruhigen. »Ja, ich weiß es noch genau. Zehn Jahre waren Sie damals alt, und ein richtiger Wildfang. Nichts als schwarzes Wuschelhaar und zerschundene Knie. Manchmal wünschte ich, man könnte die Zeit zurückdrehen.«

»Die Zeit zurückdrehen ...« wiederholte Angharad sehnsüchtig.

»Frank, du setzt dich ans Kopfende des Tisches«, sagte Roger. »Jetzt bist du der Herr im Haus.«

»Er ist tot«, murmelte Angharad. »Ich habe ihn unter den Eiben begraben.«

»Wen?« fragte Chris.

Angharad schien ihn nicht gehört zu haben. Michaeleen erwiderte an ihrer Stelle. »Das schwarze Kätzchen. Das heißt, da war es schon längst ein ausgewachsener Kater.«

Brendan begann die Suppe zu servieren, und ich merkte an der versteckten Mißbilligung in seiner Miene, daß ihm Michaeleens Anwesenheit unpassend erschien. Roger begann weitschweifig zu erzählen, wie er einst in seiner Kindheit mit seinen Eltern und Geschwistern in Auburn Manor Weihnachten gefeiert hatte. »Schon Wochen vorher wurde der Plumpudding gebacken«, sagte er. »Wir mußten der Reihe nach in der Küche antreten, den Teig umrühren und uns dabei etwas wünschen, das gehörte sich so. Unsere Köchin bestand darauf.«

Ich hörte nur mit halbem Ohr zu und beobachtete Angharad, die wieder teilnahmslos dasaß. Vielleicht hatte sie die Geschichten ihres Vaters nur zu oft gehört; warum aber aß sie nur zwei Löffel von der Suppe? Auch den Truthahn rührte sie kaum an. Ich merkte, daß auch Michaeleen ihr des öfteren einen Seitenblick zuwarf, doch er sagte nichts. Morags Gesicht war hinter der Schale mit Stechpalmen und Misteln verborgen, und Roger war zu sehr mit Erzählen und Essen beschäftigt, um etwas zu bemerken.

»Cheerio!« sagte er und hob sein Glas. »Auf unser erstes gemeinsames Weihnachtsfest – und auf O'Sheas Pferdezucht!«

Wir prosteten einander zu. Die Gläser klirrten, und der Wein glänzte im Kerzenlicht wie flüssiges Gold. Auch die Jungen durften zur Feier des Tages Wein trinken, stießen eifrig mit uns an und sangen laut mit Roger: *We wish you a merry Christmas and sa happy New Year.*

Als ich mit Angharad anstoßen wollte, schien sie es nicht zu bemerken. Sie wandte sich Michaeleen zu und sagte mit leiser, etwas atemloser Stimme: »Hast du auch nicht vergessen, einen Besen in den Stall zu stellen?«

»Einen Besen?« wiederholte ich. »Wozu denn das?«

Michaeleen erwiderte halb ernst, halb scherzhaft. »Das ist ein alter Weihnachtsbrauch. Der Besen im Stall soll die bösen Geister vertreiben.«

»Und hast du einen Besen 'reingestellt?« forschte Chris interessiert.

»Ja, mein Junge, das mache ich nun schon seit über vierzig Jahren und werde es wohl auch bis an mein Lebensende so halten.«

»Das erinnert mich daran, daß wir den Weihnachtsklotz mitgebracht haben«, bemerkte Morag. »Er ist noch draußen im Wagen.«

»Nach dem Essen hole ich ihn herein«, sagte Roger.

»Was ist das, ein Weihnachtsklotz?« wollte Martin wissen.

»Oh, nichts als ein großer Holzklotz, der am Weihnachtstag ins Haus gebracht und im Kamin verbrannt wird. Manche Leute mischen dem Vieh die Asche dieses Klotzes unters Futter; das soll ihnen Gesundheit für das kommende Jahr geben.«

Angharad sagte: »Wieviel Angst der Mensch vor den bösen Mächten hat. Er will sich mit ihnen versöhnen. Als ob man das könnte!«

Morag schob ihren Teller zurück. »Aber Liebes, es gibt doch keine bösen Mächte! Das ist alles nichts als finsterer Aberglaube.«

»Ist es nicht eigentlich gleichgültig, ob es sie gibt oder nicht?« sagte ich. »Die Angst in uns gibt es jedenfalls wirklich, und sie wollte man durch solche Rituale beschwichtigen. Immer wieder haben wir versucht, mit ihr fertig zu werden. Die Mittel, sie zu bekämpfen, haben sich geändert, aber die Furcht ist geblieben.«

»Pah!« sagte Roger. »Hör mir mit dem psychologischen Unsinn auf. Ich habe jedenfalls keine Angst.«

»Vielleicht ist das auch nur eine Methode, die Furcht abzuwehren – indem du sie einfach leugnest.«

»Wovor sollte ich denn Angst haben, zum Teufel?«

»Oh, vor dem Tod vielleicht, vor Schuldgefühlen – vor dem Leben selbst; da gibt es viele Möglichkeiten.«

»Ja, da gibt es viele Möglichkeiten«, sagte Angharad.

»Schluß mit der Unkerei, da kommt der Plumpudding!« rief Roger. »Eure Köchin hat sich selbst übertroffen. Was für ein Prachtexemplar!«

Mrs. McPherson kam hinter Brendan ins Speisezimmer marschiert, und die Farbe ihrer Backen wetteiferte mit ihrem karottenroten Haar. Sie strahlte vor Stolz über Rogers Kompliment und beobachtete Brendan mit Argusaugen, um sich zu vergewissern, daß er ihr Meisterstück auch mit gebührender Vorsicht behandelte. Der Pudding, um den blaue und rote Flämmchen züngelten, thronte auf einer silbernen Platte, gekrönt von einem Mistelzweig. Unter Mrs. McPhersons Oberaufsicht zerteilte Brendan den Pudding und legte die einzelnen Portionen auf die Teller. Die Flammen leckten noch immer an den Puddingstücken, als er sie vor uns hinstellte.

Ich stand auf und überreichte Mrs. McPherson ihren Weihnachtsscheck in einem Umschlag. Sie nahm ihn mit der Miene einer Siegesgöttin entgegen und entfernte sich hoch erhobenen Hauptes.

»Schnell, Paps, du mußt dir etwas wünschen, ehe dein Pudding zu brennen aufhört!« rief Chris.

Ich sah Angharad an. Sie hielt den Blick starr auf die züngelnden Flämmchen gerichtet. Es gab etwas, was ich mir wünschte, mehr als alles auf der Welt, doch ich hatte aufgehört, an Wunder zu glauben. *Auf Wunder sollte man nicht hoffen,* hatte Michaeleen gesagt. *Nicht bei einem Menschen.*

Plötzlich schrie Chris auf und legte die Hand an den Mund. »Da – da ist etwas Hartes drin!« sagte er.

Morag lächelte. »Sieh mal nach, was es ist.«

Ein kleiner Gegenstand fiel klirrend auf Chris' Teller.

»Ein Knopf!« rief er. »In meinem Plumpudding war ein Knopf!«

»Du hast den Junggesellenknopf erwischt, Lad«, sagte Roger und lachte. »Das bedeutet, daß du nicht heiraten wirst.«

»Klar werd' ich das nicht«, bestätigte Chris sachlich. »Das weiß ich ohnehin schon längst.«

Angharad zerteilte ihre Portion mit dem Löffel; im Kerzenlicht glänzte etwas Goldenes in der braunen Masse auf.

»Miss Angharad hat den Ring.«

»Wie lange nennst du sie eigentlich noch ›Miss‹, Mike?« fragte Roger amüsiert. »Sie ist jetzt eine verheiratete Frau, merk dir das.«

Angharad warf den Kopf zurück. Fast feindselig sagte sie: »Laß ihn doch! Er nennt mich so, wie er mich immer genannt hat. Ich will es nicht anders.«

»Aber Angharad, was ist denn los mit dir? Ich habe doch nur gemeint ...«

»Ich glaube, wir sollten uns in die Halle setzen, wenn wir mit dem Pudding fertig sind«, sagte ich. »Ich habe meinen ältesten Portwein aus dem Keller geholt, und Chris und Martin wollten die Kerzen am Baum anzünden.«

»Au ja!« Die Jungen stießen ihre Stühle zurück und stürmten aus dem Eßzimmer. Morag sah ihnen lächelnd nach. »Roger, den Weihnachtsklotz!«

»Ja, gleich. – Lassie, du hast dir dein Geschenk noch gar nicht angesehen!«

Es war ein Mantel aus herrlichen Silberfüchsen, fast männlich im Schnitt, mit einer großen angearbeiteten Kapuze. Als sie ihn anzog, damit durch die Halle ging und vor den Spiegel trat, starrten sogar Chris und Martin sie mit offenem Mund an. Wieder erinnerte sie mich an ein wildes Tier – so kraftvoll und geschmeidig, voll natürlicher Anmut; und das silbergraue Fell der Kapuze verlieh ihren Augen einen sanften Schimmer.

Ich sah sie an, erfüllt von jenem Schmerz, den ich erst kannte, seit sie in mein Leben getreten war. Ich hatte nie gewußt, wie nah und zugleich doch unerträglich fern einem ein Mensch sein kann.

»Du siehst aus wie eine Königin«, sagte Roger stolz. »Es war der schönste Mantel, den ich in ganz Dublin finden konnte. ›Petersburger Schlittenfahrt‹ heißt das Modell.«

Die lange Kette aus bläulichen Perlen fiel mir ein, die noch unausgepackt zwischen den Papieren auf ihrem Schreibtisch lag. Wenn wir versuchten, etwas durch kostbare Geschenke zu gewinnen oder wiedergutzumachen – er und ich –, war es uns beiden mißlungen; obwohl Roger das vielleicht nicht ahnte. Sie führte den Mantel zwar pflichtgemäß vor, drehte sich wie eine Puppe vor dem Spiegel, doch im Grund war er ihr ebenso gleichgültig wie mein Päckchen, von dem sie nicht einmal wußte, was es enthielt. Der einzige, der sich über das Geschenk freute, war Roger selbst.

Sie ließ den Mantel von den Schultern gleiten und legte ihn über die Armlehne eines Sessels. Chris zog die Vorhänge zu; die Kerzen am Weihnachtsbaum flackerten, und ich sah Angharads Profil im Spiegel, als sie sich vorbeugte, um ihren Vater zu küssen.

»Was hast du denn von Frank bekommen, mein Mädel?«

»Eine Perlenkette«, sagte ich rasch.

Morag hatte sich ans Klavier gesetzt und spielte »Away in a manger«. Es roch nach heißem Bienenwachs und Tannengrün. Roger ging aus dem Haus, um den Weihnachtsklotz zu holen, begleitet von Chris und Martin, und Angharad setzte sich vor den schwarzen Marmorkamin. Ich stellte mich hinter ihren Sessel, und wir beobachteten schweigend, wie die Funken stoben, als der Klotz ins Feuer geschoben wurde.

Als ich mich nach Michaeleen umsah, war er verschwunden, doch schon wenige Minuten später kam er zurück, den Arm voll ungeschickt verpackter Geschenke: handgeschnitzte Pferdchen für die Jungen, die mich an eine Ausstellung primitiver Kunst erinnerten, ein Pfeifenständer für mich, eine seltsam geformte Wurzel für Angharad.

»Ein Glücksbringer«, sagte er.

Ich beugte mich über sie und sah, wie sie das wunderliche, fast heidnisch anmutende Ding mit den Fingerspitzen berührte. Es wirkte wie ein zwergenhaftes, verkrüppeltes Geschöpf mit uraltem Gesicht, das einen Bart aus Fasern hatte. Während sie es im Feuerschein drehte und wendete, nahm es immer neue Gestalten an, schien von einem eigenen Leben erfüllt zu sein.

»Das ist ja eine Alraune!«

Michaeleen nickte. »Ja, Mandrake nennen wir's hier.«

»Willst du dich wirklich von ihr trennen, Michaeleen?« sagte Angharad. »Du hast sie doch schon so viele Jahre. Sie hing immer über deiner Tür. In meiner Kindheit war sie mir unheimlich, aber ich konnte es nicht lassen, sie mir immer wieder anzusehen.«

»Nehmen Sie sie nur, Miss Angharad«, erwiderte er. »Ich brauche sie nicht so nötig.«

Chris und Martin waren neugierig nähergekommen und starrten auf den kleinen Fetisch in Angharads Hand.

»Eine Alraune?« wiederholte Martin. »Was ist das?«

»Eine Art Schutzgeist, dem man im Volksglauben Zauberkräfte zuschreibt«, sagte ich.

Michaeleen nickte. »Sie tun Gutes und Böses, sagte meine Granny immer.«

»Darf ich's mal anfassen?« fragte Chris.

Angharad umschloß die Wurzel mit beiden Händen. »Ich bringe sie nach oben.«

Chris sah ihr enttäuscht nach, wie sie über den Teppich ging, an der offenen Tür zum Wohnzimmer vorbei, hinter der ihre Mutter auf dem Klaver »Hark! The herald angels sing« spielte.

Ich folgte Angharad, um den Portwein zu holen. Plötzlich blieb sie stehen und sah sich fast mißtrauisch um, als fühlte sie sich verfolgt. Ich hatte sie beinahe erreicht, da hörte ich Roger rufen: »Halt, ihr seid unter dem Mistelzweig! Du darfst sie küssen, Frank!«

Ich hob den Kopf. Über uns hing eine große Kugel aus Mistelzweigen von der Balkendecke. Die weißen Beeren schimmerten wie Tautropfen.

Während ich noch da stand und zu der weihnachtlichen Dekoration aufsah, spürte ich eine heftige Bewegung neben mir. Gleich darauf erklang ein Knacken und Knistern, die Tanne zitterte, die Kerzen flackerten wild. Erst als ich bemerkte, daß Angharads Hände zu Fäusten geballt waren, begriff ich, was geschehen war. Sie hatte die Alraunenwurzel gegen den Baum geschleudert. Ihre Augen waren schwarz vor Zorn; sie öffnete den Mund, doch es kam kein Laut, kein Schrei.

Das Klavierspiel war verstummt. Morag stand im Türrahmen und sah schweigend zu uns herüber.

»Angharad!« sagte Roger und ging auf seine Tochter zu. Nun, zum erstenmal, schien auch er die Qual in ihrem Gesicht zu sehen.

»Laß mich!« Ihre Stimme hob sich, wurde fremd und gellend. »Laßt mich zufrieden – ihr alle! Ich will heim ... Ich will heim!«

Wir beobachteten, wie sie zur Treppe lief und stolpernd die

Stufen erklomm. Roger machte eine Bewegung, als wollte er ihr folgen, doch ich hielt ihn an der Schulter zurück. *Ich will heim*, echote es in meinem Kopf, während sie im Schatten der Galerie verschwand.

Ich will heim.

Jemand tat einen tiefen Atemzug. Jetzt erst merkte ich, daß das Knistern sich verstärkt hatte, aber schon war Michaeleen beim Weihnachtsbaum und kniete davor nieder. Zu seinen Füßen sah ich einen kleinen Gegenstand auf dem Teppich liegen, an dem die Flammen leckten. Die Wurzelfasern glühten, die grotesken Arme mit den gespreizten Fingerchen schienen sich im Feuer zu krümmen. Es puffte und knallte, loderte noch einmal hell auf und sank dann zu einem Klumpen zusammen, der einer verschmorten Kartoffel ähnelte.

Ich ging zu Michaeleen und kauerte neben ihm nieder. Er hielt den Blick auf den glühenden, rauchenden Fetisch gerichtet und murmelte ein paar gälische Worte. Als er aufsah, war sein Gesicht sehr ernst.

45

Das neue Jahr begann unter schlechten Vorzeichen: wieder Bombenanschläge in Belfast und Londonderry, moderne Foltermethoden seitens der Engländer, um gefangene Mitglieder der IRA zum Sprechen zu bringen. Die Gefahr im Norden betraf uns nicht, doch unser Leben stand unter einer anderen Bedrohung; einem verborgeneren Druck, der keinen Namen hatte. Ich spürte nur, daß er sich gleich einer Schlinge um uns zusammenzog, und kam mir wie gelähmt vor – verurteilt, hilflos abzuwarten wie ein Kaninchen, das die Schlange vor sich züngeln sieht.

Roger hatte nur noch seine Pferdezucht im Sinn. Er überwachte den Bau der Stallungen, fuhr von einer Auktion zur anderen und war ganz in seinem Element. Dafür kam nun Morag öfter nach Auburn Manor, und obwohl wir kaum darüber sprachen, wußte ich doch, daß sie wie ich Angst um Angharad hatte.

»Ich habe es kommen sehen«, sagte sie einmal; und ich fragte mich insgeheim, was sie wohl für die Zukunft kommen sah.

Im Februar trafen die ersten Rechnungen ein: eine Stute und zwei Fohlen aus Tipperary, Lieferung von Bauholz, Kauf eines Transportwagens. Roger rief mich aus einem Gestüt in Mayo an, um mir begeistert mitzuteilen, daß er eben einen preisgekrönten Hengst gekauft hätte.

Als ich den Hörer auflegte, hörte ich das vertraute Geräusch von Morag O'Sheas altem Morris, der sich über die Allee näherte. Ich trat ans Fenster, schob es hoch, wartete, bis sie ausgestiegen war, und rief: »Roger hat eben angerufen.«

»Wo ist er gerade?«

»Irgendwo in Mayo.«

»Oh, am Ende der Welt.«

Sie betätigte den Türklopfer nicht, sondern wartete, bis ich nach unten kam und ihr öffnete. Ich nahm ihr den Mantel ab und sagte: »Du siehst schlecht aus. Fühlst du dich nicht wohl?«

Sie schnitt eine kleine Grimasse. »Doch, ich schlafe nur in letzter Zeit nicht besonders gut. Übrigens kann ich das Kompliment zurückgeben.«

»Ich schlafe nur in letzter Zeit nicht besonders gut«, erwiderte ich und lächelte leicht.

»Wie geht's Angharad?«

»Ich weiß es nicht. Sie ... Ich sehe sie ja kaum. Sie ist meistens in ihrem Zimmer oder irgendwo unterwegs.«

Sie trat vor den Spiegel, ordnete geistesabwesend ihr Haar und sagte: »Es muß etwas geschehen. Wenn ich nur wüßte, was. Vielleicht sollte ich eine Zeitlang mit ihr verreisen, damit sie auf andere Gedanken kommt. Nach London vielleicht, oder nach Paris. Was hältst du davon?«

Ich antwortete nicht. Sie drehte sich um. »Du glaubst nicht, daß es etwas nützt? Wahrscheinlich hast du recht. So einfach ist die Sache leider nicht. Aber wir müssen doch etwas tun, Frank, irgend etwas!«

»Ja«, sagte ich. »Irgend etwas müssen wir tun.«

Sie legte ihre Hand auf meinen Arm. »Frank«, sagte sie leise, »hast du schon einmal daran gedacht ...« Eine Pause. »Vielleicht solltet ihr euch scheiden lassen.«

Ich zuckte zusammen. Ja, ich hatte daran gedacht. Manchmal, nachts, in den vielen Stunden, die ich wach lag und sie nebenan rastlos hin und her gehen hörte; wenn ich versuchte, einen Ausweg zu finden – für sie, für uns beide. Doch es jemanden aussprechen zu hören, rief eine seltsame Mischung aus Schrecken und Abwehr in mir hervor.

»Sie würde Auburn Manor nicht noch einmal verlassen wollen.«

Auburn Manor – die einzige, aber starke Fessel, die sie an mich band ... Es war traurig, erbärmlich, aber noch schien es mir besser zu sein als nichts.

»Manchmal«, sagte Morag mit verhaltenem Zorn, »hasse ich dieses Haus. Es ist nicht gut, wenn ein Besitz soviel Macht über einen Menschen gewinnt.«

»Liegt es wirklich am Haus?« fragte ich. »Liegt es nicht am Menschen selbst?«

Sie nickte. »Ich gehe jetzt zu ihr.«

Ich blieb stehen und lauschte, während sie die Treppe hinaufstieg, die Galerie entlangging, an Angharads Tür klopfte; einmal, zweimal. Dann wurde die Tür geöffnet, und ich hörte Morags Stimme: »Sie ist nicht da. – Frank! Kommst du bitte einen Augenblick?«

Ihr Ton klang nicht erregt. Ich wußte nicht genau, was mich veranlaßte, ihr so überstürzt zu folgen. Sie stand im Türrahmen des kleinen Salons und wartete auf mich. Der schwache, vertraute Duft von Rosen empfing mich, vermischt mit strengem Stallgeruch.

Morag sagte leise: »Die Puppe.«

Ich folgte ihrem Blick. Auf dem Fenstersims saß die Puppe. Ich hatte mich an ihre starren blauen Augen, den blutroten Kußmund und das leere Lächeln längst gewöhnt, doch etwas war neu an ihr: die Schmuckstücke um den fleischfarbenen Porzellanhals.

Der tropfenförmige Saphir glitzerte im Licht des Kaminfeuers, die bläulichen Perlen der dreifach geschlungenen Kette, die bis über die kleinen Lederschuhe reichte, schimmerten matt.

Damals erschien es mir wie Hohn, doch etwas später sollte ich erkennen, daß etwas ganz anderes dahinter stand.

46

Ende Februar entschloß ich mich zu einer kurzen Reise nach Deutschland, da die schlechte Wirtschaftslage auch in meiner Fabrik gewisse Veränderungen erforderlich machte. Angharad lehnte es ab, mich zu begleiten, wie sie sich auch geweigert hatte, mit ihrer Mutter zu verreisen.

Roger brachte mich in seinem Wagen zum Shannon Airport. Ich merkte immer deutlicher, wie geschickt er sich hinter seinen seelischen Scheuklappen versteckte, wenn es die Situation erforderte.

»Du hättest die Lassie mitnehmen sollen«, sagte er.

Ich sah ihn von der Seite an. War er wirklich so ahnungslos?

»Das hätte ich von Herzen gern getan, aber sie wollte nicht.«

»Ja, Angharad ist in letzter Zeit ein bißchen träge geworden – ausgerechnet sie. Ich dachte, sie würde sich mit Feuereifer auf die Pferdezucht stürzen, weil sie sich's doch ein Leben lang so gewünscht hat. Aber jetzt kümmert sie sich keinen Deut darum. War erst einmal in den neuen Stallungen, und auch das nur, weil ich ihr keine Ruhe ließ. Wenn ich bedenke, was für ein Wildfang sie früher gewesen ist! Kaum zu bändigen. Na ja, die Ehe hat sie wohl etwas reifer gemacht.«

Ich sagte nichts, denn ich hatte es aufgegeben, ihm die Augen öffnen zu wollen. Er war ein Meister darin, unangenehmen Wahrheiten auszuweichen; ich würde ihn nicht mehr ändern.

»Wie lange willst du in Deutschland bleiben?«

»Ich hoffe, es wird nicht mehr als eine Woche dauern. Morag hat mir versprochen, ab und zu nach den Jungen zu sehen.«

»Keine Sorge, um die kümmere ich mich schon. Ich beneide dich um die beiden. Hab' mir immer einen Sohn gewünscht. Aber Angharad war als Kind ja auch ein halber Junge. Mehr auf den Bäumen als auf der Erde und mehr im Stall als im Haus.« Er seufzte. »Ja, das waren noch Zeiten!«

Wir flogen bei Sturm und Regen ab und ließen Irland unter einer schwarzen Wolkendecke zurück. In München schien die Sonne. Mein ehemaliger Geschäftsfreund Salinger holte mich vom Flughafen ab. Er war gealtert, seit wir uns im Herbst getroffen hatten, und sah sorgenvoll aus.

»Tut mir leid, daß ich nicht zu deiner Hochzeit kommen konnte, Frank. Bist du glücklich?« Er sah mich an, drückte mir die Hand, schaute dann wieder weg. »Entschuldige die dumme Frage. Wer ist schon glücklich?«

»Ja«, sagte ich. »Wer ist schon glücklich?«

»Hast du ihr das Kollier geschenkt?«

Ich nickte nur. Ich konnte ihm nicht sagen, daß es jetzt den Hals einer Puppe zierte. »Und deine Tochter? Hat ihr das Geld weitergeholfen?«

Er hob die Schultern. »Sie hat ihr Studium an den Nagel gehängt.«

Ich winkte einem Taxi. »Komm«, sagte ich. »Wir fahren erst mal in mein Hotel.«

»Ich habe Christine kürzlich getroffen. Sie hat sich vor Weihnachten scheiden lassen. Wußtest du das?«

»Nein, aber es wundert mich nicht. Ich habe keinen Kontakt mehr zu ihr. Sie schreibt nur den Jungen ab und zu.«

»Wie heißt deine Frau?«

»Angharad.«

»Ein seltsamer Name. Schön, finde ich.«

»Ja«, sagte ich. »Er paßt zu ihr.«

47

Eine kleine Gestalt stand neben dem Torpfosten und hob grüßend die Hand, als ich im Taxi nach Auburn Manor zurückkehrte. Es war Martin. Sekundenlang kam es mir vor, als hätte er dort auf mich gewartet, doch das konnte nicht sein; er wußte ja den genauen Tag meiner Ankunft nicht. Ich bat den Fahrer, mich abzusetzen, und während ich meine Brieftasche zückte, riß Martin schon den Wagenschlag auf. Er war völlig durchnäßt, sein Gesicht blaurot.

»Aber was stehst du denn da in der Kälte –«

Er umarmte mich wild, und ich spürte, wie er zitterte. Seine Stimme ging im Motorengeräusch unter, doch als das Taxi gewendet hatte und sich entfernte, begann ich ihn langsam zu verstehen.

»Ist das wahr? Malwine ist tot?«

Er nickte schluchzend und klammerte sich an mich. Ich strich ihm über das nasse Haar und legte meine Wange an die seine. »Komm, mein Junge. Wir gehen ins Haus. Erzähl mir alles genau.«

Im Nieselregen sah der Park von Auburn Manor fremd, fast abweisend aus. Der eiserne Torflügel quietschte im Wind; irgendwo schrie eine Elster. Ich nahm meinen Schal ab und wickelte ihn Martin um den Hals. Er klapperte mit den Zähnen, und die Regentropfen mischten sich mit seinen Tränen.

»Angharad – sie ist schuld!« stieß er hervor.

Ich blieb stehen und starrte ihn an. »Was sagst du da? Was hat Angharad mit dem Tod deiner Krähe zu tun?«

»Ihr Pferd ... Es hat Malwine totgetreten!« Ein heiseres Schluchzen entfuhr ihm. »Und sie hat ... Sie hat's absichtlich so gelenkt!«

Ich ließ meine Reisetasche fallen und faßte ihn an den Schultern. »Martin! Wie kommst du auf einen derartigen Unsinn? Wie kannst du sie so beschuldigen?«

Er ballte die Fäuste und sagte zwischen zusammengebissenen Zähnen: »Du nimmst sie in Schutz! Ich hab's doch gewußt, daß du mir nicht glaubst! Sie darf alles tun!« Seine Stimme überschlug sich. »Sie ist dir wichtiger als wir! Sie ist schlecht, aber du merkst es nicht!«

Ich sah fassungslos auf ihn nieder. Er weinte mit der ganzen hilflosen Verzweiflung eines Kindes; seine Lippen zuckten.

»Martin«, sagte ich leise. »Martin, sie ist nicht schlecht. Kein Mensch ist das. Sie ist nur unglücklich. Und es ist nicht wahr, daß sie mir wichtiger ist, als ihr es seid.«

Ich stockte. Sagte ich wirklich die Wahrheit? Gab es überhaupt jemanden auf der Welt, der mir wichtiger war als Angharad?

Ich schüttelte ihn leicht. »Hör mir zu, mein Junge. Du sagst, daß sie alles tun darf. Angharad ist erwachsen, und ich kann ihr keine Vorschriften machen. Aber wenn sie etwas getan hat, was unrecht war, werde ich sie zur Rede stellen, das verspreche ich dir. Martin –!«

Er hatte sich losgerissen und drehte mir den Rücken zu. »Du hältst zu ihr und nicht zu mir, das weiß ich genau!« schrie er. »Sie ist dir wichtiger – sie ist dir am wichtigsten . . .«

Er lief fort, stolperte über einen dürren Ast, raffte sich wieder auf und rannte blindlings ins Gehölz. Zweige schlugen ihm ins Gesicht, doch er achtete nicht darauf, ebensowenig wie auf meine Rufe.

Mit hängenden Armen sah ich ihm nach, wie gelähmt von einem überwältigenden Schuldgefühl. *Kinder und Narren sagen die Wahrheit.* Ich hatte versucht, es zu verbergen, gerade vor meinen Söhnen; doch es war mir nicht gelungen. Langsam und müde ging ich weiter die Allee entlang. Es begann zu dämmern, und im Erdgeschoß des Hauses flammte Licht hinter den Fenstern auf.

Plötzlich widerstrebte es mir, ins Haus zu gehen. Ich stellte meine Reisetasche auf einen Mauervorsprung und ging zum Stall. Dort war es warm und friedlich; Aengus wieherte freudig und schnupperte an meiner Manteltasche nach Zuckerstücken. Bonny, Angharads Stute, richtete sich auf und sah mir aufmerksam entgegen. In Eileen Aroons Box raschelte es.

»Bist du es, Paps?« sagte eine Stimme.

Ich drehte mich um. Es war Chris. Er stand im Halbdunkel neben seinem Pferd.

»Ja, ich bin gerade erst gekommen.«

»Warst du schon im Haus?«

»Nein, aber ich habe Martin gerade getroffen, falls du das meinst.«

»Er ist ziemlich durcheinander wegen Malwine?«

»Das habe ich bemerkt. Wann ist es passiert?«

»Gestern.«

Ich wartete, während er über den Futtertrog kletterte. »Warst du dabei?«

»Nein, aber Martin hat mir alles genau erzählt.«

Aengus versetzte mir einen vorwurfsvollen Puff. Ich nahm einen Apfel aus dem Korb, zerteilte ihn und hielt ihm die Hälften unter die Nase.

»Dann sag du mir bitte, was eigentlich vorgefallen ist.«

Eileen Aroon stampfte heftig mit den Hufen auf und wieherte entrüstet, bis sie und Bonny ebenfalls einen Apfel bekamen. »Ja, weißt du«, sagte Chris zögernd, »Martin saß auf der Schaukel, und Malwine pickte auf der Wiese herum. Plötzlich kam Angharad auf Bonny angaloppiert, und schon war's passiert.«

»Aha«, sagte ich. »Und wie kommt Martin auf die Idee, daß sie es absichtlich getan hat?«

»Hmm. Ich war ja nicht dabei, aber Martin sagt, er könnte schwören, daß sie Malwine gesehen hat, und er hat ja auch laut geschrien, aber sie ist einfach nicht ausgewichen. Er wäre beinahe noch selbst unters Pferd gekommen, weil er Malwine wegscheuchen wollte ...«

Ich schloß die Augen. Wieder überkam mich jenes Gefühl der Bedrohung – so stark, daß mir fast übel wurde.

»Paps«, sagte Chris und griff nach meiner Hand, »meinst du wirklich daß sie ... Glaubst du, daß sie es mit Absicht getan hat?«

Ich hätte gern gelogen, doch ich konnte nicht. »Ich weiß es nicht, Chris«, erwiderte ich. »Aber ich werde sie fragen.«

Als ich sie da vor dem offenen Kamin kauern sah, hatte ich plötzlich den Eindruck von unendlicher Einsamkeit. Sie war wie eine Gefangene in einem gläsernen Turm – unerreichbar, gleichsam versteinert. Wenn sie geweint hätte, hätte ich ihre Tränen trocknen können. Hätte sie geschrien, getobt, ich hätte warten können, bis sie sich wieder beruhigte. So aber blieb mir nichts zu tun. Welten trennten uns voneinander.

»Angharad«, wiederholte ich. »Bitte beantworte mir nur die eine Frage: Hast du es absichtlich getan?«

Sie sah ins Feuer und wiegte sich leicht hin und her. »Da war ein fremder Junge im Park«, sagte sie plötzlich leise. »Er gehörte nicht hierher. Ein Eindringling. Sie gehörten beide nicht hierher. Man mußte sie vertreiben.«

Ich beobachtete sie mit wachsendem Entsetzen. Rasch kniete ich neben ihr nieder und griff nach ihrer Hand, doch sie entzog sie mir.

»Aber es war doch Martin – Martin mit seiner zahmen Krähe!«

Sie beachtete mich nicht. »Sie hatten kein Recht, hier zu sein«, beharrte sie. »Michaeleen muß das Tor verschließen.«

Ich fragte mich, ob sie getrunken hatte; ob sie vielleicht heimlich trank. Das hätte vieles erklärt. Doch als ich mich zu ihr beugte, merkte ich, daß ihr Atem nicht nach Alkohol roch.

»Angharad«, sagte ich laut, »was redest du da? Es war kein Fremder im Park – nur Martin, mein Sohn.«

Sie hob den Kopf, sah sich um, stand auf und ging zur Verbindungstür. Die Standuhr im angrenzenden Raum schlug acht, und die feierlichen, dunklen Töne mischten sich mit dem melodischen Geklingel der Kaminuhr.

»Ach ja«, sagte sie. »Du wohnst mit deinen Söhnen hier.« Sie nickte ein-, zweimal mit dem Kopf. »Ein Paradies für Kinder, nicht wahr? So sagt meine Mutter immer. Aber jetzt mußt du gehen. Ich bin müde.«

In diesem Augenblick faßte ich den Entschluß, Dr. McGrath aufzusuchen.

48

Ich wollte vorläufig weder Morag noch Roger ins Vertrauen ziehen, doch es kostete mich nicht viel Mühe, herauszufinden, wo Dr. McGrath praktizierte. Eine beiläufige Bemerkung verhalf mir zu der gewünschten Information: er lebte in Dublin. Alles weitere war einfach. Schon wenige Tage nach meiner Rückkehr aus Deutschland flog ich in die Hauptstadt und blätterte gleich auf dem Flughafen Collinstown das Telefonbuch durch. McGrath hatte seine Praxis in der vornehmsten Geschäftsstraße Dublins, Grafton Street. Erst nachdem ich nachdrücklich versichert hatte, mit dem Doktor persönlich bekannt zu sein, ließ sich die Sprechstundenhilfe am Telefon herbei, mich mit ihm zu verbinden. Dr. McGrath schien etwas überrascht über meinen Anruf, erklärte sich jedoch sofort bereit, mich zu empfangen. Wir vereinbarten, daß ich ihn in einer Stunde in seiner Praxis aufsuchen würde; dann nahm ich ein Taxi in die Stadt.

»Wir haben uns zum letzten Mal bei Ihrer Hochzeit gesehen«, sagte Dr. McGrath, als wir uns die Hand gaben. »Wie geht es Angharad?«

Ich zog meinen Mantel aus und erwiderte: »Angharads wegen bin ich gekommen.«

Er sagte nichts, sah mich nur abwartend an. Wie sollte ich es ihm erklären? »Ich weiß nicht, wie ich anfangen soll. Es ist schwierig. Kennen Sie Angharad schon lange?«

»Fast zehn Jahre. Eine ihrer Tanten war meine Patientin.«

»Oh«, sagte ich. »Das wußte ich nicht. War sie . . .?«

»Sie war nicht verrückt, falls Sie das meinen sollten.« Er lächelte leicht. »Nur etwas schwermütig.«

»Zehn Jahre – Sie kennen Angharad also wohl ziemlich gut. Würden Sie sie für einen verschlossenen, in sich gekehrten Menschen halten?«

Er musterte mich aufmerksam. »Dem äußeren Anschein nach nicht. Sie kam mir immer sehr spontan vor; aufbrausend, vielleicht etwas unausgeglichen, aber . . . Worauf wollen Sie hinaus?«

»Sie hat sich verändert«, sagte ich. »In der kurzen Zeit, die wir nun verheiratet sind, scheint sie ein völlig anderer Mensch geworden zu sein. Sie verschließt sich – nicht nur vor mir, sondern auch vor ihren Eltern. Sie hat sich in eine Art seelisches Schneckenhaus zurückgezogen, wenn Sie verstehen, was ich meine, und verkriecht sich immer mehr darin.«

Er faltete die Hände auf der Schreibtischplatte und beugte sich vor. »Sie sind gekommen, um meinen Rat zu hören, Mr. Hagen. Erlauben Sie mir bitte auch eine ganz persönliche Frage: Hat Angharad Sie wegen Auburn Manor geheiratet?«

Ich wich seinem Blick aus und sah zum Fenster. Jenseits der Straße standen die kahlen Bäume von St. Stephens Green vor einem grauen Himmel.

»Ja«, sagte ich. »Es hat keinen Sinn, es abzustreiten. Roger O'Shea hat ein übriges getan, indem er sich Geld von mir lieh und seiner Tochter gegenüber andeutete, ich könnte ihn ruinieren. Davon wußte ich jedoch vor unserer Heirat nichts. Bitte glauben Sie mir eines: Ich wollte Angharad nicht zwingen. Lieber hätte ich auf sie verzichtet.«

»Ich hatte etwas ähnliches vermutet.« Dr. McGrath schwieg eine Weile und fügte dann nachdenklich hinzu: »Ich habe mich schon oft gefragt, weshalb ihr dieses Haus, dieser Besitz so außerordentlich viel bedeutet. Haben Roger und Morag die Veränderung bemerkt, die mit Angharad vorgegangen ist?«

»Roger scheint es nicht sehen zu wollen, aber Morag ist sehr beunruhigt.«

»Und Sie haben das Gefühl, daß sie sich immer mehr in sich selbst zurückzieht?«

Ich nickte. »Ich glaube, daß sie sich vor der Wirklichkeit verschließt. Sie will nicht anerkennen, daß sie Auburn Manor mit mir und meinen Jungen teilen muß. Es scheint eine schreckliche Vorstellung für sie zu sein. Wir sind in ihren Augen Eindringlinge, erinnern sie vielleicht sogar ständig daran, daß sie sich Auburn Manor erkaufen mußte, und auf welche Weise.«

Er sah mich überrascht an. »Das klingt einleuchtend.«

Ich sagte: »Dr. McGrath, das ist noch nicht alles. Vor drei Tagen ist etwas geschehen, und ich fürchte, es war mehr als ein unglücklicher Zufall.«

Während ich ihm von jener Begebenheit mit Martin und seiner zahmen Krähe berichtete und mein Gespräch mit Angharad möglichst genau wiederholte, machte er sich rasch Notizen.

»›Ein Eindringling‹, sagte sie?« wiederholte er. »Und ›man muß sie vertreiben‹? Ich frage mich...« Sein Gesicht war ernst geworden.

»Vielleicht hatte mein Junge recht. Ich fürchte, sie hat die Krähe absichtlich getötet.« Ich schwieg; meine geheimsten Befürchtungen konnte ich ihm nicht anvertrauen, da ich sie mir selbst kaum eingestehen wollte.

Er stand auf und ging durchs Sprechzimmer, an der Couch vorbei und zum Fenster. Schwacher Verkehrslärm mischte sich mit dem Ticken der Uhr. »Leider kann ich Ihnen vorläufig auch keinen Rat geben. Es gibt kein Patentrezept gegen... gegen seelische Störungen.« Er vergrub die Hände in den Taschen seines Kittels. »Um mir wirklich ein Urteil bilden zu können, müßte ich Angharad selbst sehen und sprechen.«

»Ich glaube nicht, daß sie hierherkommen würde«, sagte ich zögernd.

»Nein, so war es nicht gemeint. Es wäre wichtig für mich, sie in der Umgebung zu sehen, die so großen Einfluß auf sie hat – Auburn Manor. Vielleicht kann ich Sie übers Wochenende besuchen, wenn es Ihnen recht ist. Wäre es möglich, eine harmlose Einladung für mich zu arrangieren, ohne daß sie Verdacht schöpft?«

»Ich will es versuchen«, sagte ich. »Aber ich wollte, ich könnte ihr die Wahrheit sagen.«

»Allzuviel Wahrheit schadet manchmal nur.«

Ich stand auf. »Könnten Sie es schon am kommenden Wochenende einrichten?«

»Ja. Ich glaube, wir sollen keine Zeit verlieren.«

»Gut. Sagen Sie mir telefonisch Bescheid, ich hole Sie vom Shannon Airport ab. Oder fahren Sie mit dem Wagen? Das wäre günstiger, wenn es Ihnen nicht zu viele Umstände macht – wir könnten so tun, als wären Sie gerade zufällig durch Ennis gekommen, und ich bitte Sie dann einfach, übers Wochenende zu bleiben.«

Dr. McGrath nickte. »Das scheint mir die beste Lösung. Ich werde meine Termine am Freitag nachmittag absagen, damit ich schon abends bei Ihnen sein kann.«

»Danke«, sagte ich. »Sie sind Angharad ein guter Freund.«

Wir gaben uns die Hand. »Darf auch ich Ihnen eine persönliche Frage stellen? Sie brauchen sie nicht zu beantworten, wenn Sie nicht wollen.«

Unsere Blicke kreuzten sich. Er ahnte wohl, was ich ihn fragen wollte.

»Bitte. In meinem Beruf ist man daran gewöhnt, sich selbst und anderen möglichst wenig vorzumachen.«

»Lieben Sie Angharad?«

Er lächelte leicht wie ein Mensch, der seine eigene Unzulänglichkeit mit schmerzlichem Spott konstatiert, und erwiderte: »Ja, Sie haben sich nicht getäuscht. Ich liebe Angharad, seit ich sie kenne; und Sie wissen, wie viele Jahre das sind. Es klingt romantisch und rührend, nicht wahr? Aber irgendwie wußte ich von Anfang an, daß die Sache aussichtslos war. Sie hat mich ganz gern, aber ich bedeute ihr nichts. Ich hätte sie ebensowenig glücklich gemacht wie Sie.«

Ich fragte: »Glauben Sie, daß sie glücklicher war, ehe ihr Vater den Besitz verkaufte – ehe ich kam?«

»Ich glaube nicht, daß sie jemals glücklich gewesen ist.«

»Als Kind wohl schon.«

»Dann müßte sie sich eigentlich nach dieser Zeit zurücksehnen.«

Plötzlich fiel mir die Puppe auf der Fensterbank ein. Ich sah den tropfenförmigen Saphir auf dem vergilbten Spitzenhemdchen glitzern, die Perlenschnur über den winzigen Schuhen. Die Vorstellung flößte mir eine unbestimmte Furcht ein und löste später – im Verkehrslärm der Grafton Street – eine andere Gedankenverbindung in mir aus: die Erinnerung an jenen Traum, als ich dem Kind die zerbrochenen Glieder der Puppe reichte – dem Kind mit Angharads Gesicht.

Je mehr ich mich Ennis näherte, desto stärker wurde mein Widerstreben, nach Auburn Manor zurückzukehren. Es war, als würde ich vom Gedanken an das Haus zugleich abgestoßen und angezogen. Der Zwiespalt war so stark, daß ich an der Brücke haltmachte und mir nach langer Zeit wieder einmal einen Whiskey im Brass Inn genehmigte. Sheila Malloy begrüßte mich wie einen verlorenen Sohn. Die Neugier stand ihr deutlich ins Gesicht geschrieben. Offenbar beschäftigte meine Heirat mit Angharad O'Shea die Gemüter der Bürger von Ennis noch immer. Miss Bone hatte es gesagt: Die Sache war so romantisch; wie in einem Roman. Wie in einem Roman, in der Tat! Ich beantwortete Miss Sheilas sanfte, aber gezielte Fragen mit freundlicher Zurückhaltung. Wie es meiner Frau ginge? Man sähe sie jetzt kaum noch in Ennis. Sie wäre sonst sonntags öfter mit ihren Eltern zur Kirche gekommen. Sie sei doch hoffentlich wohlauf?

Ich fragte mich, wieviel sie ahnte oder gar wußte. Die beiden Pekinesen saßen zu ihren Füßen und drängten sich mit hysterischem Zittern an sie. Ein Mann lehnte an der Theke und sang mit großer Zungenfertigkeit das Lied von Reilly's Tochter, und ich wappnete mich gegen Miss Malloys flinke, neugierige Blicke.

»Noch einen Whiskey-Soda, bitte«, sagte ich.

Sie lächelte. »Seit wann haben Sie Ihre Vorliebe für unseren Whiskey entdeckt?«

»Oh, der hat mir schon immer geschmeckt.«

Sie kam eilig wieder an den Tisch zurück und ließ sich erneut nieder. »Mr. O'Shea kann von Glück sagen, daß er einen Schwiegersohn wie sie bekommen hat«, bemerkte sie dunkel.

»Ich glaube, ich habe mit ihm auch keinen schlechten Fang gemacht.«

»Wissen Sie, ich habe mich gewundert«, sagte sie.

Ich ermunterte sie nicht, mir zu sagen, worüber sie sich gewundert hatte. Es war wohl das, worüber sich ganz Ennis wunderte. Angharad O'Shea war die Frau des Mannes geworden, den sie öffentlich in der Kirche brüskiert hatte und dem ihr einstiges Heim gehörte. Ich wußte nicht, wie offen Roger sich über meine finanzielle Großzügigkeit geäußert hatte, doch es gehörte verdammt wenig Scharfsinn dazu, die Hintergründe dieser Eheschließung zu erraten. Überdies hatte ich ja von Sheila Malloy selbst erfahren, daß man in Ennis allgemein an eine unglückliche Romanze zwischen Angharad und Aubrey Melton glaubte.

Ich stürzte meinen Whiskey rascher als beabsichtigt hinunter, legte eine Pfundnote auf den Tisch und verabschiedete mich mit mehr Hast als Würde.

Es war dunkel, als ich am Gerichtsgebäude vorbeifuhr und die letzten Häuser der Stadt hinter mir ließ. Trotzdem erkannte ich die schmale, etwas gebeugte Gestalt sofort, die vor mir über die Straße zur Unterführung ging. Ich bremste und kurbelte das Wagenfenster herunter.

»Michaeleen! Kommen Sie, steigen Sie ein.«

Er stellte seinen Korb auf den Rücksitz und setzte sich neben mich. Nun plötzlich, ehe ich die Innenbeleuchtung ausschaltete, fiel mir auf, wie alt er geworden war. Sein Gesicht sah müde aus, und er atmete schwer.

»Warum sagen Sie nicht im Haus Bescheid? Es wäre doch viel einfacher, wenn man Ihre Lebensmittel gleich mitliefern lassen würde.«

»Ich brauche nicht viel, und ich versorge mich lieber allein.«

»Etwas weniger Stolz und ein bißchen mehr Nachsicht mit sich selbst würde Ihnen vielleicht guttun«, sagte ich.

Ein Lächeln ging über sein Gesicht. »Ich habe nie viel davon gehalten, nachsichtig mit mir zu sein.«

»Das weiß ich.«

»Ich habe Sie heute gesucht«, sagte er. »Aber Sie waren nicht da.«

»Was gibt's, Michaeleen?«

»Die Miss . . . Miss Angharad. Sie kam gestern abend zu mir und sagte, ich müßte das Tor verschlossen halten. Ich – nun, mir kam das wunderlich vor. Sowas hat's auf Auburn Manor noch nie gegeben, und das sagte ich ihr auch. Aber sie wurde ganz böse, wie sie's nie zuvor mit mir gewesen ist, und sagte, das wäre ein Befehl, und sie hätte ihre Gründe dafür. Ganz merkwürdig war sie. So kenne ich sie gar nicht.« Er machte eine Pause. »Ich bin heute noch vor Tau und Tag aufgestanden und habe den Riegel abgeschraubt.«

Wir waren auf der Höhe der Reitschule angelangt. Ich fuhr an den Straßenrand und stellte den Motor ab.

»Ich fürchte, es hat keinen Sinn, sich etwas vorzumachen«, sagte ich. »Ich glaube, daß Angharad krank ist, Michaeleen, seelisch krank. Sie braucht Hilfe.«

Er seufzte leicht. »Ja, sie leidet, das sieht man. Was wollen Sie tun?«

»Ich habe Dr. McGrath gebeten, herzukommen. Ich war gerade in Dublin und habe mit ihm gesprochen.«

Er nickte. »Dr. McGrath ist ein kluger Mann. Er hat Shelagh behandelt, die jüngste der O'Shea-Schwestern. Obwohl es ihr schließlich nicht viel genützt hat.«

»Was ist aus ihr geworden?«

Er sah aus dem Fenster auf die dunklen, efeuverhangenen Bäume, die in der Dämmerung wie verkrüppelte Riesen wirkten.

»Eines Tages, als ihr Mann unterwegs war, hat sie wohl das Haus angezündet. Vielleicht ist das Feuer auch von selbst ausgebrochen; ich glaub' aber nicht daran.«

»Ist sie im Haus verbrannt?«

»Man hat nur noch ihren Ring gefunden.«

Ich ließ den Motor wieder an. »Ich habe sie am liebsten von allen gehabt«, sagte er mehr zu sich selbst. »Sie war gerade siebzehn, als ich auf Auburn Manor zu arbeiten anfing, und die hübscheste von den vier Lassies. Keine Schönheit wie Miss Angharad, aber hübsch und lebhaft. Ein Jahr später heiratete sie in den Norden. Dann hab' ich sie nur noch selten gesehen, wenn sie zu Familienfesten nach Hause kam.«

Ich fuhr mir mit der Zungenspitze über die trockenen Lippen. »War sie ... Ähnelte sie Angharad im Wesen?«

Michaeleen überlegte eine Weile, während wir in den Park einbogen und die Allee entlangfuhren. »Vielleicht«, sagte er schließlich. »Vielleicht, als sie jung war.«

Wir waren vor dem Haus angelangt. Er griff nach seinem Korb und sagte: »Wann kommt der Doktor?«

»Am Wochenende.«

»Wenn er da war ... Ich wüßte gern, was er gesagt hat.«

»Ich werde es Ihnen erzählen.«

Er nickte nur und faltete die Hände über seinem Korb, als wartete er auf etwas.

»Michaeleen«, sagte ich. »Ich habe Angst.«

Wieder nickte er. »Es wird schwer werden, aber Sie müssen's durchstehen. Und keiner kann Ihnen helfen.«

Mit dieser Bemerkung stieg er aus dem Wagen, und ich wußte, daß er nicht nur das bevorstehende Wochenende damit meinte.

50

Später fragte ich mich manchmal, was ich von diesem Besuch Dr. McGraths erwartet hatte: vielleicht nur eine Bestätigung dessen, was ich längst befürchtete, denn Hilfe versprach ich mir nicht.

Während der Stunden, die er mit Angharad verbrachte, lief ich ruhelos durch den Park, voller Furcht vor dem Ergebnis dieses Besuches und verfolgt von Eifersucht, weil sie ihm zu vertrauen schien, mir aber nicht. Sie hatte sich nicht geweigert, mit ihm an einem Tisch zu essen, ging mit ihm spazieren und verbarg sich nicht vor ihm hinter verschlossenen Türen. Als der Sonntag herankam, hatte ich wieder einmal eine schlaflose Nacht verbracht und wünschte fast, Dr. McGrath nie gerufen zu haben.

Er hatte die Absicht, am frühen Nachmittag nach Dublin zurückzufahren; also wartete ich den ganzen Vormittag über in meinem Arbeitszimmer auf ihn. Doch erst gegen halb zwölf Uhr sah ich ihn mit Angharad die Allee heraufkommen. Als er eine Viertelstunde später an meine Tür klopfte, hätte ich ihn am liebten zum Teufel geschickt. Ich nahm mich jedoch zusammen, bat ihn herein, rückte ihm einen Sessel vor dem Kamin zurecht und mixte ihm einen Martini Dry.

Ich hätte wissen müssen, daß er gewohnt war, das Mienenspiel seiner Mitmenschen richtig zu deuten. Während ich ihm sein Glas reichte, sagte er: »Dieses Wochenende war nicht leicht für Sie. Tut mir leid, daß Sie sich geärgert haben, weil ich Sie warten ließ. Aber ich hatte gerade ein sehr interessantes Gespräch mit Angharad, das ich nicht vorzeitig abbrechen wollte.«

»Was hat sie gesagt?«

»Nun, kaum etwas, was ein Laie als aufschlußreich empfinden würde. Ich hätte ihr gern zu einer psychoanalytischen Behandlung geraten. Natürlich nicht bei mir, es müßte ein Arzt sein, der ihr völlig neutral gegenübersteht. Aber ich fürchte, damit hätten wir bei ihr vorläufig keinen Erfolg. Eine derartige Therapie verlangt vom Patienten eine starke Bereitschaft zur Mitarbeit und ein größtmögliches Maß an Offenheit sich selbst und dem Analytiker gegenüber.«

»Welche anderen Möglichkeiten gibt es?« fragte ich ungeduldig.

Er zögerte. »Wie ich den Fall beurteile, sind es die äußeren Umstände, die Angharad in einen solchen Zwiespalt gestürzt haben. Sie kann weder ihre eigene Handlungsweise noch die ihres Vaters akzeptieren und verachtet sich und ihn dafür. Sie haben das selbst schon sehr gut erfaßt. Hier aber ist sie von Menschen umgeben, die sie täglich daran erinnern, daß sie sich selbst die Treue gebrochen hat, wenn man es so theatralisch ausdrücken will. Ihre Reaktion ist, Ihnen und Ihren Kindern aus dem Weg zu gehen, sich vor Ihnen zurückzuziehen. In letzter Zeit sind noch andere, alarmierende Zeichen des Rückzugs aufgetreten: Angharad leugnet einfach vor sich selbst Ihre Berechtigung, hier zu sein – wenn auch vorerst nur im Fall Ihrer Söhne. Sie bezeichnet sie als Fremde; so braucht sie der Wahrheit nicht mehr ins Auge zu sehen. Außerdem habe ich den Eindruck, daß der starke Wunsch bei ihr vorhanden ist, die unbeschwerte, problemlose Zeit ihrer Kindheit wiederherzustellen.«

Ich biß die Zähne zusammen. Es war klar, worauf er hinauswollte: Wenn man Angharad nicht behandeln konnte, mußte man ihre Lebensumstände ändern, die sie »krank machten«.

»Sie meinen, ich sollte mich von ihr scheiden lassen?«

Dr. McGrath sah nachdenklich ins Feuer. »Das würde vielleicht bedeuten, daß sie Auburn Manor ein zweites Mal verlassen müßte. Ich glaube nicht, daß ein solcher Schritt ratsam wäre.«

»Dann . . .« Ich trat ans Fenster und hielt mein Glas mit hartem Griff umklammert. »Dann soll ich also gehen, meine Jungen mitnehmen und Angharad hier zurücklassen – das meinen Sie doch wohl?«

Der Sessel knarrte leise, als er sich bewegte. Die Buchenscheite knackten im Kamin. Auf dem Dach gurrten die Wildtauben. Es wurde Frühling.

»Ja, das wäre wohl das Beste.«

»Für Angharad, aber nicht für uns.«

Er antwortete nicht. Ich hatte es kommen sehen, doch ich war der Wahrheit ausgewichen. Nun überkam mich ein dumpfer, qualvoller Schmerz, der rasch einer wilden Auflehnung wich.

»Ich will nicht!« sagte ich heftig. »Ich werde es nicht tun!«

»Es ist Ihre Entscheidung.« Er machte eine Pause. »Aber ich muß Sie darauf aufmerksam machen, daß Sie die Verantwortung für Ihre Söhne tragen.«

Ich fuhr herum und starrte ihn an. »Wie meinen Sie das? Wollen Sie damit andeuten, daß . . . Wollen Sie damit sagen, daß es hier gefährlich für die beiden werden könnte?«

»Denken Sie an den Zwischenfall mit der zahmen Krähe.«

»Aber das war ein Tier! Angharad würde niemals –«

Er stand auf. »Sie dürfen nicht vergessen, daß sie sich verändert hat. Und diese Veränderung nimmt vielleicht noch zu. Angharad kann womöglich in einigen Monaten ohne weiteres etwas tun, wozu sie vor einem Jahr niemals imstande gewesen wäre. Es kann der Tag kommen, an dem sie nicht mehr ›sie selbst‹ ist, wie man so sagt.«

Ich fror plötzlich trotz des Kaminfeuers. »Nein!« sagte ich laut.

»Sie glauben doch nicht wirklich, Angharad könnte wahnsinnig werden?«

»Ich mag diesen Ausdruck nicht. Natürlich kann ich nicht in die Zukunft sehen, und vielleicht irre ich mich. Aber ich rate Ihnen eines: Bringen Sie Ihre Jungen von hier weg.«

»Sie halten es für das Beste, wenn wir alle gehen«, sagte ich bitter.

»Es hängt davon ab, wieviel Ihnen Angharad bedeutet.«

»Sie meinen, wenn ich sie liebe, muß ich sie verlassen.«

Er antwortete nicht. Ich suchte verzweifelt nach einem Hoffnungsschimmer; einem Strohhalm, an den ich mich klammern konnte. »Vielleicht, wenn ich Chris und Martin für einige Zeit wegschicke ... Vielleicht wird doch noch alles gut.«

Alles wird gut. Eine Beschwörungsformel der Kindheit, auf die man ein Leben lang zurückgreift, wenn die Vernunft keinen Ausweg mehr sieht.

»Vielleicht.«

»Sie glauben es nicht.«

Schweigen. Dann: »Sie sollten Ihre Entscheidung nicht von heute auf morgen treffen. Überlegen Sie es sich gründlich. Wenn Sie etwas tun, müssen Sie überzeugt sein, daß es das Richtige ist.«

Ich wandte mich ab. »Das Richtige – was ist das schon? Ein Begriff, und noch dazu ein sehr relativer.«

Er sagte: »Wenn sich Angharads Zustand verschlechtert, werden Sie kaum eine Wahl haben, fürchte ich. Dann wäre es für Sie beide eine Quälerei, wenn Sie hierblieben.«

Als ich nichts darauf erwiderte, gab er mir die Hand. »Rufen Sie mich an, wenn Sie mich brauchen. Ich komme jederzeit. Und geben Sie mir ab und zu Bescheid, wie sich die Dinge weiterentwickeln. – Nein, bringen Sie mich nicht hinaus; ich finde den Weg allein.«

Die Tür wurde geschlossen. Ich hörte seine Schritte auf dem Flur, setzte mich an den Schreibtisch und vergrub das Gesicht in den Händen. Ich hatte seit dem Tod meines Vaters nicht mehr geweint, und das war lange her. Das Portal schlug zu, ein Wagen wurde angelassen. Langsam wurde das Brummen des Motors schwächer, verlor sich schließlich ganz. Irgendwo im Haus lärmten die Jungen.

Ich mußte sie wegschicken.

Ich dachte an unsere Ankunft in Irland, an die folgenden Wochen und Monate in Auburn Manor, die sie zu offenen, natürlicheren Menschen gemacht hatten. Sie waren so geworden, wie ich sie mir wünschte. Auburn Manor hatte sie verändert. Es war ihr Zuhause, und sie hingen daran – wenn auch nicht mit derart verzweifelter schicksalhafter Liebe wie Angharad.

Doch wohin sollten sie gehen? Zurück nach Deutschland? Zu Christine? Ein trockenes Schluchzen stieg in meiner Kehle auf und wurde sofort erstickt. Nein, auf keinen Fall zu Christine. Ich mußte sie wieder in ein Internat schicken, bis . . .

Bis alles gelöst war, so oder so.

Ich selbst aber würde bleiben, so lange es ging. Dr. McGrath hatte mir unmißverständlich nahegelegt, daß ich gehen sollte, doch er hatte mich nicht überzeugt. Ich glaubte ihm nicht, weil ich ihm nicht glauben wollte.

51

»Alles Geschwätz und verdammter Unsinn!« rief Roger aufgebracht. »Diese Psychiater hören Gras wachsen, wo keines wächst. Du wirst das doch nicht ernst nehmen, Frank? Angharad ist so gesund wie du und ich, nur hat sie eben ihre Launen. Unergründlich wie die Irische See, so war sie schon immer. Ich sehe nicht ein –«

Morag schnitt ihm das Wort ab. »Es ist kein Geschwätz, Roger. Wenn du nicht so sehr mit deinen eigenen Angelegenheiten beschäftigt wärst, hättest du es längst merken müssen. Es ist keine Lösung, die Sache einfach abzustreiten. Was willst du tun, Frank?«

»Ich muß Chris und Martin in ein Internat geben.«

Roger schlug mit der Faust auf die Tischplatte. »Aber zum Teufel, das ist doch völlig idiotisch. Angharad ist doch immer gut mit den beiden ausgekommen! Dieser verdammte McGrath . . .«

Morag preßte die Lippen aufeinander. »Dr. McGrath hat recht. Frank muß die Jungen wegbringen.« Sie wandte sich an mich.

»Hast du es ihnen schon gesagt?«

Ich schüttelte den Kopf.

»Es wird schwer für sie sein.«

Roger sprang auf und stapfte durchs Zimmer. Seine Reitstiefel hinterließen Schmutzspuren auf dem Teppich. »Ich verstehe euch wirklich nicht. Morag, was ist bloß in dich gefahren? Hältst du deine eigene Tochter für eine gemeingefährliche Irre?«

»Ich glaube, daß es besser für Angharad ist, wenn sie die Jungen nicht mehr in Auburn Manor sieht«, sagte ich müde.

Morag trat hinter meinen Stuhl und legte mir die Hand auf die

Schulter. »Die Sache mit Martins Krähe – hat sie es zugegeben?«

»Indirekt, ja.«

»Was ist schon dabei? Das Biest wird Bonny vor die Füße geflattert sein, so etwas kann doch mal vorkommen!«

Ich stand auf. »Ob du daran glaubst oder nicht, das ändert leider nichts. Ich wollte, ich hätte die Jungen nie hierhergebracht.«

»Es war eine gute Zeit für sie«, sagte Morag sanft. »Auch wenn sie jetzt dafür leiden müssen.«

Ich sah sie an, ihr ruhiges Gesicht mit den ernsten grauen Augen, und plötzlich wurde mir bewußt, wie gern ich sie hatte. Warum konnte Angharad nicht so sein wie sie – warmherzig und voll Mitgefühl für andere? Doch sie hatte das Blut der O'Sheas; es schien stärker zu sein als alles sonst. Vielleicht liebte ich sie auch gerade deshalb so sehr.

»Und was willst du ihnen sagen?«

»Die Wahrheit.«

Roger griff nach seiner Reitgerte. »Seid ihr denn alle verrückt geworden?« stieß er hervor und stürzte aus dem Zimmer.

Morag sah mich an, und ich erwiderte ihren Blick.

»Es ist wie ein Alptraum.«

»Willst du auch fortgehen, Frank?«

»Ich kann nicht. – Das kann ich nicht.«

Auf Aengus ritt ich nach Auburn Manor zurück, vorbei an Tinkers Woods. Wolkenschatten glitten unablässig über die Moorwiesen, und ein seltsames Licht erhellte den Himmel, eine Mischung aus Schwefelgelb und Bleigrau. Aengus, den es mit Macht in seinen Stall zurückzog, galoppierte mit gespitzten Ohren über die Brücke und zwischen den Hecken entlang. Der schneidende Wind schien ihm nicht zu behagen. Ein Sausen und Raunen war in der Luft, als wäre die Wilde Jagd unterwegs, und Krähen kreisten über dem Park.

Als ich ans Tor kam, sah ich eine hohe Gestalt im schwarzen Umhang hinter dem schmiedeeisernen Gitter stehen. Sie hatte die Kapuze in die Stirn gezogen und ähnelte einer Nonne, die die Klosterpforte bewacht. Und das Tor stand nicht wie sonst offen. Wortlos beobachtete sie mich, während ich mein Pferd zügelte und abstieg.

»Angharad.«

Sie verriet mit keinem Zeichen, daß sie mich gehört hatte. Aengus drückte die Nüstern gegen das Gitter und scharrte ungeduldig mit den Vorderhufen.

Ich sah, daß sie einen großen Schlüssel in der Hand hielt. Noch ehe ich nach der Klinke faßte, wußte ich, daß das Tor verschlossen war.

Sie sagte: »Sie haben den Riegel entfernt, aber ich habe den Schlüssel endlich gefunden.«

»Das sehe ich. Bitte laß mich ein.«

»In letzter Zeit waren viele Fremde hier.«

Ich streckte die Hand durch das schmiedeeiserne Blattwerk.

»Angharad, bitte gib mir den Schlüssel!«

Sie trat einen Schritt zurück und versteckte die Hand mit dem Schlüssel hinter ihrem Rücken wie ein ungehorsames Kind. Aengus stampfte mit dem Huf auf und warf den Kopf zurück. Sein schrilles Wiehern schien sie plötzlich zur Besinnung zu bringen, denn sie hob die Hand und schleuderte den Schlüssel mit einer trotzigen Gebärde durch das Gitter. Er streifte mein Bein und fiel mit dumpfem Aufprall in den Kies.

Ich bückte mich nicht sofort. »Angharad, warum tust du das? Du weißt genau, daß kein Fremder nach Auburn Manor kommt. – Geh nicht weg, hör mir zu! Wenn du willst, fahre ich noch heute zum Notar und lasse dir den Besitz überschreiben. Angharad – du brauchst es mir nur zu sagen! Ein Wort, und ich ...«

Sie hatte sich heftig umgedreht; der Wind blies ihre Kapuze zurück und wirbelte ihr Haar wie eine schwarze Wolke über ihre Stirn.

»Ich will nichts von dir. Laß mich zufrieden, verstehst du? Ihr gehört nicht hierher! Ihr gehört nicht hierher!«

Ich sah ihr nach, wie sie die Allee entlanglief. Ihr Umhang umflatterte sie wie ein geblähtes Trauersegel. Langsam bückte ich mich und hob den Schlüssel auf. Er war schwer und feucht in meiner Hand. Ich steckte ihn ins Schloß – sie hatte es zweimal versperrt – und öffnete das Tor, dann ließ ich ihn in die Tasche meiner Wolfspelzjacke gleiten. Erst ein Jahr später sollte ich den Schlüssel wiederfinden, und er war das einzige, was ich nicht zurückgab.

52

Ich weiß nicht, warum mir das Lied immer wieder durch den Sinn ging, während ich mit Chris und Martin durch die sonntäglich stillen Straßen von Limerick fuhr: *Far in that valley's shade, I knew a gentle maid, flower of hazel glade, Eileen Aroon ...*

Einst war es ein Lied gewesen, das mich glücklich stimmte; das Symbol für einen Neubeginn. Nun machte es mich traurig, doch ich konnte es mir nicht aus dem Kopf schlagen. Die Jungen saßen auf dem Rücksitz. Sie hatten sich plötzlich wieder in stumme, feindselige kleine Fremde verwandelt, die es mit sich geschehen lassen mußten, daß ich sie an einen fremden, unerwünschten Ort brachte.

»Eileen Aroon kommt nächste Woche nach«, sagte ich verzweifelt – zum wievielten Mal? »Es war nicht einfach, ein Internat mit dazugehörigem Reitstall zu finden.«

»Ja«, sagte Chris.

»Ihr wißt, daß ich euch hole, sobald ich kann.«

Sie schwiegen. Ich sah im Spiegel, daß sie dicht nebeneinander saßen und sich an der Hand hielten wie kleine Kinder: Hänsel und Gretel im dunklen Wald, von ihren Eltern ausgesetzt . . .

In diesem Augenblick haßte ich mich selbst, sogar Angharad. Wer hatte schuld – sie, ich, Roger? Doch war es nicht sinnlos, nach Schuld zu fragen, waren wir nicht alle unserem Schicksal ausgeliefert?

Ich konnte von den Jungen nicht erwarten, daß sie mich verstanden. Ich hatte versucht, es ihnen zu erklären, doch sie begriffen nur eines: daß sie fort mußten, um Angharads willen; und daß Angharad bleiben durfte. Und immer wieder dieselbe schmerzliche, vorwurfsvolle Frage: »Warum schickst du uns weg und nicht sie?« Auch jetzt stand diese Frage wieder in ihren Gesichtern geschrieben, obwohl sie nichts mehr sagten.

»Angharad ist krank.«

Die Reaktion war Zweifel, Unglauben. Sie benahm sich seltsam, ja; doch das hatte sie schon damals in der Kirche getan, als Chris und Martin sie zum erstenmal sahen.

»Sie will uns von hier vertreiben, und du hältst zu ihr.«

Das schlimmste war, daß ein Körnchen Wahrheit darin steckte. »Nicht vertreiben . . . Angharad leidet unter unserer Gegenwart.«

»Warum bleibst du dann hier?«

»Vielleicht gehe ich auch – eines Tages. Vielleicht schon bald.«

Wieder jener Zweifel in ihren Augen. Wie sollten sie es auch begreifen? Ich hatte sie verraten, und nun verstieß ich sie auch noch. Ich hatte ihr Vertrauen verspielt. Mir war nichts geblieben als meine Liebe zu Angharad, auch wenn sie nie erwidert worden war und wohl ewig unerwidert bleiben würde.

»Aber wir werden doch eines Tages nach Auburn Manor zurückkommen?«

Ich hätte ihnen diesen Trost so gerne mitgegeben; schon, damit sie sich nicht völlig von mir abwandten. Doch ich mochte sie nicht belügen.

»Ich weiß es nicht.«

Tipperarys Wiesen leuchteten smaragdgrün im Sonnenschein, und in den Hecken sangen die Vögel. Das Internat stand auf einem Hügel inmitten eines riesigen Parkes – ein efeuüberwuchertes Gebäude im georgianischen Stil. Mit seinem verträumten, ehrwürdigen Innenhof erinnerte es mich an ein englisches College. In der Kapelle mit den bunten, spitzbogigen Glasfenstern sang ein Knabenchor.

Chris und Martin blieben dicht neben dem Eingangstor stehen, als wollten sie sich den Rückweg sichern. Ich zog an der Klingelschnur. Schweigend warteten wir.

Der Gesang war verstummt, Schritte hallten durch den Treppenturm. Ein hochgewachsener Mann kam aus der Seitenpforte und begrüßte uns.

»Wir haben die beiden schon erwartet«, sagte er. »Wollt ihr gleich euer Gepäck hereinbringen?«

Ich folgte ihm in den viereckigen Innenhof und wanderte mit ihm über den kiesbestreuten Weg, der um die gepflegte Rasenfläche führte. »Sie haben mir am Telefon gesagt, daß Ihre Söhne früher in einem deutschen Internat waren, inzwischen aber fast ein Jahr bei Ihnen gelebt haben, und daß Sie sie vielleicht in einigen Monaten wieder zu sich holen wollen«, sagte er.

Im Torbogen erschienen Chris und Martin, stellten einen Koffer ab und verschwanden wieder. Ich nickte. »Ja. Ich hoffe, es wird nicht allzulange dauern.«

Er musterte mich ernst. »Bitte erlauben Sie mir, Ihnen einen Rat zu geben. Es ist nicht leicht für junge Menschen, sich in einem Internat einzugewöhnen. Wenn sie die erste Zeit überwunden haben, sind sie aber in der Regel sehr gern hier. Lassen Sie die beiden zur Ruhe kommen. Später, in etwa einem halben Jahr, sollten sie selbst entscheiden, ob sie hierbleiben wollen oder nicht. Ich bin der Meinung, daß es nicht gut ist, das Leben eines jungen Menschen zu oft einschneidend zu verändern, ohne ihn nach seinen eigenen Wünschen und Bedürfnissen zu fragen.«

Ich begriff sehr gut, was er mir damit zu verstehen geben wollte. Trotz der versteckten Zurechtweisung war mir plötzlich wieder etwas leichter zumute. Er war ein Mann nach meinem Herzen; ein Erzieher, der keine Duckmäuser aus meinen Jungen machen würde.

»Ich werde Ihren Rat befolgen«, sagte ich. »Vielen Dank.«

Wir gingen zum Torbogen zurück, wo Chris und Martin neben dem Gepäck warteten.

»Ich helfe euch noch, die Koffer ins Haus zu tragen.«

Martin schüttelte den Kopf. »Wir schaffen's schon allein.«

Ich beugte mich zu ihnen hinunter und umarmte erst Martin, dann Chris. Steif wie Zinnsoldaten ließen sie es über sich ergehen, und als ich sagte: »Ich komme euch nächstes Wochenende besuchen«, nickten sie nur stumm.

Ich blieb am Torbogen stehen und sah ihnen nach, wie sie hinter dem Rektor hergingen, über den sonnenbeschienenen Innenhof zum Wohngebäude. Doch ich wartete vergebens. Sie drehten sich nicht nach mir um.

53

Das Haus schien den Atem anzuhalten und auf etwas zu warten, was nicht kam. Vom Arbeitszimmer in die Bibliothek, von der Bibliothek ins Eßzimmer, vom Eßzimmer in die Halle, von der Halle in die Zimmer der Jungen ... An Angharads verschlossenen Türen vorüber, stumm beobachtet von Brendan, verfolgt von Mrs. McPhersons vorwurfsvollen Blicken. Ich war nicht der einzige, der ihre Stakkatoschritte auf der Treppe vermißte, ihre rasch aufflammmenden Streitereien, ihre hellen Stimmen in Haus und Park. Es war eine lastende, feindselige Stille, die kein Ende zu nehmen schien.

Michaeleen war der einzige, zu dem ich noch gehen konnte. Sein Haus wurde zu einer Art Zufluchtsstätte für mich. Abends saßen wir oft in seinem niedrigen, dunklen Wohnzimmer beisammen wie die letzten Überlebenden auf einem Schiff, dessen Besatzung über Bord gespült worden war. Auch ihm fehlten die Jungen; ich wußte es genau, obwohl wir das Thema sorgfältig vermieden. Er begann Selbstgespräche zu führen, und manchmal sah ich ihn unter dem Goldregenbaum stehen und über das Seil der alten Schaukel streichen. Seine Gestalt wurde zusehends gebeugter; wenn er auf der Erde kniete, hatte er eine Art, sich mühselig wieder aufzurichten, die mir nicht gefiel. Wie ich drehte er sich jedesmal unwillkürlich um, wenn er Hufschlag hörte; doch es war offenbar nicht Angharad, nach der er Ausschau hielt.

Sie ritt nun kaum noch aus und verließ ihre Zimmer immer seltener. Meine Hoffnung schwand von Tag zu Tag. Sie ließ mich nicht mehr ein. Nur wenn Brendan zur gewohnten Zeit klopfte, wurde die Tür des kleinen Salons von innen aufgeschlossen, und er servierte das Essen. Auch Morag und Roger drangen bis zu ihr vor, doch das war so ziemlich das einzige Zugeständnis, das Angharad ihren Eltern machte.

»Sie sitzt meistens nur da, sieht aus dem Fenster und gibt kaum Antwort«, sagte Morag mit ratloser Miene.

Selbst Roger begann zu begreifen, daß es sich nicht nur um eine vorübergehende Laune handelte. Er löste das Problem auf seine altbewährte Weise, indem er seltener kam und sich ganz auf sein neues Spielzeug, die Pferdezucht, konzentrierte. In Ennis warf man mir verstohlene Blicke zu, wenn ich durch die Straßen ging. Mrs. McPherson und die Hausmädchen sorgten zweifellos für die Verbreitung sämtlicher Neuigkeiten, und vermutlich mußte ich wieder einmal als Sündenbock herhalten. Doch das war es nicht, was mich so verzweifelt machte. Mochten die Leute sagen, was sie wollten; es war unwichtig. Ich wußte nun, daß ich gehen mußte – es war die einzige Lösung. Und doch ging ich nicht. Vielleicht hoffte ich im tiefsten Innern noch immer auf ein Wunder.

»Die Wahrheit sehen, ist ein Ding. Nach ihr handeln, ein anderes«, sagte Michaeleen einmal.

Auf den Wiesen im Park von Auburn Manor blühten erst die Schlüsselblumen, dann Veilchen und wilde Narzissen in verschwenderischer Fülle. Ihr Duft mischte sich mit dem Geruch der schweren, frisch aufgebrochenen Erde und des jungen Grases. Im Gehölz schlugen die Drosseln, und die Amseln flöteten so innig ums Haus, daß es einem ans Herz griff. Nie zuvor hatte ich einen schöneren und schmerzlicheren Frühling erlebt.

Und Angharad verbarg sich hinter verschlossenen Türen, während es draußen blühte und sang, der Himmel in den herrlichsten Farbschattierungen leuchtete, Sonnenschein und Regen oft so rasch wechselten wie Lachen und Weinen auf dem Gesicht eines Kindes, während die Bäume ausschlugen, die Wildtauben unter dem Dachvorsprung schnäbelten und ihre Nester bauten und die ersten Schmetterlinge über die Wiesen taumelten.

Eines Nachmittags, als ich wieder über die Brücke in Richtung Tinkers Woods ritt, sah ich, daß die Zigeunerfamilie zurückgekehrt war. Neben dem Lagerfeuer stand ein vorsintflutlicher Kinderwagen auf hohen Rädern. Ich hörte den Säugling schreien, doch die alte Frau war nicht mehr dabei. Wie vieles war geschehen, seit ich sie zum letztenmal hier lagern sah – ein Leben weniger, eines mehr, ein gescheiterter Versuch, der seine Opfer gefordert hatte: Angharad, meine Jungen, mich selbst.

In dieser Nacht hörte ich es zum erstenmal: Ein seltsames Summen und Rascheln, huschende Schritte. Doch Dr. Driscoll hatte mir ein stärkeres Schlafmittel verordnet, und in meinem unruhigen schwebenden Dämmerzustand vermochte ich nicht zu unterscheiden, was Traum war und was Wirklichkeit.

Erst am nächsten Morgen, als ich über den Flur zum Treppenabsatz ging, fielen mir die Geräusche wieder ein. Und plötzlich wußte ich auch, daß ich von einem kleinen Mädchen geträumt hatte, das an der Wand entlang über den Flur eilte, unter den Porträts dahin, und dann um die Ecke der Galerie bog. Ganz deutlich hatte ich diese eine Traumszene vor Augen und zweifelte deshalb nicht, daß auch die Geräusche nur ein Produkt meines Unterbewußtseins gewesen waren.

Doch in der folgenden Nacht wiederholte sich der Traum, das Summen und die Schritte. Diesmal erinnerte ich mich beim Erwachen noch an etwas anderes: Ich hatte eine Tür schlagen hören und das Kind aus einem der Zimmer treten sehen. Es hielt etwas im Arm, einen kleinen Gegenstand, doch so sehr ich mir auch den Kopf zerbrach, ich kam nicht darauf, was es gewesen war.

Der Traum verfolgte mich den ganzen Tag hindurch. Immer wieder fragte ich mich, weshalb ich ihn in zwei aufeinanderfolgenden Nächten geträumt hatte, und wie das möglich war.

An diesem Abend nahm ich das Schlafmittel nicht. Die Folge davon war, daß ich Stunde um Stunde wach lag, mich von einer Seite auf die andere warf, auf einen Laut aus Angharads Zimmer lauschte. Es war zunehmender Mond – Ostermond, wie Michaeleen sagte –, und ein leichter Luftzug strich ums Haus und raschelte in den noch kahlen Geißblattranken.

Vielleicht konnte ich nicht schlafen, weil ich mich inzwischen zu sehr an die Tabletten gewöhnt hatte. Vielleicht wartete ich auch auf etwas, ich weiß es nicht. Dazu kamen die alten, ungelösten Gedanken, die sich immer wieder in den gleichen Bahnen bewegten und mich quälten, und die Zeit zwischen den dumpfen Schlägen der Standuhr in der Halle erschien mir unendlich lange – jede Stunde eine kleine Ewigkeit.

Mitternacht war längst vorüber, als ich das Geräusch wieder hörte. Diesmal wußte ich, daß es kein Traum war, denn ich lag hellwach in meinem Bett und betrachtete das Muster, das der Mondschein auf die Wandtäfelung zeichnete.

Das Geräusch kam aus Angharads Zimmer.

Ich schlug die Decke zurück. Eine Tür wurde geschlossen. Mit einem Sprung war ich aus dem Bett und griff nach meinem

Morgenmantel. Als ich leise die Tür öffnete, sah ich, wie eine schattenhafte Gestalt um die Ecke der Galerie verschwand.

Lautlos schlich ich ihr nach. Als ich den Treppenabsatz erreichte, war sie schon am Ende der Halle angelangt und öffnete die Eingangstür. Einen Augenblick sah ich sie auf der Schwelle stehen; der Mondschein warf eine schmale Lichtbahn über den Riemenfußboden und den Teppich. Instinktiv trat ich in den Schatten der Mauernische, doch sie sah sich nicht um. Sie trat ins Freie, ohne die Tür hinter sich ins Schloß zu ziehen. Ich ließ ein paar Sekunden verstreichen und folgte ihr.

Als ich auf den Vorplatz kam, war sie verschwunden. Die Luft war voller Frühlingsdüfte. Ich beugte mich über die Brüstung und spähte in die Dunkelheit. War sie zum Stall gegangen?

Plötzlich hörte ich einen vertrauten Laut vom Rasen her. Die alte Schaukel quietschte in ihren rostigen Angeln. Ich hob den Kopf. Es ging nur ein leichter Luftzug – zu leicht, um die dicken Seile zu bewegen.

Jemand war bei der Schaukel.

Mit zwei Sätzen war ich die Stufen hinunter und lief geduckt an der Hausmauer entlang zum Rand der Wiese, wo der Goldregenbaum stand.

Das Quietschen verstummte nicht. Im schwachen Glanz des Mondes sah ich, wie sich die Schaukel bewegte. Ich stolperte über eine Wurzel, fiel ins Gras und blieb auf den Knien liegen, doch sie hörte mich nicht. Alle anderen Geräusche schienen verstummt bis auf das Ächzen der Stricke in den Angeln – und das Summen . . .

Sie summte; eine eintönige, schlichte Melodie: ein Kinderlied.

Ein Schauder überlief mich. Noch immer kniete ich im feuchten Gras und starrte zum Goldregenbaum. Es war ein Bild von erschreckendem Zauber, wie sie da im Mondschein unter dem rötlichen Ast schaukelte, an dem gerade das erste Blattwerk ausschlug. Ihr blauer Samtumhang, den sie zu unserer Hochzeit getragen hatte, streifte über das Gras. Sie hielt den Kopf zur Seite geneigt, lehnte die Stirn gegen das Seil, und ihr schwarzes Haar schwang mit der Schaukel vor und zurück.

Als Kind mag sie glücklich gewesen sein.

Dann müßte sie sich eigentlich nach dieser Zeit zurücksehnen.

Vor und zurück . . .

Der gleitende Schatten der Schaukel über dem Gras . . .

Sie summte stets die gleiche Melodie, hielt sich mit der linken Hand am Seil fest, und in der rechten hielt sie die Puppe.

Die Puppe!

Ich erschrak so, daß mein Herz wie rasend zu schlagen begann. Eine Wolke verdunkelte den Mond. Goldregenbaum, Schaukel und Rasen lagen in Finsternis getaucht. Ich raffte mich auf, wandte mich ab und stolperte blindlings auf die Freitreppe zu. Vielleicht hörte sie mich jetzt; ich weiß es nicht, denn ich sah nicht zurück.

Ich saß in meinem Zimmer und hörte sie zurückkommen. Ich hörte die Standuhr in der Halle schlagen, die Geißblattranken rascheln, den Efeu ans Fenster tappen. In der Stille des Parkes begann einsam eine Amsel zu flöten; eine zweite fiel ein, dann erhob sich ein ganzer Chor von Vogelstimmen.

Der Wind kam mit der Dämmerung; leicht und seufzend zuerst, doch mit rasch zunehmender Gewalt, Vorbote eines Sturmes.

Steif erhob ich mich und sah mich im Zimmer um. Die Zeit war um, die Frist abgelaufen.

Arme, stolze Angharad O'Shea.

Ich mußte gehen. Um ihretwillen. Es war das einzige, was ich noch für sie tun konnte. Und sie würde nicht einmal wissen, was mich dieser Entschluß gekostet hatte.

Ich ging in mein Arbeitszimmer und läutete Dr. McGrath aus dem Bett. Dann begann ich zu packen.

54

Es war ein stürmischer Aprilmorgen, als ich Auburn Manor verließ. Der Wind zerrte an meinem Trenchcoat, während ich das Handgepäck im Kofferraum des Wagens verstaute. Ich sah zu Angharads Fenster auf: Die Gardinen waren vorgezogen. Das Brausen des Windes im Ohr, setzte ich mich hinters Steuer, fuhr an den Eiben vorbei, die sich in groteskem Tanz bogen, und unter den von Waldreben verhangenen Eichen dahin.

Als ich zum Tor kam, sah ich Michaeleen neben dem steinernen Pfosten stehen.

Ich stieß einen unterdrückten Fluch aus, bremste und kurbelte das Fenster herunter.

»Michaeleen, ich habe Ihnen doch gesagt –«

»Sie haben gesagt, Sie wollen keinen mehr sehen. Ja, ja, wir haben uns gestern schon verabschiedet, und Sie wollten möglichst schnell und ohne Aufhebens hier wegkommen.« Er beugte sich vor und legte die Hand auf den Wagenschlag. »Aber ich konnte Sie nicht einfach so losfahren lassen.«

Ich sah ihn schweigend an.

»Ich möchte nicht, daß Sie in Bitterkeit von hier fortgehen. Sie lieben sie. Verzeihen Sie ihr. Sie kann nichts dafür.«

»Ich weiß. Aber das macht es nicht leichter.«

»Die Zeit kann manches ändern. Ich hoffe, wir sehen uns eines Tages wieder – Sie, ich und die Lads.«

»Das hoffe ich auch, Michaeleen.«

Eine Träne lief ihm über die hagere Wange und versickerte in seinen grauen Bartstoppeln.

»Auf Wiedersehen, und Gott schütze Sie.«

»Auf Wiedersehen, Michaeleen.«

Ich fuhr so heftig an, daß der Motor aufheulte. Als ich die Abzweigung zur Hauptstraße erreichte, warf ich einen Blick in den Rückspiegel. Über dem Park ballten sich Sturmwolken. Der alte Gärtner schloß das Tor von Auburn Manor.

Epilog

Es war lange her, seit ich das Lied zum letztenmal gehört hatte. Zitternd erhoben sich die Töne über den Verkehrslärm des beginnenden Tages. Ich wandte den Kopf und lauschte.

Letzte Rose, wie magst du . . .

Ich trat ans Fenster. Auf dem Bürgersteig vor dem Hotel stand eine alte Frau mit ihrem Leierkasten und drehte die Kurbel. Ich schloß die Augen. Eine Flut von Erinnerungen stürmte auf mich ein.

Angharad geht es den Umständen entsprechend gut. Bitte komm noch nicht.

Seit Monaten immer das gleiche. Bitte komm noch nicht. Später – vielleicht. Eines Tages. Vielleicht nie.

Das Lied brach ab. Ich griff nach meiner Brieftasche, öffnete das Fenster und warf ein Geldstück in die Tiefe. Klirrend prallte es auf das Pflaster. Die alte Frau sah zu mir hoch, beschattete die Augen mit der Hand, bückte sich.

Wieder erklang die Drehorgel, doch diesmal war es eine andere Melodie. Ich schloß das Fenster, ging zum Koffer und griff nach dem Schlüssel. Erst vor wenigen Tagen hatte ich ihn wiedergefunden. Er war groß und ein wenig plump geschmiedet. Während ich ihn auf der Handfläche wog, merkte ich, wie schwer er war.

Ein Schlüssel ist ein Symbol für zweierlei: Einlaß und Ausschließung. Mehr als ein Jahr war vergangen, seit ich ihn an mich genommen hatte. Ich wartete noch immer, daß sie mich rief, mich einließ; und daß sie es freiwillig tat.

Es konnte jeden Augenblick geschehen.

Oder später, eines Tages.

Vielleicht auch nie . . .

1

Nur schwache milchiggelbe Sonnenstrahlen drangen durch die dicke Rußwolke, die über Madison City lag. Obwohl es bereits neun Uhr morgens war, blieb das Thermometer unter dem Gefrierpunkt.
Die geplagten Zitruspflanzer ergriffen alle nur erdenklichen Maßnahmen, um sich gegen den Frost zu wehren. Ein Zusammentreffen außergewöhnlicher klimatischer Bedingungen hatte bewirkt, daß eine Kaltluftfront von den schneebedeckten Bergen über das Steppenplateau in Richtung auf die Zitrusanbaugebiete an der kalifornischen Küste wanderte.
Der Frost herrschte schon seit drei Tagen. Die Farmer hatten Petroleumfeuer angezündet, und an den kalten Morgen hing der Qualm unbeweglich über dem Tal. Wenn er sich nachmittags auflöste, gingen sie mit müden Augen verzweifelt auf die Suche nach neuem Brennstoff, um ihre Rauchpfannen eine weitere Nacht in Betrieb zu halten.
Da Madison City von der Landwirtschaft lebte und die Kaufleute genau wußten, wie schnell sie ruiniert waren, wenn die Farmer eine Mißernte hatten, fanden sie sich mit dem Ruß ab und verbrachten in unzureichend geheizten Läden trübe Stunden. Die Bewohner des Städtchens verkrochen sich in ihre Häuser, die für ein frostfreies Klima gebaut waren, und versuchten mit allen möglichen Heizapparaten die Temperatur erträglich zu halten. Der Gedanke, daß dieses Wetter ja nicht ewig dauern konnte, war ihnen allerdings nur spärlicher Trost.
Doug Selby, ein großer junger Mann, der voller Energie steckte, ging im Gerichtsgebäude von Madison City rasch den Korridor des zweiten Stocks entlang. Er öffnete die Tür, auf der *Staatsanwalt – Privatbüro* stand, hängte seinen Mantel an den Ständer und drückte auf den Summer, um der Sekretärin seine Ankunft zu melden. Das Gerichtsgebäude war zentralgeheizt. Selby stellte sich mit dem Rücken vor den Heizkörper und genoß die Wärme. Seine Sekretärin betrat mit einem Stapel Post das Zimmer und begrüßte ihn lächelnd. Im Vorzimmer brannte Licht. Selby warf einen deprimierten Blick in das rußige Halbdunkel und knipste dann seine Schreibtischlampe an.
»Nun, ist irgendwelche wichtige Post dabei?« fragte er.
»Nein, nichts Eiliges«, erwiderte seine Sekretärin. »Draußen wartet Ross Blaine.«
»Blaine?«

»Das ist doch der junge Mann, der einen Scheck von der Madison City Transport gefälscht hat.«
»Ach, richtig!« Selby nahm den Hörer ab und sagte zur Vermittlung: »Stellen Sie bitte fest, ob Rex Brandon zu Hause ist.« Als sich nach einem Augenblick der Sheriff meldete, begann er: »Rex, hier ist Doug Selby. Du wirst dich erinnern, daß ich mit dir über den jungen Blaine gesprochen habe, der den Scheck gefälscht hat. Mit Rücksicht auf seine Mutter will weder das Restaurant, das den Scheck in Zahlung nahm, noch die Firma selbst Klage einreichen, aber Blaine weiß davon bis jetzt noch nichts. Er sitzt bei mir im Vorzimmer, und vielleicht wäre es ganz gut für den Jungen, wenn wir mal mit ihm redeten.«
»Gut, ich komme sofort«, sagte Sheriff Brandon.
»Okay, Rex. Ich lasse dich durch die Tür zum Privatbüro rein.« Als Selby eingehängt hatte, sagte er zu seiner Sekretärin: »Wenn ich auf den Summer drücke, schicken Sie bitte den jungen Blaine herein.« Die Sekretärin verschwand, und Selby sah flüchtig die Post durch. Als er Rex Brandons Schritte auf dem Flur hörte, ging er zur Tür und ließ ihn ein.
Der Sheriff war fünfundzwanzig Jahre älter als Selby und hatte bereits graumeliertes Haar. Sein Gesicht war von Wind und Wetter gegerbt wie Leder, und seine Beine waren durch die vielen Jahre, die er im Sattel verbracht hatte, krumm geworden. Sein Gang hatte trotzdem etwas Federnd-Elastisches.
Mit freundlichen grauen Augen, die manchmal eiskalt werden konnten, lächelte er Selby zu und sagte: »Ganz schöne Kälte, was?«
»Das kann man wohl sagen«, erwiderte Selby. »Ich habe heute nacht gar nicht genug Wolldecken auftreiben können.« Er blickte auf seine Finger. »Ich glaube, bis ich meine Hände wieder sauber kriege, wird es Hochsommer.«
Brandon setzte sich in einen Sessel und fischte einen Tabakbeutel sowie ein Päckchen braunes Zigarettenpapier aus seiner Tasche. »Was hast du mit diesem Bengel, dem Blaine, vor, Doug?«
Selby fuhr sich mit seinen langen schmalen Fingern durchs Haar. »Was würdest du denn mit ihm machen, Rex?«
»Früher wanderten junge Burschen, die Schecks fälschten, unweigerlich ins Gefängnis. Deshalb gab es auch nicht allzuviele Jugendliche, die so etwas taten.«
Selbys Augen glitten zu dem verrußten Fenster hinüber. »Die Zeiten haben sich geändert, Rex, und ... na ja, es hat sich manches gebessert und manches verschlechtert.«

In den Augen des Sheriffs lag väterliche Zuneigung, als er Selby anblickte. »In meiner Jugend waren die jungen Leute fleißiger und ernsthafter, Doug. Heutzutage kriegen sie das, was sie haben wollen, viel zu leicht. Du bist eine Ausnahme. Schließlich bist du ja selbst noch jung, und trotzdem hast du hier in der Stadt im Nu Karriere gemacht. Warum gibt es nicht mehr Leute wie dich?«

Selby lachte. »Erstens gibt es in jedem Bezirk nur einen Staatsanwaltsposten, Rex. Und außerdem sind die Berufschancen jetzt nicht mehr so gut wie vor ein paar Jahren. An der Spitze ist genug Platz, aber man kann die Leiter eben nicht emporklettern, ohne sich erst mal mit den Ellbogen den Weg zur ersten Sprosse zu erkämpfen. Ich weiß übrigens über den jungen Blaine genau Bescheid. Seine Mutter hat große Opfer gebracht, um ihm eine gute Ausbildung zu ermöglichen. Aber sie nützt ihm nichts, weil er keinen Start findet. Sein Bildungsniveau prädestiniert ihn zu einer leitenden Stellung. Aber er hat nicht gelernt, erst mal unten herumzukrebsen. Wenn man einem jungen Mann beibringt, einen Rennwagen zu fahren, heißt das noch lange nicht, daß er auch Ackergäule reiten kann.«

»Das kann er ja lernen«, sagte Brandon und schüttelte goldbraune Tabakskrümel auf ein Stück Zigarettenpapier. »Mir blieb auch nichts anderes übrig.«

»Ja, aber du hast es als ganz junger Bursche gelernt. Heutzutage bleiben die jungen Leute so lange auf der Schule, bis sie . . . ach, weißt du, Rex, lassen wir ihn doch hereinkommen, und dann hör dir an, warum er es getan hat! Ich glaube, darauf kommt es an. Blaine ist kein Krimineller, und ich möchte ihn nicht dazu abstempeln. Versuchen wir einfach, uns mit ihm zu unterhalten und möglichst schnell zum Kern der Sache vorzudringen.«

Brandon nickte und rollte die Zigarette. Selby drückte auf den Summer. Einen Augenblick später öffnete sich die Tür, und ein gutangezogener junger Mann von etwa vierundzwanzig Jahren trat ein. Er blieb stehen, starrte die beiden Männer an und versuchte, die panische Angst, die sein Blick verriet, zu verbergen. »Setzen Sie sich, Blaine«, sagte Selby.

Als der junge Mann Platz genommen hatte, begann Selby: »Ich vermute, Sie wissen, warum Sie hier sind?« Blaine schwieg. Selby öffnete seine Schreibtischschublade, nahm einen Scheck heraus und sagte: »Bis vor ein paar Monaten waren Sie als Hilfsbuchhalter bei der Madison City Transport angestellt. Sie besaßen Vollmacht, Schecks bis zu einem Betrage von dreihundert Dollar auszustellen. Vor zwei Tagen haben Sie nun in einem hiesigen Restaurant einen

Scheck über fünfundsechzig Dollar in Zahlung gegeben. Sie benutzten dabei ein Scheckformular der Transport. Die Bank war jedoch von Ihrer Kündigung informiert worden und weigerte sich, als der Scheck vorgelegt wurde, den Betrag auszuzahlen.«
Blaine hob die Augen, blickte flüchtig zu Selby hinüber, sah dann weg und nickte. Schließlich schluckte er und sagte: »Ja, Sir.«
»Warum haben Sie das getan?« fragte Selby.
»Ich weiß es nicht«, erwiderte Blaine.
»Hören Sie, Ross, das ist keine Antwort auf meine Frage!« sagte Selby in wohlwollendem Ton. »Sie wußten, daß die Bank die Annahme des Schecks verweigern würde. Sie wußten auch, daß Sie rechtswidrig handelten. Es muß Sie also irgendein zwingender Grund zu dieser Tat veranlaßt haben.«
»Ich brauchte das Geld«, sagte Blaine.
»Wofür?«
»Ich brauchte es eben.«
Selby blickte den jungen Mann fest an und sagte dann: »Jetzt wollen wir mal offen miteinander reden, Ross. Sie haben eine verwitwete Mutter, die von der kleinen Rente, die sie bezieht, mit Mühe und Not leben, aber unmöglich auch noch *Ihren* Unterhalt bestreiten kann. Eigentlich sollten Sie imstande sein, noch etwas Geld zum Familieneinkommen beizusteuern. Im vergangenen Jahr hatten Sie zwei Stellen; in keiner von beiden konnten Sie sich halten. Ich hatte eine lange Unterredung mit Charlie Peters von der Transport. Er sagt, er hätte Sie entlassen müssen, weil Sie nicht das geringste Interesse an Ihrer Tätigkeit gezeigt hätten. Sie trieben sich nachts so lange herum, daß Sie am Morgen todmüde waren. Zwei- oder dreimal hat er Sie mit einem schweren Kater angetroffen. Ihre Arbeit hätten Sie als stumpfsinnige Routine betrachtet und dafür nicht das geringste Interesse aufgebracht – was zur Folge gehabt hat, daß Ihnen ständig Fehler unterlaufen sind. Ein- oder zweimal wöchentlich hatte eine gründliche Prüfung vorgenommen werden müssen, um festzustellen, warum die Zahlen nicht stimmten. Irgendein Flüchtigkeitsfehler von Ihnen ist dann jeweils schuld gewesen. Und jetzt habe ich Ihnen noch etwas anderes zu sagen, Ross: zu dem Zeitpunkt, da Peters Sie entließ, müssen Sie diese Scheckfälschung schon im Sinn gehabt haben. Sie werden sich das Formular in die Tasche gesteckt haben, weil Sie mit dem Gedanken spielten, es irgendwann zu benutzen und . . .«
»Nein, ich habe das Formular zufällig in meiner Brieftasche gefunden!«

»Und wieso gelangte es *zufällig* in Ihre Brieftasche?« fragte der Sheriff ungläubig.
»Ich mußte plötzlich ein paar Zahlen notieren und hatte gerade kein Schreibpapier zur Hand. Die Zahlen wurden telefonisch durchgegeben. Ich riß daher diesen Scheck aus dem Heft und schrieb sie mit Bleistift auf die Rückseite.«
Selby betrachtete die Rückseite des Schecks und nickte dann. »Ja, ich kann die Stelle erkennen, wo mit Bleistift Zahlen notiert wurden. Vielleicht sagen Sie tatsächlich die Wahrheit, so daß es sich nicht um eine vorsätzliche Straftat handelt. Und vor zwei Tagen brauchten Sie also Geld. Wofür?«
»Ich... ich hatte Schulden zu bezahlen, und mir fehlte das Geld dafür.«
Sheriff Brandon warf Selby einen vielsagenden Blick zu. »Jetzt möchte ich gern ein paar Fragen an ihn stellen, Doug«, sagte er. Selby nickte, und Blaine blickte widerstrebend zu dem Sheriff hinüber.
»Ich habe Sie vorgestern zusammen mit dem jungen George Stapleton gesehen«, sagte Brandon. »Sie saßen in Stapletons neuem Wagen und fuhren in Richtung *Palm Thatch.*« Der junge Mann schwieg. Brandon wartete einen Moment und fuhr dann fort: »Stapletons Vater hat Geld wie Heu. George lebt auf großem Fuß. Sie sind mit ihm zur Schule gegangen und waren im gleichen Fußballklub wie er. Sie sind dicke Freunde. Aber Sie sollten einsehen, daß Sie das Geld nicht so zum Fenster hinauswerfen können wie Stapleton.«
Blaine erwiderte nichts.
»Was habt ihr draußen im *Palm Thatch* gemacht?« fragte Doug Selby.
»Wir haben da ein bißchen gesessen.«
»Habt ihr was getrunken?«
»Nur ein paar Bier.«
»Und wohin seid ihr von dort aus gefahren?«
»Nach Hause.«
»Wann seid ihr aufgebrochen?«
»Gegen zwei Uhr.«
Selby kniff die Augen zusammen. »Wann seid ihr abends losgefahren?«
»Gegen zehn.«
»Und ihr habt dort also vier Stunden gesessen und getrunken?«
»Oh, wir haben uns einfach die Zeit vertrieben.«

»Waren Mädchen dabei?«
Blaine schüttelte den Kopf. »Nein, wir waren unter uns.«
»Wie lange hat der junge Stapleton seinen neuen Wagen schon?«
»Seit zwei oder drei Wochen.«
»Sind Sie selbst mal ein bißchen damit herumgefahren, um ihn auszuprobieren?«
»Nein.«
»Sind Sie vorher schon mal in dem Wagen mitgefahren?«
»Ja.«
»Warum hat Stapleton seinen alten Wagen verkauft?«
»Das weiß ich nicht. Ich glaube, er gefiel ihm einfach nicht mehr. Er hat ihn zu einem Spottpreis verkauft. Nur siebenhundertfünfzig Dollar hat er dafür bekommen.«
»Und an wen hat er ihn verkauft?«
»An Tom Cuttings. Das ist ein Schulkollege, der jetzt in Miranda Mesa lebt. Er war zufällig hier, und da hat George ihm den Schlitten gleich verkauft.«
»Für siebenhundertfünfzig Dollar?«
»Ja«, sagte Blaine. Seine Stimme wurde zum ersten Male lebhafter. »Ich wünschte, ich hätte gewußt, daß George ihn zu dem Preis weggeben wollte. Es war wirklich ein fabelhafter Wagen – ein feuerrotes Sportkabriolett mit weißem Streifen und einem erstklassigen Motor . . . Der Wagen wäre jederzeit noch für zweitausend Dollar reißend weggegangen.«
»Sie hätten ihn gern gekauft, nicht wahr?« fragte Selby.
»Allerdings . . . verdammt, war das ein Wagen! Aber ich hätte ja nicht einmal die Schlußlichter bezahlen können . . . So elegant flitzt der Wagen davon . . .«
»Sehen Sie nicht, Ross, was Sie sich antun? Wenn ich von Ihrer Mutter spreche und von Ihrer Pflicht, sie zu unterstützen, dann läßt Sie das vollkommen kalt; aber kaum ist die Rede von einem Wagen, den sich nur ein wohlhabender Mann leisten kann, sind Sie plötzlich ganz Ohr. Sie wollen sich nicht mit der Realität abfinden, Sie leben in einer Traumwelt. Machen Sie endgültig Schluß mit den Illusionen. Ich begann über das Auto zu reden, weil ich wußte, wie Sie darauf reagieren würden, und ich wollte Ihnen einen Spiegel vorhalten.«
»Ja, Sir«, murmelte der junge Mann mürrisch.
»Was habt ihr da draußen im *Palm Thatch* gemacht, Ross?«
»Nichts.«
»Ihr habt doch gepokert, nicht wahr?« fragte Rex Brandon.

»Tja, es war gerade ein Spielchen im Gange, und da haben wir uns dazugesetzt.«
»Wer hat gespielt?« fragte Brandon.
»Ich verpfeife niemand.«
»Hat Stapleton gespielt?«
»Fragen Sie ihn doch selbst.«
»Und wie steht es mit dem Besitzer vom *Palm Thatch*, Oscar Triggs? Wußte er, daß ein Spiel im Gange war?«
Blaine war im Begriff, etwas zu erwidern, schwieg dann aber.
»Ich habe nicht vor, Sie zum Denunzianten zu machen, Ross. Ich möchte nur wissen, was sich dort abspielt, weil ich verhindern möchte, daß andere junge Leute in die gleiche Falle geraten wie Sie.«
Blaine saß noch immer schweigend da und versuchte, dem Blick des jungen Staatsanwalts auszuweichen.
»Nun, Ross«, sagte Selby, »schenken Sie mir reinen Wein ein!«
»Sie brauchen keine Angst zu haben, daß noch irgend jemand hineinrasselt«, sagte Blaine bitter. »Die Falle wurde mir allein gestellt.«
»Warum gerade Ihnen?«
Blaine blickte verstört auf. »Triggs wollte, daß ich auf die schiefe Bahn gerate, weil ich Madge Trent liebe.«
»Wer ist Madge Trent?«
»Das Barmädchen im *Palm Thatch*.«
»Ich glaube«, sagte Selby in freundlichem Ton, »es wäre am besten, wenn Sie uns darüber ein bißchen mehr erzählten, Ross.«
Blaine preßte seine Finger zusammen. Dann blickte er mit tränenfeuchten Augen auf und sagte: »Also gut. Ich bin bestimmt kein Lockvogel, aber ich lasse mich nicht von Triggs hereinlegen, ohne es ihm heimzuzahlen. An drei oder vier Abenden in der Woche wird dort gespielt. Immer, wenn es um viel Geld geht, kommt aus Los Angeles ein Berufsspieler herüber. Er ist hinter den Onkeln mit dem dicken Geldbeutel her, aber manchmal knöpft er sich auch Stapleton vor. Meistens läßt er uns junge Leute in Frieden. Wenn wir uns bei den Reichen ein paar Dollar holen können, so ist es nur die Belohnung dafür, daß wir der Sache einen ehrlichen Anstrich geben.«
»Wer ist der Berufsspieler?«
»Carlo Handley.«
»Und wer hat das viele Geld?«
»Ein alter Makler namens Morley Needham. Er ist ein prima Kerl.

Ihm macht es nichts aus, wenn er verliert. Meistens bringt er ein hübsches Mädchen mit und kauft ihr einen Haufen Chips. Sie steckt die Gewinne ein, und er bezahlt, was sie verliert. Er ist wirklich ein feiner Kerl. Ich glaube, dieser Handley hat Spürhunde engagiert, die Needham beobachten. Jedesmal, wenn Needham auftaucht, kann man fest damit rechnen, daß eine halbe Stunde später Handley hereinschneit.«

»Und wie ist es mit dem Barmädchen?« fragte Selby.

Blaines Augen wurden weich.

»Na, was tut sie denn?«

»Beim Spiel, meinen Sie?«

»Ja.«

»Sie spielt nicht mit, sondern sorgt vorne für Betrieb. Gespielt wird im Hinterzimmer.«

»Aber wie sorgt sie denn für Betrieb?« fragte Sheriff Brandon.

Blaine errötete. Er kniff die Augen zusammen und wich dem Blick des Sheriffs aus. »Sie tanzt Hula-Hula in einem Baströckchen und zeigt eine Menge Figur ... das ist aber auch alles. Sie läßt sich mit keinem ein. Natürlich sind die Männer hinter ihr her. Hin und wieder setzt sie sich auch mit an einen Tisch, aber nur um die Leute bei Laune zu halten. Sie ist ein nettes Mädchen.«

»Ein anständiges Mädchen hat in so einem Laden wohl kaum etwas zu suchen«, sagte der Sheriff.

Blaine warf ihm einen empörten Blick zu. Dann senkte er die Augen. Seine Lippen waren fest zusammengepreßt.

»Und was ist mit Triggs?« fragte Selby.

»Triggs ist ein aalglatter Hund. Er ist scharf auf Madge. Jeder, der sie ein bißchen zu lange ansieht, kommt auf seine Abschußliste. Daher hat er mich auch hereingelegt. Er macht kein großes Aufheben, erreicht aber todsicher, was er will. Jetzt hat er mich aufs Korn genommen ... und ich glaube, er hat's geschafft, mich zu ruinieren. Auf Madge übt er einen großen Einfluß aus. Sie muß sich schließlich ihr Geld verdienen, und eine Stellung zu finden, ist für ein Mädchen nicht so leicht, wie manche Leute glauben.« Blaine warf dem Sheriff einen wütenden Blick zu und fuhr dann fort: »Wenn man die Nase über sie rümpft, sollte man sich überlegen, daß sie mit achtzehn heiratete und mit neunzehn ein Kind bekam. Sie sorgt jetzt allein für das kleine Mädchen und kann sich eben nur als Barmädchen durchschlagen. Aber sie hält sich die Männer vom Leib. Nur vor Triggs hat sie Angst. Sie zittert jedesmal, wenn er mit seiner unheimlich ruhigen Stimme etwas zu ihr sagt. Ich

wünschte, ich hätte genug Geld, um sie aus der Spelunke herauszuholen.«
Selby klopfte dem jungen Mann auf die Schulter. »Das ist eine nette Idee von Ihnen, Ross. Aber dadurch, daß Sie Schecks fälschen, um fürs Pokern Geld zu haben, werden Sie Ihr Ziel nie erreichen. Sie werden arbeiten müssen – hart arbeiten. Es kommt vor, daß einer über Nacht ein reicher Mann wird – aber meistens hat er sehr bald wieder genauso wenig wie vorher.«
»Ja, Mr. Selby. Ich nehme an, daß ich nun ins Gefängnis muß. Bis ich rauskomme ...«
»Nein, Ross. Sie brauchen nicht ins Gefängnis. Sie gehen jetzt nach Hause und denken über alles gründlich nach. Dann sehen Sie sich nach einer neuen Stelle um. Von dem ersten Geld, das Sie verdienen, zahlen Sie die fünfundsechzig Dollar an das Restaurant zurück. Haben Sie mich verstanden?«
Blaine sprang auf. »Ich muß nicht ins ... ich werde bestimmt nicht eingesperrt?«
»Nein«, sagte Selby.
Blaine ging zur Tür. Es war ihm anzusehen, daß eine Zentnerlast von seiner Seele genommen war. Im Türrahmen blieb er stehen und drehte sich noch einmal um. »Mein Gott ... ich danke Ihnen ... Tausend Dank!«
Als Blaine das Zimmer verlassen hatte, ging Selby zum Wandschrank und holte seinen Mantel heraus. In seiner Miene lag Entschlossenheit.
»Ich habe das Gefühl«, sagte Rex Brandon, »daß wir jetzt Triggs einen Besuch abstatten.«
»Stimmt genau. Wir fahren zu Triggs!« sagte Selby.

2

Als sie auf der Autostraße in Richtung Stadtrand rasten, hing der Qualm noch immer so tief, daß der Sheriff die Scheinwerfer des Polizeiwagens einschalten mußte.
»Die Kneipen am Stadtrand sind ein Problem«, sagte er. »Sie kümmern sich überhaupt nicht um die Vorschriften. Und doch hat man keine Lust, so scharfe Kontrollen zu machen, daß man ständig als Spielverderber dasteht.«
Selby starrte auf das Asphaltband der Straße. »Wir werden aber

veranlassen, daß der Unfug mit den Berufsspielern aufhört.«
»Es ist fast ausgeschlossen, eine Verurteilung wegen Duldung verbotener Glücksspiele zu erreichen«, bemerkte Brandon. »Vier oder fünf kleine Kneipen haben einen Spielklub für Stammgäste, und jeder weiß das. Außerdem gibt es hier in der Gegend gewisse liberale Kreise, die wünschen, daß es im Bezirk etwas freizügiger zugehe. Als Sam Roper Staatsanwalt war, herrschte ein allzu lasches Regiment. Man behauptet ja, er sei am Gewinn der Spielhöllen beteiligt gewesen. Schließlich ging es derart zu, daß die Wähler uns ans Ruder holten. Wir haben die Spielhöllen geschlossen und mit der Korruption Schluß gemacht. Jetzt fangen einige von den Leuten, die uns gewählt haben, zu murren an und behaupten, wir hätten die Schraube zu fest angezogen. Nach allem, was ich höre, ist dieser Triggs ein ganz abgebrühter Bursche. Sam Roper ist sein Anwalt. Als Roper seine Anwaltspraxis wieder eröffnete, übernahm er natürlich für alle diese Spelunken die Verteidigung und . . .« Brandon trat plötzlich scharf auf die Bremse. Der Wagen, der mit hoher Geschwindigkeit dahingerast war, schleuderte etwas und kam dann mit einem Ruck zum Stehen.
»Was ist los?« fragte Selby.
»Sieh mal den Kerl da hinten!« sagte Brandon.
Selby blickte durchs Rückfenster und sah einen Mann am Straßenrand stehen. Langsam kam er auf den Wagen zu.
»Ach, der fährt per Anhalter«, sagte er. »Er will bestimmt nach Los Angeles. Nun wird er enttäuscht sein, weil er glaubt, wir hielten, um ihn mitzunehmen.«
»Ich habe den Kerl in den letzten zehn Tagen schon vier- oder fünfmal hier an der Straße herumlungern sehen. Der trampt nicht nur. Wir wollen mal sehen, was er eigentlich will.«
Der Mann trat an den Wagen. »Fahren Sie nach Los Angeles?« fragte er.
»Ja, steigen Sie ein«, sagte Brandon.
Der Mann zögerte einen Moment und sagte dann: »Ein paar hundert Meter von hier steht ein Freund von mir. Würden Sie dann wohl noch einmal anhalten und ihn auch mitnehmen?«
»Wird gemacht«, sagte Brandon und zwinkerte Selby zu. »Den nehmen wir auch noch mit.«
Der Mann zögerte noch immer. »Er hat ein paar Wolldecken bei sich und einen Hund.«
»Hunde nehmen wir nicht mit«, sagte Selby.
»Na, ich glaube, dann kann ich Ihr Angebot nicht annehmen«,

murmelte der Mann.
Brandon klappte seinen Mantelaufschlag um. »Polizei!« sagte er und wies auf die Dienstmarke. »Was wollen Sie in Los Angeles?«
»Ich will mir Arbeit suchen.«
»Kennen Sie in Los Angeles jemanden?«
»Ja, ich habe dort ein paar Freunde.«
»Wie heißen diese Leute?«
»Der eine heißt Jim Smith und der andere Frank Jones.«
»Und wo wohnen die beiden?«
»Wo sie jetzt wohnen, weiß ich selbst nicht. Es sind Klempner. Ich muß versuchen, sie ausfindig zu machen.«
»Sind Sie schon länger unterwegs?«
»Ja.«
»Kommen Sie von der Ostküste?«
»Ja.«
»Wo haben Sie die letzte Nacht verbracht?«
»In Oceanside.«
»Und heute morgen sind Sie bis hierher gekommen?«
»Ja, ich wurde von einem Wagen so weit mitgenommen.«
»Kommen Sie zum erstenmal durch diese Gegend?«
»Ich war vor ungefähr sechs Monaten schon einmal hier.«
»Erzählen Sie keine Märchen! Sie lungern schon seit zehn Tagen hier an der Straße herum. Ich habe Sie bereits vier- oder fünfmal gesehen. Wer sind Sie, und was haben Sie in Wirklichkeit vor?«
Der Mann schwieg.
»Na los«, sagte Brandon. »Wie heißen Sie?«
»Emil Watkins.«
»Und wo wohnen Sie?«
Der Mann schien einen Augenblick zu überlegen. Plötzlich sagte er. »Also gut. Jetzt will ich Ihnen mal etwas sagen: Ich bin kein Gauner und habe genug Geld, um mich von Ihnen nicht als Landstreicher behandeln lassen zu müssen. Wenn Sie es sehen wollen, bitte sehr!« Er zog eine Brieftasche hervor, öffnete sie und holte ein halbes Dutzend Banknoten heraus. »Hier ist ein Zwanzigdollarschein«, sagte er und drehte eine Banknote um. »Hier eine Zehndollarnote, ein Fünfer und noch ein paar Dollarscheine. Ich kümmere mich nur um meinen eigenen Kram und rate anderen, das auch zu tun.«
Brandon stieg aus und ging um den Wagen herum. Der Mann hob, als er Brandon auf sich zukommen sah, die Arme. Der Sheriff tastete ihn nach Waffen ab. »Also gut, Mr. Watkins«, sagte er

dann, »wo wohnen Sie?«
»Ich reise umher und suche mir als Zimmermann Arbeit. Es tut mir leid, daß ich eben ein bißchen ausfallend wurde, Sheriff. Ich bin wirklich nach Los Angeles unterwegs.«
»Okay«, sagte der Sheriff und setzte sich wieder ans Steuer. »Stehen Sie nicht mehr hier herum, wenn wir in zehn Minuten zurückkommen!« Er ließ den Motor an, und sie fuhren los. Drei Minuten später sagte er: »Hier ist das Lokal *Palm Thatch*. Willst du mit den Leuten reden, Doug?«
»Ja, ich werde es tun«, sagte Selby. Brandon fuhr den Kiesweg hinauf, der zu dem Gebäude führte, das früher einmal ein eleganter Landsitz gewesen sein mußte. Das Haus war nun durch zwei flache, langgestreckte Seitenflügel erweitert worden. Oben auf dem Dach war ein Neonschild angebracht, auf dem *Palm Thatch* stand. Die Seitenflügel waren mit Palmblättern bedeckt, die man auf die Schindeln genagelt hatte.
»Es ist noch zu früh. Da ist noch keiner auf«, sagte Brandon.
»Aus dem Schornstein steigt aber Rauch«, bemerkte Selby. Sie stellten den Wagen auf dem kreisförmigen Parkplatz ab und schritten auf die Haustür zu. Selby drückte auf den Klingelknopf, und nach wenigen Sekunden öffnete ihnen ein untersetzter kahlköpfiger Mann, der gegen Fünfzig sein mochte. Er war frisch rasiert, trug einen grauen Anzug und machte einen durchaus seriösen, zurückhaltenden Eindruck. Nur seine Augen fielen auf: sie waren blaßgrün und spähten unter buschigen blonden Augenbrauen argwöhnisch hervor.
»Oscar Triggs?« fragte Selby.
»Ja, bitte?«
»Mein Name ist Douglas Selby. Ich bin der hiesige Staatsanwalt. Und das ist Rex Brandon, der Sheriff.«
Triggs erwiderte nichts. Er blieb in der Tür stehen.
»Lassen Sie uns bitte ein«, sagte Selby.
»Suchen Sie mich in amtlicher Funktion auf?« fragte Triggs. »Wenn ja, möchte ich zunächst mit meinem Anwalt, Mr. Roper, telefonieren. Er wird verlangen, daß Sie eine entsprechende Vollmacht vorweisen.«
»Sie haben hier ein öffentliches Lokal, Mr. Triggs, und das werden wir jetzt betreten«, erklärte Selby.
Triggs blieb noch immer in der Tür stehen. Brandon schob ihn beiseite und sagte: »Okay, Doug. Gehen wir hinein.«
Triggs faßte sich und schloß leise die Tür hinter ihnen. Sein

Gesicht zeigte keinerlei Nervosität.
Sie betraten eine Diele, in der sich ein altmodischer Hut- und Schirmständer befand. Dahinter lag ein Saal, dessen viereckige Tanzfläche von Tischen umgeben war. Triggs schritt gelassen zum Telefon, wählte und sagte dann mit einer sonoren Stimme: »Hier spricht Mr. Triggs. Wollen Sie mich bitte sofort mit Mr. Roper verbinden ... Hallo ... Roper? Hier ist Oscar. Ich habe in meinem Lokal soeben Besuch von Douglas Selby, dem Staatsanwalt, und Sheriff Brandon bekommen. Ich erklärte ihnen, das Lokal sei noch nicht geöffnet. Sie sind aber trotzdem eingedrungen ... Nein, das glaube ich nicht.« Er drehte sich um und sagte ruhig: »Bleibe bitte einen Moment am Apparat.« Dann blickte er zu Brandon hinüber und fragte: »Haben Sie eine polizeiliche Vollmacht?«
Brandon bekam einen roten Kopf und ging wütend auf ihn los.
Selby hielt ihn am Mantel fest und zog ihn zurück. »Wenn Sie Ihr Gespräch beendet haben«, sagte er zu Triggs, »möchten wir mit Ihnen sprechen.«
»Sie können ja mit meinem Anwalt reden«, erwiderte Triggs.
»Gewiß, das könnten wir, aber wir werden es nicht tun.«
Triggs nahm wieder den Hörer auf. »Nein, anscheinend haben sie keine Vollmacht. Sie wollen mit mir sprechen ... Ja, gut ... Sie behaupten, es sei ein öffentliches Lokal. Wie steht es damit? ... Ja, es ist für jedermann zugänglich, aber wir servieren jetzt noch nicht ... Gut, Sam ... schönen Dank. Ich rufe wieder an, wenn ich dich brauche. Auf Wiedersehen.«
Er hängte ein und sagte: »Seien Sie bitte nicht ungehalten, meine Herren. Ich wollte bloß wissen, wie die Rechtslage ist. Mein Anwalt sagt, Sie könnten ins Restaurant kommen, das der Öffentlichkeit zugänglich ist. Mein Büro und meine Privaträume dürfen Sie nicht betreten. Außerdem sind Sie nicht befugt, irgendwelche Durchsuchungen vorzunehmen.«
»Wir gehen, wohin es uns paßt«, sagte Brandon grob.
»Gut«, erwiderte Triggs und holte ein Päckchen Zigaretten aus seiner Tasche. »Das ist Ihre Angelegenheit. Sie werden sich dann allerdings vor Gericht zu verantworten haben. Darf ich Ihnen eine Zigarette anbieten, meine Herren?«
»Offensichtlich haben Sie hier irgend etwas zu verbergen, Triggs«, sagte Selby.
Ohne seine Stimme zu heben, erwiderte Triggs: »Kommen Sie mir nicht mit so einem faulen Trick! Ich bin nicht von gestern, und dies ist nicht das erste Lokal, das ich bewirtschafte. In der Stadt werde

ich nicht belästigt. Aber hier draußen wollen Sie sich aufspielen. Ich weiß verdammt gut, daß Sie hergekommen sind, um mir einen Schrecken einzujagen ... Ich sage Ihnen, daß ich mich von niemandem ins Bockshorn jagen lasse. Ich betreibe ein ehrliches Geschäft. Nebenbei gesagt würde ich mir an Ihrer Stelle überlegen, daß ich der Stadt nur von Nutzen bin. Ich mache sämtliche Einkäufe in Madison City und bezahle stets in bar. Wenn mein Lokal hier nicht existierte, würden die Autofahrer durch *Ihre* Stadt hindurchfahren. Wie die Dinge liegen, bin ich ...«

»Ja, Sie sind ein Wohltäter der Menschheit«, bemerkte Selby trokken. »Das wissen wir, Triggs. Und jetzt werde ich mal reden, und Sie hören zu! Ich weiß, daß man die menschliche Natur durch Gesetze nicht verändern kann. Aber die Gesetze sind nun einmal da, und ich habe die Aufgabe, die Befolgung dieser Gesetze zu gewährleisten. Wir können allerdings nicht die Beachtung aller Gesetze erzwingen. Was wir auch tun, in gewissem Umfang wird immer gespielt werden. Aber eins will ich Ihnen sagen: Wenn Sie damit anfangen, junge Burschen auf die schiefe Bahn zu bringen, ist Schluß mit der Toleranz! Sie unterhalten hier draußen einen Spielklub. Ich weiß nicht, wie groß die Teilnehmerzahl ist, aber ich weiß jedenfalls, daß es diesen Klub gibt. In Madison City finden einige Leute, es sei nichts Unrechtes dabei, wenn man ein bißchen pokere. Es würde für mich nicht leicht sein, Sie zu überführen und eine Bestrafung zu erwirken, aber wenn ich es will, schaffe ich es, darauf können Sie sich verlassen. Ich warne Sie daher ein für allemal: lassen Sie die Finger von den jungen Leuten in Madison City!«

»Bitte drücken Sie sich etwas genauer aus«, sagte Triggs kühl.

»Ich denke zum Beispiel an Ross Blaine. Er hat einen gefälschten Scheck in Zahlung gegeben, um mitspielen zu können.«

»Es tut mir leid um Blaine«, erwiderte Triggs langsam, »aber er hat hier draußen gar nichts zu suchen. Ich hätte nichts dagegen, wenn Sie ihm erklärten, er solle mein Lokal in Zukunft meiden. Ich habe keinen Kindergarten.«

»Ich glaube, er kommt zusammen mit George Stapleton her, nicht wahr?« fragte Selby.

»Bei Stapleton ist es etwas anderes. Das ist ein gewitzter Bursche, der über genug Geld verfügt, um hier verkehren zu können.«

»Haben Sie persönlich etwas gegen Blaine?«

Triggs überhörte die Frage und bemerkte dann: »Wenn natürlich Blaine ein Freund von Ihnen ist und *Sie* Wert darauf legen, daß er hier ...«

»Nein, ich wünsche eben nicht, daß er bei Ihnen verkehrt!«
»Na also! Ich nämlich auch nicht.«
»Ferner wünsche ich nicht, daß Berufsspieler aus Los Angeles kommen.«
»Solche Leute würde ich gar nicht in mein Lokal lassen«, versicherte Triggs. »Bei mir hat es sauber zuzugehen.«
»Ich glaube, Sie geben sich nicht allzugroße Mühe, uns die Arbeit zu erleichtern«, sagte Selby mit drohendem Unterton. »Sie können diesen Besuch als eine Warnung auffassen!«
»Sie spazieren über dünnes Eis, Triggs«, fügte der Sheriff hinzu.
»Und Sie hoffen sicher von ganzem Herzen, daß ich nicht einbreche«, erwiderte Triggs sarkastisch.
Selby ergriff Rex Brandons Arm. »Komm, Rex«, sagte er. »Wir gehen. Ich glaube, wir haben alles gesagt, was zu sagen war.«
Der Sheriff folgte ihm nur zögernd. Plötzlich drehte er sich um und sagte zu Triggs: »Ich glaube nicht, daß Sie uns verstehen, aber ich weiß verdammt gut, mit wem wir es hier zu tun haben!«
Triggs ging zur Haustür und öffnete sie. »Guten Morgen, meine Herren«, sagte er. »Kommen Sie nur wieder. Sie können jederzeit hier hereinschneien – allerdings nur in den Teil meines Hauses, der dem Publikum zugänglich ist.«
Er blieb in der Tür stehen und sah den beiden Männern nach, bis sie den Kiesparkplatz überquert und den Dienstwagen bestiegen hatten.
»Dieser verdammte Kerl!« fluchte Brandon. »Ich hätte ihm einen Kinnhaken geben sollen. Sam Roper hat ihm alles mögliche eingetrichtert. Er ist schlau genug, all seine Einkäufe hier in der Stadt zu machen und bar zu bezahlen. Viele von den Kaufleuten werden sich tatsächlich überlegen, daß er ja Geld in die Stadt bringt und deshalb . . .«
»Roper hat aber nicht bedacht, daß Triggs in ein paar Monaten eine Erneuerung seiner Schanklizenz beantragen muß«, sagte Selby.
Brandon grinste übers ganze Gesicht. »Ach, richtig!«
»Und wenn dieser Berufsspieler das nächste Mal aus Los Angeles herkommt, werden wir eine Razzia veranstalten. Wir erwischen dann sowohl die Spieler als auch Triggs. Das wird den Leuten hier in der Gegend Gelegenheit geben zu sehen, um was für ein Spielchen es sich dreht.«
Ein paar Minuten fuhren sie schweigend weiter. Schließlich bemerkte der Sheriff: »Der Bursche, der vorhin den Anhalter

spielte, ist verschwunden. Was er auch im Schilde führt, jedenfalls hat er eingesehen, daß es sich hier nicht gut ausführen läßt.«

3

»Laß mich hier aussteigen«, sagte Selby. »Ich will noch ins Schreibwarengeschäft. Der Spaziergang wird mir guttun.«

Brandon steuerte den Wagen in eine Parklücke am Straßenrand. »Gib mir Bescheid, Doug, wenn du die Aktion wegen des Lokals starten willst.«

»Das wird ziemlich bald sein. Du kennst mich ja, Rex. Ich bin selbst eine Art Spielernatur.«

»Das kann man wohl sagen«, erwiderte der Sheriff. »Als ich mit dir während des Wahlkampfes unterwegs war, sind mir büschelweise graue Haare gewachsen. Ich wußte nie, was du im nächsten Augenblick anstellen würdest.«

»Das wußte ich selbst auch nicht«, sagte Selby grinsend. »Ich habe mir immer vor Augen gehalten, daß Sam Roper ein ausgedienter Politiker war, der sich einen genauen Schlachtplan zurechtgelegt hatte. Die einzige Möglichkeit, seine politische Erfahrung auszuschalten, bestand für mich darin, ihn nicht zur Ruhe kommen zu lassen. Dadurch wurde der Wahlkampf zu einer unberechenbaren Angelegenheit – etwa so, als wenn man in eine Wundertüte greift.«

»Und du hast dir aus dieser Wundertüte den Posten des Staatsanwalts herausgefischt ... Also gib mir Bescheid, wenn wir die Schlinge um Triggs zuziehen wollen.«

Der Dienstwagen des Sheriffs setzte sich wieder in Bewegung. Doug Selby betrat das Schreibwarengeschäft und kaufte Ersatzblätter für sein Ringheft. Er trat in dem Augenblick wieder auf die Straße, als ein cremefarbener chromblitzender Wagen heranrauschte. Die junge Dame, die am Steuer saß, bremste scharf, öffnete die Tür und sagte: »Soll ich dich zum Gericht mitnehmen, Doug?«

Selby nahm das Angebot dankend an. »Ich habe gerade an dich gedacht«, sagte er zu Inez Stapleton, während er neben ihr Platz nahm, »und mir überlegt, wie ich dich wohl erreichen könnte.«

Sie blickte ihn mit dunklen, aufmerksamen Augen an. »Wir stehen doch im Telefonbuch«, meinte sie. »Du könntest ja schließlich mal

bei mir vorbeikommen.«
Selby beobachtete die geschmeidigen Bewegungen ihrer Hände und Füße, während sie den großen Wagen zügig durch den Verkehr lenkte. Sie war ein merkwürdiges Wesen. Er wußte, daß auf dem Tennisplatz und am Steuer ihr Verstand und ihre Arme blitzschnell reagierten. Aber in der Unterhaltung gab sie selten eine schnelle Antwort. Meistens warf sie dem Gesprächspartner mit ihren dunklen Augen zunächst einen abschätzenden Blick zu, dann schien sie eine Sekunde zu überlegen, welche Angriffs- oder Verteidigungstaktik hier geboten sei, und schließlich kam ihre Antwort – die gewöhnlich entwaffnend war.
Sie war um fünf Jahre älter als ihr Bruder George und hatte eine schlanke wohlproportionierte Figur, die wie geschaffen war, um elegante Kleider besonders vorteilhaft wirken zu lassen.
»Nun?« fragte sie und warf ihm wiederum einen ihrer schnellen Blicke zu. »Bist du so gütig, deine Gedanken preiszugeben, oder soll ich einen Penny dafür zahlen?«
»Mir fällt eben ein, was eine Frau neulich über dich gesagt hat.«
»Oh! Das ist eine bombensichere Methode, um die stolzeste Frau gefügig zu machen. Verrate mir also, Doug, was hat diese Frau gesagt?«
»Sie sagte, bei Inez Stapleton hätte man, ganz gleichgültig was sie trage, nie den Eindruck, daß sie *angezogen* sei; man hätte vielmehr das Gefühl, sie sei in ein dünnes Gewand gehüllt.«
Inez lachte leise und versuchte vergeblich, ihre Freude über dieses Kompliment zu verbergen. »Sie hätte mich heute morgen im Garten sehen sollen«, meinte sie, »als ich in einem alten Mantel Frostschäden inspizierte ... Mein Gott, war das kalt heute nacht, Doug!«
Er nickte. Sie drehte das Steuerrad mit elegantem Schwung herum und bog in die Madrone Avenue ein. »Und du hast vorhin also gerade über mich nachgedacht?«
»Ja. Ich wollte mit dir über deinen Bruder sprechen.«
Sie blickte flüchtig zu ihm hinüber und dann wieder auf die Fahrbahn. Ihr Mund wurde schmal. »Worum handelt es sich denn?« fragte sie zurückhaltend.
»Ich habe das Gefühl, daß George ziemliche Dummheiten macht.«
Sie blickte eine Weile schweigend geradeaus. Dann sagte sie halb scherzend: »Doug, du bringst mich noch zur Verzweiflung. Bevor du dich in die Politik stürztest, kamst du mich öfters besuchen. Wir haben zusammen Tennis gespielt, sind spazierengegangen und

haben Autoausflüge gemacht. Dann betratst du die politische Arena, wurdest der streitbare junge Staatsanwalt und hast mich plötzlich gemieden, als ob ich die Pest hätte. Nun treffe ich dich und bekomme Herzklopfen, weil du sagst, du hättest mich sehen wollen – und dann stellt sich heraus, daß du mich nur wegen meines Bruders sprechen willst ... Ich nehme an, daß du dich also nur noch beruflich für mich interessierst?«
Er lachte. »Du weißt, dieser Posten ist – nun, ich möchte jedenfalls meine Arbeit nicht auf die leichte Schulter nehmen, Inez.«
Sie bog in die Coleman Street ein und hielt vor dem Gerichtsgebäude. »Da Ihr Interesse an mir rein beruflicher Natur ist, Mr. Attorney, möchte ich mich verabschieden. Sie sind am Ziel.«
»Du hast meine Frage noch nicht beantwortet«, sagte Selby. »Ich weiß nicht, ob du mir ausweichen oder mich aus Prinzip in die Defensive drängen willst ...«
»Als ob jemand dich in die Defensive drängen könnte!«
»Ich habe dich gefragt, ob dein Bruder nicht Dummheiten macht.«
Ihre Augen glitten kurz zu ihm hinüber, dann kam die übliche halbe Sekunde, als ob sie überlege, was sie ihm antworten solle, und schließlich sagte sie: »Vielleicht, Doug. Mich geht das nichts an. Morgen kommt Papa nach Haus. Ich werde ihm vorschlagen, George eine Stelle in der Zuckerfabrik zu besorgen und ihn zum Arbeiten anzuhalten.«
»Weiß George, daß du das vorhast?«
»Nein. Sag ihm bitte nie, wer Papa diesen Vorschlag gemacht hat.«
»Ich betrachte es als Berufsgeheimnis.«
Sie starrte durch die Windschutzscheibe. »Ich frage mich«, sagte sie langsam, »ob es nicht eine gute Idee wäre, wenn ich Papa bitten würde, *mir* eine Stelle zu suchen.«
»Warum denn?« fragte er amüsiert. »Machst du auch Dummheiten?«
Sie blieb ernst. Ihre Augen hatten einen bekümmerten Ausdruck. »Ich stelle fest«, bemerkte sie nachdenklich, »daß du anscheinend nur noch für berufstätige Mädchen Zeit hast.«
Selby runzelte verwundert die Stirn.
»Ich nehme an«, fuhr sie fort, »daß wir dich deshalb nie mehr zu Gesicht bekommen.«
»Mein Posten stellt hohe Anforderungen, Inez«, erklärte Selby. »Ich habe nicht viel Freizeit.«
»Und was machst du Samstag nachmittag und sonntags?«
»Ehrlich gesagt verbringe ich die meiste Zeit im Büro.«

Sie wechselte abrupt das Thema. »Vor ein paar Tagen traf ich Sylvia Martin. Offensichtlich macht sie als Reporterin beim *Clarion* Karriere.«
»Das kann man wohl sagen! Ein fabelhaftes Mädchen. Sie arbeitet wie besessen und hat wirklich einen klugen Kopf.« Erst als ihm Inez' Schweigen auffiel, begriff er, daß er sich ein wenig zu enthusiastisch ausgedrückt hatte. Um das Gespräch auf eine unpersönliche Ebene zu schieben, sagte er: »Ich frage mich, ob George nicht manchmal in Spielkasinos geht und dort eine Menge Geld verliert. Was meinst du dazu?«
»Keine Ahnung«, erwiderte sie. »George spricht nicht mit mir über persönliche Dinge. Wenn ich, anstatt fünf Jahre älter zu sein, fünf Jahre jünger als er wäre, sähe die Situation vielleicht ganz anders aus. Ein Junge mag gern Beschützer seiner kleinen Schwester sein, aber wenn er erwachsen wird, fühlt er sich von einer älteren Schwester ständig bevormundet und in seinem Abenteuerdrang gestört. Warum sprichst du nicht selbst mit George, wenn du dir Sorgen über ihn machst, Doug?«
»Er ist aufgeweckt und sehr empfindlich, Inez«, sagte Selby langsam. »Wenn ich ihn persönlich warnen würde, könnte das leicht die gegenteilige Wirkung haben und alles noch verschlimmern. Mit anderen Worten – er würde mir zeigen wollen, daß er tun und lassen kann, was ihm Spaß macht.«
»Du könntest ja weiter zu uns kommen und George gelegentlich einen Wink geben. Schließlich wäre dein Besuch nicht auffällig; du kamst mich doch früher häufig besuchen. Warte – wann warst du zum letzten Male bei uns?« Sie schloß die Augen halb und zählte an den Fingern ab.
Selby lachte. »Ich kapituliere! Sobald es wärmer wird, werden wir wieder Tennis spielen.« Er öffnete die Tür und kletterte aus dem Wagen.
»Soll ich das als eine Einladung für ein Tennismatch irgendwann im Frühjahr oder im Sommer betrachten?«
»Morgen ist Samstag, Inez, und Samstagnachmittag ist ein halber Feiertag!«
Um ihre freudige Miene zu verbergen, sah sie aus dem linken Wagenfenster und warf einen prüfenden Blick zum rauchgeschwärzten Himmel empor. »Tja«, sagte sie, »wenn ich keine Shorts tragen kann, bin ich beim Spielen ziemlich unbeweglich, und dies ist typisches Gänsehautwetter. Aber ich möchte trotzdem wetten, daß ich von drei Partien zwei gewinne, weil du den Kopf

voll Paragraphen hast. Ich wette sogar um eine Spritztour nach Los Angeles inklusive Essen, Kinobesuch und Barbummel.«
»Das ist unfair, denn wenn ich siege, kann ich den Gewinn nicht kassieren, weil ich mir dabei wie ein Gigolo vorkäme.«
Sie wandte sich ihm zu und sagte: »Also gut, Angsthase, geh zurück in dein Büro und steck die Nase wieder in deine verdammten Gesetzbücher ... Aber die Verabredung für morgen ist abgemacht! Um zwei Uhr?«
»Ja, Punkt zwei.« Lächelnd fügte er hinzu: »Vorausgesetzt, daß bis dahin kein Mord passiert.«
»Dann wüßte ich, wer dahintersteckt«, erwiderte sie und schaltete den Rückwärtsgang ein. Ihm blieb nichts anderes übrig, als die Tür zu schließen und ihr nachzusehen, während sie den Wagen aus der Parklücke hinausmanövrierte und mit Vollgas davonbrauste.

4

Gegen Mitternacht hatte sich der Himmel bewölkt. Um zwei Uhr morgens wurde Selby durch das Geprassel von Regentropfen geweckt. Er stand auf und schloß das Fenster. Es goß in Strömen. Der kalte Regen reinigte die rauchige Luft und ließ manchen verzweifelten Plantagenbesitzer aufatmen.
Um vier Uhr erwachte Selby abermals, weil das Telefon klingelte. Schlaftrunken nahm er den Hörer ab. Sheriff Brandon war am Apparat: »Hör zu, Doug! Draußen im Keystone-Auto-Camp ist irgendeine dumme Geschichte passiert. Ich glaube, am besten schwingst du dich sofort in deinen Wagen und triffst mich dort.«
»Du lieber Himmel, dafür ist doch die Polizei zuständig. Wahrscheinlich irgendein Familienstreit und ...«
»In einem der Bungalows liegt ein Toter«, sagte Brandon. »Er hat offenbar mit einem Revolver auf jemanden gelauert ...«
»Ich bin in einer Viertelstunde da«, erwiderte Selby und hängte ein. Er schlüpfte in seine Sachen, holte Hut und Regenmantel und eilte zur Garage. In strömendem Regen brauste er davon. Madison City war wie ausgestorben. Aus Sparsamkeitsgründen war jede zweite Straßenlampe ausgeschaltet. Selby fuhr scharf rechts, um nicht auf die Straßenbahnschienen zu geraten, und jagte den Wagen auf volle Touren. Der Scheibenwischer wanderte unaufhörlich hin und her. Innerhalb von drei Minuten hatte Selby die

Stadtgrenze erreicht. Ein paar hundert Meter weiter tauchte das Leuchtschild des Keystone-Auto-Camps auf. Vor dem letzten Bungalow parkte ein Polizeiauto. Sheriff Brandons Wagen stand auf der anderen Seite des Innenhofes. Selby hörte ein Stimmengewirr und sah, wie hinter den erleuchteten Fenstern gelegentlich eine Gestalt auftauchte. Er parkte hinter dem Polizeiwagen. Eine Tür öffnete sich, und Brandon rief: »Hier ist es, Doug!«

Selby betrat den Bungalow, in dem zwei Doppelbetten, ein Toilettentisch und drei Sessel standen. Otto Larkin, der große, beleibte Chef der Stadtpolizei, begrüßte ihn mit »Hallo, Selby!« und wandte sich dann sofort wieder zwei ängstlich dreinblickenden Mädchen zu, die nebeneinander auf einem der Doppelbetten saßen. Beide Betten waren aufgeschlagen.

Rex Brandon sah die Mädchen forschend an und sagte dann zu Otto Larkin: »Ich denke, wir übergeben den Fall nun Selby.«

»Diese beiden Früchtchen wissen genau Bescheid. Lassen Sie sich von ihnen nicht an der Nase herumführen!«

»Wie Sie wissen, Larkin«, sagte Brandon leise, aber mit drohendem Unterton, »befindet sich das Keystone-Auto-Camp außerhalb der Stadtgrenze, somit also auch außerhalb Ihrer Kompetenz.«

Larkin warf dem Sheriff einen wütenden Blick zu. »Bitte sehr«, sagte er. »Wenn die Sache so liegt, können Sie in Zukunft von mir kein Entgegenkommen erwarten. Als Mr. Roper noch im Amt war, habe ich stets gut mit ihm zusammengearbeitet. Ich war bereit, auch Ihnen meine Mitarbeit anzubieten, aber wenn Sie . . .«

»Larkin, regen Sie sich bitte nicht auf!« sagte Brandon. »Ich habe einzig und allein gesagt, daß Mr. Selby die Angelegenheit persönlich in die Hand nehmen soll und . . .«

»Worum geht's eigentlich?« fragte Selby.

Brandon wies mit einer Kopfbewegung auf die zwei Mädchen. Selby betrachtete die beiden prüfend. Die eine war blond. Ihren blauen Augen war anzusehen, daß sie geweint hatte. Als Selby sie anblickte, begannen ihre Lippen zu zittern. Ihre Finger nestelten an einem Taschentuch herum. Die andere hatte kastanienbraunes Haar und braune Augen. Ihr war keine Erregung anzumerken.

Brandon wies auf das blonde Mädchen und sagte: »Das ist Audrey Preston, Doug. Die andere junge Dame heißt Monette Lambert. Und jetzt hört zu, Mädchen: Das hier ist der Staatsanwalt. Erzählt ihm haargenau, was ihr eben berichtet habt.«

Audrey Preston warf Monette Lambert einen flehenden Blick zu. Monette sah zu Selby hinüber und sagte schnell: »Um die Wahrheit zu sagen, Mr. Selby ... wir beide haben mit der ganzen Geschichte nichts zu tun. Zusammen mit zwei Freunden – Tom Cuttings und Bob Gleason – sind wir hierhergekommen. Morgen früh wollten wir mit ihnen zum Segeln fahren. Wir sagten ihnen, daß wir einen Bungalow für uns haben wollten. Daraufhin ließen sie uns hier allein einziehen und nahmen selbst den Nachbarbungalow. Sie haben hier in der Gegend zwei Freunde, George Stapleton und Ross Blaine. Sie telefonierten eine Weile miteinander, aber wir hörten nicht, was sie sagten. Dann luden sie uns ein, mit ihnen zum *Palm Tatch* zu kommen, das etwa einen Kilometer von hier an der Autostraße liegt. Wir fuhren hin und blieben bis kurz nach Mitternacht dort. Schließlich waren wir todmüde und baten die Jungen, uns heimzubringen. Hier verabschiedeten wir uns von ihnen. Die beiden gingen in ihren Bungalow und wir in unseren. Da wir, wie gesagt, sehr müde waren, gingen wir sofort zu Bett. Ungefähr vor einer halben Stunde wachte ich auf und bemerkte, daß hinter einem zugezogenen Fenster des Nachbarbungalows Licht brannte. Ich dachte, vielleicht sei einem der beiden Jungen übel geworden. Draußen regnete es. Ich zog Schuhe an, warf einen Mantel über mein Nachthemd und lief hinüber. Als ich an die Tür des Bungalows klopfte, rührte sich niemand. Ich blickte durchs Fenster. Der Vorhang war nicht ganz dicht, so daß ich ins Zimmer hineinschauen konnte. Ich entdeckte, daß die Betten unberührt waren. Hinter dem Toilettentisch ragten die Füße eines Mannes hervor. Ich lief zurück in unseren Bungalow und weckte Audrey. Wir zogen uns an, liefen zur Telefonzelle vorn am Eingang und alarmierten die Polizei.«

»Wo sind Ihre Bekannten jetzt?« fragte Larkin.

»Das wissen wir nicht.«

»Sie haben sich also kurz nach Mitternacht von den beiden jungen Männern verabschiedet, nicht wahr?«

»Ja.«

»Und wie ging dieser Abschied vonstatten? Haben Sie mit dem Taschentuch Winke-Winke gemacht oder ...«

Monette Lambert blickte ihm in die Augen. »Was glauben Sie wohl, wie ein Mädchen einem jungen Mann gute Nacht sagt? Wir gaben unseren Freunden natürlich einen Kuß.«

»Na also! Aber dabei blieb es doch wohl nicht, was?«

»Ich weiß nicht, wie Sie das meinen«, erwiderte Monette Lambert. »Wir gaben den Jungen einen Gutenachtkuß, kamen hierher und legten uns schlafen.«

»Sie schliefen also einzeln in den beiden Doppelbetten?«
»Ja.«
»Überlassen Sie den Fall jetzt getrost mir, Larkin«, sagte Selby. Larkin wandte sich beleidigt ab.
»Haben die jungen Männer etwas verlauten lassen«, fragte Selby nun Monette Lambert, »ob sie die Absicht hätten, noch einmal auszugehen?«
Das Mädchen musterte Selby argwöhnisch. »Sie haben uns kein Wort davon gesagt«, erwiderte sie dann. »Wir nahmen natürlich an, sie würden auch zu Bett gehen. Hast du gehört, Audrey, daß sie irgend etwas davon sagten, sie würden noch weggehen?«
Das andere Mädchen schüttelte heftig den Kopf, hielt sich ein Taschentuch vor die Augen und weinte leise.
»Ich kam gerade zurück von einem Einsatz im Osten der Stadt, Doug«, sagte Rex Brandon. »Ich bin dann direkt hierher gekommen. Der Bursche, der gestern mit uns fahren wollte, lag tot in dem Bungalow da drüben. Er hatte sich offenbar hinter dem Toilettentisch versteckt und irgend jemanden erwartet. Seine rechte Hand hielt einen Revolver, und auf dem Boden lag ein Zettel, der wohl dem Opfer hätte angeheftet werden sollen. Es stand ein ganz verrückter Text drauf und . . .«
»Und wieso ist der Mann tot?«
»Der Gasofen war schuld. Der Bursche hatte Fenster und Türen des Bungalows geschlossen und den Gasofen voll aufgedreht. Es handelt sich um ein billiges Ding, das nicht in Ordnung ist. Als wir die Tür öffneten, stellten wir sofort einen starken Gasgeruch fest. Wir sorgten für Durchlüftung und haben den Gerichtsarzt angerufen. Er muß jeden Augenblick kommen.«
»Wir wollen uns drüben mal ein bißchen umschauen«, sagte Selby. »Ihr zwei Mädchen bleibt hier. Kann ich mich darauf verlassen?«
»Wieso? Trauen Sie uns nicht?« fragte Monette Lambert.
»Es könnte ja sein, daß ihr euch aus dem Staube macht.«
»Wie bitte?«
Selby lachte. »Na, ich will mich darauf verlassen, daß ihr anständige Mädchen seid.«
»Diese beiden Früchtchen tun nur so, als ob sie keine Ahnung hätten«, sagte Larkin. »Ich persönlich glaube nicht einmal, daß die Jungen zu dem Bungalow hinübergegangen sind. Ich möchte wetten, daß sie erst ausgerissen sind, als die Mädchen die Polizei anriefen.«
»Gut«, erwiderte Selby ruhig, »das ist dann eben Ihre Theorie. Ich

meinerseits halte an dem Prinzip fest, daß ich keine junge Dame in ein fragwürdiges Licht rücke, solange ich für meine Vermutungen keine Beweise in der Hand halte.«
Larkin konnte sich nur mühsam beherrschen. »Ich bin ganz Ihrer Meinung, Mr. Selby. Jeder sieht die Sache anders an. Ich habe eben leider ein klein wenig Erfahrung – vielleicht ein bißchen zu viel – und bin daher sicherlich zu skeptisch. Mir gefällt nun mal die Art nicht, mit der diese beiden ihre Story auftischen. Meiner Ansicht nach sind die zwei Burschen erst vor knapp einer Stunde hier aus den Betten geschlüpft und haben sich aus dem Staube gemacht, um sich irgendwo ein Alibi zu verschaffen. Wenn Sie die beiden aufstöbern, werden sie hoch und heilig schwören, daß sie seit Mitternacht Karten gespielt oder weiß der Teufel was gemacht haben. Wahrscheinlich werden Sie sie im *Palm Thatch* mit einem angeblich hieb- und stichfesten Alibi finden.«
»Schönen Dank für den Tip, Larkin«, bemerkte Selby kühl.
»Also gut«, sagte Larkin, »der Fall spielte sich außerhalb der Stadtgrenze ab. Ich gehe nun und wünsche Ihnen viel Glück.« Er öffnete die Tür, schlug die Kapuze seines Mantels hoch und stapfte hinaus in das Unwetter.
»Komm, Rex«, sagte Selby. Brandon und er wateten hinüber zum nächsten Bungalow. Der kalte Regen peitschte ihnen ins Gesicht. Brandon zog einen Schlüssel aus der Tasche und steckte ihn ins Schloß. »Ist das der Schlüssel zu diesem Bungalow?« fragte Selby.
»Nein, das ist eine Art Dietrich.«
»Wer ist denn eigentlich der Inhaber des Hotels?«
»Jimmy Grace heißt der Mann«, sagte Brandon. »Leider ist er nicht da. Anscheinend waren die Bungalows alle vermietet. Daraufhin ist er nach Los Angeles oder sonstwohin gefahren. Im Büro ist niemand aufzutreiben. Ich habe nichts berührt. Der Gerichtsarzt soll die Leiche selbst bewegen. Ich habe nur den Ankleidetisch ein wenig vorgeschoben, damit wir an den Mann herankamen. Als ich sah, daß er tot war, habe ich die Leiche gar nicht erst berührt. Natürlich stellte ich die Gasheizung ab und riß die Fenster auf.«
Der Bungalow war genauso gebaut wie der andere, aus dem sie gerade kamen, mit zwei Doppelbetten und einem Ankleidetisch. Die eine Tür führte ins Bad, die andere zu einer kleinen Küche mit Ausguß und dreiflammigem Gasherd. Der Mann, der sich offenbar hinter dem Toilettentisch versteckt hatte, war zusammengesunken und saß nun in einer grotesken Haltung da. Seine rechte Hand lag auf einem stahlblauen 38er Revolver. In der Linken hielt er eine

lange Nadel. Auf dem Fußboden lag ein Blatt Papier.
»Ich sagte mir, daß wir das Blatt Papier lieber nicht aufheben«, bemerkte Brandon. »Es soll bis zum Eintreffen des Gerichtsarztes alles so liegenbleiben, wie wir es vorfanden. Aber du kannst den Text auch so lesen.«
Selby stellte fest, daß es sich um einen blütenweißen Bogen handelte, auf dem mit Bleistift und in Druckschrift folgender Text stand:

Ich habe diesen Mann getötet, weil er den Tod verdiente. Ich lasse die Waffe, mit der ich ihn erschossen habe, neben der Leiche liegen, damit die Welt weiß, daß ich die Mission erfüllt habe, die mir übertragen wurde. Sollte man mich fassen, so werde ich mich einer Festnahme nicht widersetzen und meine Tat auch nicht leugnen. Aber der Arm des Gesetzes wird mich nie erreichen, weil kein Richter je in der Lage sein wird, das Motiv meiner Tat zu klären. Wenn man dieses Motiv gekannt hätte, wäre ich nicht gezwungen gewesen, ihn zu töten. Mein Opfer hat mich nie im Leben gesehen, aber bevor es stirbt, wird es erfahren, warum es getötet wird. Die Rache ist mein, spricht der Herr – ich aber bin als Werkzeug des göttlichen Willens auserkoren. Ich habe getötet, aber kein Unrecht begangen.

»Offenbar hielt er die Nadel griffbereit in der Linken, um das Stück Papier an der Leiche zu befestigen«, sagte Brandon.
»Dann muß das Opfer, auf das er es abgesehen hatte, einer von den beiden Jungen – Cuttings oder Gleason – gewesen sein«, bemerkte Selby.
»Ja, es scheint so.«
Selby ging langsam im Zimmer umher. »Irgendwelche Anzeichen von Gewaltanwendung sind an der Leiche auf den ersten Blick wohl nicht festzustellen?«
»Sieh dir die Färbung seiner Lippen an. Der Mann starb an einer Kohlenmonoxyd-Vergiftung. Dieser Gasofen ist ja auch völlig durchgerostet.«
»Was hat es zu bedeuten, daß da eine Whiskyflasche und drei Gläser stehen?« fragte Selby.
»Als wir hereinkamen, standen Flasche und Gläser schon auf dem Ankleidetisch. Anscheinend haben die Jungen, bevor sie gingen, etwas getrunken.«
Selby roch an den Gläsern.

»Ich werde Flasche und Gläser von einem Experten auf Fingerabdrücke untersuchen lassen«, sagte Brandon. »Er ist von mir schon telefonisch angefordert worden und muß jeden Augenblick eintreffen. Wahrscheinlich kommt er zusammen mit dem Gerichtsarzt.«
Selby runzelte die Stirn. »Da stehen *drei* Whiskygläser, Rex. Wenn die Jungen vor ihrem Aufbruch etwas getrunken hätten, würden ja nur *zwei* Gläser vorhanden sein.«
»Denk an die Mädchen, Doug.«
»Dann wären sie ja zu viert gewesen.«
»Ja, es läßt sich eben nur so erklären, daß die Jungen hereinkamen und mit dem Mann, der einen von ihnen ermorden wollte, etwas getrunken haben.«
Plötzlich bückte sich Selby und betrachtete die Schuhe des Toten. »Wann hat es angefangen zu regnen, Rex?«
»Gegen zwei Uhr.«
»Die Schuhe des Mannes sind trocken. Folglich muß er sich etwa anderthalb Stunden hier aufgehalten haben, bevor er entdeckt wurde.«
»Du hast recht, Doug«, sagte der Sheriff. »Das ist wirklich ein wichtiger Punkt!«
»Tatsächlich, es ist der Mann, der uns angehalten hat. Mit welchem Namen stellte er sich noch vor?«
»Emil Watkins«, sagte Brandon. »Hätte ich ihn doch bloß mitgenommen und gründlich verhört . . . Aber gestern nachmittag hatte er den Revolver nicht bei sich. Das kann ich beschwören.«
»Hast du seine Taschen schon untersucht?«
»Nein. Der Gerichtsarzt soll dabei sein«, sagte Brandon.
»Dieser Fall wird in der Presse eine Menge Staub aufwirbeln. Die Zeitungen werden natürlich lang und breit herumrätseln, wen er umbringen wollte.«
Selby nickte. »Der Tote hier ist nicht halb so wichtig wie der Mann, den er ermorden wollte. *Der* lebt noch. Was für ein Motiv mag der Tote bloß gehabt haben?«
»Jetzt, wo er tot ist, ist das doch wohl nicht mehr der springende Punkt«, sagte Brandon.
Selby zeigte auf die Whiskygläser. »Die Frage nach seinem Motiv ist schon deshalb wichtig, weil die Zeitungen das bestimmt wissen wollen. Es ist doch viel besser, wenn wir sie klären und die Lösung den Zeitungen präsentieren als umgekehrt – daß nämlich die Zeitungen die Sache aufklären und uns darüber informieren. Offenbar waren drei Männer hier im Zimmer. Es ist nicht anzunehmen, daß

der Mörder mit seinen Opfern, beziehungsweise seinem Opfer oder einer dritten Person, hier etwas getrunken hat. Es könnte sich ja um ein Komplott gehandelt haben mit dem Ziel, irgend jemanden zu ermorden. Drei Männer verfolgten gemeinsam diese Absicht. Der Tote hier war nur einer von den dreien. Er wurde dazu auserkoren, den Mord auszuführen. Die beiden anderen wollten das Opfer herschaffen. Sollte diese Vermutung zutreffen, so existieren noch zwei potentielle Mörder, die sich auf freiem Fuß befinden . . .«

»Ja, ich verstehe«, sagte Brandon. »Und was gedenkst du nun zu tun?«

»Du hast einen Fingerabdruck-Experten bestellt. Gerichtsarzt Harry Perkins ist ebenfalls auf dem Weg hierher. Ich persönlich glaube, daß die beiden Mädchen nicht so schnell davonlaufen werden. Otto Larkin traue ich nicht recht über den Weg. Was hältst du also davon, wenn wir ihm zuvorkommen und schnell zum *Palm Thatch* hinüberfahren?«

»Glaubst du, daß sich die beiden Jungen jetzt dort aufhalten?«

Selby nickte. »Stapleton und Blaine waren im *Palm Thatch*. Sie waren offenbar noch nicht nach Hause gefahren. Die beiden anderen Jungen sind hinübergegangen, um sich mit ihnen zu treffen.«

»Natürlich kann es sein, daß Otto Larkin irgend etwas angestellt hat, das die Jungen veranlaßte, sich aus dem Staube zu machen, um sich irgendwo anders ein Alibi zu verschaffen.«

»In dem Falle würden sie bestimmt zum *Palm Thatch* gefahren sein.«

Brandon starrte einen Moment nachdenklich auf die leblose Gestalt am Boden. Der Regen trommelte auf das Dach des Bungalows, und das Klopfen wirkte wie eine unheimliche Begleitmusik. Es war nicht das sanft einschläfernde Geräusch eines warmen Sommerregens, sondern ein feindselig klingendes Geprassel . . .

Selby schauderte zusammen. Durch die offenen Fenster kroch feuchtkalte Luft herein.

Eine Polizeisirene heulte auf. »Da kommen sie«, sagte Brandon erleichtert. »Los, Doug, fahren wir zum *Palm Thatch*!«

5

Es goß in Strömen, als Selby hinter dem Wagen des Sheriffs am *Palm Thatch* vorfuhr. Die Neonreklame war ausgeschaltet, der Parkplatz von Scheinwerfern beleuchtet. Rex Brandon und Doug Selby stapften über den nassen Kies zum Eingang.
»Einen Moment, Rex«, sagte Selby. »Wir wollen mal sehen, ob die Tür überhaupt zu ist.« Er drehte am Knauf. Die Haustür war nicht verschlossen. Selby stieß sie auf. Die beiden Männer betraten das Vestibül.
Der Saal war unbeleuchtet, aber durch einen Vorhang im Hintergrund kam ein Lichtschimmer. Selby konnte hören, wie Karten gemischt und Chips verteilt wurden. Er nickte Brandon zu. Auf Zehenspitzen schlichen sie durch den Speisesaal und blieben vor dem grünen Vorhang stehen ... »Ich erhöhe um hundert«, sagte eine Männerstimme. »Ich passe«, bemerkte jemand anderer. Ein dritter rief: »Ich erhöhe um weitere hundert.«
Selby wartete ein paar Sekunden. Dann nickte er Brandon zu. Sie rissen den Vorhang auf. Sieben Männer saßen um einen Tisch, der von einer Hängelampe mit grünem Glasschirm beleuchtet wurde.
Selby erkannte das Profil von George Stapleton, den Hinterkopf von Ross Blaine und den kahlen Schädel von Oscar Triggs. Die anderen vier waren ihm unbekannt. Es handelte sich um zwei junge Männer Anfang Zwanzig, einen gutgekleideten Herrn mittleren Alters mit großen blauen Augen, einem gepflegten grauen Schnurrbart und wohlwollenden Gesichtszügen und um einen weiteren dunkelhaarigen Mann Mitte Vierzig mit schmalen Gesicht und langen Fingern. Sein gewelltes Haar wölbte sich über einer hohen Stirn. Sein Mund war ein dünner gerader Strich. Seine Augen bewegten sich rastlos hin und her und beobachteten jedermann aufmerksam. Er bemerkte Selby und Brandon als erster.
»Sind das Stammgäste, Triggs?« fragte er mit ruhiger, sonorer Stimme und wies mit leicht emporgezogenen, feingeschwungenen Augenbrauen auf die beiden Männer.
Triggs fuhr herum und stand auf. »Das sind zwei Herren von der Polizei«, bemerkte er leise.
Selby trat vor und sagte: »Alles liegenlassen!«
Der dunkelhaarige Mann streckte seinen langen Arm aus und bedeckte die Chips in der Mitte des Tisches. Selby schob seinen Arm beiseite und wühlte in den Spielmarken. »Das hier interessiert mich sehr«, sagte er und zog ein rechteckiges Stück Papier hervor.

Triggs ging um den Tisch herum. »Sie haben hier nichts zu suchen! Ich habe Ihnen gesagt, daß Sie einen Durchsuchungsbefehl vorlegen müssen, wenn Sie hier Einlaß begehren. Sie befinden sich in Privaträumen. Die Türen sind verschlossen. Sie haben ein Schloß aufgebrochen und . . .«
»Wir haben gar nichts aufgebrochen«, sagte Brandon. »Setzen Sie sich wieder auf Ihren Platz!«
Selby faltete das Stück Papier auseinander und las: »Schuldschein über einhundert Dollar, George Stapleton.« Dann faltete er den Zettel wieder zusammen und steckte ihn in die Westentasche.
Triggs trat auf ihn zu und sagte: »Ohne einen Durchsuchungsbefehl dürfen Sie das nicht an sich nehmen.«
Brandon packte Triggs an der Schulter und knurrte: »Sie sollen sich dort setzen!«
Triggs warf dem Sheriff aus seinen blaßgrünen Augen einen Blick zu, der nichts von dem verriet, was in ihm vorging. Dann wandte er sich langsam um, ging zurück zu seinem Stuhl und setzte sich wieder. »Der große junge Mann ist Doug Selby, der Staatsanwalt«, erklärte er leise. »Und der rauhbeinige Bursche da ist der Sheriff. Sie sind hier ohne Haussuchungsbefehl eingedrungen. Die Haustür war verschlossen und das Lokal für den Publikumsverkehr nicht geöffnet. Bitte, denken Sie daran, wenn es zum Prozeß kommt.«
Der dunkelhaarige schlanke Mann sagte in verbindlichem Ton: »Wir haben überhaupt nicht um Geld gespielt! Das Ganze war ein Gesellschaftsspiel, bei dem es nur um Chips ging. Wir wollten uns damit die Zeit vertreiben, bis der Regen aufhört.«
Selby tippte auf die Westentasche, in der Stapletons Schuldschein steckte, und sagte: »Wenn Sie versuchen sollten, das einem Schwurgericht weiszumachen, wird man Sie wegen Meineid zur Rechenschaft ziehen, mein Bester.«
Der ältere Mann mit den dunkelblauen Augen sagte mit kräftiger Stimme: »Was ist eigentlich los, Oscar? Ich denke, Beamte haben einen Haussuchungsbefehl vorzuweisen, bevor sie ein friedliches Kartenspiel unter Freunden stören dürfen.«
»Ich möchte Sie in einem Punkte korrigieren«, sagte Selby seelenruhig. »Die Tür war nicht verschlossen.«
»Ich habe selbst den Riegel vorgeschoben!« rief Triggs.
»Tja, dann muß ihn jemand wieder zurückgeschoben haben«, erwiderte Selby. »Die Tür war offen, als wir kamen. Wir suchen nach zwei jungen Leuten, die im Keystone-Auto-Camp einen Bungalow gemietet haben.«

Einer von den beiden jungen Männern sagte: »Ja, wir haben dort einen Bungalow.«
»Wie heißen Sie?«
»Tom Cuttings.«
»Woher stammen Sie?«
»Aus Miranda.«
»Ich glaube, Ihren Namen habe ich schon einmal gehört«, sagte Selby. »Waren Sie nicht im gleichen Fußballklub wie Stapleton?«
»Ja, Sir.«
»Und Sie haben doch auch Stapletons Wagen gekauft, nicht wahr?«
»Jawohl, Sir. Es ist das rote Kabriolett mit einem weißen Streifen, das draußen im Schuppen steht.«
»Haben Sie den Wagen in den Schuppen gestellt, um ihn vor dem Regen zu schützen?«
»Nein, Sir. Als wir herkamen, hatte ich keine Ahnung, daß es regnen würde. Der Himmel war nur ein bißchen bedeckt. Ich stelle den Wagen immer gern irgendwo unter.«
»Und wie ist Ihr Name?« fragte Selby den anderen jungen Mann.
»Robert Gleason.«
»Weshalb sind Sie beide hier?«
»Um zu pokern, Sir«, erklärte Cuttings offenherzig.
»Das klingt schon besser. Und jetzt hören Sie mal zu. Ich werde Ihnen nun ein paar Fragen stellen, die ich wahrheitsgemäß beantwortet haben will. Wann sind Sie im Keystone-Auto-Camp eingetroffen?«
»Heute abend um 21 Uhr 30«, sagte Cuttings.
»Was haben Sie dort gemacht?«
»Wir haben uns zwei Bungalows ausgesucht, das Gepäck hineingebracht und sind dann alle hierhergefahren, um etwas zu essen.«
»Wen meinen Sie mit *alle*?«
Cuttings warf Gleason einen Blick zu.
»Na, los«, sagte Selby. »Heraus mit der Sprache!«
»Zwei Mädchen sind noch mit von der Partie«, sagte Cuttings.
»Wie lange haben Sie sich hier aufgehalten?«
»Bis gegen Mitternacht.«
»Und was taten Sie dann?«
»Die Mädchen wurden müde und wollten zurück zum Auto-Camp gebracht werden. George Stapleton sagte, daß man bald anfangen würde zu spielen, und fragte uns, ob wir Lust hätten, mitzumachen. Wir sagten zu und brachten die Mädchen zurück zu ihrem

Bungalow. Wir hatten den Nachbarbungalow gemietet. Ich glaube, die befürchteten wohl, daß wir ihnen noch einen Besuch abstatten wollten, und verriegelten deshalb die Tür. Daraufhin haben Bob und ich uns heimlich wieder auf die Socken gemacht.«
»Wann war das?«
»Gegen halb eins.«
»Und wann sind Sie wieder in Ihren Bungalow zurückgekehrt?«
»Wir sind seitdem gar nicht mehr dort gewesen.«
»Waren Sie nicht vor einer Stunde in Ihrem Bungalow?«
»Nein, bestimmt nicht, Sir!«
»Sie sind also nicht dort gewesen, seitdem es zu regnen begann?«
»Nein, Sir. Wir waren die ganze Zeit hier.«
Triggs betrachtete Selby mit gelassener Miene. »Die beiden Jungen sind seitdem hier. Das kann ich bezeugen.«
Ross Blaine warf Selby einen vielsagenden Blick zu. »Sie gingen ein und aus«, sagte er. »Das Spiel ist erst seit etwa einer Stunde im Gange. Vorher haben wir herumgesessen, uns unterhalten und ab und zu etwas getrunken. Im Zimmer nebenan lief das Radio. Bis vor ungefähr einer Stunde waren noch ein paar andere Mädchen hier. Wir haben ein bißchen getanzt und geflirtet. Meiner Meinung nach kann keiner bezeugen, wo sich die anderen zu einem bestimmten Zeitpunkt gerade aufgehalten haben.«
»Du scheinst dich ja als netter Spitzel zu entpuppen, Ross«, sagte Triggs.
Ross Blaine gab sich keine Mühe, den brennenden Haß in seinen Augen zu verhehlen. »Fordern Sie mich nicht heraus«, sagte er zu Triggs. »Sie könnten es sonst bereuen.«
»Von jetzt ab verbiete ich dir, mein Lokal zu betreten!«
»Ich komme her, wann es mir paßt! Solange dies ein öffentliches Lokal ist, kann ich hier sitzen und mein gutes Geld ausgeben.«
»Dein gutes Geld?« höhnte Triggs. »Du trinkst ja nichts als ein paar Glas Bier und willst dafür die ganze Nacht hier herumsitzen.«
»Hör mal, Triggs«, sagte Stapleton. »Das nehme ich dir übel. *Ich* habe in deiner Kneipe weiß Gott schon genug ausgegeben, und Blaine kommt hierher als mein Freund.«
»Du *glaubst*, er sei dein Freund«, erwiderte Triggs.
Blaine fuhr mit einem solchen Ruck hoch, daß sein Stuhl krachend umkippte. Sheriff Brandon sprang hinzu und packte ihn am Kragen. »So leid es mir persönlich tut, Ross«, sagte er, »aber ich bin im Dienst und muß Sie auffordern, sich zu beherrschen.«
Blaine bäumte sich einen Moment auf. Dann besann er sich. Triggs

blickte zu ihm hoch. Offenbar wollte er etwas sagen, aber als er die Augen des Sheriffs sah, schwieg er.
Der dunkelhaarige Mann sagte: »Was mich betrifft, so habe ich mit alledem nichts zu tun. Sie haben mich an einem Tisch angetroffen, wo ein bißchen Karten gespielt wurde. Mag sein, daß Sie gegen Stapleton Strafanzeige wegen des Schuldscheins erstatten können, aber Sie haben keine Beweise in der Hand, um gegen mich vorzugehen. Sie können nicht nachweisen, daß ich um Geld gespielt habe. Es wird Ihnen nicht gelingen, mich zu irgendwelchen belastenden Äußerungen zu veranlassen. Wenn ich Ihnen, meine Herren hier am Tisch, einen Rat geben darf – beantworten Sie keine Frage mehr!«
Selby wandte sich ihm zu und sagte: »Sie sehen wie ein Mann aus, der etwas für Wetten übrig hat. Ich wette daher mit Ihnen, daß Sie Berufsspieler sind und bei der Polizei eine Akte über Sie vorliegt!« Ohne eine Antwort abzuwarten, drehte er sich zu Ross Blaine um und fragte: »Seit wann ist das Spiel schon im Gange, Ross?«
»Seit etwas über einer Stunde. Mr. Needham« – Blaine wies auf den soignierten Herrn – »ist ein Makler aus Los Angeles, der im Ruhestand lebt. Er traf vor etwa anderthalb Stunden hier ein, weil er zur Abwechslung ein bißchen pokern wollte. Ich sagte ihm, daß ich nicht spiele. Etwa zwanzig Minuten später erschien *zufällig* Carlo Handley.« Er wies auf den dunkelhaarigen Mann. »Es war einer jener seltsamen Zufälle, die jedesmal passieren, wenn Needham auftaucht.«
»Jetzt weiß ich, wer die Tür offengelassen hat«, sagte Triggs langsam.
»Das ist eine gemeine Lüge!« rief Blaine aufbrausend.
Der Sheriff, der Blaine immer noch am Kragen festhielt, sagte: »Setzen Sie sich dort drüben auf den Stuhl, Ross.«
Selby wandte sich an Cuttings. »Ihr beide wollt euch hier wohl unbedingt die ganze Nacht herumschlagen, was?«
Cuttings blickte zu Gleason hinüber und meinte dann hastig: »Na, was ist denn schon dabei?«
Gleason lachte nervös.
»Ich glaube, ich kann Ihnen erklären, wie es dazu kam, Mr. Selby«, sagte Stapleton. »Die Jungen wollten übers Wochenende ein bißchen mit der Jacht eines Freundes herumgondeln. Der hatte ihnen vorgeschlagen, ihre Freundinnen mitzubringen. Sie luden also diese beiden Mädchen ein, die auch sofort zusagten. Die Jungen hatten geplant, hier haltzumachen und eine kleine Party zu veranstalten.

Es sollte ein bißchen getanzt und getrunken werden. Ich habe dann eine Geschichte erzählt, die eins von den beiden Mädchen in den falschen Hals bekam. Nach einer Weile saßen beide stocksteif da. Sie wollten sofort schlafen gehen, damit sie morgen auf dem Segelboot nicht übernächtig aussähen. Den Jungen blieb daraufhin nichts anderes übrig, als die Mädchen nach Hause zu bringen. Ich nahm sie deshalb beiseite und schlug ihnen vor, wieder herzukommen, weil ich annähme, daß hier später noch ein bißchen Betrieb sein würde.«

Selby blickte zu Gleason hinüber. »Befand sich in eurer Begleitung sonst noch jemand?«

»Nein, nur die beiden Mädchen.«

»Sonst niemand?«

»Nein.«

»Es wurde vorhin erwähnt, daß ein *paar* Mädchen hier gewesen seien?«

»Ja, es waren noch einige Mädchen aus Los Angeles da. Sie kommen manchmal her. Da kann man sich eine angeln . . .«

»Die jungen Damen, die kommen, suchen nur eine Gelegenheit zum Tanzen«, sagte Triggs gelassen. »Soviel ich weiß, sind die meisten schon verheiratet und wollen sich mal ein bißchen allein amüsieren. Natürlich haben sie es gern, wenn die Jungen ein paar Blicke riskieren, und manchmal tanzen sie auch mit ihnen. Wenn es aber Zeit zum Schlafen ist, gehen sie nach Hause.«

»Ihr zwei habt also niemanden in eurem Bungalow zurückgelassen?« fragte Selby Gleason.

»Nein, natürlich nicht. Was soll die Frage überhaupt?«

Selby wandte sich an Cuttings. »Sie kamen zurück, um noch eine Weile mit Stapleton zusammen zu sein?«

»Tja, das war ja auch der Grund, weshalb wir auf dem Wege nach Los Angeles hier Station machten. Ich bin dann wieder zurückgekehrt, weil es mir einfach noch zu früh erschien, um schon zu Bett zu gehen und . . .«

»Und wollten Sie Stapleton dann mit in Ihren Bungalow nehmen?«

»Was . . .?« rief Cuttings völlig verblüfft. »Stapleton mit in den Bungalow nehmen?«

»Mr. Selby, die beiden hatten *mich* eingeladen, mit in den Bungalow zu kommen«, sagte Ross Blaine.

»Ach wo! Das stimmt nicht . . .« stieß Cuttings hervor. »Oder . . . doch . . . Ich sagte nur, wenn deine Mutter nicht hören soll, daß du so spät nach Hause kommst, kannst du mit zu uns kommen. Aber

als eine direkte Einladung war das nicht gemeint.«
»Ihr zwei«, sagte Handley in einem Ton, der erkennen ließ, daß ihn die Angelegenheit plötzlich sehr interessierte, »habt doch gesagt, daß ihr ebensogut auch morgen auf dem Segelboot schlafen könntet, und ihr machtet Needham und mir das Angebot, daß *wir* euren Bungalow benutzen könnten.«
»Ja, das stimmt schon«, erwiderte Cuttings. »Wir wollen um sieben Uhr losfahren nach Los Angeles und haben uns überlegt, daß wir ja auch auf der Jacht ein bißchen schlafen könnten.«
»Ihr Freund scheint sein Segelboot den ganzen Winter über seeklar zu halten, nicht wahr?« sagte Selby.
»Ja, er hat eine große Hochseejacht. Gerade im Winter ist oft großartiges Segelwetter. Und sonst bleiben wir eben im Hafen, singen Seemannslieder, spielen Karten und gießen einen hinter die Binde. Es sind wirklich ein paar flotte Kerle mit von der Partie. Bei günstigem Wetter segeln wir bis nach Catalina.«
»Hört zu«, sagte Selby. »Ich wünsche jetzt *genau* zu wissen, wann ihr beide wieder im *Palm Thatch* eingetroffen seid.«
»Ich glaube, diese Frage kann *ich* beantworten«, erklärte eine weibliche Stimme im Hintergrund.
Selby fuhr herum. Lächelnd und sehr selbstsicher trat eine elegante, graziöse Blondine auf ihn zu. Selby überlegte, daß sie auf der anderen Seite des Türvorhangs gestanden haben mußte und die Unterhaltung belauscht hatte. Sie trug ein spitzenbesetztes schwarzes Abendkleid, das gut zu ihrem blonden Haar paßte und ihre dunkelblauen Augen hervorhob. Ihre Lippen und Augenbrauen waren sorgfältig nachgezogen.
»Gestatten Sie, daß ich mich vorstelle«, sagte sie. »Mein Name ist Madge Trent. Ich bin hier an der Bar tätig. Und Sie sind, wie ich vermute, Mr. Selby.«
Sie reichte Selby ihre warme, geschmeidige Hand. Er bemerkte, daß die Fingernägel rot lackiert waren. Mit einer weichen Drehung wandte sie sich Brandon zu, lächelte ihn kurz an und sagte: »Sie sind Sheriff Brandon, nicht wahr? Es freut mich, Sie zu sehen. Ich glaube, ich bin in der Lage, Ihnen Ihre Fragen zu beantworten.«
»Ich bitte darum«, sagte Selby.
»Ich bin hier als Bardame tätig«, erklärte sie. »Wenn das Lokal geschlossen ist, habe ich nichts zu tun. Ich saß in meinem Zimmer und las. Da hörte ich Sie kommen. Ich kleidete mich an, ging hinunter und durchquerte den Speisesaal in dem Augenblick, als Sie Ihre letzte Frage stellten.«

»Wir haben Sie nicht kommen gehört«, sagte Brandon.
»Sie ist sehr leichtfüßig«, warf Triggs hastig ein. »Von Beruf ist sie nämlich Tänzerin.«
Madge Trent ließ Doug Selby nicht aus den Augen. »Das Viergespann, für das Sie sich zu interessieren scheinen, traf gegen zehn Uhr ein«, sagte sie. »Ich glaube, die Jungen haben sich gegenüber den Mädchen nicht gerade rücksichtsvoll benommen. Ich entnahm ihren Worten, daß es sich um Sekretärinnen handelt. Sie hatten einen schweren Tag hinter sich und waren außerdem lange unterwegs gewesen. Sie hatten Angst, daß sie morgen auf der Jacht übernächtig aussehen würden.« Dann wandte sie sich Cuttings zu. »Ihr zwei arbeitet doch nicht, stimmt's?«
Cuttings schüttelte grinsend den Kopf. »Unsere Väter haben Obstplantagen. Die Bäume arbeiten für uns.«
»Das habe ich mir gedacht«, sagte sie lächelnd. »Und ich möchte wetten, ihr habt heute bis Mittag geschlafen, nicht wahr?«
»Wenn Sie es genau wissen wollen – wir haben bis zwei geschlafen. Wir wußten, daß wir eine lange Nacht vor uns hatten, und haben deshalb auf Vorrat geschlafen.«
»Und die beiden Mädchen waren hundemüde. Die ganze Geschichte kam ihnen ein bißchen spanisch vor. Ich hatte das Gefühl, daß sie sich allmählich Gedanken darüber machten, worauf die Sache eigentlich hinauslaufen sollte. Jedenfalls erklärten sie, daß sie um Punkt zwölf zu gehen wünschten. Die vier brachen dann um fünf nach zwölf auf. Die Jungen waren um halb eins wieder hier. Ich weiß es genau, weil ich sie nämlich hereingelassen habe. Als es klingelte, dachte ich erst, es käme noch eine andere Gesellschaft, und sah deshalb auf die Uhr.«
»Den Mädchen ist gar nichts passiert«, sagte Cuttings. »Sie hatten überhaupt keinen Grund, beleidigt zu sein.«
»Wer von euch beiden«, fragte Selby, »kennt einen Emil Watkins?«
Die jungen Leute starrten sich verblüfft an. Dann schüttelte Gleason den Kopf, und Cuttings sagte: »Ich bestimmt nicht.«
»Kennen Sie irgend jemanden mit Namen Watkins?« fragte Selby.
»Nein, Sir«, erwiderte Gleason.
»In San Francisco kenne ich jemanden, der Watkins heißt«, sagte Cuttings. »Aber ich habe ihn seit Jahren nicht mehr gesehen.«
»Der Mann, von dem ich spreche, ist etwa fünfzig Jahre alt, hat graue Augen, dünnes Haar, hohe Backenknochen und schmale Lippen. Er ist etwa einssiebzig groß. Er könnte der Vater von einem

Mädchen sein, das ihr kennt. Gibt es unter euren Bekannten irgendein Mädchen, das Watkins heißt?«
Tiefes Schweigen. Dann schüttelten beide Jungen den Kopf.
»Ich möchte gern, daß ihr euch den Mann mal anschaut«, sagte Selby.
»Mit Vergnügen«, rief Cuttings. »Wo ist er?«
»Ich glaube, wenn ihr ihn zu Gesicht bekommt«, sagte Selby langsam, »wird er bereits im Leichenschauhaus sein.«
»Was? Im Leichenschau ...«, stotterte Cuttings und schwieg dann. Die Tischrunde saß plötzlich regungslos da.
»Am besten, du bringst sie erst mal zum Bungalow zurück, Rex«, sagte Selby zu Brandon. »Komm dann mit ihnen zum Leichenschauhaus. Ich fahre direkt hin. Und was die beiden Mädchen betrifft, so handelt es sich offenbar um Sekretärinnen, für die es nicht gerade von Vorteil wäre, wenn ihr Name in diesem Zusammenhang in der Zeitung erwähnt würde. Die Sache, der wir hier nachgehen – was für eine Bewandtnis es damit auch immer haben mag –, scheint sich vor allem um den Bungalow zu drehen, den die Jungen gemietet haben. Es dürfte daher wohl angezeigt sein, den Mädchen einen Vorsprung zu geben, damit sie die Stadt verlassen haben, wenn die Zeitungsreporter anrücken und Fragen stellen.«
Brandon nickte. »Gut, Doug«, sagte er. Dann wandte er sich den beiden Jungen zu. »Kommt, ihr zwei!«

6

Selby parkte, schlug seinen Mantelkragen hoch und läutete am Büro des Gerichtsarztes. Am liebsten hätte er außerdem noch an die Tür getrommelt.
Der Gerichtsarzt Harry Perkins war ein großer, hagerer Mann mit knochigem Gesicht. Sein Hobby war das Forellenfischen. Er öffnete die Tür und sagte: »Hallo, Doug! Ein toller Regen, nicht wahr? Hier, häng deinen Mantel über diesen Stuhl, damit er austropft.«
»Ist die Leiche schon da?« fragte Selby.
»Du meinst den Mann vom Keystone-Auto-Camp?«
»Ja, ich möchte ihn mir mal anschauen.«
»Gut, komm bitte mit.«
»Was hast du festgestellt?« fragte Selby, während sie einen feuchtkalten Korridor entlanggingen, in dem es stark nach Einbalsamie-

rungsmitteln roch.
»Ja, es war tatsächlich Kohlenmonoxydgas«, bemerkte Perkins unbekümmert. »Verrückt, daß die Leute sich in ein geschlossenes Zimmer setzen und einen defekten Gasofen voll aufdrehen. Sie wollen unbedingt innerhalb von Sekunden die Zimmertemperatur hochjagen. Man hält das Streichholz dran und will im Nu zwanzig Grad Wärme haben. Ich werde so was nie begreifen.«
»Hast du irgend etwas entdeckt, wodurch er zu identifizieren wäre?« fragte Selby.
»Er hatte ein paar Briefe bei sich, die mit *Lieber Papa* anfangen«, erwiderte der Gerichtsarzt. »Es sieht so aus, als ob er sie schon eine ganze Weile mit sich herumgeschleppt hätte.«
»Was steht denn drin?«
»Sie stammen von einer Tochter, die davongelaufen ist und ein Kind bekam.« Er öffnete eine Tür und sagte: »Es ist ziemlich kalt hier, Doug. Wenn du dich länger in diesem Raum aufhalten willst, mußt du dir einen Mantel holen. Ich persönlich glaube allerdings nicht, daß es sich lohnt, lange Untersuchungen anzustellen. Es ist ein klarer Fall von Kohlenmonoxydvergiftung. Seine Sachen hängen da drüben. Hier in der Kassette befindet sich der gesamte Tascheninhalt. Die Leiche liegt dort. Willst du einen Blick darauf werfen?«
Selby nickte.
Perkins zog das Tuch zurück. »Eine Kohlenmonoxydvergiftung läßt sich sehr einfach feststellen«, sagte er. »Das Blut ist dann kirschrot.«
»Irgendwelche Anzeichen von Gewaltanwendung sind nicht zu erkennen?«
»Nein, nur unterhalb des einen Ohrs befindet sich eine kleine dunkle Stelle. Sie könnte zum Beispiel von einem Sturz herrühren. Brrr . . . ist das kalt hier. Wie wäre es, wenn wir seine Sachen mit ins Büro nehmen und sie dort näher untersuchen?«
»Das ist eine gute Idee«, sagte Selby. »Komm.«
Sie drehten das Licht aus und gingen durch den langen Korridor wieder zurück ins Büro. Der Gerichtsarzt trug die Kassette. »Ich verschließe jetzt diese Sachen immer in Kassetten«, meinte er grinsend. »Da ist nämlich neulich so eine dumme Geschichte passiert. Ich habe keine Lust, es ein zweites Mal zu erleben, daß Sachen ausgetauscht oder gestohlen werden.«
Er öffnete die Tür seines Büros und wies auf den Gasofen. »Das Ding ist in Ordnung.« Dann stellte er die Kassette auf den Tisch.

Er schloß sie auf und sagte: »Ein scharfes Klappmesser, fünfunddreißig Dollar in Banknoten, ein Dollar und achtzehn Cent in Münzen, eine alte Taschenuhr, die auf die Sekunde genau geht, ein Bleistiftstummel, eine Brieftasche und diese Briefe.«
Selby zog die Briefe aus einem speckigen Umschlag, faltete sie auseinander und legte sie auf den Schreibtisch. »Weder auf dem Umschlag noch auf den Briefen befindet sich eine Adresse«, bemerkte er.
»Meiner Ansicht nach«, sagte Perkins, »hat er sie eine Weile in der Tasche getragen. Dann begannen sie unansehnlich zu werden, und daraufhin hat er sie in den Umschlag gesteckt. Wie du siehst, ist er am Rand schon ganz durchgewetzt. Ich nehme an, daß die Briefe stark verschmutzt waren, bevor sie in den Umschlag gesteckt wurden.«
Selby nickte und blickte versonnen auf sie nieder. »Weißt du, Harry«, sagte er, »dieser Beruf fasziniert mich auf eigenartige Weise. Ich liebe es, in das Leben von Menschen Einblick zu gewinnen. Früher dachte ich immer, man könne nur lebendige Menschen begreifen. Allmählich gelange ich zu der Auffassung, daß man aus ihnen erst wirklich klug wird, wenn sie tot sind. Der Tod macht aller Heuchelei ein Ende.«
»Wenn du diese Briefe liest«, erwiderte Perkins, »wirst du einiges über die Tochter des Mannes erfahren. Aber ich begreife nicht ganz, wieso du gerade aus Leuten klug werden willst, die schon tot sind.«
»Ich denke da an all die kleinen Fingerzeige, die ein Schlaglicht auf den Charakter werfen. Weißt du, Harry, ich glaube, wir sollten mit ganz neuen Methoden an die Aufdeckung von Verbrechen gehen. Wir achten viel zu wenig auf die Kleinigkeiten, die den Charakter kennzeichnen, und kümmern uns kaum um das Wichtigste von allem, nämlich um die Motive. Es gehört schließlich ein schwerwiegendes Motiv dazu, einen Menschen umzubringen.«
»Du magst recht haben«, sagte Perkins. Seiner Miene war allerdings anzusehen, daß ihn die Frage einer Revolutionierung der Ermittlungsmethoden wenig interessierte. »Aber dies ist kein Mordfall. Hier wurde der Mord vom Schicksal vereitelt.«
Selby war im Begriff, etwas zu erwidern, besann sich anders und las den ersten Brief.

15. Dezember 1930

Lieber Papa,

ich schreibe Dir diese Zeilen, damit Du weißt, daß ich Weihnachten und Neujahr nicht bei Dir sein werde. Ich weiß nicht, ob es sehr viel anders um uns stünde, wenn Mutter noch lebte. Du hast versucht, mir ein guter Vater zu sein. Du wirst mir wahrscheinlich nicht glauben, wenn ich sage, daß auch ich mich bemüht habe, eine gute Tochter zu sein. Ich versichere Dir, daß ich Dich liebe, aber ich halte Dich für hoffnungslos altmodisch. Du findest, daß mir all die Eigenschaften völlig fehlen, über die eine junge Frau verfügen müßte. Ich wieder finde, daß Du konservative Anschauungen hast, aber ich liebe Dich deshalb nicht weniger. Du glaubst, daß ich vor die Hunde gehe, und ich weiß nicht, ob Du mich überhaupt liebst. Es gibt ein paar Dinge, die Du einfach nicht begreifst und wahrscheinlich nie begreifen wirst. Ich glaube, Mutter würde mich verstehen, weil ich mich in vieler Hinsicht als ihr Kind fühle.

Da ich weiß, daß Du das, was ich vorhabe, nicht billigen würdest, werde ich es Dir auch gar nicht sagen. Bitte glaube mir, daß ich Dich noch genauso innig liebe wie früher. Aber ich hasse Streit. Ich weiß, daß Du mit meiner Lebensart nicht einverstanden bist und das, was ich plane, nicht gutheißen würdest. Ich möchte mit Dir darüber nicht streiten. Es täte mir so leid, wenn es zu einer Szene zwischen uns käme, in der Du meinem Entschluß, mein eigenes Leben zu leben, Deine Anschauungen über Moral entgegenhalten würdest. Und deshalb, Papa, möchte ich mich mit diesen Zeilen von Dir verabschieden.

In inniger Liebe

Deine Marcia

Selby schob den Brief wieder in den Umschlag und zog den zweiten heraus. Er stammte vom 5. Oktober 1931 und lautete:

Lieber Papa,

seit ich Dir im vergangenen Dezember schrieb, habe ich viel nachgedacht. Ich beginne langsam zu begreifen, was in Eltern vorgeht. Ich kann Dir das nicht lang und breit erklären, aber – um es kurz zu sagen – Ende November wirst Du Großvater. Ich weiß nicht, ob Du diese Nachricht als eine freudige Botschaft betrachten wirst oder darüber in Entsetzen gerätst. Wahrscheinlich wird beides der Fall sein. Der Mann, mit dem ich zusammenlebe, kann mich wegen seiner Familie nicht heiraten. Es führt zu weit, wenn ich Dir das

brieflich auseinandersetzen wollte, und jetzt ist sowieso alles egal. Natürlich hatten wir vor zu heiraten, sobald es ihm gelänge, die Unstimmigkeiten mit seiner Familie zu beseitigen. Vor einem Monat hat er mich nun verlassen. Ich liebe ihn noch immer, aber ich möchte nicht mehr, daß er zu mir zurückkommt. Ich habe erkannt, was er in Wirklichkeit ist – nämlich ein verwöhnter, selbstsüchtiger und rücksichtsloser Taugenichts. Meinem Kind steht nun kein leichtes Leben bevor. Es wird ohne Vater heranwachsen müssen. Deshalb möchte ich ihm auch nicht den Großvater nehmen, aber eines weiß ich gewiß: Mein Kind wird niemals unter der gleichen engstirnigen Intoleranz zu leiden haben, die mir so viele Jahre den Blick fürs Leben getrübt hat.
Ich mache Dir deshalb keine Vorwürfe, Papa. Trotzdem hast Du aber einen Standpunkt, den ich nie verstehen werde, und ich weiß sehr gut, daß Du auch meinen nie begreifen wirst. Für mich ist die Liebe eine stärkere Bindung als die Ehe. Wenn zwei Menschen sich wirklich und wahrhaftig lieben, genügt das meiner Meinung nach völlig. Dadurch, daß ein Standesbeamter aufsteht und ein paar Worte murmelt, ändert sich ihre gegenseitige Beziehung nicht. Ich liebte diesen Mann. Ich werde Dir seinen Namen nicht nennen, weil die Dinge dadurch nicht besser würden. Ich dachte, er wollte mich heiraten, und glaubte, daß ich Dir jetzt zu diesem Zeitpunkt schreiben könnte, ich sei nun in aller Form getraut. Und dann hättest Du vielleicht ein Wiedersehen mit mir gewünscht. Mir persönlich kommt es jetzt so vor, als ob ich verheiratet gewesen und nun geschieden sei. Die Entscheidung liegt bei Dir. Wenn Du mich zu sehen wünschst und bereit bist, anzuerkennen, daß der kleine Erdenbürger, der nun unterwegs ist, genauso Deine Liebe verdient, wie wenn irgendein Standesbeamter fünf Dollar kassiert hätte, weil er ein paar Zeilen aus einem Buch vorlas – dann gib eine Anzeige in der Personalienspalte der Zeitungen von Los Angeles auf. Ich befinde mich zur Zeit nicht in Los Angeles, aber ich werde es einzurichten wissen, daß ich von einer solchen Anzeige erfahre. Aber, bitte, vergiß folgendes nicht, Papa: wenn Du nicht zu einem vorbehaltlosen Ja bereit bist, gib die Anzeige lieber nicht auf. Mein Kind ist die Folge einer Beziehung, die in gutem Glauben begonnen wurde und deren Fundament die Liebe war. Wenn Du die Dinge nicht so betrachten willst, unterlasse es lieber, Dich mit mir in Verbindung zu setzen.

Der dritte Brief stammte vom Juli 1937 und lautete:

Lieber Papa,
seit ich Dir das letzte Mal schrieb, ist viel Wasser in den Ozean geflossen. Du hast es damals unterlassen, eine Anzeige aufzugeben, und ich habe daraus Deine Einstellung ersehen.
Ich brachte ein Mädchen zur Welt. Ich wollte es nicht von jemand Fremdem adoptieren lassen. Es sah zwar eine Weile so aus, als ob das der einzige Ausweg sei. Schließlich erklärte sich dann der Vater des Kindes bereit, zu seinem Unterhalt beizusteuern. Dadurch war es mir möglich, meine Tochter zu behalten, aber das Leben ist für mich wie ein Alptraum. Das Geld, das ich für das Kind bekomme, reicht gerade für seinen Unterhalt. Ich selbst muß arbeiten, um mich zu ernähren. Ich sehe die Kleine in unregelmäßigen Abständen für jeweils ein paar Stunden. Ich bin zwar die Mutter, komme aber nur zu Besuch zu meinem Kind. Sein wirkliches Zuhause ist ein Internat. Kurz gesagt, ich bin also meiner Tochter praktisch beraubt. Mir ist jetzt klargeworden, daß ich Dich ja auch Deiner Tochter beraubt habe. Und ich begreife jetzt, daß der Verlust Deiner Tochter Dich in vieler Hinsicht ebenso geschmerzt haben muß, wie es mir weh tut, daß ich auf mein Kind verzichten muß. Aber ich weiß auch, daß Du dies niemals zugeben würdest. Du wirst nie auch nur den Versuch machen, mich zu verstehen. In der nächsten Zeit werde ich eines Tages zu Dir kommen, um mich mit Dir zu unterhalten. Aber in einem Punkt bin ich fest entschlossen: Du bekommst Dein Enkelkind niemals zu sehen, wenn Du ihm gegenüber nicht die richtige Einstellung hast. Was Du über mich denkst, ist einerlei. Ich möchte Dich gern wiedersehen, Papa, und ich frage mich, ob Du wohl den gleichen Wunsch hegst. Jedenfalls sei nicht überrascht, wenn ich bald einmal bei Dir auftauche. Es ist eine weite Reise zu Dir. Ich brauche eine Weile, um das Geld dafür zusammenzusparen.

Deine eigensinnige Tochter Marcia

Selby faltete die Briefe behutsam wieder zusammen und schob sie in den unansehnlichen Umschlag. »Was für eine komplizierte Sache ist doch das Leben, Harry«, sagte er. »Wie sehr bemühen sich die Menschen, mit ihrem Dasein fertigzuwerden. Sie versuchen immer, alles richtig zu machen, und suchen nach dem Glück, das sie durch ein Mißverständnis oft nie finden. Dieser Mann hier zum Beispiel liebte seine Tochter. Er konnte sich von den Briefen nicht trennen. Welche Einsamkeit in seinem Herzen gewesen sein muß! Er trug die Briefe ständig bei sich und las sie immer und immer wieder, bis schließlich vom vielen Anfassen das Papier mürbe und die Schrift blaß wurde. Aber er konnte sich trotzdem nicht dazu aufraffen, ihr zu verzeihen. Ein klein wenig mehr Nachsicht, ein bißchen mehr menschliches Verständnis, und beide hätten glücklich sein können. Würde der Großvater etwas zum Unterhalt des Kindes beigesteuert haben, hätte sie das kleine Mädchen bei sich behalten können. Es muß uns irgendwie gelingen, Harry, diese Tochter aufzustöbern. Ich hoffe, der Mann hat etwas Geld hinterlassen, mit dem die Tochter wenigstens eine Weile das Kind sorglos aufziehen kann.«

»Es sieht nicht danach aus, als ob er auf Rosen gebettet gewesen sei«, sagte der Gerichtsarzt. »Seine Kleidung ist ziemlich schäbig. Das Geld in der Brieftasche reicht nicht mal für die Beerdigungskosten.«

»Wir haben ihn gestern an der Autostraße getroffen«, sagte Selby. »Er reiste per Anhalter. Brandon hätte ihn beinahe wegen Landstreicherei verhaftet und ...«

»Habt ihr festgestellt, wie er heißt?«

»Er sagte, sein Name sei Emil Watkins.«

»Bei der Leiche findet sich kein Anhaltspunkt, der das bestätigen würde«, sagte der Gerichtsarzt. »Was da in der Kassette liegt, ist der ganze Tascheninhalt.«

Selby nahm die Utensilien einzeln heraus, untersuchte sie und packte sie dann wieder in die Kassette.

»Das Seltsame ist, Harry«, sagte er, »daß der Mann keine Schlüssel bei sich hatte.«

»Ja, das stimmt«, erwiderte Perkins. »Er hatte zwar ein Klappmesser, einen Bleistiftstummel und eine Brieftasche bei sich ... aber keine Schlüssel.«

»Tja, anscheinend ein Mann ohne Zuhause ... jemand, der nirgends Wurzeln hatte«, sagte Selby nachdenklich.

»Nun, es gibt heutzutage viele Leute, die kein Dach über dem Kopf haben«, bemerkte Perkins. »Sag mal, Doug, habe ich dir übrigens von der riesigen Forelle erzählt, die ich hier in der Nähe in einem Teich gefangen habe? Ich wußte ja, daß da ein Prachtexemplar drinsteckte! Der Bursche wog zweieinhalb Pfund. Forellen sind ja ...« Er unterbrach seinen Bericht, weil es klingelte und anschließend mit den Fäusten gegen die Tür getrommelt wurde. »Immer das gleiche Theater«, sagte er. »Nur weil es dunkel ist, glauben die Brüder, die Klingel allein genügt nicht. Erst läuten sie Sturm, und dann trommeln sie noch mit den Fäusten. Am Tag wird nur geklingelt.«

Er ging hinaus, um zu öffnen. Sheriff Brandon führte die beiden bleich aussehenden jungen Leute herein.
»Nun, gibt's was Neues?« fragte Selby.
Brandon schüttelte den Kopf.
»Ihr zwei sollt euch jetzt mal den Toten anschauen«, sagte Selby zu den Jungen. Keiner von den beiden sagte ein Wort. Gleason fröstelte. Man hörte deutlich, wie seine Zähne klapperten. »Stellen Sie sich an den Ofen«, sagte Selby, »und wärmen Sie sich auf.«
»Ach, ich möchte es lieber hinter mir haben«, murmelte Gleason.
»Na, gut«, sagte Selby. »Kommen Sie mit.«
Sie gingen schweigend den langen, kalten Korridor hinunter. Dann schlug der Polizeiarzt das Leichentuch zurück. Cuttings trat als erster heran und betrachtete den Toten. Er schüttelte den Kopf und wandte sich dann ab. Gleason blickte mit fest zusammengepreßten Lippen auf den Toten hinab und trat dann hastig beiseite.
»Kennen Sie ihn?« fragte Selby.
Beide schüttelten den Kopf.
»Schauen Sie ihn sich genau an! Versuchen Sie sich zu vergegenwärtigen, wie er als lebendiger Mensch mit geöffneten Augen ausgesehen hat. Kommt, Jungen, er tut euch ja nichts!« Wieder betrachteten die beiden jungen Burschen die Leiche.
»Wann habt ihr eigentlich das letztemal Marcia Watkins gesehen?« fragte Selby beiläufig.
Keiner von beiden zuckte auch nur mit der Wimper. »Ich kenne keine Marcia Watkins«, sagte Cuttings.
»Ich auch nicht«, fügte Gleason hinzu.
»Wieso befand sich dieser Mann denn in eurem Bungalow?« fragte Selby.
»Hören Sie, Mr. Selby«, rief Cuttings, »ich lüge Ihnen nichts vor! Mir ist die Sache selber schleierhaft. Ich weiß weder, was er in unserem Bungalow machte, noch wie er reingekommen ist.«
»Also gut, Jungen«, sagte Selby. »Ich werde euch nicht festnehmen, aber ich verlange von euch das Versprechen, daß ihr sofort zurückkommt, wenn ich euch rufe. Kann ich mich darauf verlassen?«
»Ganz gewiß, Mr. Selby«, sagte Cuttings. »Sie haben sich uns gegenüber sehr anständig verhalten, und Bob und ich werden alles tun, um Ihnen behilflich zu sein.«
»Ich möchte dich einen Moment sprechen, Doug«, sagte Brandon. »Die Jungen können solange hier warten.«
»Wäre es nicht möglich, daß wir woanders warten?« fragte Gleason.
»Nein«, erwiderte Brandon. »Ihr bleibt einen Augenblick hier.«

Er führte Selby auf den Korridor hinaus. »Ich finde es nicht richtig, die Jungen laufenzulassen, Doug«, sagte er. »Denk daran, daß drei Whiskygläser dastanden. Ich habe doch das Gefühl, daß die beiden irgendwie mit der Sache zu tun haben.«

»Ja, das mag schon sein«, erwiderte Selby. »Aber je mehr wir sie jetzt mit Fragen durchlöchern, um so deutlicher geben wir ihnen zu erkennen, wie wenig wir wissen. Am besten ist es, sie noch auf freiem Fuß zu lassen. Wir nehmen unsere Ermittlungen auf, und wenn wir über den Toten genau im Bilde sind, holen wir sie zurück. Aus Briefen, die sich in seiner Tasche befanden, habe ich den Eindruck gewonnen, daß es sich bei dem Mann um einen sehr altmodischen und starrsinnigen Vater handelte. Seine Tochter lief ihm davon und bekam ein uneheliches Kind. Ich bin aber überzeugt, daß er sie trotz allem innig liebte. Sobald wir herausgefunden haben, woher er stammt, kommen wir auch der Tochter auf die Spur. Und wenn wir sie aufgestöbert haben, werden wir auch feststellen, wer der Vater des Kindes ist. Dann wissen wir, wen dieser Mann umbringen wollte.«

»Es sieht ganz so aus, als ob es sich um Cuttings oder Gleason handelte«, sagte der Sheriff.

»Dafür sind die beiden zu jung. Sie können nicht mit der Tochter durchgebrannt sein. Als ich den Namen Marcia erwähnte, verzogen sie keine Miene.«

»Die Briefe, die du eben erwähntest, befanden sich in seiner Tasche?« fragte Brandon.

»Ja.«

»Also gut«, sagte Brandon. »Tu, was du für richtig hältst. Ich vermute, daß du hier wieder deinem Hobby frönen wirst – nämlich das Leben eines Toten zu rekonstruieren.«

Selby nickte.

»Aber nehmen wir einmal an«, fuhr Brandon fort, »es stellt sich am Ende heraus, daß er tatsächlich Gleason oder Cuttings ermorden wollte. Dann können wir gar nichts unternehmen. Die beiden haben keine strafbare Handlung begangen.«

»Es könnte auch sein«, erwiderte Selby, »daß Gleason oder Cuttings mit dem Mann verkehrten, den der Tote umbringen wollte und . . .«

»Ja, ich verstehe, was du meinst«, sagte Brandon.

»Natürlich«, fuhr Selby fort, »kommt jetzt alles darauf an, daß wir die Dinge rekonstruieren, um festzustellen, was die beiden überhaupt wußten.«

Sie kehrten wieder in den Raum zurück, wo der Tote lag. Der Gerichtsarzt hatte sich inzwischen bemüht, die jungen Leute abzulenken, indem er ihnen über seine Angelerlebnisse vom Sommer erzählte. Die Jungen betrachteten ihn mit großen Augen und blassen Gesichtern, interessierten sich aber nicht im geringsten für seine Schilderungen.

»Hört zu, Jungs«, sagte Brandon. »Ihr könnt jetzt gehen.«

Mit langen Schritten eilten die beiden dem Ausgang zu und liefen den Korridor hinunter. An der Haustür drehte sich Cuttings noch einmal um und rief: »Sobald Sie uns zu sprechen wünschen, Mr. Selby, sind wir zur Stelle. Der Sheriff weiß, wo wir zu erreichen sind.« Dann öffnete er die Tür, und beide stürzten hinaus in den strömenden Regen.

»Komm herein, Rex«, sagte Selby zum Sheriff, »und lies die Briefe.«

Die drei Männer betraten das Büro. Selby reichte Brandon die Briefe. Dieser begann sie zu überfliegen, runzelte die Stirn und studierte sie gründlich. Plötzlich klingelte das Telefon. Der Gerichtsarzt meldete sich und sagte dann zu Selby: »Es ist für dich, Doug!«

Selby ergriff den Hörer. »Ja, hallo?«

Eine Frauenstimme, die merkwürdig undeutlich klang, sagte: »Ist dort der Staatsanwalt?«

»Ja.«

Die Frau am anderen Ende der Leitung sprach sehr hastig. Es klang, als ob sie zur Tarnung ihrer Stimme etwas in den Mund gesteckt hätte. »Lassen Sie sich keinen Sand in die Augen streuen wegen der Vorgänge im Keystone-Auto-Camp«, sagte sie. »Stellen Sie Ihre Ermittlungen nicht ein, bevor Sie den Mord aufgeklärt haben!«

»Einen Augenblick«, erwiderte Selby. »Hier spricht nicht der Staatsanwalt persönlich, sondern nur sein Stellvertreter. Aber ich werde ihn selbst an den Apparat rufen.«

»Aber Mr. Selby! Glauben Sie ja nicht, daß Sie mich mit solchen Tricks so lange hinhalten können, bis Sie heraus haben, von wo der Anruf kommt!«

»Wie kommen Sie denn darauf, daß dort ein Mord geschehen sein soll?« fragte Selby. »Der Mann starb, bevor er einen Mord begangen hatte. Es waren keine . . .«

»Wenn Sie die Wahrheit wirklich wüßten, wäre Ihnen auch bekannt, daß der Mord bereits begangen war und daß Sie den Leu-

ten die Trümpfe in die Hand spielen, wenn Sie glauben ...« Plötzlich hielt die Frau, die bis dahin in fliegender Hast gesprochen hatte, inne. Es schien, als sei sie durch irgendein Geräusch aufgeschreckt worden und horche.
»Nun, was ist ...!« sagte Selby. Aber er hörte nur noch, wie der Hörer aufgelegt wurde, und er hämmerte auf den Apparat, um das Amt zu erreichen.
»Immer mit der Ruhe, Doug!« sagte Perkins. »Jetzt um diese Zeit rührt man sich da nicht so schnell.«
Schließlich meldete sich das Telefonfräulein und sagte mit gereizter Stimme. »Ja, welche Nummer wünschen Sie denn?«
»Hier spricht Staatsanwalt Selby. Ich befinde mich im Büro des Gerichtsarztes Perkins. Soeben kam ein Anruf für mich. Ich möchte wissen, von wo der Teilnehmer gesprochen hat.«
»Einen Augenblick«, sagte das Telefonfräulein. »Ich will sehen, was ich tun kann. Bitte legen Sie nicht auf.« Kurz darauf meldete sie sich wieder: »Ich glaube, der Anruf kam aus dem *All Night Drugstore* im Hotelhochhaus.«
»Verbinden Sie mich bitte sofort mit der Nummer!«
»Ja, einen Moment.«
Selby erschien es wie eine Ewigkeit, bis sich eine Männerstimme meldete: »Hier *All Night Drugstore.*«
»Wo steht Ihr Apparat?« fragte Selby.
»In einer Telefonzelle«, erwiderte der Mann verblüfft. »Aber wer ist denn dort überhaupt?«
»Hier spricht Staatsanwalt Selby. Vor ein oder zwei Minuten wurde ich von Ihrer Nummer aus angerufen. Ich möchte wissen, wer am Apparat war.«
»Eine Frau. Sie fuhr in einem Wagen vor, den ein Mann steuerte. Dann kam sie hereingerannt, und ich dachte, sie wollte schnell irgend etwas haben. Aber sie schüttelte den Kopf und eilte zur Telefonzelle.«
»Wie sah sie aus?«
»Es war eine junge Person in einem Regenmantel. Sie hatte die Kapuze über den Kopf gezogen.«
»Welche Farbe hatte der Regenmantel?«
»Ich glaube, er war schwarz.«
»Konnten Sie erkennen, ob sie blond oder brünett war?«
»Nein, ich habe mir das Gesicht gar nicht angeschaut.«
»Wie alt war sie etwa?«
»Du meine Güte! Da fragen Sie mich zuviel! Sie lief, als ob sie

jung sei. Aber ich sage Ihnen ja, daß ich auf ihr Gesicht gar nicht geachtet habe.«

»Und jetzt ist sie weg?«

»Als der Mann draußen im Wagen hupte, hängte sie ein und stürzte hinaus.«

»Laufen Sie bitte auf die Straße und sehen Sie nach, ob der Wagen noch irgendwo steht.«

»Na schön«, sagte der Mann seelenruhig. »Bleiben Sie am Apparat.«

Selby hörte, wie er langsam hinausging. Nach einer Weile kam er zurück und sagte in gelangweiltem Ton: »Nein, weit und breit kein Auto.«

»Sie sagten, daß draußen im Wagen ein Mann wartete?« fragte Selby.

»Ja.«

»Haben Sie ihn genau gesehen?«

»Nein, ich sah nur, daß irgend jemand im Auto saß.«

»Wie kommen Sie darauf, daß es ein Mann war?«

»Genau kann ich das nicht sagen. Schließlich wird zu nachtschlafender Zeit ein junges Ding wohl nicht – na, es war eben irgend jemand draußen im Auto. Es kann ebensogut eine Frau gewesen sein.«

»Ich danke Ihnen«, sagte Selby und hängte ein. Er wandte sich an Rex Brandon. »Die Frau, die eben anrief, behauptete, daß hinter der Geschichte im Keystone-Auto-Camp mehr steckt, als wir bisher annahmen.«

»Sie hat von einem Mord gesprochen, nicht wahr?«

»Ja, wie ich ihren Worten entnehmen konnte, ist sie der Meinung, daß der Mann bereits einen Mord begangen hatte.«

»Das hieße also, daß er jemanden getötet hat, bevor er selbst durch den Gasofen umkam?«

»Ja, anscheinend. Sie wurde offensichtlich mitten im Satz unterbrochen.«

»Wenn er jemand ermordet hat«, sagte Brandon, »warum heftete er dann nicht den Zettel an die Leiche? Er hatte ihn doch griffbereit.«

Selby zuckte die Achseln. »Mehr habe ich von ihr nicht erfahren können. Sie schien irgend etwas im Mund zu haben, um ihre Stimme zu tarnen.«

Perkins blickte Rex Brandon an. »Angenommen, es war eins von den beiden Mädchen, die die jungen Burschen mitbrachten?«

Brandons Augen wanderten nachdenklich zu Selby. »Vielleicht war es doch ein Fehler, die Mädchen laufenzulassen, Doug«, sagte er. »Eine von den beiden muß ein gerissenes kleines Luder sein.«
»Nein«, erwiderte Selby, »wir sind schon auf dem richtigen Weg. Wenn wir sie festgehalten und ins Verhör genommen hätten, würden sie kein Wort gesagt haben. Dieser anonyme Anruf zeigt aber, daß die Wahrheit ans Licht kommt.«
»Wenn unser Toter den Mann ermordet hat, auf den er es abgesehen hatte – wo hat er nach deiner Meinung die Leiche versteckt?« fragte der Sheriff.
Selby blickte auf die Armbanduhr. »Tja, wenn wir also noch eine Leiche aufstöbern müssen, will ich mich vorher lieber duschen und rasieren; und frühstücken.«
»Das ist eine glänzende Idee«, sagte Perkins. »Du meine Güte, gießt das draußen ... Das wird auf jeden Fall ein fabelhaftes Angeljahr.«

7

Am Samstag morgen gegen neun Uhr regnete es immer noch. Allerdings goß es nicht mehr so in Strömen wie in den frühen Morgenstunden. Ein kalter, deprimierender Sprühregen hatte den Wolkenbruch abgelöst.
Selby hängte seinen aufgeweichten Mantel an den Ständer in seinem Büro und versuchte sich mit einer Pfeife herrlich duftenden Tabaks aufzuheitern. Seine Sekretärin brachte die Post. Als sie sich erkundigte, ob er ihr diktieren wolle, gab er ihr durch einen Wink zu verstehen, daß er sie im Moment nicht benötige. Etwa fünfzehn bis zwanzig Minuten saß er an seinem Schreibtisch und starrte ins Leere. Er spürte den warmen Pfeifenkopf in seiner Hand und empfand die kleine Rauchwolke, die er von Zeit zu Zeit ausstieß, als ein Hilfsmittel, um sich zu konzentrieren. Schließlich kam seine Sekretärin leise ins Zimmer zurück und sagte: »Draußen ist die Reporterin Sylvia Martin vom *Clarion*.«
»Führen Sie sie herein.«
Sylvia Martin betrat das Büro mit frischer Ungezwungenheit. Sie war etwas jünger als Selby, besaß eine gute Figur, lustige rotbraune Augen, eine kecke Stupsnase und einen Mund, der gern und viel lächelte. Nur jene, die sie näher kannten, wußten, daß

hinter ihrer witzigen Art ein brennender Ehrgeiz steckte.
»Hallo, Doug!« rief sie.
Er grinste. »Womit kann ich dem *Clarion* dienen?«
»Was steckt hinter dieser Geschichte im Keystone-Auto-Camp, Doug?«
Selby klopfte seine Pfeife aus, stopfte sie neu und steckte sie umständlich in Brand. »Ich wurde heute morgen gegen vier Uhr von . . .«
»Ja, das weiß ich schon alles vom Sheriff und aus dem Leichenschauhaus. Mich interessieren die Hintergründe.«
»Sie meinen Tatsachen, die . . .«
»Nein, nicht die Tatsachen. Ich möchte wissen, was *Sie* sich für einen Vers darauf machen, Doug.«
»Offen gestanden weiß ich selbst noch nicht, was ich von der Sache halten soll.«
»Polizeichef Larkin«, sagte sie, »packt natürlich nur beim *Blade* aus. Ich nehme an, daß der *Blade* die Sache in der heutigen Abendausgabe groß aufmachen wird. Ich möchte nun gern noch ein paar heiße Neuigkeiten für unsere Nachmittagsausgabe.«
»Tja, vielleicht ergeben sich in Kürze tatsächlich ganz neue Aspekte und . . .«
»Mein Lokalredakteur«, sagte sie lächelnd, »hört das Wort vielleicht gar nicht gern. Mir wäre es lieber, wenn Sie mir gleich ein paar interessante Dinge auftischten.«
»Was für Material brauchen Sie denn?«
»Na, könnten Sie mir nicht zum Beispiel nähere Erläuterungen darüber geben, daß der Sohn des prominentesten Einwohners unserer Stadt ebenfalls am Spieltisch angetroffen wurde?«
»Schreiben Sie doch, was Sie selbst darüber denken.«
»War denn Stapleton tatsächlich dort?«
»Ja.«
»Und stimmte es auch, daß Sie einen Schuldschein über hundert Dollar eingezogen haben?«
Selby grinste. »Sie müssen heute schon früh aufgestanden sein, Sylvia! Im übrigen halte ich es für fraglich, ob Ihr Redakteur Stapleton erwähnen wird. Charles DeWitt Stapleton ist hier in der Stadt ein wichtiger Mann. Da er Generaldirektor der Zuckerfabrik ist, macht eine Menge Leute einen Buckel vor ihm und . . .«
»Werden Sie gegen Triggs ein Verfahren wegen seinem Spielklub einleiten, Doug?«
»Das weiß ich noch nicht.«

»Tja, wenn Sie keine Anklage erheben, wird der *Clarion* wahrscheinlich auch nichts über Stapleton bringen wollen. Aber warum würden Sie verzichten, Doug – wegen Inez?«
Selby spürte, daß er einen roten Kopf bekam. »Nein«, sagte er kurz angebunden.
»Charles DeWitt Stapleton zum Feind zu haben«, erwiderte sie, »wäre ja auch kein Vergnügen . . .«
»Triggs hat in Zukunft dafür zu sorgen, daß keine jungen Leute mehr bei ihm spielen. Mir ist egal, ob irgend jemand versucht, Druck auf mich auszuüben.«
»Sie können es Triggs nicht übelnehmen«, sagte Sylvia Martin. »Seine Stammkunden sind zum großen Teil junge Leute aus der Stadt. Die Erwachsenen, die auf Abenteuer aus sind, fahren nach Los Angeles, mieten dort ein Hotelzimmer und amüsieren sich, je nach Geschmack. Die jungen Leute aber haben nachts irgendwann wieder zu Haus zu sein. Die Mütter erlauben ihren Töchtern nicht, mit ihren Freunden in die Großstadt zu fahren. So ziehen sie also hinaus in die Lokale am Stadtrand, tanzen ein bißchen, trinken ein paar Glas, parken auf dem Rückweg irgendwo und küssen sich ab. Falls Sie es noch nicht wissen sollten, Mister, so und nicht anders sieht das Leben in einer Kleinstadt eben aus.«
»Doch, ich weiß schon Bescheid«, sagte er grinsend.
»Und George Stapleton hat es faustdick hinter den Ohren«, fuhr sie fort. »Er ist ein frühreifes Bürschchen, das sich häufig in den Bars von Los Angeles und San Diego herumtreibt.«
»Ja, ich weiß«, sagte Selby. »Vermutlich ist Triggs der Meinung, daß es besser ist, daß Stapleton sein Geld hier an Ort und Stelle ausgibt.«
»Wenn Sie vorhaben sollten, Doug, das Lokal zu schließen, werden Sie feststellen, daß er hier in der Stadt nicht wenige Freunde besitzt. Er ist klug genug, seine Waren gegen Barzahlung von hiesigen Lieferanten zu beziehen. Außerdem spendet er für alle möglichen wohltätigen Zwecke beträchtliche Summen.«
»Ich werde es trotzdem in Zukunft nicht mehr dulden, daß in seinem Lokal Berufsspieler ihr Unwesen treiben.«
»Gut und schön, Doug, aber verraten Sie mir lieber, was eigentlich von der Sache im Keystone-Auto-Camp zu halten ist?«
»Worauf wollen Sie hinaus, Sylvia?«
»Zunächst einmal möchte ich die beiden Mädchen interviewen.«
»Bedaure, das kommt überhaupt nicht in Frage.«
»Was soll das heißen?«

»Die Mädchen leben in einer Kleinstadt, und die Zeitungen würden . . .«
»Hören Sie, Doug Selby . . . wollen Sie damit etwa andeuten, daß Sie *mir* Name und Adresse dieser Mädchen vorenthalten?«
»Allerdings.«
»Das hat man also davon«, rief sie ärgerlich, »wenn man sich für Sie einsetzt!«
»Wie meinen Sie das, Sylvia?«
»Während der ganzen Wahlkampagne hat der *Clarion* immer auf Ihrer Seite gestanden! *Blade* warb für Sam Roper, der natürlich wieder gewählt werden wollte. Jetzt aber, wo Sie gewählt worden sind, ist es ja wohl das mindeste, was wir erwarten können, daß Sie uns ein paar Tips geben. Der *Blade* wird die beiden Mädchen bestimmt interviewen.«
»Nein, dazu wird es nicht kommen, denn Brandon sieht den Fall ebenso wie ich.«
Sie lachte spöttisch. »Sieh einer an! Und was wird Otto Larkin tun?«
»Er wird loyal mit uns zusammenarbeiten«, erwiderte Selby. »Die Angelegenheit fällt nicht in seinen Kompetenzbereich, Sylvia.«
»Sie mögen zwar glauben, daß er nicht zuständig ist, aber ich wette, daß er bereits das ganze Material – inklusive Namen und Anschriften der Mädchen – an den *Blade* weitergeleitet hat. Sie können sich an den fünf Fingern abzählen, was jetzt passiert: Man wird heute abend eine wüste Attacke gegen Sie bringen, weil *Sie* sich geweigert hätten, die Namen herauszurücken. Nach ein paar Tagen wird man dann behaupten, dank dem Spürsinn eines Reporters sei man nunmehr im Besitz der Namen dieser Mädchen. Und wenn die Leute vom *Blade* sie dann schließlich interviewen, wird man versuchen, den Mädchen irgend etwas anzuhängen, nur um *Ihnen* einen Knüppel zwischen die Beine zu werfen. Der Erfolg Ihrer Bemühungen, die Mädchen aus der Sache herauszuhalten, wird sein, daß sie nur noch mehr hineinverwickelt werden.«
»Das mag schon sein«, sagte Selby. »Ich für mein Teil werde aber alles tun, um sie nicht hineinzuziehen.«
Sie runzelte die Stirn und warf ihm einen prüfenden Blick zu. »Hat der junge Stapleton etwas mit der Sache zu tun?«
»Keine Ahnung.«
»Wenn ja, wäre das ein heißes Eisen für Sie! Man hat Sie schon oft mit Inez gesehen. Ihre Gegner werden politisches Kapital daraus schlagen. Die Leute würden die Köpfe zusammenstecken und . . .«

»Sylvia, was veranlaßt Sie eigentlich zu so einer Vermutung?«
»Ross Blaine hat gesagt, aus einigen Ihrer Fragen sei herauszuhören gewesen, daß Sie glaubten, Stapleton sei derjenige, auf den es der Tote abgesehen hatte. Und diese Frage möchte ich gern klären, Doug. Wie kamen Sie darauf, daß er in die Sache verwickelt sein könnte?«
»Hören Sie, Sylvia. Ich glaube, einige bedeutsame Tatsachen sind bisher übersehen worden.«
»Welche zum Beispiel?«
»Hat Harry Perkins Ihnen alles gezeigt, was der Tote besaß?«
»Ja, er hatte das Zeug in eine Kassette gelegt. Ich habe es mir ansehen können, und Perkins hat sich gegenüber dem Reporter vom *Blade* natürlich ebenso entgegenkommend verhalten. Er ist zu klug, um Nachrichtenmaterial nur Freunden zuzuspielen.«
»Ist Ihnen irgend etwas aufgefallen?«
»Meinen Sie den komischen Bleistiftstummel?«
»Nein, ich denke im Augenblick daran, daß er keine Schlüssel bei sich hatte.«
»Du lieber Himmel, Doug – der Mann war ständig per Anhalter unterwegs. Solche Leute haben kein Zuhause und deshalb . . .«
»Als die Beamten eintrafen, war die Tür des Bungalows verschlossen. Brandon öffnete sie mit einem Dietrich. Da entdeckten sie die Leiche.«
»Solche Schlösser taugen doch sicher nicht viel, Doug!«
»Aber dieser Mann hatte keinen Dietrich bei sich. Das heißt also, daß sich irgend jemand in seiner Begleitung befand, als er den Bungalow betrat. Mit anderen Worten: irgend jemand hatte einen Schlüssel – entweder den Bungalowschlüssel oder einen anderen Schlüssel, der paßte. Ich neige zu der Auffassung, daß drei Personen den Bungalow betraten: der Tote und zwei andere.«
»Wegen der drei Whiskygläser, meinen Sie?«
Er nickte. »Ferner müssen sie den Bungalow vor zwei Uhr morgens betreten haben, weil die Schuhe des Toten staubig waren, jedoch keine Spuren von Schlamm aufwiesen. Der Regen begann gegen zwei Uhr und hat seitdem nicht aufgehört. Lassen Sie uns also einmal annehmen, Emil Watkins habe den Bungalow gemeinsam mit zwei anderen Leuten betreten. Man trank ein Glas Whisky. Dann gingen die beiden anderen und schlossen hinter sich ab. Watkins wartete. Er hatte vor, jemanden zu ermorden. Es liegt daher auf der Hand, daß irgend jemand im Begriff war, den Bungalow aufzusuchen.«

»Könnte Watkins nicht als Gefangener dort gesessen haben?« fragte sie.
»Das ist höchst unwahrscheinlich. Die Fenster ließen sich von innen öffnen. Watkins konnte jederzeit hinausklettern. Ebensogut hätte er auch mit einem Revolverschuß das Schloß sprengen können.«
Selbys Sekretärin schaute durch den Türspalt herein und sagte: »Mr. Grace vom Keystone-Auto-Camp ist da und sagt, er müsse Sie unbedingt sofort sprechen.«
Selby warf Sylvia Martin einen vielsagenden Blick zu und sagte: »Schicken Sie ihn herein.«
Sylvia Martin erhob sich und machte Anstalten zu gehen. »Bleiben Sie hier«, sagte Selby. »Ich will dem *Clarion* eine Chance geben!«
Die Tür ging auf, und Grace kam hastig ins Zimmer. »Guten Morgen, Selby«, rief er und hielt dann inne, weil er Sylvia Martin bemerkte. »Hallo, Miss Martin«, sagte er zögernd. »Ich wußte nicht, daß Sie hier sind . . .«
»Miss Martin und ich hatten gerade eine wichtige Unterredung«, bemerkte Selby. »Sie wird selbstverständlich gehen, wenn Sie nicht in ihrer Gegenwart sprechen möchten.«
»Nein, ich wünsche sogar, daß sie hört, was ich zu berichten habe.«
»Na, prächtig«, sagte Selby. »Setzen Sie sich und schießen Sie los! Aber vorher möchte ich noch gern wissen, wo Sie heute nacht oder vielmehr heute in den frühen Morgenstunden waren.«
»In Los Angeles. Mein Sohn ist ganz unverhofft dort eingetroffen.«
»Und Sie sind deshalb nach Los Angeles gefahren?«
»So ist es.«
»Um welche Zeit haben Sie Ihr Auto-Camp verlassen?«
»Gegen Mitternacht.«
»Ist das nicht eine ziemlich ungewöhnliche Zeit, um noch hinzufahren?«
Grace bekam einen roten Kopf. »Ich weiß nicht, worauf Sie hinauswollen, Selby«, sagte er. »Ich bin ein ehrlicher Mann und kann meinen Betrieb verlassen, wann ich will. Mein Sohn hatte mir telegrafiert, daß er in Chicago das Flugzeug nehmen würde, das gegen zwei Uhr morgens in Los Angeles eintrifft. Ich fuhr deshalb hin, um ihn am Flugplatz abzuholen.«
»Und haben Sie ihn getroffen?«
»Nein. Da muß beim Telegrafenamt irgendein Versehen passiert sein. Wie sich herausstellte, hatte er das Flugzeug genommen, das bereits um zehn Uhr abends in Los Angeles landet. Als er mich am Flugplatz nicht antraf, ging er in ein Hotel. Da er mit der Maschine

um zwei Uhr nicht kam, begab ich mich zum Flugbüro und erkundigte mich. Man stellte fest, daß er auf der Passagierliste der früher eingetroffenen Maschine stand. Ich rief daher in dem Hotel an, wo er zu wohnen pflegt, und erfuhr, daß er dort tatsächlich schon eingetroffen war. Aber er befand sich nicht im Hause. Ich fuhr dann zum Hotel, und gegen drei Uhr nachts kam mein Sohn dann auch. Wir saßen bis fünf Uhr beisammen. Dann ging ich in ein türkisches Bad, wo ich zwei bis drei Stunden blieb. Anschließend fuhr ich zurück. So, nun wissen Sie genau, wo ich war und was ich gemacht habe.«

»So habe ich es nicht gemeint«, sagte Selby. »Ich fand nur, daß es etwas merkwürdig ist, wenn der Besitzer eines Auto-Camps in seiner Abwesenheit das Büro völlig unbesetzt läßt. Wir mußten einen Dietrich nehmen, um in den Bungalow hineinzugelangen.«

»Ja, ich weiß schon Bescheid«, erwiderte Grace. »Und der Sheriff ist noch einmal zurückgekommen, hat auch das Büro mit einem Dietrich geöffnet und das Gästeregister mitgenommen. Meiner Ansicht nach war er dazu nicht befugt.«

»Wären Sie erreichbar gewesen, hätten wir Sie ja informiert«, sagte Selby. »Sehen Sie, es bestand die Möglichkeit, daß dieser Watkins aus Versehen in den falschen Bungalow geraten war. Wir konnten kein Motiv dafür finden, daß er einen der beiden Bewohner jenes Bungalows hatte umbringen wollen, und beschlossen daher, die Gäste in einigen anderen Bungalows zu überprüfen.«

»Gut, das ist ja auch nicht so wichtig. Ich habe etwas ganz anderes im Kopf und möchte gern wissen, was Sie dazu sagen.«

»Schießen Sie los«, sagte Selby.

»Es handelt sich um folgendes: Ich hatte mit den Leuten vom Gaswerk eine Auseinandersetzung, weil meiner Ansicht nach in den Bungalows nicht so viel Gas verbraucht wurde, wie die Gasableser behaupten. Wir veranstalteten daher in eben dem Bungalow, um den es hier geht, einen Test. Es wurde ein besonderer Zähler eingebaut, den ich täglich ablas. Nachdem die Bewohner den Bungalow gestern abend verlassen hatten, kontrollierte ich wie gewohnt den Zähler. Die Nacht war sehr kalt gewesen, so daß viel Gas verbraucht worden war. Ich führte diese Kontrolle daher besonders gründlich durch. Als ich heute morgen aus Los Angeles zurückkam, erfuhr ich, daß in jenem Bungalow ein Toter aufgefunden worden sei. Da überlegte ich mir, daß ich nur den Gaszähler ablesen müsse, um sagen zu können, wie lange dieser Gasofen in der Nacht gebrannt habe. Ich tat dies auch und gelangte zu der Überzeugung, daß der Ofen nicht länger als höchstens anderthalb Stunden gebrannt haben könne.«

»Sind Sie sicher, daß Ihre Berechnung stimmt?« fragte Selby nachdenklich.

»Ja.«

Selby warf Sylvia Martin einen Blick zu und sagte: »Rex Brandon hat das Gas abgestellt. Wir wären jetzt also in der Lage, ungefähr zu sagen, wann der Mann den Bungalow betreten hat.«

»Das habe ich mir auch überlegt«, erwiderte Grace.

»Natürlich ist es fraglich, ob er den Gasofen sofort angezündet hat«, bemerkte Selby.

»Nun, ich möchte wetten, daß er sich nicht allzulange dort aufgehalten hat, ohne zu heizen«, sagte Grace. »Bei solchem Wetter ist es in den Bungalows ganz schön kalt.«

»Tja, ich bin hier leider im Augenblick nicht abkömmlich«, sagte Selby. »Ich denke aber, daß ich gegen halb vier Uhr zu Ihnen hinauskommen kann. Halten Sie den Bungalow bitte verschlossen, und achten Sie darauf, daß weder der Gasofen noch der Zähler angerührt werden.«

»Ja, gewiß«, erwiderte Grace. »Und nun habe ich noch etwas anderes auf dem Herzen. Ich muß Sie ersuchen, Schluß zu machen mit dem Gerede von defekten Öfen in meinem Betrieb.«

»Eine derartige Äußerung habe ich nicht gemacht«, sagte Selby. »Jedoch bin ich in der Tat der Ansicht, daß der Gasofen in jenem Bungalow nicht einwandfrei arbeitet.«

Grace bekam einen roten Kopf. »Hören Sie, Doug Selby! Kein vernünftiger Mensch käme auf die Idee, den Ofen länger als eine halbe Stunde auf vollen Touren laufen zu lassen; schon dann wäre es heiß wie in einem Backofen. Wenn Sie also heute nachmittag den Gaszähler in Augenschein nehmen, werde ich mir gestatten, mich für eine halbe Stunde in den Bungalow einschließen zu lassen. Dann dürfte es sich erweisen, ob die Anlage defekt ist oder nicht. Wenn natürlich jemand so verrückt ist, einen Gasofen so lange voll aufgedreht zu lassen, bis der Raum glühend heiß ist, wird er am Ende ersticken. Aber ich bitte, mir den Beweis zu ermöglichen, daß meine Heizanlage nicht defekt ist. Ich möchte diesen Beweis antreten, bevor die Gerichtsverhandlung beginnt.«

»Von mir aus gern«, erwiderte Selby. »Ich bin allerdings nicht der Meinung, daß damit irgend etwas bewiesen würde. Aber wenn Sie sich eine halbe Stunde in dem Raum aufhalten wollen, ist mir das nur recht.«

»Ferner wünsche ich als Zeuge bei der gerichtlichen Untersuchung der Leiche gehört zu werden. Sie aber bitte ich, als Zeuge dafür aufzutreten, daß ich mich eine halbe Stunde im geheizten Bungalow aufgehalten habe.«
»Das wird sich zweifellos arrangieren lassen«, sagte Selby lächelnd.
Grace wandte sich an Sylvia Martin. »Ich lege Wert darauf, daß die Presse über meinen Testaufenthalt im Bungalow berichtet.«
»Keine Sorge«, sagte sie. »Ich werde dabei sein, und Sie können dann alles schwarz auf weiß lesen.«
Grace nickte und steuerte auf die Tür zu. Dort wandte er sich noch einmal um und sagte: »Sie wissen, Selby, daß Otto Larkin und ich gute Freunde sind. Er war bei der letzten Wahl Parteigänger Ropers, und ich schloß mich seiner Ansicht an. Das hatte jedoch nichts mit einer persönlichen Aversion gegen Sie zu tun. Jetzt, wo Sie gewählt sind, bin ich bereit, die Vergangenheit auf sich beruhen zu lassen – vorausgesetzt, daß auch Sie dies tun.«
»Ja, das tue ich«, sagte Selby grinsend.
»Dann ist ja alles in Ordnung.«
»Einen Augenblick, Mr. Grace«, sagte Sylvia Martin. »Sie müssen mir noch ein paar Daten für meine Personalienspalte geben. Welchen Ihrer Söhne haben Sie in Los Angeles getroffen – Talbot?«
»Ja, Talbot.«
»Was macht er jetzt?«
»Er hat einen leitenden Posten in einem Konzern in Chicago.«
»Wie lange haben Sie ihn nicht gesehen?«
»Über fünf Jahre, oder sogar noch länger. Ich entsinne mich nicht mehr genau. Wir hatten damals Streit. Er ging von zu Hause weg. Aber das ist jetzt alles vergessen, und ich möchte nicht, daß diese Angelegenheit erwähnt wird. Schreiben Sie nur, daß James Grace nach Los Angeles fuhr, um dort mit seinem Sohn Talbot zusammenzutreffen, der in einem bedeutenden Unternehmen in Chicago in leitender Stelle tätig ist.«
»Wann kehrt er denn wieder nach Chicago zurück?« fragte Selby.
»Er ist schon weg. Heute morgen um acht Uhr ist er nach San Francisco geflogen. Dort bleibt er bis Montag abend. Dann fliegt er nach Seattle, und von dort zurück nach Chicago. Ich glaube übrigens, daß Madison City stolz sein darf auf ihn. Er hat sich in Chicago einen Namen gemacht, und hier in der Stadt verdient kaum jemand so viel wie er ... Und wir, Selby, treffen uns also heute nachmittag um halb vier!«
Er eilte hinaus. Sylvia Martin blickte schmunzelnd Selby an. »Ent-

schuldigen Sie, daß ich Sie aufgehalten habe, aber das ist alles Wasser auf meine Mühle!«

Selby kniff die Augen nachdenklich zusammen. »Wenn wir genau feststellen könnten, wann Emil Watkins den Bungalow betrat, wäre uns viel geholfen.«

Sie nickte, faltete ihre Notizen nachdenklich zusammen und steckte sie in die Handtasche. »Doug, ich sehe Sie heute nachmittag um halb vier im Keystone-Auto-Camp – und dann erzählen Sie mir alles über diesen Toten.«

»Was meinen Sie mit *alles*, Sylvia?« fragte Selby.

Sie lachte. »Halten Sie mich nicht zum Narren. Ich kenne die Art, wie Sie einen Fall bearbeiten. Sie werden das Leben dieses Mannes unter die Lupe nehmen. Seine Fingerabdrücke werden untersucht, man fotografiert ihn von allen Seiten, und bestimmt haben Sie auch schon die Polizei von Los Angeles alarmiert, um nachzuforschen, ob es dort einen Zimmermann namens Watkins gibt.«

Selby grinste. »Um die Wahrheit zu sagen – ich habe tatsächlich die Polizei von Los Angeles veranlaßt, sich mit der Zimmermannsinnung in Verbindung zu setzen.«

»Wie steht es denn mit Fingerabdrücken auf den Whiskygläsern, Doug?«

»Ja, man hat welche gefunden, aber sie waren zu verschmiert, als daß man etwas damit hätte anfangen können. Auf der Whiskyflasche ist ein Preisetikett. Ich überprüfe nun alle Spirituosengeschäfte hier in der Gegend, um festzustellen, ob der Whisky aus einem hiesigen Laden stammt. Wenn ich Sie heute nachmittag wiedersehe, habe ich Fotokopien dieses Preisetiketts. Obendrein lasse ich die beiden Mädchen genau überprüfen. Wenn sie einen einwandfreien Leumund haben, werde ich sie schützen. Sollte sich aber in ihrer Vergangenheit ein dunkler Punkt finden, werde ich das bei meinen Erwägungen berücksichtigen.«

»Falls Sie sich dazu entschließen, Strafanzeige gegen Triggs zu erstatten, geben Sie mir Bescheid«, sagte sie. »Ich bin ja gespannt, was Charles DeWitt Stapleton über seinen frühreifen Sohn sagen wird.«

»Ich vermute, daß Sie ihn bei seiner Ankunft interviewen?« fragte Selby.

»Ja, natürlich. Das gehört zu den kleinen Aufmerksamkeiten, mit denen er bei seiner Rückkehr nach Madison City rechnet. Wir werden ihn lang und breit nach der Wirtschaftslage an der Ostküste fragen und uns erkundigen, was er von der weltpolitischen Situa-

tion hält. Er wird ein würdiges Gesicht machen und bereitwillig alle Fragen beantworten. Zum Schluß machen wir dann noch ein Foto . . . Sie würden staunen, Doug, wenn Sie wüßten, wie unsere Leser so ein Interview verschlingen! Woher kommt es bloß, daß die Leute immer glauben, ein Mitbürger, der von einer Geschäftsreise aus New York zurückkommt, könnte ihnen mit unfehlbarer Sicherheit verraten, was die Zukunft bringen wird?«
Selby grinste. »Das wissen die Götter, Sylvia.«
»Warum fahren Sie nicht auch mal nach New York, Doug, und geben uns dann bei Ihrer Rückkehr ein Interview?«
»Das ist keine schlechte Idee.«
»Also, Doug, wir treffen uns um halb vier, nicht wahr?«
»Okay, Sylvia.«

8

Zehn Minuten nachdem Sylvia Martin Selbys Büro verlassen hatte, rief Inez Stapleton an. »Wie steht es mit dem Tennisspiel, Doug?« fragte sie.
»Bei dem Wetter?«
»Im Golfklub gibt es einen überdachten Tennisplatz. Ich habe ihn schon für uns reservieren lassen.«
Selby zögerte einen Moment und sagte dann: »Es tut mir leid, Inez, aber ich bin beruflich verhindert.«
»Beruflich?«
»Ich weiß nicht, ob du schon gehört hast, daß im Keystone-Auto-Camp ein Toter gefunden worden ist. Er ist unter ziemlich mysteriösen Umständen ums Leben gekommen.«
»Wenn ich mich recht entsinne«, erwiderte sie, »haben wir uns fest verabredet. Ich glaube, du bemerktest, daß abgesehen von einem *Mord* dich nichts in der Welt davon abbringen würde, diese Verabredung einzuhalten.«
»Ja, ich muß eben untersuchen, ob ein Mord begangen worden ist.«
»Ich denke, der Mann starb eines natürlichen Todes.«
»*Er* schon«, sagte Selby, »aber vielleicht hat er vorher noch jemanden umgebracht.«
»George erzählte, du hättest zwei seiner Freunde ins Leichenschauhaus bestellt.«
»Wann hast du mit George gesprochen?«

»Heute morgen.«
Selby kniff die Augen zusammen. »Um welche Zeit?«
»Was soll die Frage, Doug?«
»Ich möchte das gern wissen. Hast du ihn unmittelbar nach seiner Rückkehr gesprochen?«
»Ja, ich wachte auf, als George heimkam, und schalt ihn, weil es so spät war, etwa halb sechs.«
»Hör mal, Inez, ich möchte gern eine Frage an dich richten.«
»Ja, bitte?« Der Tonfall ihrer Stimme verriet, daß sie sehr auf der Hut war.
»Ich möchte wissen«, sagte er, »ob du heute morgen kurz vor sechs Uhr in der Stadt warst.«
»Du meine Güte! Was sollte ich so früh dort gewollt haben?«
»Warst du nicht im *All Night Drugstore* und hast von dort aus telefoniert?«
»Doug, bist du verrückt? Warum in aller Welt . . .«
»Du hast meine Frage nicht beantwortet«, erwiderte er.
»Ich denke nicht daran, auf so eine alberne Frage überhaupt eine Antwort zu geben.«
»Das klingt, als ob du mir ausweichen wolltest.«
»Glaub ja nicht, du könntest dich mir gegenüber als Staatsanwalt aufspielen, Doug«, sagte sie ärgerlich. »Wir hatten uns heute nachmittag zum Tennis verabredet. Ich rufe dich an, um dich zu fragen, ob es dabei bleibt. Und nun nimmst du mich nach allen Regeln der Kunst ins Verhör. Mich interessiert einzig und allein, ob wir zusammen Tennis spielen oder nicht.«
»Es handelt sich nicht um irgendeine nebensächliche Frage, Inez«, sagte Selby. »Die Sache ist wichtig. Ich will wissen, ob du im *All Night Drugstore* gewesen bist.«
»Ach, scher dich zum Teufel!« rief sie empört und knallte den Hörer auf die Gabel.
Selby stopfte sich eine Pfeife und begann im Zimmer auf und ab zu wandern . . .
Irgendeine jüngere Frau hatte ihn kurz vor sechs angerufen und ihm mitgeteilt, daß tatsächlich ein Mord begangen worden sei. Anscheinend hatte Emil Watkins also sein Opfer umgebracht, bevor er den Bungalow betrat. Oder aber seine Rache galt nicht nur einer, sondern mehreren Personen . . . Diese junge Frau wußte offenbar, daß er, Selby, ihre Stimme am Telefon erkennen würde, und hatte sie verstellt. Folglich mußte es sich um jemanden handeln, den er kannte. Obendrein wußte sie, daß er sich zu dem Zeit-

punkt im Büro des Leichenschauhauses aufhielt, weil sie ihn ja dort angerufen hatte. Gewiß, die Annahme schien absurd, daß Stapleton seiner Schwester irgend etwas gestanden und Inez dann das Haus verlassen hätte, um ihn von einer Telefonzelle aus anzurufen. Und dennoch war es nicht ausgeschlossen ... Die Stimme hatte so merkwürdig geklungen ...

Jemand kam den Korridor entlang. Selby erkannte am Schritt, daß es Rex Brandon war. Dann wurde an die Tür gepocht. Selby öffnete. Der Sheriff trat ein, ließ sich in einen Sessel fallen und sagte: »Na, versuchst du des Rätsels Lösung zu finden, Doug?«

Selby nickte.

»Ich habe inzwischen allerlei Ermittlungen angestellt«, fuhr Brandon fort. »So habe ich zum Beispiel an Hand der Nummer auf dem Revolver festgestellt, daß er vor einigen Monaten einem Mann in San Diego gestohlen wurde. Der Betreffende hatte den Diebstahl der Polizei gemeldet. Es waren außer dem Revolver nur ein paar Kleinigkeiten aus seinem Haus entwendet worden. Natürlich braucht dieser Watkins nicht unbedingt der Dieb gewesen zu sein. Der Einbrecher kann ja die Waffe irgendwo versetzt haben, wo sie Watkins dann im Laufe der letzten Monate kaufte.«

»Gibt es sonst noch etwas Neues?«

»Ja, ich habe die beiden Mädchen unter die Lupe genommen und bin dabei so vorgegangen, daß die Sache gar nicht weiter auffällt. Sie führen offensichtlich ein ordentliches Leben. Die eine ist Sekretärin in einer Bausparkasse und die andere Sprechstundenhilfe bei einem Arzt.«

»Monette Lambert ist bei dem Arzt tätig, nicht wahr?« sagte Selby.

»Woher weißt du das?«

»Ich schließe das aus ihrem Auftreten.«

»Ja, du hast recht«, sagte Brandon. »Jedenfalls haben die beiden Mädchen einen durchaus guten Ruf. Auch für die Jungen trifft das zu, nur schlagen sie hin und wieder ein bißchen über die Stränge. Tja – und dann habe ich noch etwas auf eigene Faust getan, von dem ich nicht recht weiß, ob es richtig oder falsch war.«

»Nun?«

»Mir ging die Frau nicht aus dem Kopf, die dich vom Drugstore aus angerufen hat.«

Selby bemerkte Brandons seltsame Miene und wurde sofort aufmerksam. »Ja und?« fragte er.

»Du sagtest, die Anruferin habe offensichtlich ihre Stimme verändert, wahrscheinlich, indem sie etwas in den Mund steckte. Das heißt, daß sie befürchtete, du würdest ihre Stimme erkennen. Und daraus wiederum folgt, daß du sie irgendwo schon einmal hast sprechen hören. Ferner war ihr bekannt, daß du dich im Leichenschauhaus aufhieltest. Allzu viele Leute waren darüber nicht informiert.«

»Was hast du also gemacht?«

»Tja, es kann natürlich eins der beiden Mädchen gewesen sein, die in ihrem Bungalow geblieben waren. Außerdem käme aber noch das Barfräulein vom *Palm Thatch* in Frage. Diese drei Mädchen wußten, daß du dich zum Leichenschauhaus begeben würdest. Meines Wissens kommt jemand anderes nicht in Betracht.«

»Das leuchtet ein.«

»Es wollte mir nicht in den Kopf, daß eines der beiden Mädchen versucht haben sollte, dir telefonisch einen Tip zu geben. Aber bei der Bardame wurde ich den Verdacht nicht los. Ich fuhr deshalb hin und unterhielt mich mit ihr.«

»Warum hast du mich nicht mitgenommen, Rex?«

»Ich hatte das Gefühl, du seist zu jung und unerfahren und das Mädchen zu hübsch.«

»Hast du ihr gesagt, du hättest sie im Verdacht, angerufen zu haben, Rex?«

»Nicht nur das. Ich habe ihr sogar gesagt, daß der Mann im Drugstore sie erkannt hat.«

»Und was tat sie daraufhin?«

»Sie bekam einen hysterischen Anfall, lief die Treppe hinauf, knallte die Tür zu und schloß sich ein.«

»Wie lange ist das her, Rex?«

»Ich war gleich nach dem Frühstück dort.«

»Gibt es sonst noch etwas Neues?«

»Ja, ich habe herausbekommen, daß die Bungalows alle den gleichen Schlüssel haben. Mit andern Worten: Man kann mit einem Schlüssel alle Bungalows öffnen. Die Leute haben zu oft die Schlüssel aus Versehen mitgenommen und sie dann nie zurückgeschickt. Grace mußte dauernd beim Schlosser Duplikate bestellen für die einzelnen Schlüsseltypen. Deshalb hat er sich schließlich Drücker anfertigen lassen, die überall passen. Wenn jetzt die Leute einen Schlüssel mitnehmen, bereitet ihm das kein Kopfzerbrechen mehr. Er nimmt einfach irgendeinen anderen, hängt die Nummer des Bungalows dran und händigt ihn den betreffenden Gästen aus.«

»Worauf willst du hinaus?«

»Ich denke an die drei Gläser. Wie du weißt, Doug, ist kaum anzu-

nehmen, daß die Jungen zurückgekommen sind und zusammen mit dem Kerl etwas getrunken haben. Aber es wäre doch schließlich denkbar, daß die Mädchen irgendein Motiv dafür hatten, ihn in den Bungalow zu bugsieren. Das war ja ohne weiteres möglich, da sie mit ihrem Schlüssel den Bungalow der Jungen öffnen konnten. Sollten sie den Mann also dort eingelassen und dann mit ihm etwas getrunken haben, dann wäre die Frage der drei Gläser geklärt.«
»Aber was hätte denn diese Mädchen dazu veranlassen können, den Mann in den Bungalow einzuschmuggeln?«
»Er sollte dort auf die Jungen warten.«
»Das klingt wenig plausibel«, meinte Selby und begann wieder im Zimmer umherzuwandern. Er sog nachdenklich an seiner Pfeife und sagte schließlich: »Vorhin war Grace da. Er hat seinen Gaszähler täglich abgelesen und glaubt, den Zeitpunkt bestimmen zu können, wann heute nacht das Gas angedreht wurde. Heute nachmittag um halb vier kommt ein Mann vom Gaswerk hin. Sorg dafür, daß du auch dort bist. Wir wollen sehen, was wir herauskriegen können.«
»Wir kämen ein großes Stück weiter, wenn wir genau wüßten, wann der Gasofen eingeschaltet wurde und . . .«
Das Telefon klingelte. Selby nahm den Hörer ab. Seine Sekretärin meldete: »Ein Ferngespräch aus San Pedro. Mr. Cuttings ist am Apparat.«
»Ja, verbinden Sie«, sagte Selby. Einen Augenblick später hörte er Cuttings' Stimme. »Ja . . . hallo?«
»Hier Selby. Was gibt's, Cuttings?«
»Ich weiß zwar nicht, ob es wichtig ist, Mr. Selby, aber ich dachte, es sei besser, wenn ich es Ihnen mitteile«, sagte Cuttings. »Heute nacht oder am frühen Morgen hat irgend jemand meinen Wagen benutzt.«
»Woher wissen Sie das?« fragte Selby.
»Mir fehlt so viel Benzin. Ich hatte vor einiger Zeit den Verdacht, daß mir ständig jemand den Tank leerpumpt, und habe daher ein Schloß anbringen lassen. Und trotzdem saß ich heute auf halbem Weg nach Los Angeles ohne Benzin da. Zufällig passierte es gerade vor einer Tankstelle. Aber das Benzin hätte bis Los Angeles reichen müssen.«
»Gegen zwei Uhr hat es zu regnen angefangen«, sagte Selby. »Sie haben Ihren Wagen doch vorher in den Schuppen gestellt, nicht wahr?«
»Ja, gegen halb eins.«

»Haben Sie, als Sie ihn dann wieder aus dem Schuppen holten, bemerkt, ob er während des Regens benutzt worden war?«
»Nein, mir ist nichts aufgefallen.«
»Dann muß der Betreffende also Ihren Wagen benutzt haben, bevor der Regen anfing.«
»Ja, vor zwei Uhr.«
»Haben Sie eine Ahnung, wie weit er damit gefahren ist?«
»Ja, wenn ich die Strecke überschlage, die ich noch gefahren bin, bis mir das Benzin ausging, würde ich sagen, daß er mindestens dreißig bis vierzig Kilometer unterwegs war.«
»Übrigens, Cuttings – die Flasche Whisky, die wir nebst den drei Gläsern in dem Bungalow gefunden haben, stammt doch nicht aus Ihrem Koffer, oder?«
»Nein, Sir.«
»Bestimmt nicht?«
»Nein, wirklich nicht.«
»Und auch nicht aus Gleasons Koffer?«
»Nein, Sir, wir haben die Flasche nie gesehen. Es ist uns ein Rätsel, wie sie überhaupt in den Bungalow gekommen ist. Wir haben uns die ganze Fahrt darüber unterhalten, und keiner von uns beiden hat eine Ahnung, woher die Gläser und die Flasche Whisky stammen.«
»Gut, ich wollte mich nur einmal vergewissern«, erwiderte Selby. »Haben Sie sonst noch etwas auf dem Herzen, Cuttings?«
»Nein, Sir. Ich wollte Ihnen eben nur melden, daß mein Wagen benutzt worden ist. Sie können uns hier auf der Jacht erreichen. Ich habe Sheriff Brandon unsere Adresse gegeben. Und dann wollte ich noch fragen, ob ... ob Sie inzwischen schon herausbekommen haben, was sich eigentlich abgespielt hat?«
»Ich glaube«, sagte Selby, »der Fall ist ziemlich klar. Der Mann war ein Vagabund und suchte nach einem Unterschlupf für die Nacht. Er sah, daß es bald regnen würde, und brach deshalb in den, wie er glaubte, leerstehenden Bungalow ein.«
»Aber unsere Koffer standen doch da. Er muß also gewußt haben, daß wir wiederkommen würden.«
»Ja, richtig, daran habe ich im Moment gar nicht gedacht«, sagte Selby. »Na, wie dem auch sei – der Mann ist tot, und wir können daran nichts mehr ändern. Wenn er am Leben geblieben wäre, hätte er wahrscheinlich einen Mord begangen. Da ist es letzten Endes besser so. Haben Sie jedenfalls schönen Dank für den Anruf, Cuttings.«

»Keine Ursache, Sir«, erwiderte Cuttings und hängte ein. Selby legte den Hörer auf die Gabel zurück. »Irgend jemand ist mit Cuttings' Wagen rund dreißig Kilometer gefahren, und zwar bevor der Regen anfing. Ich habe ihm gegenüber so getan, als ob der Fall eine gewöhnliche Alltagstragödie ist. Die Jungen sollen das Gefühl haben, die Sache verläuft im Sand. Dann wird sich ja zeigen, ob sie sich selbst eine Grube graben oder nicht.«

Brandon nickte. Selbys Sekretärin öffnete die Tür und sagte: »Mr. Triggs wartet draußen. Er scheint sehr erregt zu sein und möchte Sie sofort sprechen.«

Selby warf dem Sheriff einen fragenden Blick zu. Als Brandon nickte, sagte er: »Schicken Sie Mr. Triggs herein.«

Triggs betrat mit undurchsichtiger Miene das Zimmer. Als er den Sheriff erblickte, hielt er einen Moment inne. Dann nickte er ihm eisig zu und ging auf Selbys Schreibtisch zu.

»Nun, was gibt's, Triggs?« fragte Selby.

»Ich möchte mich über Sheriff Brandon beschweren. Mir war zwar nicht bekannt, daß er sich hier befindet. Aber das spielt keine Rolle. Er kann ruhig hören, was ich über den Vorfall denke.«

Selby gebot Brandon mit einem flüchtigen Seitenblick zu schweigen und sagte dann: »Was für einen Vorfall meinen Sie, Triggs?«

»Ich meine die Sache von heute morgen.«

»Was hat er denn getan?«

»Er kam hinaus in mein Lokal«, sagte Triggs, »und weckte das ganze Haus, indem er heftig an die Tür schlug.«

»Um welche Zeit war das?« fragte Selby und warf Brandon abermals einen Blick zu.

»Gegen acht.«

»Und wer befand sich im Hause?«

»Der Makler Needham, Carlo Handley, Madge Trent und ich.«

»Sie sagen, Needham sei Makler?«

»Ja, er war früher Makler und lebt jetzt im Ruhestand.«

»Und was ist Handley von Beruf?«

»Das weiß ich nicht. Wenn Sie sich dafür interessieren – warum fragen Sie ihn nicht selbst? Mich interessiert einzig und allein, daß er ein Stammgast ist. Wenn jemand in meinem Lokal nicht aus freien Stücken von sich erzählt, belästige ich ihn auch nicht mit indiskreten Fragen. Ich pflege nicht im Privatleben meiner Gäste herumzuschnüffeln.«

»Auch dann nicht, wenn jemand unter Ihrem Dach die Nacht verbringt?«

»Das ist das erste Mal, daß irgend jemand die Nacht über im Haus blieb. Es regnete in Strömen, und nach all den Aufregungen bot ich meinen Gästen an, sich bei mir auszuruhen. Alle gingen zu Bett und waren gerade eingeschlafen, als der Sheriff eintraf und an die Tür trommelte. Er verlangte Madge Trent zu sprechen. Ich dachte nicht daran, sie zu holen, aber sie hatte gehört, daß er nach ihr fragte, warf sich rasch etwas über und kam die Treppe herunter. Der Sheriff bezichtigte sie, Sie vom *All Night Drugstore* aus im Leichenschauhaus angerufen und Ihnen mitgeteilt zu haben, daß bereits ein Mord begangen worden sei. Ferner hätte sie zu Ihnen gesagt, daß Sie sich durch den Bleistifttext, den man neben der Leiche gefunden habe, nicht Sand in die Augen streuen lassen sollten. Schließlich behauptete Brandon, daß der Mann vom *All Night Drugstore* Madge Trent mit Sicherheit erkannt habe, als sie in die Telefonzelle lief. Ich hatte sofort das Gefühl, daß Brandon nur bluffte. Aber Madge fiel darauf herein. Sie glaubte, daß sich irgendein verrückter Angestellter eingeredet habe, er hätte sie gesehen. Sie befürchtete, nun in eine Menge Scherereien verwickelt zu werden. Ihr war der Gedanke entsetzlich, daß ihre kleine Tochter in der Zeitung ein Bild von ihrer Mutter sehen würde. Die Vorgänge in der Nacht hatten schon an ihren Nerven gezerrt. Als nun noch diese Beschuldigung erhoben wurde, war das für sie in ihrem übermüdeten Zustand zu viel. Sie bekam einen Weinkrampf, rannte die Treppe hinauf und schloß sich in ihrem Zimmer ein. Ich fuhr sofort in die Stadt und machte den Angestellten vom *All Night Drugstore* ausfindig. Er sagte, daß er die Frau, die bei ihm telefoniert habe, unmöglich identifizieren könne; dafür habe er sie nicht deutlich genug gesehen. Er glaube, in dem Auto, mit dem sie vorgefahren sei, habe irgendein Mann am Steuer gesessen, aber auch dafür könne er sich nicht verbürgen. Das einzige, was er genau wisse, sei die Tatsache, daß jemand draußen im Wagen gewartet und schließlich gehupt habe. Daraufhin sei das Mädchen hinausgestürzt.«

»Und wie geht es Miss Trent?« fragte Selby. »Ob es nicht besser wäre, wenn man einen Arzt zu Rate zöge?«

»Es ist leider nicht möglich, sie von einem Arzt untersuchen zu lassen?« sagte Triggs verbittert.

»Warum nicht?«

»Weil sie nicht mehr da ist.«

»Wo ist sie denn?«

»Das weiß ich nicht. Sie hatte sich, wie gesagt, in ihrem Zimmer eingeschlossen und bekam einen hysterischen Anfall. Man konnte im ganzen Haus hören, wie sie abwechselnd lachte, weinte und schrie. Ich ging an ihre Tür und versuchte, sie zu beruhigen. Ihr Gejammer ließ dann allmählich nach. Ich hörte aber, wie sie leise vor sich hinschluchzte. Sie können sich nicht vorstellen, was diese Sache für Madge bedeutet. Sie bezahlt mühsam das Schulgeld für die Kleine und würde sich eher umbringen, als das Kind all den Belästigungen auszusetzen, die auftauchten, wenn die Mutter in einen Kriminalfall verwickelt würde. Die Leute, bei denen das Kind aufwächst, haben keine Ahnung, wie Madge sich ihren Lebensunterhalt verdient, und sie will unter keinen Umständen, daß sich das herumspricht.«

»Tja«, sagte Selby, »Sie können aber Sheriff Brandon keinen Vorwurf dafür machen, daß Madge Trent die Nerven verlor.«

»Sheriff Brandon hat Madge belogen, als er behauptete, der Mann im Drugstore habe sie erkannt.«

»Vielleicht haben Sie den Sheriff mißverstanden«, sagte Selby.

Triggs lachte höhnisch. »Needham und Handley haben jedes Wort gehört. Als der Sheriff kam, war es bereits hell, und der Regen hatte nachgelassen. Die beiden Herren sind sofort aufgestanden und nach Los Angeles zurückgefahren. Sie erklärten, daß sie lieber auf der Stelle die Rückfahrt anträten, als in einem Haus zu schlafen, wo Polizeibeamte auftauchen und Mädchen hysterische Anfälle bekommen.«

»Sind Needham und Handley zusammen weggefahren?« fragte Selby.

»Nein, Handley verließ das Haus sofort. Er war außer sich vor Empörung. Needham blieb noch ein paar Minuten. Ich glaube jedenfalls nicht, daß einer der beiden Herren jemals wieder mein Haus betreten wird.«

»Vielleicht ist es für Sie sogar besser, wenn Handley sich nicht mehr blicken läßt«, sagte Selby.

»Ich spreche jetzt nicht von Handley«, erwiderte Triggs gereizt, »sondern von den rücksichtslosen Methoden Brandons und den irreführenden Äußerungen, die er gegenüber Madge Trent machte. Er hat ihre Nerven ruiniert. Vor einer halben Stunde ging ich nach oben, weil ich sie bitten wollte, während meiner Abwesenheit auf das Haus zu achten. Sie gab keine Antwort. Daraufhin hämmerte ich an die Tür. Trotzdem kam keine Antwort. Die Tür war verschlossen. Ich befürchtete, daß sie Gift genommen oder sich sonst etwas angetan hatte, und öffnete daher die Tür mit einem Nach-

schlüssel. Madge war verschwunden. Offenbar war sie aus dem Fenster gestiegen und am Dach hinabgeklettert.«
»Warum ist sie denn nicht durch die Haustür verschwunden?«
»Sie hatte eben einen hysterischen Anfall.«
»Sie schuldet Ihnen doch nicht etwa Geld?«
»Nein.«
»Schulden Sie ihr etwas?«
»Ja, zwei Wochenlöhne.«
»Hat irgend jemand gesehen, wie sie verschwand?«
»Nein.«
»Woher wollen Sie wissen, daß sie das Haus durch das Fenster verließ?«
»Das Fenster stand offen. Und von da aus kann man auf das Dach des einen Seitenflügels steigen. Dann ist es nicht mehr schwierig, den Boden zu erreichen. Die Zimmertür war, wie gesagt, von innen verschlossen gewesen.«
»Besitzt Miss Trent einen Wagen?«
»Nein.«
»Wann sind Sie zu Bett gegangen?«
»Die genaue Zeit weiß ich nicht mehr. Aber ich glaube, es wird gegen sechs gewesen sein.«
»Haben Sie uns sonst noch etwas mitzuteilen, Triggs?«
»Ich möchte Madge Trent unbedingt finden. Sie läuft sicher irgendwo verstört im Regen umher. Ich allein werde sie bestimmt nicht aufstöbern. Deshalb fordere ich Sie auf, eine Suchaktion einzuleiten.«
»Was diese Angelegenheit betrifft, können Sie selbstverständlich auf unsere volle Unterstützung zählen, Triggs.«
»Und wenn Sie Madge gefunden haben«, fuhr Triggs mit bebender Stimme fort, »gehen Sie um Gottes willen taktvoll mit ihr um. Das arme Ding hat ein Kind zu ernähren und muß sich ihren Unterhalt ganz allein verdienen. Wenn Sie weiter so rücksichtslos mit ihr umspringen, tut sie sich noch etwas an – wenn sie es inzwischen nicht schon getan hat.«
Brandon wirkte beunruhigt. »Es tut mir leid, Triggs«, sagte er, »wenn ich . . .«
»Sheriff, überlassen Sie die Angelegenheit getrost mir«, erklärte Selby. »Wir wollen versuchen, Madge Trent aufzustöbern. Sie wissen nicht, wann sie davongelaufen ist, Triggs?«
»Nein.«
»Hat sie irgend etwas mitgenommen?«

»Nein, anscheinend nicht.«
»Wir werden sehen, was wir tun können, Triggs.«
»Und Sie versichern mir, daß Sie behutsam mit ihr umgehen?«
»Sie können völlig beruhigt sein. Wir werden nichts unternehmen, was für Madge Trent eine unnötige nervliche Belastung darstellen würde.«
Triggs zögerte einen Moment. Dann sagte er: »Bitte, geben Sie mir sofort Bescheid, wenn Sie irgend etwas erfahren. Sie brauchen sich dann um nichts mehr zu kümmern, ich werde sofort hinfahren und sie abholen.« Mit diesen Worten erhob er sich und ging, ohne sich noch einmal umzudrehen, zur Tür hinaus.
»Ich habe das Gefühl«, sagte Brandon verlegen, »daß ich mich ihr gegenüber wirklich nicht ganz richtig verhalten habe. Aber ich hielt ihr hysterisches Benehmen für reines Theater.«
»Wahrscheinlich ist sie zur Autostraße gelaufen und dann per Anhalter nach Los Angeles gefahren«, meinte Selby. »Ich halte es übrigens keineswegs für ausgemacht, daß es sich um einen echten hysterischen Anfall handelte, Rex. Meines Erachtens ist es tatsächlich durchaus denkbar, daß der Anfall nur gespielt war.«
»Wie kommst du darauf?« fragte Brandon.
»Du hast ihr vorgeworfen, sie sei in den *All Night Drugstore* gegangen und habe mich von dort aus angerufen. Triggs hat das gehört. Sie rannte dann hinauf in ihr Zimmer, schloß sich ein und gebärdete sich hysterisch. Nehmen wir einmal an, sie war tatsächlich im Drugstore und rief mich an. Der Mann, mit dem sie dort vorfuhr, ist möglicherweise jemand, der nicht in den Fall verwickelt ist. Nun sagtest du zu ihr in Gegenwart von Triggs, daß der Mann im Drugstore sie als Anruferin identifizieren könnte. Daraufhin bekam sie Angst – nicht etwa vor dir, sondern vor Triggs. Deshalb lief sie hinauf in ihr Zimmer und schützte einen Nervenzusammenbruch vor. In einem günstigen Augenblick stieg sie aus dem Fenster und kletterte am Dach entlang hinunter. Ich habe eher das Gefühl, daß sie sich vor Triggs in Sicherheit bringen wollte und nicht vor dir, Rex! Triggs kommt nun hier angestürmt und macht einen höchst beunruhigten Eindruck. Er verlangt von uns, daß wir alle Hebel in Bewegung setzen, um sie zu finden. Obendrein möchte er sofort benachrichtigt werden, wenn wir ihren Aufenthaltsort kennen.«
»Du meinst also, daß er uns nur als Spürhunde benutzen will?«
»Ja, er sagte doch, daß wir uns danach nicht mehr um sie zu kümmern brauchten. Er würde sofort hinfahren und sie abholen.«

Brandon nickte. »Vielleicht hast du recht, Doug ... Ich hoffe jedenfalls, daß Madge Trent keinen ernsten Schock hat.«
»Mach dir keine Sorgen«, sagte Selby. »Laß eine Beschreibung von ihr durchgeben, und dann werden wir uns bemühen, ihr auf die Spur zu kommen.«

9

Beim Mittagessen traf Selby Sylvia Martin. »Nun, was gibt's Neues, Sylvia?« fragte er.
»Bei mir nichts. Und wie steht's bei Ihnen?«
Selby erzählte ihr von dem Gespräch mit Triggs und von Madge Trent.
Sylvia runzelte nachdenklich die Stirn und meinte: »Das kommt mir sehr seltsam vor, Doug.«
»Wieso?«
»Wenn sie tatsächlich einen Anfall gehabt und dann still vor sich hingeschluchzt hat, müßten sich ihre Nerven allmählich beruhigt haben. Normalerweise wäre sie zu Bett gegangen und hätte eine Weile geschlafen.«
»Tja, das stimmt. Wenn wir bei Grace gewesen sind, werden wir zum *Palm Tatch* fahren und uns ein bißchen umsehen.«
»Gibt es sonst noch etwas Neues?« fragte sie.
Selby zog ein paar Fotokopien aus der Aktentasche. »Das sind Vergrößerungen des Preisetiketts auf der Whiskyflasche.«
»Eine davon bekomme ich doch, nicht wahr?«
Selby nickte. »Ja, ich möchte gern, daß Sie das veröffentlichen, Sylvia.«
»Wird uns der *Blade* auch nicht zuvorkommen?«
»Das glaube ich kaum«, erwiderte Selby. »So schnell werden die Leute vom *Blade* die Fotokopie nicht in die Hand bekommen. Wir haben die Exemplare erst vor wenigen Minuten erhalten.«
Sylvia studierte die Fotokopie, auf der durch die Vergrößerungen die Bleistiftziffern in allen Einzelheiten deutlich erkennbar waren. Dann öffnete sie ihre Tasche, ließ die Fotokopie hineingleiten und saß eine Weile schweigend da. Die Kellnerin brachte den Nachtisch. Sylvia spielte gedankenverloren mit dem Löffel. Schließlich stieß sie ihren Teller beiseite und blickte Selby in die Augen. »Doug, ich glaube, ich weiß, woher der Whisky stammt.«

Er zog fragend die Augenbrauen hoch.
»Wenn ich es Ihnen sage«, fuhr sie fort, »und Sie unternehmen daraufhin sofort etwas, so besteht die Gefahr, daß der *Blade* davon Wind bekommt und die Sache womöglich noch vor uns veröffentlicht. Am besten sage ich kein Wort, bis die Ausgabe vom *Blade* im Druck ist. Andererseits möchte ich unbedingt, daß Sie den Fall aufklären.«
»Sie brauchen sich keine Sorgen zu machen, Sylvia«, erwiderte Selby. »Ich werde tun, was ich kann, damit Sie alles exklusiv kriegen.«
»Das glaube ich Ihnen schon, Doug ... Und trotzdem gebe ich diesen Tip gar nicht gern heraus. Mein journalistischer Instinkt sagt mir, daß ich ihn noch für mich behalten sollte.«
»Natürlich wird der Sheriff alle hiesigen Spirituosengeschäfte durchkämmen, und wenn irgendwo ein Verkäufer das Preisetikett ...«
»Das ist zwecklos. Das Etikett stammt nämlich aus einem großen Drugstore in Santa Delbara.«
»Sind Sie sicher?«
»Todsicher, Doug. Ich kaufe dort meine Gesichtscremes. Die Ziffer fünf auf der Fotokopie hat genau denselben merkwürdig langen Oberstrich wie auf meinen Cremetuben. Ich bin fest überzeugt, daß der Whisky von dort stammt.«
Selby winkte die Kellnerin heran und zahlte. »Kommen Sie«, sagte er dann zu Sylvia. »Fahren wir rasch nach Santa Delbara hinüber.«
Der Regen hatte inzwischen aufgehört. Von Westen her wehte ein heftiger Wind. Gelegentlich wurde ein Fetzen blauer Himmel zwischen den Wolkenfeldern sichtbar. Als die Straße allmählich trokkener wurde, gab Selby Vollgas. Gegen 13 Uhr 45 waren sie am Ziel: vor ihnen tauchte ein großer Drugstore auf. Im Schaufenster lag eine Riesenauswahl an Spirituosen. Selby trat mit Sylvia ein und fragte nach dem Geschäftsführer. Nachdem er sich vorgestellt hatte, zog er die Fotokopie aus der Tasche und sagte: »Ich möchte gern wissen, woher dieses Preisetikett stammt.«
Der Geschäftsführer warf einen Blick auf die Fotokopie und sagte dann: »Ja, das ist unser Etikett.«
»Es befand sich auf einer Whiskyflasche. Mir liegt sehr viel daran, möglichst genau die Umstände zu erfahren, unter denen diese Flasche gekauft wurde. Ich darf allerdings kaum voraussetzen, daß Sie mir darüber Auskunft erteilen können, aber vielleicht würden Sie uns gestatten, mit Ihren Verkäufern zu sprechen ...«

»Ich glaube«, erwiderte der Geschäftsführer, »der Fall ist einfacher, als Sie denken. Zufällig erinnere ich mich nämlich noch an diese Flasche. Es handelte sich dabei um eine erstklassige Whiskymarke, die wir für einen ganz exklusiven Kundenkreis führten. Eines Tages wurde uns von der Firma mitgeteilt, daß sie in Zukunft noch wesentlich teurer werden würde. Ich befürchtete, daß die Marke daraufhin mit ebenbürtigen Erzeugnissen nicht mehr konkurrieren könne, und beschloß daher, sie nicht mehr weiterzuführen. Wir hatten damals noch eine Kiste mit zwölf Flaschen am Lager, und ich glaube, sie wurden alle an denselben Kunden verkauft. Einen Augenblick, bitte!«
Der Geschäftsführer ging nach hinten und tauchte ein paar Augenblickt später mit einem verdutzt dreinblickenden Verkäufer wieder auf. »Viel kann ich darüber nicht sagen«, meinte der Verkäufer. »Ja, das ist der Preis, für den wir die Marke etwa ein Jahr lang anboten. Ich entsinne mich, daß wir die letzten zwölf Flaschen an eine junge Dame aus Madison City verkauften. Sie wollte sie ihrem Vater zum Geburtstag schenken.«
Selby versteifte sich unwillkürlich. »Wie war ihr Name?« fragte er. Seine Stimme klang ihm selber fremd.
»Es war Miss Inez Stapleton«, sagte der Verkäufer. »Sie kauft hier häufig Dinge, die es in Madison City nicht gibt. Und als ich dann Weisung erhielt, diese Whiskysorte ausgehen zu lassen, erzählte ich ihr, daß es die letzte Gelegenheit sei, diese Marke zu bekommen... Wissen Sie, sie suchte nämlich nach einem passenden Geburtstagsgeschenk für ihren Vater und...«
»Wann wurde die Kiste nach Madison City geschickt?« fragte Selby.
»Vor ungefähr sechs Wochen.«
»Und danach haben Sie bestimmt keine Flasche mehr von jener Whiskysorte verkauft?«
»Nein«, erklärte der Geschäftsführer. »Das waren die letzten Flaschen, die wir am Lager hatten.«
»Haben Sie schönen Dank«, sagte Selby.
Erst als sie wieder im Wagen saßen und nach Madison City zurückfuhren, blickte Sylvia Martin Selby an und sagte: »Nun?«
»Ich weiß selbst nicht, was ich davon halten soll, Sylvia«, erwiderte Selby nachdenklich.
»Glauben Sie, daß Inez über den Fall genau informiert ist?«
»Nein!«
»Warum sind Sie so wütend?«

»Ich bin nicht wütend«, erwiderte er und blickte starr geradeaus. »Ich habe nur Ihre Frage beantwortet.«

»Weshalb sind Sie so steif und fest überzeugt, daß Inez nichts davon weiß?«

»Einmal hat sie den Whisky als Geburtstagsgeschenk gekauft. Die Kiste enthielt zwölf Flaschen. Sie wird ihrem Vater die ganze Kiste überreicht haben und nicht etwa nur zehn oder elf Flaschen; entweder hat sie ihm alle zwölf Flaschen geschenkt – oder gar keine.«

»Das leuchtet mir ein«, sagte Sylvia Martin. »Ich vermute deshalb, daß Charles DeWitt Stapleton eine Flasche davon George spendiert hat.«

»Und George wiederum könnte sie möglicherweise an Cuttings oder Gleason weitergegeben haben«, sagte Selby. »Aber das halte ich eigentlich für unwahrscheinlich.«

Sylvia Martin blickte auf ihre Armbanduhr. »Charles DeWitt Stapleton trifft voraussichtlich mit dem Dreiuhrzug in Madison City ein. Wenn Sie sich beeilen, können Sie ihn auf dem Bahnhof interviewen.«

»Ich lege keinen Wert darauf, Sylvia.«

»Das ist wohl ein zu heißes Eisen, nicht wahr?«

»Nein, aber hier muß sehr behutsam vorgegangen werden. Es liegt doch auf der Hand, daß Charles DeWitt Stapleton nichts damit zu tun haben kann.«

Sylvia schwieg.

»Stapleton«, fuhr Selby fort, »war fast einen Monat auf Reisen. Er kann mit diesem Vagabunden überhaupt nicht zusammengetroffen sein.«

»Bis vor einigen Tagen nahmen wir an«, sagte Sylvia Martin, »daß Charles DeWitt Stapleton gestern nachmittag eintreffen würde. Dann entschied er sich plötzlich für einen späteren Flug nach Los Angeles, von wo er nun vermutlich mit dem Dreiuhrzug hier ankommen wird.«

»Er kommt also mit der Eisenbahn?« fragte Selby.

Sylvia lachte. »Natürlich! Selbstverständlich hätte er jemanden nach Los Angeles bestellen können, der ihn mit dem Wagen abgeholt hätte. Aber das wäre eine zu unauffällige Rückkehr nach Madison City. Stapleton liebt es nun mal, mit großem Trara auf dem Bahnhof begrüßt zu werden. Er stellt sich dann mit der Miene amüsierter Gelassenheit für die Fotografen in Positur und genießt es, wenn die Leute die Hälse recken.«

»Sie scheinen offenbar keine besonders hohe Meinung von unse-

rem allseits verehrten Mitbürger zu haben«, sagte Selby.
»Ich halte ihn für einen eitlen Wichtigtuer. Es macht mich krank, wenn ich sehe, wie die Leute um ihn herumscharwenzeln.«
»Immerhin ist die Zuckerfabrik das größte Unternehmen am Ort.«
»Ich entsinne mich«, sagte Sylvia, »wie eines Abends ein Polizist, der gerade nach Madison City versetzt worden war, George Stapleton festnahm, weil er ihn total betrunken am Steuer seines großen roten Wagens erwischt hatte. Er telefonierte mit Polizeichef Larkin und bat um Instruktionen. Larkin geriet in panischen Schrecken und befahl, Stapleton nach Hause zu bringen. Charles DeWitt Stapleton bekam einen Wutanfall. Er rief Larkin an und donnerte, George habe nur minimal wenig getrunken und sei durchaus in der Lage gewesen, seinen Wagen zu steuern. Larkin winselte wie ein Köter, der die Peitsche sieht. Ich war gerade im Polizeibüro, als Vater Stapleton anrief. An Larkins Stelle hätte ich daraufhin dem Polizisten Anweisung gegeben, George Handschellen anzulegen und ihn ins Untersuchungsgefängnis einzuliefern, weil er volltrunken am Steuer gesessen hatte.«
»Ja, das traue ich Ihnen zu, Sylvia«, sagte Selby grinsend.

10

Selby setzte Sylvia Martin auf dem Parkplatz ab, wo ihr Wagen stand. Sie hatte noch fünf Minuten Zeit bis zur Ankunft von Charles DeWitt Stapletons Zug. »Und denken Sie daran«, sagte sie, als sie sich von Selby verabschiedete, »daß Sie niemandem auch nur ein Wort über die Whiskyflaschen sagen, Doug! *Die* Sensationsmeldung gehört mir.« Dann ließ sie den Motor ihres schnittigen Sportwagens an und brauste davon.
Selby fuhr zum Gerichtsgebäude. Es war Samstagnachmittag, und der sonst stets überfüllte Parkplatz war fast leer. Unmittelbar vor dem Portal stand Inez Stapletons cremefarbener Straßenkreuzer. Sie saß am Steuer und wartete offenbar auf Selby.
»Warum holst du nicht deinen Vater vom Zug ab?« fragte er.
»Doug«, erwiderte sie mit gequältem Blick, »vor einer Viertelstunde hat mich der Geschäftsführer des Drugstore in Santa Delbara, wo ich häufig einkaufe, angerufen.«
Selby runzelte die Stirn und sagte: »Damit war zu rechnen. Ich habe versäumt, ihm einzuschärfen, daß er das nicht tun sollte.«

»Du spionierst also hinter meinem Rücken herum«, erwiderte sie erbittert. »Und warum interessierst du dich für den Whisky, den ich als Geburtstagsgeschenk für meinen Vater kaufte?«
»Weil eine jener Flaschen auf dem Toilettentisch des Bungalows stand, in dem der tote Landstreicher gefunden wurde.«
»Das ist ausgeschlossen«, sagte sie in festem Ton.
»Nun, es stand jedenfalls eine solche Flasche dort.«
»Wenn ich meinem Vater zum Geburtstag zwölf Flaschen Whisky kaufe, bin ich deswegen nicht für die gesamte Produktion jener Whiskyfabrik verantwortlich!«
»Die Flasche stammt aus dem Drugstore in Santa Delbara.«
»Ich habe das Gefühl, du drehst langsam durch, Doug! Du lieber Himmel, warum zerbrichst du dir den Kopf darüber, unter welchen Umständen irgendein alter Landstreicher in einen Bungalow einbrach und dort starb?«
»Er wartete dort, um irgend jemanden zu ermorden.«
»Na und? Mein Gott, wie viele Leute möchten jemanden umbringen! Er *hat* ja niemanden ermordet, oder?«
»Nein, dazu kam es nicht mehr. Aber ich möchte wissen, auf wen er es abgesehen hatte.«
»Warum?«
»Weil das zu meinen Pflichten als Staatsanwalt gehört.«
»Da bin ich andrer Meinung, Doug. Der Mann hat kein Verbrechen begangen. Er kam durch einen Unfall ums Leben. Warum in aller Welt willst du also die Nase in Dinge stecken, die dich von Berufs wegen überhaupt nichts angehen? Und was spielt es jetzt noch für eine Rolle, *wen* er ermorden wollte?«
»Es hängt vielleicht sehr viel davon ab«, erwiderte Selby. »Aber warum legst du eigentlich solchen Wert darauf, daß ich mich um den Fall *nicht* kümmere?«
Sie schlug hastig die Augen nieder und schwieg einen Moment. Dann sagte sie, ohne ihn anzusehen: »Weil ich dich gern habe, Doug. Mir liegt viel an deiner Freundschaft.«
»Was hat das mit dem Fall zu tun?«
»Ahnst du denn nicht, was passiert, wenn mein Vater glaubt ... Oh, Doug, stell dir doch nur vor, was Papa tun wird!«
»Nun?«
»Er wird sich so etwas nicht gefallen lassen, Doug! Er verfügt über enormen Einfluß ... Du kennst doch Papa! Er könnte dich ruinieren.«
»Ich möchte mir lediglich über diese Whiskyflasche Klarheit ver-

schaffen«, sagte Selby gelassen. »Sie stellt ein wichtiges Indiz dar.«
»Aber es ist doch nichts weiter passiert, als daß ein Landstreicher vor dem Regen Schutz suchte und dabei ums Leben kam!«
»Hören wir lieber auf, uns darüber zu streiten, Inez«, sagte Selby.
»Sei doch *bitte* vernünftig, Doug!«
»Hör zu, Inez. Die Whiskyflasche stand im Bungalow. Ich will wissen, wie sie da hinkam. Die Bewohner des Bungalows erklären, daß sie keine Ahnung hätten, woher sie stammt. Dann bot sich mir durch Zufall die Gelegenheit, ihre Herkunft festzustellen. Ich fuhr also nach Santa Delbara, um den Käufer zu eruieren. Das ist alles, was ich tat.«
»Aber du hast vor, die Angelegenheit weiter zu verfolgen. Du willst George ausfragen und beabsichtigst auch, mit meinem Vater zu sprechen, stimmt's?«
»Das weiß ich noch nicht.«
»Ich möchte dich doch nur warnen, Doug. Bitte, tu mir den Gefallen und laß die Finger davon!«
»Was versuchst du eigentlich zu vertuschen?«
»Ich will überhaupt nichts vertuschen«, sagte sie mit zitternder Stimme. »Ich versuche nur zu verhindern, daß du deine Karriere aufs Spiel setzt. Versprich mir, daß du dir den Gedanken an diese Whiskyflasche aus dem Kopf schlägst! Mein Gott, warum ist es denn so wichtig zu wissen, was der Mann vorhatte?«
»Versuchst du etwa, George zu schützen?«
Sie griff nach seiner Hand und blickte ihm fest in die Augen. »Doug«, sagte sie. »ich gebe dir mein Ehrenwort, daß es nur einen Menschen gibt, den ich schützen möchte, und das bist du!«
»Du weißt also nicht, ob George diese Flasche Whisky bei sich hatte?«
»Mir erscheint es so gut wie ausgeschlossen, daß er sie mitgenommen hat. Ich habe Papa die zwölf Flaschen geschenkt, und er schätzt diese Marke sehr. George hat schließlich genug Geld, um sich jeden Whisky, den er mag, selbst kaufen zu können. Ich glaube nicht, daß er diese Flaschen anrühren würde, selbst wenn er an sie herankäme. Papa hat sie in seinem Zimmer eingeschlossen.«
»Hast du vor, ihm von dem Anruf aus Santa Delbara zu berichten?« fragte Selby.
»Nein, das werde ich natürlich nicht tun. Und ich möchte, daß du mir versprichst, ihm gegenüber kein Wort davon zu erwähnen.«
Selby schüttelte den Kopf. »Ich möchte aber, daß du ihn über die Angelegenheit informierst, Inez.«

»Warum, Doug?«
»Weil ich dann nicht gezwungen bin, es selbst zu tun. Mir kommt es darauf an, daß er in seinem Schrank nachsieht, ob eine Flasche fehlt.«
»Und wenn – was dann?«
»Dann werde ich mit George sprechen.«
»Und wenn keine fehlt?«
»In dem Fall müssen wir eben annehmen, daß die Flasche vor einiger Zeit an einen Durchreisenden verkauft worden ist.«
»Doug, erspar mir bitte, Papa zu fragen!«
»Ich möchte es aber, Inez.«
»Also gut, ich werde es tun. Aber ich warne dich, Doug! Du erreichst damit nur, daß du dir Vater zum Feind machst. Ich bin fest überzeugt, daß die Flasche nicht aus unserem Haus stammt. Papa hält seine Whiskyvorräte verschlossen. Er liebt diese Sorte, und außerdem ist sie schwer zu bekommen. Ich weiß, daß er ein paar Flaschen mit auf die Reise genommen hat.«
»Hast du die Sorte zum ersten Male für ihn besorgt, oder kannte er sie schon?«
»Papa hat früher schon einmal ein paar Flaschen davon gekauft. Weil sie ihm so sehr zusagte, beschloß ich, ihm ein Dutzend Flaschen zum Geburtstag zu schenken. Ich hätte nicht gleich so viel gekauft, wenn ich nicht gewußt hätte, daß er diesen Whisky so gern trinkt.«
»Und du glaubst nicht, daß George eine Flasche genommen hat?«
»Ich weiß genau, daß er das niemals tun würde.«
»Wo ist George jetzt?«
»Zu Hause.«
»Wann ist er aufgestanden?«
»Gegen neun Uhr – vielleicht auch schon etwas früher. Genau weiß ich es nicht. Ross Blaine erschien und . . .«
»Erzählt doch weiter«, sagte Selby, als sie plötzlich stockte.
»Na ja, er kam eben zu uns.«
»Ross Blaine kam also, um mit George zu sprechen?«
»Mein Gott, Doug, was sollen all diese lauernden Fragen? Es ist doch ganz egal, warum George aufstand!«
»Erzähl mir bitte Näheres über diesen Besuch!«
»Nun gut. Blaine kam und weckte George. Dann unterhielten sich die beiden eine Weile, und schließlich fuhr Blaine in Georges neuem Wagen davon.«
»In Georges Wagen?«

»Ja.«
»Wohin?«
»Das weiß ich nicht. Ich pflege meine Nase nicht in die Angelegenheiten anderer Leute zu stecken.«
»Ist er inzwischen zurückgekehrt?«
»Keine Ahnung.«
»Du hast George nicht gefragt, was Ross wollte und wohin ...«
»Nein! Und jetzt ist Schluß mit diesem Verhör, Doug! Ich weiß über Georges persönliche Angelegenheiten nicht das geringste.«
»Hat er früher schon einmal seinen Wagen an irgend jemanden verliehen?«
»Nicht daß ich wüßte. Aber bitte, Doug, laß George aus dem Spiel!«
»Hast du ihm irgend etwas über den Whisky gesagt?«
»Nein. Er ist wahrscheinlich zum Bahnhof gefahren, um Papa abzuholen ... Oh, Doug, warum kannst du nicht ein bißchen rücksichtsvoller sein! Dieser Mann im Bungalow könnte, falls er noch am Leben wäre, vielleicht einen Mord begangen haben. Ebensogut ist aber auch möglich, daß er es nicht getan hätte. Jetzt ist das doch ganz egal. Er ist tot, und damit ist der Fall erledigt. Schlag dir die Geschichte aus dem Kopf! Dann brauche ich Papa von dem Anruf des Geschäftsführers nichts zu sagen und ...«
»Ich lege aber größten Wert darauf, daß du deinen Vater so bald wie möglich unterrichtest, Inez.«
»Wenn du doch nicht so dickköpfig wärst, Doug!«
Er lächelte und sagte dann: »Du bist selbst ein Dickkopf, Inez. Vergiß nicht, daß du heute morgen, als du mit mir telefoniertest, mitten im Gespräch eingehängt hast!«
»Daran warst du schuld.«
»Wieso? Weil ich dich fragte, ob du heute früh in der Stadt gewesen bist?«
»Der Ton, in dem du die Frage stelltest, paßte mir nicht.«
»Da wir gerade wieder bei dem Thema angelangt sind«, sagte Selby grinsend, »möchte ich meine Frage wiederholen: bist du in den frühen Morgenstunden in der Stadt gewesen und hast ...«
Ihre Augen füllten sich mit Tränen. »Ob dich jemand gern hat, ist dir ganz egal«, schluchzte sie. »Du hast nur deinen verdammten Beruf im Kopf!«
Hastig ließ sie den Motor an und fuhr davon.

11

Um 15 Uhr 35 fuhr Selby beim Keystone-Auto-Camp vor. Der kalte Westwind, der die Wolken vom Himmel gefegt hatte, ging ihm durch Mark und Bein.

Sheriff Brandon war bereits da, und kurz nach Selby traf auch Sylvia Martin ein. »Da wären wir ja alle wieder versammelt!« rief sie vergnügt.

»Wie war der Empfang auf dem Bahnhof?« fragte Selby.

»In jeder Beziehung fabelhaft«, sagte sie. »Wenn ich Ihnen jetzt verrate, was ich eben über die politische Entwicklung der nächsten zwei Jahre erfahren habe, bestellen Sie womöglich den *Clarion* ab. Ich werde also meine Weisheit schön für mich behalten.«

Selby lachte und sagte: »Kommt! Grace und der Gasmann warten schon auf uns.«

Grace stellte zunächst mit steifer Förmlichkeit den Mann vom Gaswerk vor. Dann zog er ein dickes Notizbuch aus der Tasche und zeigte die mit Bleistift eingetragenen Ablesedaten der letzten zehn Tage. Der Mann vom Gaswerk erklärte, wie die Gasuhr funktionierte und wie die Skala abgelesen würde.

Selby studierte die Eintragungen, die Grace in seinem Notizbuch gemacht hatte. »Gestern nacht wurde ja viel weniger Gas verbraucht als sonst«, stellte er fest.

»Das habe ich Ihnen doch schon gesagt«, erwiderte Grace. »Der Gasofen in dem Bungalow ist nicht sehr lange angestellt gewesen.«

»Ich sehe, daß hier ein paarmal radiert worden ist«, bemerkte Selby. »Auch bei einer der gestrigen Ziffern ist das der Fall.«

»Ja, das stimmt. Aber es handelt sich nur um ein Versehen, das mir beim Notieren einer Ziffer unterlaufen ist. Sie werden doch wohl nicht glauben, daß ich versuchen würde, die Zahlen nachträglich zu fälschen?«

»Ich wollte mich nur informieren, was es mit diesen radierten Stellen für eine Bewandtnis hat«, erwiderte Selby.

»Na gut, dann wissen Sie es jetzt«, sagte Grace gereizt.

»Und welche Auskunft wünschen Sie von mir?« fragte der Mann vom Gaswerk. »Innerhalb einer Viertelstunde kann ich feststellen, wieviel Gas der Ofen verbraucht und . . .«

»Nein, ich möchte, daß Sie sich vor der Gasuhr postieren«, sagte Grace. »Der Ofen soll genauso lange brennen wie heute nacht. Es wird nämlich allerlei über meine Heizanlage gefaselt. Ich werde mich in den Bungalow begeben, alle Türen und Fenster schließen

und dann den Gasofen voll aufdrehen, um die hier Anwesenden davon zu überzeugen, daß es absolut ungefährlich ist, sich unter diesen Umständen in dem Raum aufzuhalten.
Ich werde nicht ohnmächtig«, versicherte Grace. »Der Gasofen ist vollkommen intakt.«
»Gut, Sie müssen selbst wissen, was Sie tun«, sagte Brandon.
»Wir wollen noch schnell einen Blick auf die Gasuhr werfen«, bemerkte Selby, »und den gegenwärtigen Stand feststellen.«
»Das habe ich bereits getan«, erklärte der Gasmann. »Die Eintragung in dem Notizbuch stimmt.«
»Also gut, dann kann der Versuch beginnen.«
Grace betrat den Bungalow, schloß die Tür und vergewisserte sich, daß auch die Fenster zu waren. Dann gab er Selby und Brandon ein Zeichen, daß sie auf die Uhr schauen sollten, zündete mit einem Streichholz den Gasofen an und drehte ihn voll auf.
Selby und Sylvia Martin standen zusammen vor einem der Fenster.
»Mein Gott!« sagte sie. »Sehen Sie nur, wie die Flammen oben aus dem Ofen züngeln! Mich würden keine zehn Pferde in den Bungalow kriegen.«
»Mich auch nicht.«
Grace saß mit weit geöffneten Augen auf einem der beiden Doppelbetten und starrte zum Fenster hinaus. Als etwa fünf Minuten vergangen waren, sagte Brandon: »Da! Seine Augen fangen schon an zu tränen. Es muß eine Menge Gas ausströmen.«
»Wie lange will er es aushalten?« fragte Sylvia Martin.
»Ich nehme an, so lange wie der Gasofen brennt. Im Leichenschauhaus hat man festgestellt, daß der Mann, als er aufgefunden wurde, bereits etwa eine Stunde tot war. Ich bin also der Meinung, daß Grace sich wirklich mit einer halben Stunde begnügen sollte.«
»Wir werden ihn jedenfalls genau beobachten«, sagte Brandon.
»Weißt du, Rex«, meinte Selby nachdenklich, »ich habe das Gefühl, daß hinter dem Verschwinden des Mädchens vom *Palm Thatch* mehr steckt, als es zunächst den Anschein hatte.«
»Du meinst die Bardame?«
»Ja.«
»Bis jetzt habe ich nichts feststellen können, was deine Vermutung bestätigt«, sagte Brandon. »Ich hatte mir überlegt, daß sie möglicherweise ein Autofahrer nach Los Angeles mitgenommen und, durch ihren verstörten Zustand stutzig geworden, die Polizei in Los Angeles verständigt haben könnte. Aus diesem Grund habe ich mich mit dem dortigen Polizeipräsidium und den Polizeidienststel-

len der Städte, die auf dem Wege liegen, in Verbindung gesetzt.«
»Ich glaube, sie ist nach San Francisco gefahren«, erklärte Selby. »Genauer gesagt – ich habe guten Grund anzunehmen, daß sie sich dorthin begeben hat.«
»Nun, ich stehe auch mit San Francisco in Fühlung wegen ihr.«
»Mir wäre es lieb, wenn du einen Abstecher dahin machen würdest, Rex.«
»Wieso?«
»Ich könnte mir denken, daß du das Mädchen dort aufstöberst.«
»Wie kommst du darauf?«
»Mir schwant, daß sie sich dort in einem Nachtlokal Arbeit gesucht hat. Du könntest gleich nach diesem Test losfahren und dann in San Francisco mit einem der dortigen Beamten einen Streifzug durch die Bars unternehmen.«
»Hältst du denn das für so wichtig?« fragte Brandon mit gerunzelter Stirn.
»Ja.«
»Letzten Endes machen wir um die Sache vielleicht mehr Aufhebens, als sie wert ist«, meinte Brandon. »Der Tote *wollte* jemanden ermorden, aber er hat es nicht *getan.*«
»Woher willst du das so genau wissen, Rex?«
»Na, dann müßte schließlich irgendwo eine Leiche liegen!«
»Aber wer sagt uns denn, Rex, daß dieser Mann nur *einen* Menschen umbringen wollte? Möglicherweise trachtete er sogar zweien nach dem Leben! Derjenige, auf den er im Bungalow lauerte, könnte ja der *zweite* gewesen sein. Und dann bitte ich dich, noch etwas zu bedenken, Rex: bis jetzt sind wir von der Voraussetzung ausgegangen, daß er auf jemanden lauerte, der im Begriff war, zum Bungalow zurückzukehren. Es gibt jedoch zwei oder drei Anhaltspunkte dafür, daß dies nicht der Fall war.«
»Und die wären?«
»Erstens brannte das Licht. Wenn er auf die Rückkehr der Bungalowbewohner wartete, würde er das Licht nicht eingeschaltet haben. Die Jungen knipsten die Lampen aus, als sie gingen. Selbstverständlich hätten sie doch Verdacht geschöpft, wenn sie bei ihrer Rückkehr bemerkt hätten, daß drinnen Licht brennt. Ferner ist zu bedenken, daß der Mann die Vorhänge nicht ganz zugezogen hatte. Er ließ einen kleinen Spalt offen, der genügte, um die Mädchen hineinschauen zu lassen. Sie konnten durch diesen Spalt seine Füße unter dem Toilettentisch hervorragen sehen.«
»Weiter«, sagte Brandon, »ich bin ganz Ohr!«

»Wenn er tatsächlich auf jemanden wartete, hätte er sie ganz zugezogen und im dunklen Zimmer gesessen. Nehmen wir aber einmal an, er wartete auf jemanden, der an dem Bungalow *vorbeikommen* mußte. Wie du siehst, führt die Einfahrt zum Auto-Camp direkt hier an diesem Fenster vorbei. Aus der Tatsache, daß die Vorhänge nicht ganz zugezogen waren, könnte man also schließen, daß Watkins sie absichtlich so weit offen ließ, um im geeigneten Moment hinauszuspähen.«
»Bei eingeschaltetem Licht konnte er draußen gar nichts erkennen«, stellte der Sheriff fest.
»Nein, aber er hätte das Licht im passenden Moment ohne weiteres ausknipsen können. Als er den Zettel schrieb, den er an die Leiche heften wollte, brauchte er Licht.«
»Aber unter diesen Umständen hätte er nicht hinter dem Toilettentisch gehockt!« meinte Brandon.
»Da hast du recht, Rex. Ich will auch nur darauf hinweisen, daß die Theorie, Watkins habe in dem Bungalow auf die Rückkehr der Bewohner gewartet, nicht in allen Punkten übereinstimmt. Es ist im übrigen auch nicht ausgeschlossen, daß er gar nicht auf die Rückkehr des oder der Mieter wartete, sondern darauf, daß jemand anders den Bungalow betreten würde.«
»Worauf willst du eigentlich hinaus, Doug?«
Selby wies mit dem Kopf auf James Grace, der mit tränenden Augen und schweißtriefender Stirn drinnen auf der Bettkante saß. »Grace«, sagte er, »war nach Los Angeles gefahren und hätte irgendwann nach Mitternacht wiederkommen sollen. Angenommen, Watkins wartete auf Grace und . . .«
»Wie kommst du denn darauf, Doug?«
»Das will ich dir verraten: Stellen wir uns einmal vor, Grace wäre gegen drei oder vier Uhr morgens nach Hause gekommen. Er hätte dabei festgestellt, daß in einem Bungalow noch Licht brannte. Natürlich wäre er stutzig geworden. Schließlich bezahlt er ja Licht- und Gasrechnung. Die Tatsache, daß er mit den Gaswerken bereits eine Auseinandersetzung wegen des hohen Verbrauchs gehabt hat, beweist doch, daß er sich sehr genau um alles kümmert. Folglich hätte er durch den Gardinenspalt geschaut und dabei bemerkt, daß der Gasofen auf vollen Touren lief. Da er einen Dietrich besitzt, kann man sich an allen fünf Fingern abzählen, daß er bestimmt hineingegangen wäre und den Ofen abgestellt hätte.«
»Daraufhin hätte der Mann hinter dem Toilettentisch Grace erschossen, den Zettel an seine Leiche geheftet und sich aus dem

Staube gemacht. Wir hätten niemals auch nur eine Ahnung gehabt, wer der Mörder war, weil wir natürlich nicht auf die Idee gekommen wären, den Landstreicher, der per Anhalter reiste, mit dem Mord in Verbindung zu bringen.«

»Donnerwetter, Doug, das klingt wirklich plausibel!«

»Gut, Rex, aber behandle diese Überlegungen bitte vertraulich. Grace darf nichts erfahren. Vergiß nicht, daß er schwor, Watkins nie im Leben gesehen zu haben.«

»Watkins schrieb auf den Zettel«, bemerkte Sylvia Martin, »daß der Mann, den er umbringen wollte, keine Ahnung hat, wer er ist.«

»Das stimmt«, sagte Selby.

»Dann knöpfen wir uns doch in Gottes Namen Jimmy Grace vor!« meinte Brandon. »Wir werden ihn ins Kreuzverhör nehmen und . . .«

»Ich glaube nicht, daß das einen Zweck hat«, erwiderte Selby. »Erstens steht für mich nicht hundertprozentig fest, daß Grace überhaupt weiß, warum Watkins hinter ihm her war. Meine Überlegungen kreisen im Moment lediglich darum, daß einige Punkte nicht mit der These vereinbar sind, Watkins habe auf die Rückkehr der Bungalowbewohner gelauert. Wenn er den Bungalow als Hinterhalt benutzen wollte, war dies wegen des brennenden Lichts und des eingeschalteten Ofens eine raffiniert gestellte Falle für James Grace. Alle Umstände der Beweisaufnahme würden darauf hingewiesen haben, daß Cuttings oder Gleason das Verbrechen begingen.«

»Und die Whiskyflasche nebst den drei Gläsern sollte den Anschein erwecken, als habe man zu dritt noch ein Glas getrunken, bevor Grace ermordet wurde.«

Selby nickte.

»Dann besteht doch eigentlich kein Grund mehr, daß ich nach San Francisco fahre«, sagte Brandon.

»Doch, Rex! Es ist unbedingt nötig, daß du hinfährst. Du wirst dich an Talbot Grace erinnern, nicht wahr? Er sollte mit einem bestimmten Flugzeug in Los Angeles ankommen, traf dann aber mit einer früheren Maschine ein. Kein Mensch weiß, wo er in der Zwischenzeit war. Er hatte reichlich Zeit, um nach Madison City zu fahren. Heute ist er in San Francisco und bleibt dort noch bis Montag. Montag abend fährt er weiter nach Seattle. Ich halte es für außerordentlich nützlich, wenn du dich mit ihm ein bißchen unterhältst.«

»Gut, sobald wir hier fertig sind, fahre ich nach Los Angeles und steige dort in den Schnellzug nach San Francisco.« Grace erhob sich, wischte den Schweiß von seiner Stirn und torkelte zur Tür.
»Da kommt er!« rief Brandon aufgeregt und lief vom Fenster zur Tür. Selby und Sylvia Martin folgten. Brandon riß die Tür auf. Eine Woge heißer, stickiger Luft flutete ihnen entgegen und trieb ihnen das Wasser in die Augen. Grace taumelte hinaus ins Freie und bekam einen Hustenanfall. Nach einer Weile lehnte er sich gegen die Bungalowwand und krächzte: »Der Gasofen ... ist in Ordnung ... Es war bloß so verdammt heiß da drinnen. Ich bin schweißnaß.«
Brandon stützte ihn. »Aber sonst fühlen Sie sich wohl, Mr. Grace?«
»Nur ein bißchen benebelt bin ich ... Ich glaube, mein Herz ist nicht mehr so strapazierfähig wie früher ... Es war eben einfach zu heiß da drinnen, das ist alles ... Als ob man in einem Backofen säße ... Aber die Gasheizung ist in Ordnung! Kein vernünftiger Mensch würde sie längere Zeit so voll aufgedreht lassen ... Das Ding funktioniert eben einfach *zu gut* ...«
Der Mann, der die Gasuhr überwacht hatte, pfiff überrascht durch die Zähne. Selby und Sylvia Martin traten zu ihm.
»Was gibt's?« fragten sie.
»Die Gasuhr zeigt an, daß jetzt genau die Hälfte von dem verbraucht worden ist, was gestern nach den Eintragungen von Mr. Grace durch den Zähler ging.«
Selby blickte auf die Armbanduhr. »Siebzehn Minuten hat der Versuch gedauert«, sagte er.
Der Gasmann nickte. Selby nahm Sylvia Martin beiseite und sagte so leise, daß der Gasmann es nicht hören konnte: »Grace hat sich selbst widerlegt.«
»Wieso, Doug?«
»Er war so sehr darauf bedacht zu beweisen, daß seine Anlage *nicht* defekt sei, daß er an seinen eigenen Ablesezahlen manipuliert hat. Wir wissen, daß der Gasofen schon vor zwei Uhr gebrannt hat und dann bis zwanzig vor vier eingeschaltet blieb. Das ist bereits eine Stunde und vierzig Minuten.«
»Woher wissen Sie das?«
»Die Leiche wurde um 3 Uhr 20 entdeckt. Die Mädchen zogen sich an, liefen zum Telefon und benachrichtigten Larkin. Der wiederum verständigte Brandon. Dann fuhren die beiden hierher und stellten den Ofen ab. Zu dem Zeitpunkt war es 3 Uhr 40. Watkins hatte

den Bungalow aber betreten, bevor der Regen einsetzte. An seinen Schuhen befand sich nur Staub, aber kein Schlamm. Der Regen begann um zwei Uhr.«

»Wenn Sie das alles schon wußten, Doug«, sagte Sylvia, »warum haben Sie dann Grace diesen Test durchführen lassen?«

»Weil ich ihn auf die Probe stellen wollte. Gemäß seinen Ableseziffern ist der Gasofen nur vierunddreißig Minuten in Betrieb gewesen. Zwanzig Minuten nach Entdeckung der Leiche war er noch eingeschaltet. Wenn seine Zahlen stimmen, kann Watkins also nur vierzehn Minuten in dem Bungalow gewesen sein, bevor das Mädchen durch das Fenster sah und die Leiche entdeckte. Das ist jedoch ein Unding, weil sich Grace jetzt siebzehn Minuten in dem geheizten Bungalow aufgehalten hat, ohne vergiftet zu werden.«

Sylvia Martin warf Selby einen skeptischen Blick zu. »Doug, warum liegt Ihnen eigentlich so viel daran, Rex Brandon loszuwerden? Warum wollen Sie, daß er nach San Francisco fährt?«

Selby blickte ihr fest in die Augen. »Weil ich jetzt meine berufliche Karriere aufs Spiel setze und Rex Brandon nicht mit ins Verderben stürzen möchte.«

»Was führen Sie im Schild, Doug?«

»Ich werde Charles DeWitt Stapleton zeigen, daß ich ein Staatsanwalt und keine Marionette bin.«

12

Als Selby zu Hause ankam, erfuhr er vom Auftragsdienst, daß Charles DeWitt Stapleton ihn dringend zu sprechen wünschte.

Selby rief sofort bei ihm an. Stapleton erkundigte sich ziemlich einsilbig nach Selbys Befinden.

»Mir geht's prächtig, Mr. Stapleton«, erwiderte Selby. »Und hatten Sie eine angenehme Heimfahrt?«

»Danke, meine Reise war sehr anstrengend«, sagte Stapleton kurz angebunden. »Aber ich habe eine Bitte an Sie, Mr. Selby.«

»Ja, worum handelt es sich, Mr. Stapleton?«

»Ich möchte mit Ihnen sprechen«, sagte Stapleton. »Da sich jedoch auf meinem Schreibtisch Briefe und Telegramme türmen und ich mich unverzüglich um ein Dutzend äußerst wichtige Dinge zu kümmern habe, ist es mir unmöglich, Sie aufzusuchen. Ich wäre

Ihnen sehr verbunden, wenn Sie für ein paar Minuten zu mir in mein Büro kämen.«
»Ich bearbeite gerade einen Fall und ...«
»Es dauert nicht lange. Ich bin überzeugt, daß wir die Angelegenheit in kürzester Zeit klarstellen können.«
»Gut, ich komme zu Ihnen, Mr. Stapleton. Sie sind in Ihrem Direktionsbüro?«
»Ja. Im Vorzimmer warten zwar einige Leute, aber ich werde meiner Sekretärin Anweisung geben, daß Sie sofort reinkommen sollen.«
»Ich bin in wenigen Minuten da«, sagte Selby.
Er hängte ein, wusch sich Gesicht und Hände, schlüpfte in den Mantel und zog sich Handschuhe an. Dann stieg er in seinen Wagen und fuhr zur *Madison Beet Sugar Factory*. Es war ein imposantes Gebäude, das etwa drei Kilometer außerhalb der Stadt lag. Selby bog in den großen Fabrikhof ein und hielt vor dem Verwaltungsgebäude. Nachdem er mehrere Vorzimmer durchquert hatte, öffnete er die Tür, auf der *Direktion* stand, und sagte zur Sekretärin: »Ich habe eine Verabredung mit ...«
Das Mädchen sprang auf. »Ja, ich weiß schon Bescheid, Mr. Selby. Mr. Stapleton wünscht Sie sofort zu sprechen.« Sie führte ihn an mehreren wartenden Leuten vorbei und geleitete ihn in das pompös eingerichtete Direktionszimmer.
Charles DeWitt Stapleton war der ungekrönte König von Madison City. Als Direktor der Zuckerfabrik beherrschte er das weitaus größte Unternehmen am Ort, und sein Auftreten ließ erkennen, daß er sich seiner Macht und seines Ansehens voll bewußt war. Er war groß, breitschultrig, hatte kalte Augen, einen kurzgeschnittenen grauen Schnurrbart und einen harten Mund. Er war bekannt dafür, daß er Besucher meistens innerhalb von drei Minuten abfertigte.
Nachdem er Selby die Hand geschüttelt hatte, sagte er: »Sie sehen glänzend aus, mein Lieber! Die Verantwortung, die Ihre Stellung mit sich bringt, scheint Ihnen gut zu bekommen. Setzen Sie sich zu mir an den Schreibtisch ... Nehmen sie doch eine Zigarre ... Diese Sorte wird extra für mich in Havanna angefertigt.«
Mit plumpen, aber sehr gepflegten Händen öffnete er eine Zigarrenkiste und hielt sie Selby hin. Der starke Duft nach erlesenem Havanna-Tabak verbreitete sich im Zimmer.
»Nein, danke«, lehnte Selby ab. »Ich bin passionierter Pfeifenraucher.«

Stapleton schien ein wenig enttäuscht. Er hielt die Zigarrenkiste noch einen Moment verdutzt in der Hand. Dann stellte er sie wieder an ihren Platz und setzte sich auf den großen Drehsessel hinter seinem Schreibtisch.
»Sie waren längere Zeit nicht bei uns zu Gast, Selby«, sagte er. »Sie haben doch früher mit Inez häufig Tennis gespielt und sind zusammen mit ihr ausgeritten. Sie werden sich doch durch die Verpflichtungen, die Ihnen Ihr Amt aufbürdet, nicht davon abhalten lassen, ein wenig Sport zu treiben?«
»Tja, ich habe jetzt natürlich nicht mehr so viel Zeit wie früher, als ich noch meine Anwaltspraxis hatte.«
»Gewiß. Sie bekleiden ja nunmehr eine außerordentlich wichtige Position. Vergessen Sie dabei aber nicht, daß Ihr Körper der Motor des Lebens ist ... Ich selbst bin allerdings auch unentwegt eingespannt. Bis spät in die Nacht jagt eine Konferenz die andere ... Aber, um zum Thema zu kommen: Ich möchte mit Ihnen über meinen Sohn George sprechen. Er ist selten zu Hause – heutzutage lieben die jungen Leute die Häuslichkeit wohl nicht mehr sehr. Er ist ein famoser Bengel, hat aber jetzt das Alter erreicht, wo seine Mutter nicht mehr recht klug aus ihm wird. Mit anderen Worten, er hat sich ihr ein bißchen entfremdet. Meine Frau hat, wie Sie sich vorstellen können, zahlreiche gesellschaftliche Verpflichtungen, die sie zu häufigem Ausgehen zwingen. Ich selbst muß ständig zwischen New York und Madison City hin und her pendeln.«
Er machte eine Kunstpause, weil Selby sich des Unterschieds bewußt werden sollte, der zwischen einem führenden Wirtschaftsmanager und einem provinziellen Beamten bestand.
»Während ich mich nun auf meiner Geschäftsreise befand«, fuhr Stapleton fort, »scheint George ein bißchen über die Stränge geschlagen zu haben. Er hat nicht nur mehr Geld verbraucht, als ich ihm zubilligte, sondern auch Schuldscheine und Wechsel ausgestellt. Wie ich höre, hat er offenbar gespielt.«
Selby nickte.
»Mir ist ferner zu Ohren gekommen«, sagte Stapleton, »daß Sie über diese Angelegenheit informiert sind.«
»Ja, ich habe ihn heute in den frühen Morgenstunden beim Glücksspiel erwischt«, bemerkte Selby trocken. »Oder, besser gesagt – ich geriet zufällig in einen Spielklub und habe Ihren Sohn dort auf frischer Tat ertappt.«
»Das ist mir bekannt. Was nun dieses Lokal *Palm Thatch* betrifft, Selby, so hat mir mein Sohn erzählt, daß er dort ein paar auswär-

tige Leute kennengelernt habe. Soviel ich seinem Bericht entnehmen konnte, scheint es sich dabei jedoch um etwas zweifelhafte Gestalten zu handeln. Mein Sohn sagte mir außerdem, daß Sie einen dieser Männer beschuldigt hätten, ein Berufsspieler zu sein. Das hat George zu denken gegeben. Er hielt diesen Mann bis dahin für einen Versicherungsfachmann. Aber seit Sie Ihren Verdacht geäußert haben und angesichts der Art, wie dieser Mann darauf reagierte, sieht George die Dinge mit anderen Augen an. Ihm ist klargeworden, daß man ihn an der Nase herumgeführt hat. Ferner vermutet er, daß man auch noch jemand anders, einen ehemaligen Makler namens Needham, hinters Licht geführt hat. Tatsache ist jedenfalls, daß George . . .«

»Wieviel hat er eigentlich verloren?« fragte Selby unvermittelt.

Stapleton runzelte die Stirn. »Wohl eine ziemlich beträchtliche Summe. Aber ich habe Sie nicht hergebeten, um mit Ihnen *darüber* zu diskutieren.«

»Was wollten Sie also mit mir besprechen?«

»Ich habe das Gefühl, daß dieses Lokal *Palm Thatch* eine Gefahr für die Jugend unserer Stadt darstellt. Meines Erachtens sollte man dem Treiben in dieser Spelunke schleunigst ein Ende bereiten.«

»Mit dem Glücksspiel ist dort sowieso Schluß«, sagte Selby.

»Großartig«, erwiderte Stapleton. »Und wenn die Frage einer Verlängerung der Schanklizenz akut wird, läßt sich gewiß auch in *der* Beziehung etwas unternehmen. Inzwischen aber wäre es nach meiner Meinung eine vorzügliche Lektion für den Besitzer, wenn Sie ein Verfahren wegen der *bisherigen* Spieldelikte gegen ihn einleiteten.«

»Ich habe das bereits in Erwägung gezogen«, sagte Selby. »Natürlich benötigt man für eine Anklage Beweismaterial. Ich glaube jedoch, daß mir heute morgen bereits ein schwerwiegender Beweis in die Hände gefallen ist, der genügt, um ein Verfahren zu rechtfertigen.«

»Darf ich fragen, worum es sich dabei handelt?« fragte Stapleton.

Selby zog aus der Westentasche den Schuldschein, den George Stapleton ausgestellt hatte. »Als der Sheriff und ich heute morgen in *Palm Thatch* eintrafen, war gerade ein Spiel im Gange«, sagte er. »Der Inhaber des Lokals, Oscar Triggs, versuchte den Anschein zu erwecken, als ob die Beteiligten nur um Chips spielten, aber ich vernahm, wie Ihr Sohn eine Summe setzte, und fand dann auf dem Tisch einen Schuldschein von ihm über hundert Dollar. Daraufhin . . .«

Stapleton runzelte die Stirn. »Verzeihen Sie, wenn ich Sie unterbreche, Selby. Aber ich glaube zu wissen, worauf Sie hinauswollen. Mir liegt ja eben auch viel daran, daß dieses *Palm Thatch* geschlossen wird. Ich halte es im Interesse unserer Stadt für außerordentlich wünschenswert, daß dort reiner Tisch gemacht wird. Aber ich möchte unter keinen Umständen, daß der Name Stapleton in diese Sache hineingezogen wird. Ich würde Ihnen daher dringend empfehlen, die Geschichte von heute morgen zu ignorieren und das Verfahren lieber wegen eines früheren Spieldelikts einzuleiten.«
Selby faltete den Schuldschein zusammen und steckte ihn wieder in die Westentasche. »Ich verfüge über kein Beweismaterial, das ein anderes Spiel beträfe«, sagte er.
Stapletons Miene zuckte. »Das ist wirklich eine dumme Geschichte, aber schließlich sind Sie ein Mann, der diskret und taktvoll vorzugehen weiß. Sie werden zweifellos Mittel und Wege finden, um die Angelegenheit zu regeln. Mir liegt daran, daß der Name meines Sohnes in diesem Zusammenhang nicht fällt.«
»Ich bin mir noch nicht schlüssig, ob ich wegen des Spiels, das heute in den frühen Morgenstunden stattfand, ein Verfahren einleiten werde oder nicht.«
»Aber ich habe Ihnen doch eben klargemacht«, sagte Stapleton ungeduldig, »daß es für mich untragbar wäre, wenn der Name Stapleton in Verbindung mit einem Strafprozeß auftaucht! Ich kann es mir nicht leisten, daß mein Sohn eines Spielvergehens in einer obskuren Kneipe bezichtigt wird.«
»Falls ich mich tatsächlich entschließen sollte, Anklage zu erheben«, erwiderte Selby gelassen, »werde ich diesen Schuldschein natürlich als Beweismaterial benutzen müssen. Wenn ich aber von der Einleitung eines Verfahrens absehe, können Sie ganz sicher sein, daß seitens meiner Dienststelle diese Affäre nicht in die Öffentlichkeit getragen wird.«
Stapleton wurde puterrot. »Sie haben mich offenbar noch immer nicht ganz verstanden, Mr. Selby! Ich wünsche einfach nicht, daß Sie ein Spielvergehen an die große Glocke hängen, in das mein Sohn verwickelt ist.«
»Ich bin nicht schwerhörig.«
Stapleton lehnte sich in seinem Sessel zurück und lächelte. »Na also! Dann ist ja alles in Ordnung. Ich hatte das Gefühl, als ob noch Unklarheiten bestünden.«
Selby erhob sich langsam und sagte: »Ich verstehe Sie zwar sehr gut, Mr. Stapleton, aber ich habe das Gefühl, daß Sie mich nicht

ganz verstanden haben!«
»Wie meinen Sie das?«
»Ich glaube, daß Sie mich mißverstanden, als ich sagte, daß ich mich möglicherweise entschließen würde, auf Grund der Dinge, die ich heute morgen gesehen habe, gegen Triggs ein Verfahren einzuleiten.«
Stapleton sprang mit einem Satz auf. »Wollen Sie etwa meinen Wunsch, mein Sohn solle in dieser Angelegenheit nicht genannt werden, glatt ignorieren?«
»Ich ignoriere Ihren Wunsch keineswegs«, erwiderte Selby. »Aber falls ich mich auf Grund der Erfordernisse meines Amtes dazu veranlaßt sehen sollte, ein Verfahren einzuleiten, werde ich das auch tun.«
»Unter diesen Umständen ersuche ich Sie, mir den Schuldschein auszuhändigen.«
»Ich bedaure«, sagte Selby. »Aber das ist ein Beweisstück, auf welches ich nicht verzichten kann.«
»Wollen Sie damit sagen, daß Sie diesen Schuldschein als Belastungsmaterial gegen meinen Sohn verwenden?«
»Nicht gegen Ihren Sohn, sondern gegen Oscar Triggs.«
»Das läuft auf dasselbe hinaus«, sagte Stapleton nervös. Er ballte die Fäuste, legte sie auf die Schreibtischplatte und stützte sich mit seinem ganzen Gewicht darauf. »Selby«, sagte er dann, »ich mache Sie darauf aufmerksam, daß Sie im Begriff sind, einen großen Fehler zu begehen! Versuchen Sie etwa, mich in eine peinliche Situation zu bringen, weil ich mich während der letzten Wahl nicht für Sie eingesetzt habe?«
»Das hat nicht das geringste damit zu tun.«
»Sie möchten doch bei der nächsten Wahl wieder gewählt werden, nicht wahr?«
»Vielleicht.«
»Ihnen ist sicher auch bewußt, daß mein Einfluß hier in dieser Stadt nicht zu unterschätzen ist?«
»Ja, durchaus. Aber ich möchte Sie auf eines aufmerksam machen, Mr. Stapleton: Ich werde die Pflichten, die mir durch mein Amt aufgebürdet wurden, ohne Rücksicht auf irgend jemanden korrekt erfüllen.«
Stapleton zuckte zusammen und sagte dann gereizt: »Sie bringen mich in außerordentliche Schwierigkeiten, Mr. Selby!«
»Das tut mir leid«, erwiderte Selby in einem Ton, der keineswegs zerknirscht klang.

»Aber ich habe noch eine weitere Angelegenheit zur Sprache zu bringen«, erklärte Stapleton. »Es handelt sich um einen Vorfall, der mir so unfaßbar erschien, daß ich kaum meinen Ohren traute, als mir Inez davon Mitteilung machte.«
»Sie meinen wahrscheinlich die Sache mit dem Whisky, nicht wahr?«
»Ja, allerdings! Wollen Sie bitte so liebenswürdig sein, mir zu erklären, was Sie dazu veranlaßte, Ihre Amtsbefugnisse durch Nachforschungen zu mißbrauchen, die Sie wegen einiger von meiner Tochter gekaufter Flaschen Whisky anstellten?«
»Ich war damit beschäftigt, festzustellen, wo und von wem eine ganz bestimmte Flasche Whisky gekauft worden war. Im Verlauf meiner Ermittlungen erfuhr ich, daß Ihre Tochter ein Dutzend Flaschen für Sie als Geburtstagsgeschenk gekauft hatte.«
»Und wollen Sie etwa behaupten, daß diese Flaschen in irgendeiner Hinsicht rechtswidrig erworben wurden?«
»Davon kann natürlich keine Rede sein.«
»Dann begreife ich nicht, warum man sich seitens Ihrer Dienststelle dafür so interessiert!«
»Die Flaschen sind für uns deshalb von Interesse, weil wir auf der Suche nach Beweismaterial sind.«
»Und was möchten Sie gern beweisen?«
»Es handelt sich um einen Mordversuch.«
»Ich glaube, Ihre Dienststelle täte besser daran, sich auf Verbrechen zu beschränken, die bereits begangen wurden – statt in den Privatangelegenheiten unbescholtener Bürger herumzuschnüffeln, weil irgendwelche Straftaten möglicherweise passiert sein *könnten.*«
»Gewiß haben Sie Ihre eigenen Vorstellungen darüber«, sagte Selby, »wie Sie Ihre Geschäfte abzuwickeln gedenken. Ich meinerseits habe auch ein sehr präzises Bild von der Art und Weise, wie *meine* Aufgaben durchzuführen sind.«
Stapletons Gesicht verfärbte sich. Nur mühsam gelang es ihm, sich zu beherrschen. »Ich fürchte, Selby«, sagte er mit gepreßter Stimme, »daß Sie ganz und gar das Gefühl für die Realität verloren haben. Wie mir scheint, hat die Wahl in ein schlecht bezahltes Amt eines relativ bedeutungslosen Bezirks bei Ihnen übertriebene Vorstellungen von Ihrer Autorität und Wichtigkeit entstehen lassen.«
»Ach, wissen Sie, Mr. Stapleton, ich denke, wir machen nun mit diesen Präliminarien Schluß und wenden uns lieber der Frage zu,

was aus dem Whisky geworden ist. Wo sind also die zwölf Flaschen geblieben, die Ihnen Ihre Tochter geschenkt hat?«

»Hält man es seitens Ihrer Dienststelle denn allen Ernstes für möglich, daß *ich* eine Flasche Whisky in den Bungalow gebracht hätte, um sie einem mittellosen Vagabunden auszuhändigen, der sich einzig und allein dadurch auszeichnete, daß er einen Mord im Schilde führte?«

»Ich wünsche lediglich zu wissen, was aus den zwölf Flaschen wurde, die Ihre Tochter Ihnen überreichte.«

»Zufällig kann ich Ihnen das ganz genau sagen: Zwei nahm ich mit auf die Reise, vier stehen noch bei mir zu Hause, und die restlichen sechs sind von mir und meinen Freunden ausgetrunken worden.«

»Sind Sie ganz sicher?«

»Ja, absolut.«

»Als Sie sich auf die Reise begaben, waren also nur noch sechs Flaschen übrig?«

»Ja.«

»Es ist von größter Wichtigkeit, Mr. Stapleton, daß ich die Herkunft jener besagten Flasche ergründe. Gewisse Umstände scheinen nämlich darauf hinzudeuten, daß sie aus Ihrem Vorrat stammt.«

»Mir ist es gänzlich egal, worauf die Umstände hindeuten«, erwiderte Stapleton. »Es ist ausgeschlossen, daß es sich um eine von meinen Flaschen handelt.«

»Und George hat bestimmt keine Flasche aus Ihrem Schrank genommen?«

»Was für eine absurde Idee!« rief Stapleton. »George hat genug Geld, um sich seinen Whisky selbst kaufen zu können.«

»Jene sechs Flaschen, die bereits leer waren, wurden schon vor einiger Zeit ausgetrunken, nicht wahr?«

»Mein Geburtstag war vor etwa sechs Wochen. Meine Reise habe ich vor einem Monat angetreten. Wenn ich mich recht entsinne, wurden auf meiner Geburtstagsfeier vier Flaschen geleert. Zwei weitere Flaschen nahm ich mit in mein Arbeitszimmer und trank sie nach und nach beide aus ... Ich wäre Ihnen übrigens sehr verbunden, Mr. Selby, wenn Sie mir endlich verraten würden, warum Sie so sehr daran interessiert sind, diese besagte Flasche George zuzuschieben!«

»Davon kann gar keine Rede sein«, sagte Selby. »Ich bin nur daran interessiert zu klären, woher die Flasche stammt und wer in jenem Bungalow mit Watkins vor seinem Tod zusammen war. Wenn ich das festgestellt habe, wird es mir sehr viel leichter fallen, herauszufinden, wen Watkins umbringen wollte.«

»Und wollen Sie mir bitte auch verraten«, fragte Stapleton mit sarkastischem Unterton, »welchen Nutzen die Öffentlichkeit daraus zöge, wenn Ihnen das gelänge?«

»Der Fall wäre zumindest aufgeklärt. Damit hätte ich meine Pflicht getan.«

»Meines Erachtens war der Fall in dem Augenblick erledigt, wo der potentielle Mörder durch Zufall ums Leben kam. Damit war sozusagen ein Gottesurteil gefällt.«

»Ich werde die Angelegenheit erst dann ad acta legen, wenn sich aus sämtlichen Fakten ein Bild ergibt, das in allen Einzelheiten zusammenpaßt.«

»Ich weiß nicht, ob es Sie interessieren wird«, bemerkte Stapleton eisig, »daß ich auf meinen Reisen gelegentlich mit hohen Beamten des Justizministeriums und führenden Polizeifachleuten von Großstädten zusammenkomme. Um ganz offen mit Ihnen zu sprechen, Selby – hier in solchen Kleinstädten werden Sie und Ihre Kollegen nicht wegen irgendeiner besonderen Qualifikation zur Aufdeckung von Verbrechen auf den Posten eines Staatsanwalts berufen, sondern lediglich deshalb, weil ein bestimmter Mann aus politischen Erwägungen dafür geeignet erscheint. Sie können sich doch wirklich nicht für schlauer halten als die kriminalistischen Experten der großen Städte! Und dort ist es üblich, einen Fall für erledigt zu erklären, sobald eine Gefahr für die Öffentlichkeit beseitigt ist. Wie ich schon vorhin bemerkte, habe ich den Eindruck, daß die Autorität, mit der die Steuerzahler Sie vorübergehend ausgestattet haben, Ihnen zu Kopfe gestiegen ist. Hören Sie also auf die Stimme der Vernunft und befolgen Sie meinen Rat: Treten Sie in die Fußstapfen jener Männer, die über eine reiche Erfahrung verfügen und die Dinge von einer viel höheren Warte aus betrachten. Kurz und gut – ich würde Ihnen empfehlen, die ganze Angelegenheit unverzüglich niederzuschlagen. In dem Falle würden wir beide dann kein Wort mehr über das verlieren, was hier unter vier Augen besprochen worden ist.«

»Ich bedaure, Mr. Stapleton, aber was die Aufklärung von Verbrechen betrifft, habe ich, wie gesagt, meine eigenen Ansichten. Und damit, glaube ich, ist nun der Zeitpunkt gekommen, unser Gespräch zu beenden.« Selby ging auf die Tür zu. Als er die Klinke bereits in der Hand hatte, drehte er sich noch einmal um und blickte Stapleton ernst an. »Wenn Sie versucht haben sollten, hinsichtlich des Verbleibs von einer der Flaschen irgend etwas zu verschleiern, gebe ich Ihnen hiermit die letzte Chance, es zu sagen.«

Stapleton schlug mit der Faust auf die Schreibtischplatte. »Ihre Frechheit ist unglaublich, Selby! Schließlich habe ich diese Stadt mit aufgebaut, und mein Unternehmen stellt einen der bedeutendsten Faktoren im hiesigen Wirtschaftsleben dar. Aber es widerstrebt mir dennoch, mich unter solchen Umständen von Ihnen zu trennen, Selby! Ich glaube, Sie wissen, daß meine Tochter Sie außerordentlich schätzt. Um ihretwillen wünschte ich, daß Sie Ihren Entschluß noch einmal überprüfen. Ich halte es im übrigen für meine Pflicht, Sie darauf hinzuweisen, daß ich, falls Sie von Ihrem Vorhaben nicht Abstand nehmen, meinen gesamten Einfluß hier in der Stadt geltend machen werde, um Sie an der weiteren Ausübung Ihres Amtes zu hindern.«

Selby öffnete die Tür und sagte: »Tun Sie, was Sie wollen. Aber versuchen Sie nicht, irgendwelche Beweismöglichkeiten zu blockieren! Sie mögen zwar glauben, daß wir hier den Experten der Großstädte nicht das Wasser reichen können, aber vielleicht täuschen Sie sich da, Mr. Stapleton!« Und damit schlug er die Tür hinter sich zu und durchquerte das Vorzimmer. Verblüfft blickten ihm die Wartenden nach.

Als Selby in der Stadt ankam, war die Ausgabe des *Blade* soeben erschienen. Er kaufte sie bei einem Zeitungsjungen, fuhr nach Hause und studierte das Blatt. Wie Sylvia Martin prophezeit hatte, beschäftigte sich der *Blade* ausführlich mit Selbys Weigerung, die Namen der Zeugen bekanntzugeben.

»Wir halten es für einen schwerwiegenden Fehler, daß der hiesige Staatsanwalt nicht bereit ist, die Namen der Personen bekanntzugeben, die den Bungalow bewohnten, in dem der Tote gefunden wurde. Aller Wahrscheinlichkeit nach wird sich am Ende herausstellen, daß Emil Watkins nichts weiter als ein Landstreicher war, der auf eine Gelegenheit lauerte, die Bewohner des Bungalows mit der Waffe zu bedrohen und dann zu berauben. Da er jedoch während des Wartens auf seine Opfer fror, zündete er den Gasofen an und kam ums Leben. Sollte der Verstorbene jedoch mit irgendwelchen anderen dunklen Absichten in den Bungalow eingedrungen sein, wäre es durchaus angebracht, die Öffentlichkeit davon in Kenntnis zu setzen. Falls ein solches Geheimnis existiert, so ist es wahrscheinlich bei den beiden jungen Leuten zu suchen, die behaupten, in diesem Bungalow gewohnt zu haben, während ihre

Begleiterinnen angeblich einen anderen bezogen hatten.
Es ist völlig unangebrachte Galanterie, daß der Staatsanwalt – offenbar durch die Reize der jungen Damen beeindruckt – diesen gestattete, sich eilends davonzumachen. Er scheint ihretwegen so sehr verwirrt gewesen zu sein, daß er die Personalien dieser entscheidend wichtigen Zeugen hartnäckig verschweigt! Die Bevölkerung von Madison City hat aber ein Recht darauf, sämtliche Einzelheiten des Falles zu erfahren. Douglas Selby ist nicht befugt, darüber zu entscheiden, was die Öffentlichkeit wissen darf und was nicht. Der Polizeichef unserer Stadt, Otto Larkin, der sich auf seinem Posten so glänzend bewährt hat, ist machtlos, weil sich der Fall außerhalb der Stadtgrenze ereignete. Einem Reporter des *Blade* versicherte Larkin, daß den beiden Mädchen, wenn sich die Affäre im Stadtgebiet ereignet hätte, niemals gestattet worden wäre zu verschwinden, bevor ihre Angaben und ihr Vorleben gründlich überprüft worden waren. Der *Blade* betrachtet es daher als seine Pflicht, die Öffentlichkeit über alle Einzelheiten des Falles zu unterrichten. Unsere Redaktion wird keine Mühe scheuen, um diese beiden Mädchen aufzufinden und zu interviewen. Jedermann wird sich dann von der Glaubwürdigkeit ihrer Angaben selbst ein Bild machen können.

Selby hatte gerade die Lektüre des Artikels beendet, als das Telefon klingelte. Sylvia Martin war am Apparat. »Hallo, Doug«, sagte sie. »Haben Sie inzwischen eine Unterredung mit Stapleton gehabt?«
»Ja.«
»Was sagte er denn?«
»Ach, eine ganze Menge.«
»Erzählen Sie doch!«
»Sein Blutdruck ist im Laufe unserer Unterhaltung ganz enorm gestiegen. Als ich kam, wollte er mir zunächst weismachen, daß er sich ja für lokalpolitische Vorgänge in Madison City nie interessiert hätte. Den Zahn habe ich ihm aber gezogen. Er wird seine Nase von nun an in jede Kleinigkeit stecken.«
»Es war wirklich Zeit, daß ihm jemand mal gründlich die Meinung sagte, Doug! Als ich den eitlen Kerl aus dem Zug steigen sah, hätte ich beinahe schallend losgelacht. Haben Sie übrigens schon den *Blade* gelesen?«
»Ja, ich bin gerade mit der Lektüre des Artikels fertig.«
»Wie ich Ihnen schon sagte, haben die Leute vom *Blade* natürlich

die Adressen der Mädchen von Larkin bekommen. Dieser Artikel ist ein Täuschungsmanöver. Der Mann, dem sie die Information verdanken, wird gedeckt, und Ihnen wird eins ausgewischt. Sobald die Neugierde der Öffentlichkeit genügend geschürt ist, wird man den Mädchen irgend etwas anhängen, wodurch bewiesen werden soll, was für einen Fehler Sie gemacht haben, als Sie sie laufenließen und . . .«
»Kommen Sie doch bitte her, Sylvia. Ich warte auf Sie vor dem Haus. Sie können Ihren Wagen in meine Garage stellen.«
»Gut, in drei Minuten bin ich bei Ihnen.«
Selby nahm seine Aktentasche, verschloß die Wohnung und knöpfte sich wegen des kalten Windes den Mantel fest zu. Es begann langsam dunkel zu werden, als Sylvia Martin vorfuhr.
Er trat an ihren Wagen und sagte: »Fahren Sie Ihr Auto in meine Garage, Sylvia. Ich habe die Tür offengelassen.«
Sylvia Martin manövrierte ihren Zweisitzer mit lässiger Eleganz in die Garage, kletterte heraus und sagte: »Was wollen wir jetzt als erstes tun?«
»Wir fahren mit meinem Wagen zum *Palm Thatch* und versuchen, uns über die Bardame Klarheit zu verschaffen.«
»Welche Aufgabe soll ich dabei übernehmen, Doug?«
»Ich werde Triggs veranlassen, uns in ihr Zimmer zu führen. Sie schauen sich dann ihre Sachen an und sagen mir, ob sie ihre Flucht sorgfältig geplant hat oder ob sie das Zimmer Hals über Kopf verließ.«
»Und was tun wir dann, Doug?«
»Dann werden wir versuchen, über den Toten soviel wie nur irgend möglich in Erfahrung zu bringen.«
Sie nahm in Selbys Wagen Platz und sagte: »Doug, erzählen Sie mir jetzt ausführlich von Ihrem Gespräch mit Stapleton!«
Selby grinste. »Es war ein durchschlagender Erfolg. Er ist angelaufen und hat beteuert, ich würde mir meine Karriere ruinieren. Als ich schließlich das Büro verließ, habe ich an der Tür noch einmal haltgemacht und ihm einen gebührenden Denkzettel erteilt.«
»Was haben Sie denn gesagt?«
»Er erklärte mir, ein Kleinstadtbeamter wie ich könne den Großstadtexperten, mit denen er häufig zusammenkomme, nicht das Wasser reichen. Daraufhin habe ich ihm nur erwidert, daß er sich vielleicht gründlich täuscht.«
»Haben draußen im Vorzimmer Leute gehört, was Sie sagten?«
Selby nickte. »Sie hätten sehen sollen, was die für Stielaugen machten!«

»Ich glaube, Doug«, sagte Sylvia Martin nachdenklich, »daß es eine Menge Leute gibt, denen die allgemeine Kriecherei vor Stapleton zum Hals heraushängt. In gewisser Weise ist die Stadt zwar auf die Zuckerfabrik angewiesen, aber umgekehrt ist das gleiche der Fall. Stapleton benimmt sich, als ob er hier wie ein König schalten und walten könnte. Es wird sich wie ein Lauffeuer verbreiten, daß Sie ihm gehörig die Meinung gesagt haben. Vielleicht wird sich das für Sie so günstig auswirken, daß Stapletons Querschüsse gegen Sie wirkungslos verhallen.«

»Ich bin zwar froh, daß ich aus meinem Herzen keine Mördergrube gemacht habe«, sagte Selby. »Aber ich wünschte, ich hätte die Attacke anders geführt. Schließlich hatte ich nur vor, mit ihm über George und den Whisky zu sprechen. Aber er fing gleich in einem so herablassenden, selbstbewußten Ton an, daß mir der Kragen platzte. Weiß Gott, Sylvia, mir ist völlig klar, daß ich mit den routinierten Detektiven der Großstädte nicht konkurrieren kann, aber schließlich bin ich auch nicht auf den Kopf gefallen. Ich habe nun mal das feste Gefühl, daß der Tod dieses alten Mannes auf ein potentielles Kapitalverbrechen hindeutet, mit dem niemand rechnet. Bis jetzt ergeben nämlich die verschiedenen Beweisstücke ein völlig widersprüchliches Bild.«

»Hier ist das *Palm Thatch*«, sagte sie. »Sehen wir zu, wie weit wir kommen.«

Selby fuhr auf den Kiesplatz. Dann stiegen sie die Freitreppe empor und klingelten. Triggs öffnete und blickte die beiden mit besorgter Miene an. »Nun, gibt es was Neues?« fragte er. »Haben Sie etwas von Madge gehört?«

Als Selby den Kopf schüttelte, machte Triggs ein enttäuschtes Gesicht.

»Haben *Sie* denn über Madge Trent etwas in Erfahrung gebracht?« fragte Selby.

Triggs schüttelte schweigend den Kopf.

»Wir möchten gern einen Blick in ihr Zimmer werfen«, sagte Selby.

»Warum?« fragte Triggs.

»Ich glaube, daß wir nach einer Überprüfung ihrer Sachen in der Lage sein könnten, etwas über die Motive zu sagen, die sie zu ihrem Verschwinden veranlaßten.«

»Ich habe schon alles durchsucht«, sagte Triggs. »Sie ist in den Kleidern, die sie gerade anhatte, auf das Dach hinausgeklettert. Mitgenommen hat sie nichts.«

»Na, wir wollen mal ein bißchen Umschau halten. Miss Martin wird uns dabei behilflich sein. Eine Frau sieht häufig mehr als ein Mann.« Ohne ein Wort zu erwidern, machte Triggs kehrt und führte sie nach oben. Vor einer der Türen blieb er stehen und steckte einen Schlüssel ins Schloß.
»Sie sagten doch, daß diese Tür von innen verschlossen war, nicht wahr?« fragte Selby.
»Ja.«
»Wie haben Sie sie geöffnet?«
»Ich habe mit der kleinen Klinge meines Taschenmessers den Schlüssel im Schloß umgedreht und hinausgestoßen. Dann nahm ich einen Dietrich und öffnete die Tür. Im Zimmer habe ich aber alles gelassen, wie es war.«
Triggs schloß die Tür auf. Das Zimmer war groß und luftig. An den Wänden hingen rund zwei Dutzend Autogrammfotos von Nachtklubkünstlern. Die Toilettenartikel lagen auf dem Ankleidetisch, die Kleider hingen im Schrank. Das Bett war gemacht, aber etwas zerwühlt. Es sah aus, als ob jemand auf der Bettdecke gelegen hätte. Das Kopfkissen war stark zerknüllt.
»Sie hat sich hingeworfen und dann abwechselnd geweint und gelacht«, sagte Triggs. Selby ging hinüber zum Bett und untersuchte das Kissen. Als ob er Selbys Gedanken errate, sagte Triggs: »Das war heute morgen.«
Selby wies auf das gerahmte Foto eines kleinen Mädchens von fünf oder sechs Jahren, das auf dem Ankleidetisch stand. »Ist das ihre Tochter?«
Triggs nickte.
»Wo ist das Kind jetzt?« fragte Selby.
»Das weiß ich nicht«, erwiderte Triggs. »Die Kleine lebt in irgendeinem Pensionat. Madge ist ganz vernarrt in sie. Jeden Abend führte sie mit ihr ein Ferngespräch. Es war ihr ganz egal, ob gerade Hochbetrieb war. Punkt acht ließ sie alles stehen und liegen und telefonierte mit dem Kind.«
»Wie heißt die Kleine?«
»Ruby.«
»Ruby Trent?«
»Ich weiß nicht, wie sie mit Nachnamen heißt.«
Selby betrachtete Triggs mit prüfendem Blick. Der Mann strahlte eine verborgene Unruhe aus. Von der einstigen Feindseligkeit war nichts mehr zu spüren. Seine Augen hatten einen fast flehenden Ausdruck.
»Ich vermute«, sagte Selby, »daß Ihnen sehr viel daran liegt,

Madge wiederzubekommen, nicht wahr?«
»Ja, sie ist sehr tüchtig und kann das Publikum glänzend bei Laune halten.«
»Wie viele Kellnerinnen sind bei Ihnen beschäftigt?«
»Zwei.«
»Wie ist deren Arbeitszeit eingeteilt?«
»Die eine fängt um sieben an und arbeitet bis zwei Uhr nachts. Die andere arbeitet von acht bis drei.«
»Haben sich diese Kellnerinnen mit Madge oft unterhalten, so daß sie also über Madge und deren Bekanntenkreis informiert sind?«
»Nein«, sagte Triggs. »Madge war ihnen gegenüber sehr reserviert.«
»Also gut. Dann werden wir jetzt ihre Sachen durchsuchen.«
Triggs stand schweigend in der Tür und sah zu, wie Sylvia Martin die Schubladen und Koffer durchstöberte, wobei sie allen Cremedosen besondere Aufmerksamkeit schenkte. Selby öffnete ein kleines Fach, in dem sich von Kinderhand hingekritzelte Briefe befanden. Ihm fiel auf, daß sämtliche dazugehörigen Umschläge fehlten.
»Meiner Meinung nach«, erklärte Sylvia, »ist sie, wie Mr. Triggs schon sagte, in den Kleidern aus dem Fenster gestiegen, die sie gerade anhatte. Sie hat offenbar nichts mitgenommen.«
»Ja, der Sheriff hat sie eben völlig aus der Fassung gebracht«, sagte Triggs.
Selby blickte Triggs scharf an. »Darüber wollte ich mit Ihnen noch sprechen, Triggs. Warum war sie eigentlich so verstört?«
»Na, wenn der Sheriff kommt und ihr alle möglichen Beschuldigungen an den Kopf wirft . . .«
»Was hat er ihr denn vorgeworfen?«
»Er verdächtigte sie eines Telefongesprächs mit Ihnen.«
»Na also! Niemand gerät doch in Panik, nur weil jemand fragt, ob man ein bestimmtes Telefongespräch geführt hat. Ich persönlich glaube, daß hinter dieser Angelegenheit viel mehr steckt, als es bis jetzt den Anschein hat. Was meinen Sie?«
»Was soll ich dazu schon sagen?«
»Nachdem heute nacht die jungen Leute vom Auto-Camp hier eingetroffen waren, hat jemand heimlich ihren Wagen benutzt. Es muß zwischen halb eins und zwei gewesen sein. Wissen Sie darüber irgend etwas?«
»Nein.«
»Wir halten es für möglich, daß Madge Trent das getan hat. Was glauben Sie?«

Triggs schüttelte den Kopf, überlegte einen Moment und sagte dann: »Undenkbar. Madge hatte alle Hände voll zu tun.«
Sylvia, die im Kleiderschrank herumgestöbert hatte, sagte plötzlich: »Schauen Sie sich das mal an, Doug!«
Selby betrachtete die schmutzverkrusteten Seidenpumps, die ihm Sylvia überreichte. »Haben Sie eine Ahnung, warum diese Schuhe so schmutzig sind, Triggs?«
Triggs sah sich die Seidenpumps einen Augenblick schweigend an und sagte dann: »Nein.«
Selby ging zum Fenster, öffnete es und blickte hinaus. Er zog seine Taschenlampe aus dem Mantel und ließ den Lichtstrahl über die Schindeln wandern. »Ich möchte mich da draußen mal ein bißchen umschauen«, sagte er dann und kletterte hinaus.
»Sie wird dort hinübergeklettert sein und sich dann auf den Kiesweg hinabgelassen haben«, bemerkte Triggs.
»Und warum soll sie nicht direkt von hier aus hinuntergestiegen sein?« fragte Selby.
Triggs schwieg einen Moment und sagte dann: »Sie ist dort hinübergeklettert. Das weiß ich.«
»Wieso?«
»Wenn sie hier hinuntergestiegen wäre, würde sie Spuren im Schlamm hinterlassen haben.«
»Sie hat also keine Spuren hinterlassen?«
»Nein.«
Selby steckte seine Taschenlampe ein und zog sich am Sims des Fensters wieder empor. Triggs und Sylvia waren ihm beim Einsteigen behilflich.
»Sie glauben also nicht«, sagte Selby zu Triggs, »daß Madge Trent heute nacht Cutting' Wagen benutzt hat?«
»Ich halte es offen gestanden für ausgeschlossen, Mr. Selby.«
Selby ließ nicht locker. »Hat Madge nicht das Haus gegen halb sechs Uhr verlassen, um mich im Leichenschauhaus anzurufen?«
»Nein. Ich weiß das genau, weil wir zusammensaßen und einige Dinge besprachen.«
»Was für Dinge?«
»Ach, allerlei.«
»Handelte es sich dabei um Dinge, die mit dieser ganzen Affäre zusammenhängen?«
»Wir sprachen vor allem über die Situation meines Unternehmens. Madge hat für ihr Kind zu sorgen. Ihre Stellung hängt natürlich von meiner wirtschaftlichen Lage ab. Wenn Sie anfangen, mir hier

Schwierigkeiten zu machen, würde sich das natürlich auf meine Einkünfte auswirken, und das hieße, daß Madge ihre Stellung verlöre.«
»Haben Sie ihr das gesagt?«
»Ja, wir sprachen auch darüber.«
»Ihr lag deshalb natürlich viel daran, daß ich kein Verfahren einleite, nicht wahr?«
»Das glaube ich schon.«
»Und der junge Stapleton hat ebenfalls Angst davor, daß es zu einem Prozeß kommt.«
Triggs schwieg.
»Auch Charles DeWitt Stapleton wünscht nicht, daß ich mich um eine Affäre kümmere, in die sein Sohn verwickelt ist«, fuhr Selby fort und warf Triggs einen prüfenden Blick zu. »Mir ist das aber völlig egal.«
»Wie meinen Sie das?« fragte Triggs.
»Ich lasse nicht zu, daß andere Leute mir vorschreiben, wie ich meine Amtsgeschäfte zu führen habe.«
»Oh, ich verstehe«, bemerkte Triggs in einem Ton, der nicht erkennen ließ, was in ihm vorging.
»Haben Sie einen Wagen, Triggs?«
»Ja.«
»War er in der vergangenen Nacht oder im Lauf des heutigen Tages irgendwann verschwunden?«
»Nein.«
»Und Madge Trent hat ihn auch nicht benutzt?«
»Nein.«
Selby nickte und warf Sylvia einen Blick zu. »Wir haben noch eine Menge zu tun. Ich glaube, wir fahren wieder.«
»Und Sie geben mir Bescheid, wenn Sie irgend etwas über Madge Trent erfahren, nicht wahr?« sagte Triggs. »Ich mache mir große Sorgen.«
»Ja, ich gebe Ihnen Nachricht«, erwiderte Selby. »Und diese Schuhe nehmen wir mit.«
Als Selby den Motor angelassen hatte, sagte Sylvia: »Triggs ist offenbar ängstlich darauf bedacht, einen guten Eindruck bei uns zu hinterlassen. Aber er spielt nicht mit offenen Karten. Irgend etwas versucht er uns zu verheimlichen.«
»Ich glaube«, sagte Selby, »daß wir Madge Trent jetzt aufspüren können. Sie hat jeden Abend mit ihrer Tochter telefoniert. Wir werden über das Fernamt die Adresse dieses Schulheims feststel-

len, in dem die Tochter lebt, und dann wird sich ja zeigen, ob sie heute abend wieder anruft. Diese Möglichkeit, sie ausfindig zu machen, hat Triggs nämlich übersehen.«
»Ich kann mir aber kaum vorstellen«, meinte Sylvia skeptisch, »daß Triggs irgend etwas übersieht.«

13

Mrs. Agnes Lockheart war offensichtlich sehr überrascht, als der Staatsanwalt von Madison City ihr einen Besuch abstattete – noch dazu aus dienstlichen Gründen.
Nachdem sie sich einigermaßen gefaßt und ihre Gäste in das Empfangszimmer geleitet hatte, nahm sie mit besorgter Miene auf der Kante eines Stuhls Platz und blickte unruhig einmal Selby und einmal Sylvia Martin an.
»Ich möchte gleich zur Sache kommen, Mrs. Lockheart«, sagte Selby. »Meine Zeit ist sehr knapp bemessen. Bei Ihnen ist ein kleines Mädchen namens Ruby Trent, nicht wahr?«
»Ja.«
»Wie lange ist sie schon hier?«
»Etwas über ein Jahr.«
»Welchen Beruf übt die Mutter des Kindes aus?«
Mrs. Lockheart zögerte einen Moment und sagte dann: »Das weiß ich nicht genau. Ich glaube jedenfalls nicht, daß sie in einem Büro arbeitet. Sie scheint aus geschäftlichen Gründen häufig unterwegs zu sein und . . . jedenfalls schickt sie das Kostgeld stets pünktlich am Ersten und Fünfzehnten des Monats.«
»Wo befand sie sich, als Sie das letzte Mal von ihr hörten?«
»In Madison City.«
»Sie ruft jeden Abend an, nicht wahr?«
»Ja, das stimmt.«
»Zu einer bestimmten Zeit?«
»Ja, um acht Uhr. Der Anruf kommt immer zur gleichen Zeit. Wissen Sie, Mrs. Trent hat nämlich mit einer anderen Schule schlechte Erfahrungen gemacht. Ihre Tochter war krank, und niemand verständigte Mrs. Trent davon. Man hielt es für eine geringfügige Erkrankung. Später stellte sich dann heraus, daß es eine ziemlich bösartige Sache war. Mrs. Trent hörte nur davon, weil sie zufällig anrief. Daraufhin fuhr sie sofort zur Schule hin und schaffte das

Kind auf der Stelle ins Krankenhaus. Es wurde eine Blinddarmentzündung festgestellt, und die Ärzte sagten, daß wenige Stunden später ein Durchbruch eingetreten wäre.«
»Und daraufhin hat Mrs. Trent das Kind bei Ihnen untergebracht und ruft nun jeden Abend an, nicht wahr?«
»Ja.«
Selby blickte auf seine Armbanduhr. »Jetzt ist es 19 Uhr 45. Mrs. Lockheart, ich ersuche Sie jetzt um eine Gefälligkeit. Ich darf am Rand erwähnen, daß ich mich dazu aus dienstlichen Gründen veranlaßt sehe. Wenn Mrs. Trent um acht Uhr anruft, stellen Sie bitte fest, wo sie sich befindet. Sagen Sie ihr, daß Sie mit ihr etwas Wichtiges zu besprechen hätten und es daher für das beste hielten, wenn Sie mit dem Kind zu ihr kämen – vorausgesetzt, daß ihr jetziger Aufenthaltsort nicht allzuweit von hier entfernt sei.«
Mrs. Lockheart schien von diesem Vorschlag nicht gerade erbaut zu sein. »Wollen Sie mir bitte sagen, was Sie vorhaben?« fragte sie.
»Ich bedaure außerordentlich, mich darüber nicht äußern zu können. Die Umstände machen es jedoch dringend erforderlich, daß ich mit Mrs. Trent eine Unterredung habe.«
»Gut, ich will sehen, was ich für Sie tun kann«, sagte Mrs. Lockheart zögernd.
»Und damit das Kind nicht unnötig verängstigt wird, halte ich es für wünschenswert, daß wir mit der Kleinen jetzt Bekanntschaft schließen.«
Mrs. Lockheart nickte und drückte auf einen Knopf. Ein dralles rotbäckiges Mädchen trat ein. »Hol, bitte, Ruby her!« befahl Mrs. Lockheart. »Wir werden den Anruf ihrer Mutter hier erwarten.«
Das Mädchen warf Selby und Sylvia einen neugierigen Blick zu und verschwand. Ein paar Minuten später kam sie mit einem goldblonden kleinen Mädchen wieder. Selby erkannte sofort, daß es sich um das gleiche Kind handelte, das er auf dem Foto in Madge Trents Zimmer gesehen hatte. »Guten Tag, kleines Fräulein«, sagte er und streckte ihr die Hand hin.
Die Kleine blieb unschlüssig stehen.
»Ich komme aus Madison City, wo deine Mutter wohnt«, sagte Sylvia. »Weißt du, wo das ist?«
»Kennst du meine Mama?«
»Ja, natürlich«, erwiderte Sylvia.
»Komm doch zu mir«, sagte Selby.
Sie betrachtete ihn mit großen blauen Augen und ging langsam auf ihn zu. »Siehst du, so können wir uns viel besser unterhalten«,

meinte Selby und setzte sie aufs Knie. »Worüber reden du und deine Mutter denn, wenn sie dich anruft?«
Die Augen des Kindes leuchteten auf. »Mama erzählt mir jeden Abend von einer Hasenmutter und einem bösen Wolf.«
»Was hat dir deine Mutter denn als letztes erzählt?«
»Das war gestern abend. Die Hasenmama war in den Wald gegangen, um ein paar schöne Blätter zum Essen zu holen. Da kam der böse Wolf und machte Jagd auf sie. Die Hasenmutter lief so schnell sie konnte. Sie spürte schon den heißen Atem des Wolfs. Es war noch ein langer Weg bis nach Hause, und gleich mußte der böse Wolf sie eingeholt haben. Da entdeckte die Hasenmama plötzlich ein kleines Loch und sprang hinein.«
»Und was passierte dann?«
»Dann begann der Wolf zu graben und zu graben. Die Hasenmutter verkroch sich immer tiefer in das Loch, aber schließlich kam der Wolf immer näher heran.«
»Und dann?«
»So weit sind wir gestern abend gekommen«, sagte die Kleine. »Heute abend wird mir Mami weitererzählen.«
»Wie lange erzählt dir deine Mutter denn schon von den Abenteuern der Hasenmama?« fragte Sylvia.
»Ach, schon seit langer Zeit. Der Papa der Hasenmama wurde getötet, als sie noch ganz klein war, und daher mußte die Hasenmutter ganz allein aufwachsen. Dann heiratete sie und bekam kleine Häschen. Der Papa der Häschen hat die Hasenmama im Stich gelassen, und nun muß sie ganz allein dafür sorgen, daß ihre Babys etwas zu essen haben.«
»Wie viele Babies hat denn die Hasenmama?« fragte Sylvia.
»Zwei. Edith und Oscar. Sie sind beide so süß! Aber Oscar will immer den besten Happen haben. Wenn die Mama nach Hause kommt, fängt er immer gleich zu essen an. Er ist furchtbar dick.«
Selby blickte auf die Uhr. »Jetzt ist es gleich acht. Nun dauert es gar nicht mehr lange, bis wir hören, wie es mit dem bösen Wolf weiterging.«
Sie warteten gespannt darauf, daß das Telefon klingeln würde. Gelegentlich tauschte man ein paar kurze Bemerkungen, aber die Unterhaltung kam nicht recht in Fluß. Als Selby zum vierten Mal auf seine Armbanduhr schaute, sagte Mrs. Lockheart: »Manchmal ruft sie auch fünfzehn bis zwanzig Minuten später an. Es dauert mitunter eine Weile, bis die Verbindung hergestellt ist. Aber sie meldet das Gespräch immer um Punkt acht an. Ich lasse Ruby so

lange aufbleiben, bis sie angerufen hat. Dann geht Ruby zu Bett und träumt von der Hasenmama.«
»Wieviele Kinder haben Sie in Ihrer Obhut?«
»Momentan sind es siebzehn.«
»Ich vermute, daß Sie über ziemlich genaue Unterlagen verfügen. Sicherlich haben Sie in Ihren Akten den Geburtsort der einzelnen Kinder und einige Angaben über die Eltern, nicht wahr?«
»O ja, wir besitzen alle Personalien der Kinder und ihrer Eltern.«
»Würde es Ihnen etwas ausmachen, mir einmal die Akte dieses kleinen Fräuleins zu zeigen?«
»Bitte sehr. Entschuldigen Sie mich einen Augenblick. Ich hole den Personalbogen aus meinem Büro.« Als sie das Zimmer verlassen hatte, sagte Ruby zu Selby: »Du glaubst doch nicht, daß der Wolf die Hasenmama zu fassen kriegt, nicht wahr?«
»Nun«, sagte Selby, »Wölfe sind schrecklich böse Tiere, aber ich habe das Gefühl, daß der Hasenmama schon nichts passieren wird. In was für ein Loch ist sie denn gekrochen?«
»Es ist ein Loch, das irgendein anderes Tier gegraben hat«, sagte Ruby mit todernstem Gesicht und großen Augen. »Die Hasenmama dachte, als sie hineinsprang, daß sie sich gut darin verstekken könnte, aber bald merkte sie, daß es nicht weiterging, und dann fing der böse Wolf eben an zu graben.«
»Ich denke, daß du in ein paar Minuten wissen wirst, was passierte«, sagte Selby. »Gewiß wird ...« Er hielt inne, weil Mrs. Lockheart wieder eintrat und ihm den Personalbogen reichte. Er studierte ihn einen Augenblick und sagte dann: »Ich sehe, daß hier die Spalte, wo der Name der Großeltern anzugeben ist, nicht ausgefüllt wurde. Soll das bedeuten, daß die Großeltern des Kindes bereits tot sind?«
»Nein, nicht unbedingt«, erwiderte Mrs. Lockheart. »Manchmal ersparen wir uns die Mühe, all diese Dinge auszufüllen. Das hängt ganz von den Umständen ab. Falls die Möglichkeit besteht, daß sich niemand mehr um das Kind kümmert, wenn es in unserer Obhut ist, achten wir darauf, daß wir alle Einzelheiten über die Familie erfahren. Ist damit aber nicht zu rechnen, verzichten wir auf diese Daten.«
»Geboren in Malden, Massachusetts«, las Selby laut vor. »Das ist weit weg von hier, Ruby.«
»Ja, das ist furchtbar weit«, sagte die Kleine. »Man muß tagelang im Zug sitzen, um von Malden hierherzufahren.«
Sylvia blickte auf die Armbanduhr.

»Hören Sie, Mr. Selby«, sagte Mrs. Lockheart, »es ist doch nicht anzunehmen, daß Ihre Anwesenheit damit zusammenhängt, daß das Gespräch so viel später kommt, oder?«

»Keine Ahnung«, erwiderte Selby. »Aber ich will's nicht hoffen.«

Wieder begann das Warten. Ruby saß auf Selbys Schoß und legte den Kopf an seine Schulter. Sie gähnte, rieb sich die Augen und lächelte dann. »Ich möchte zu gern wissen, wie es mit dem bösen Wolf und der Hasenmutter weiterging«, sagte sie schläfrig.

»Wie wäre es, wenn du dich so lange schlafen legst, bis deine Mutter anruft?« fragte Mrs. Lockheart.

Ruby schüttelte den Kopf. »Nein, ich möchte hier warten!«

Selby begann sie hin und her zu wiegen. Über ihre Schulter warf er Sylvia einen Blick zu und sagte: »Vielleicht wäre es am besten, wenn ich hinausginge und den bösen Wolf jagte. Ich könnte ihn ja von dem Loch vertreiben, wo sich die Hasenmutter versteckt.«

Das Kind rieb sich die schlaftrunkenen Augen und starrte ihn an. »Könntest du das denn?«

»Ich glaube schon«, sagte Selby. »Jedenfalls will ich es versuchen. Aber du mußt mir versprechen, daß du zu Bett gehst und brav wartest. Vielleicht ruft deine Mutter deshalb noch nicht an. Sie weiß noch nicht, was passiert ist. Der Wolf hat die Hasenmama in dem Loch gefangen. Die Hasenmama kann nun nicht heraus, weil der Ausgang versperrt ist, und deine Mutter hofft sicher, daß jemand kommt und den Wolf verjagt.«

Das Kind rutschte sofort von Selbys Schoß, ging zu Mrs. Lockheart und sagte: »Ja, dann gehe ich lieber zu Bett.«

Mrs. Lockheart nahm die Kleine auf den Arm und sagte: »Ich bringe dich jetzt nach oben.«

Selby erhob sich. »Ich denke, dann werde ich mich gleich auf die Wolfsjagd machen. Falls der Anruf in meiner Abwesenheit kommt, bitte ich auszurichten, daß ich dringend wünsche, angerufen zu werden.«

»Gut«, erwiderte Mrs. Lockheart. »Wo kann ich Sie erreichen?«

»Rufen Sie bitte das Büro von Sheriff Brandon in Madison City an und hinterlassen Sie dort Nachricht für mich«, sagte Selby. »Gute Nacht, Ruby!«

»Gute Nacht«, erwiderte die Kleine mit ernster Miene. »Und jetzt geh bitte und verjag den Wolf!«

Draußen im Wagen sagte Sylvia Martin: »Als ich die Geschichten von der Hasenmama hörte, schoß mir durch den Kopf, daß die Abenteuer, die Madge Trent ihrer Tochter vor dem Einschlafen erzählt, aus ihrem eigenen Leben stammen müssen – besonders die Episode, wo die Hasenmama von dem bösen Wolf gejagt wird.«
Selby nickte ernst. »Ja, ich habe auch das Gefühl. Trotzdem ist das eigentlich ausgeschlossen. Sie hat dem kleinen Mädchen diese Geschichte gestern abend um acht erzählt. Zu dem Zeitpunkt hatte sie noch keine Ahnung von einem Landstreicher. Sie wußte noch nicht, daß er sterben und sie mich anrufen würde, um mir zu sagen, daß es sich um einen Mord handle. Der Besuch des Sheriffs hatte noch gar nicht stattgefunden, und er hatte sie also noch nicht verdächtigt, dieses Gespräch geführt zu haben . . .«
»Davon bin ich nicht so fest überzeugt«, sagte Sylvia. »Was hat es denn mit diesem Hasenbaby Oscar auf sich, das alles gleich wegfraß? Ich glaube bestimmt, daß sie damit Oscar Triggs meinte. Ich möchte wetten, daß diese ganze Geschichte eine Schilderung von Madge Trents eigenen Erlebnissen ist.«
»Möglich, daß Sie recht haben«, sagte Selby.
»Ich habe mich natürlich auch gewundert, daß die Großeltern des Kindes nicht in dem Personalbogen angegeben waren«, fuhr Sylvia fort. »Ich weiß ganz genau, welche Überlegungen jetzt in Ihrem Kopf herumspuken, Doug! Sie haben sich überlegt, daß Ruby Trent vielleicht die Enkelin ist, von der in den Briefen die Rede ist, die bei dem toten Mann gefunden wurden.«
»Ja, wenn das zuträfe, wäre Madge Trent seine verschwundene Tochter Marcia.«
»Ich bin fest überzeugt, Doug, daß sie es ist. Madge Trent hat die Leiche des Mannes nie gesehen, nicht wahr?«
»Nein. Natürlich hatte ich zu dem Zeitpunkt, als die Leiche gefunden wurde, keine Ahnung, daß zwischen dem Toten und den Leuten vom *Palm Thatch* irgendein Zusammenhang bestünde – abgesehen von den beiden Jungen.«
»Doug, ich möchte diese Story gern an meine Redaktion durchtelefonieren«, sagte Sylvia. »Ist es aus irgendeinem Grunde nötig, nicht zu erwähnen, daß Sie von der Vermutung ausgehen, die verschwundene Bardame könnte die Tochter des Toten sein?«
»Ich halte es für besser, wenn Sie diese Möglichkeit nur zwischen den Zeilen andeuten«, sagte Selby. »Trotzdem bin ich aber der

Meinung, daß es nur gut ist, wenn die Öffentlichkeit möglichst viel über die Angelegenheit erfährt. Ich werde jetzt bei dem großen Hotel, an dem wir vorhin vorbeigekommen sind, halten und das Büro des Sheriffs anrufen. Sie können bei der Gelegenheit Ihren Bericht an die Redaktion durchgeben. In jenem Hotel werden sicher mehrere Telefonzellen sein.«

Nach einer Weile hielten sie vor dem Hotel. Während Sylvia Martin ihre Zeitung anrief, sprach Selby mit Brandons Assistenten, der Nachtdienst hatte. »Wir haben ein paar Informationen über Emil Watkins erhalten«, sagte der Polizeibeamte. »Er war Zimmermann und hatte einige Sachen bei einem gewissen Bob Praile in San Diego untergestellt. Wir haben Praile auch telefonisch erreicht, und er hat uns bestätigt, daß Watkins einen Werkzeugkasten und ein paar Kisten bei ihm gelassen hat. Er sagte, daß Watkins ein verschrobener, rechthaberischer Bursche gewesen sei, im übrigen aber grundanständig. Seit ein paar Monaten hat er ihn nicht mehr gesehen.«

»Prächtig«, sagte Selby. »Ich werde Praile sofort anrufen.«

»Das ist nicht mehr nötig«, sagte der Assistent von Brandon. »Ich habe ihm gesagt, daß Sie bestimmt nach San Diego hinüberkommen und sich anschauen würden, was in den Kisten ist.«

»Gut. Und was macht Mr. Brandon? Ist er nach San Francisco gefahren?«

»Nein. Es ist etwas dazwischengekommen. Er beschloß deshalb, erst morgen hinzufliegen.«

Selby runzelte die Stirn. »Ich hatte ihn doch gebeten, noch heute nacht mit dem Zug hinzufahren!«

»Nun, wenn er morgen früh fliegt, wird er zur gleichen Zeit dort sein. Er wollte hier irgendwelche Ermittlungen anstellen. Momentan ist er nicht im Haus. Ich werde ihm sagen, daß Sie angerufen haben.«

»Ja, tun Sie das. Und falls eine gewisse Mrs. Lockheart bei Ihnen anruft, um Ihnen Madge Trents Adresse zu geben, setzen Sie sich sofort mit der Polizei in Los Angeles in Verbindung. Man soll sie unverzüglich in Gewahrsam nehmen. Ich fahre jetzt nach San Diego.«

15

Der kalte Westwind hatte sich gelegt. Am wolkenlosen Himmel funkelten die Sterne. Während sie in Selbys Wagen auf der Autostraße dahinrasten, die streckenweise direkt oberhalb der Küste verlief, stieg der Mond über den Bergen empor. Sylvia Martin saß wieder neben Selby.

»Doug«, sagte sie, »haben Sie sich auch schon einmal darüber Gedanken gemacht, daß man über die Menschen nach ihrem Tode viel mehr in Erfahrung bringen kann als zu ihren Lebzeiten?«

»Wie meinen Sie das, Sylvia?«

»Die Leute errichten doch alle Barrieren um sich. Man lernt sie nie richtig kennen. Nehmen wir zum Beispiel diesen Watkins. Sie und der Sheriff haben ihn angehalten und sich mit ihm unterhalten. Ihnen ist nichts an ihm aufgefallen. Er war für Sie einfach ein Landstreicher. Jetzt, wo wir seine Vergangenheit durchleuchten und alle möglichen Einzelheiten ausgraben, wird sein Wesen plötzlich plastisch. Wir erfahren Dinge, die er zu seinen Lebzeiten niemals zugegeben hätte. Denken Sie nur an all das, was wir den Briefen entnehmen konnten, die sich in seiner Tasche fanden. Wir lernten einen starrsinnigen, rechthaberischen Vater kennen. Seine Tochter liebte ihn auf ihre Weise und er sie auf seine Art auch. Dieser Zimmermann war zwar Großvater, hat aber sein Enkelkind nie zu sehen bekommen. Er zerstörte sich selbst die Chance, seine Enkelin kennenzulernen, nur weil er als Sünde betrachtete, was seine Tochter für natürlich und moralisch unanfechtbar hielt. Sie liebte diesen jungen Mann, der sie nicht heiraten konnte oder wollte ... Ich frage mich, ob sie später wohl ihre Ansicht geändert hat ... Vielleicht hat sie eingesehen, wieviel Lebenserfahrung hinter der konventionellen Einstellung ihres Vaters steckte ... und was ihr Vater deswegen durchzumachen hatte ...«

Selby nickte. Eine Weile fuhren sie schweigend weiter. Sylvia hatte ihren Kopf an seine Schulter gelegt und schlief ein. Der Mond stieg höher und tauchte die Wogen des Pazifiks in silbernes Licht. Selby vergaß für einen Augenblick den Zweck seiner Fahrt. Er freute sich über die herrliche Nacht und die Nähe Sylvias, die sich unbekümmert an ihn schmiegte.

In San Diego erwartete Bob Praile sie schon. Er erkannte Watkins auf dem Bild, das Selby ihm zeigte, sofort wieder und sagte: »Gut, Mr. Selby. Bitte schauen Sie sich die Sachen nur an.«

»Ich lege aber Wert darauf, daß Sie dabei sind.«

»Wie Sie wünschen, Mr. Selby.«
Der Inhalt der Kisten war kennzeichnend für den Charakter ihres Besitzers. Die Kleidungsstücke waren tadellos zusammengelegt, peinlich sauber und sorgfältig gestopft. In einer der Kisten fand Selby ein altes Foto von Emil Watkins und seiner Braut. Das Bild war offensichtlich mehr als dreißig Jahre alt, aber selbst damals hatte er schon einen harten Zug um den Mund. Unter einer Reihe unwichtiger Briefe, die mit einem Band zusammengebunden waren, befand sich auch eine quittierte Rechnung, die von einem Krankenhaus in San Diego ausgestellt war.
»Haben Sie eine Ahnung, was es mit dieser Rechnung für eine Bewandtnis hat?« fragte Selby.
»Nein, das kann ich Ihnen auch nicht sagen«, erwiderte Praile. »Ich weiß nichts Näheres über Watkins. Er kam hierher, nahm seine Post in Empfang, und als er ging, bat er, diese Sachen ein paar Wochen hier stehenlassen zu dürfen.«
»Er teilte Ihnen nicht mit, wohin er wollte?«
»Nein.«
»Die Rechnung ist vor einem Monat ausgestellt worden«, sagte Selby. »Wenn Sie nichts dagegen haben, nehme ich sie einstweilen mit. Ich bringe sie Ihnen entweder selbst wieder oder schicke sie per Post zurück.«
»Was soll denn nun mit den Sachen geschehen?« fragte Praile.
»Watkins hinterläßt eine Tochter. Bewahren Sie bitte alles auf, bis wir sie ausfindig gemacht haben.«
»Meinetwegen«, sagte Praile und musterte mit sichtlichem Wohlgefallen Sylvia Martins Figur. »Kann ich Ihnen sonst noch irgendwie behilflich sein?«
»Nein, danke«, sagte Selby.
Sie fuhren zum Krankenhaus. Selby zeigte der Schwester im Verwaltungsgebäude die Rechnung. Sie sah in ihren Akten nach und sagte: »Die Patientin hieß Marcia Watkins. Sie ist verstorben. Mr. Watkins hat die Rechnung beglichen.«
»Sie ist tot?« rief Sylvia Martin fassungslos.
Die Schwester nickte.
»Können Sie mir wohl jemanden nennen«, sagte Selby, »der über den Fall näher unterrichtet ist? Vielleicht weiß eine der Schwestern, die auf der Station Dienst taten ...«
»Sie hatte, glaube ich, eine Privatschwester. Einen Augenblick bitte ... Ja, es waren sogar zwei. Eine von ihnen ist gerade im Krankenhaus tätig. Sie möchten mit ihr sprechen?«

»Ja, unbedingt.«
Die Schwester nahm den Telefonhörer ab und sagte: »Bitte, den vierten Stock... Hallo, Miss Quiney... Könnten Sie Madeline Dixon wohl schnell an den Apparat holen... Ja, ich warte... Hallo, Miss Dixon, hier im Büro ist der Staatsanwalt von Madison City, Mr. Selby. Er möchte gern über Marcia Watkins Auskunft haben. Sie pflegten sie doch damals, nicht wahr? Gut... Haben Sie schönen Dank!«
Sie legte den Hörer auf und sagte: »Miss Dixon kommt sofort herunter. Nehmen Sie bitte einen Augenblick Platz.«
Selby ging zum Fenster und starrte hinaus in die Mondnacht. Sylvia trat neben ihn. »Tot!« sagte sie leise. »Ich war felsenfest überzeugt, daß Marcia Watkins und Madge Trent identisch sind. Davon kann nun nicht mehr die Rede sein.«
Selby nickte. »Sie hat ihn offenbar zu sich ans Krankenbett gerufen... Wahrscheinlich war sie auf dem Wege zu ihm und wurde plötzlich schwer krank. Aber er muß ihr verziehen haben, denn er ließ sie ja von zwei Schwestern pflegen. Es sieht so aus, als ob...«
Eine adrett angezogene Schwester mit schwarzem Haar und intelligenten dunklen Augen betrat das Zimmer. »Mr. Selby?« fragte sie.
»Ja.«
»Mein Name ist Dixon.«
»Miss Dixon, darf ich bekannt machen... Miss Martin aus Madison City. Ich würde von Ihnen gern etwas über den Fall Watkins erfahren. Aber zunächst möchte ich Ihnen ein Foto zeigen.« Er holte Emil Watkins Foto hervor.
Die Schwester betrachtete es nachdenklich und sagte dann: »Ja, das ist ihr Vater. Marcia Watkins wurde von einem Auto überfahren. Ich glaube, sie war nach San Diego gekommen, um ihren Vater zu sehen. Sie wurde gegen zehn Uhr abends verletzt. Man fand sie bewußtlos, und sie blieb auch ohne Bewußtsein bis vier Uhr morgens... Ich selbst habe meinen Dienst bei ihr erst um neun Uhr morgens angetreten. Zu dem Zeitpunkt war sie bereits identifiziert und der Vater benachrichtigt worden.«
»Erzählen Sie bitte weiter, Miss Dixon.«
»Ihr Vater ließ sie auf die Privatstation legen und engagierte mich und eine Nachtschwester. Am nächsten Tag ist sie dann gestorben.«
»Um welche Zeit etwa?« fragte Selby.
»Im Laufe des Nachmittags. Wann der Tod genau eintrat, kann ich nicht mehr sagen.«

»Waren Sie Zeugin von irgendwelchen Unterhaltungen zwischen Vater und Tochter?«

Miss Dixon blickte Selby kühl an und fragte: »Worauf wollen Sie hinaus, Mr. Selby?«

»Ich werde Ihnen ganz offen sagen, worum es sich handelt. Emil Watkins Leiche wurde in einem Auto-Camp gefunden. Er starb an einer Kohlenmonoxydvergiftung.«

»Ich habe mich damals schon gefragt, ob er etwa Selbstmord begehen würde«, sagte die Schwester betroffen.

»Es war kein Selbstmord. Als man ihn fand, hatte er einen Revolver in der Hand.«

»Es muß aber Selbstmord gewesen sein«, sagte die Schwester in einem Ton, der erkennen ließ, daß für sie kein Zweifel über diese Frage bestand.

»Können Sie mir irgend etwas über ein Gespräch zwischen Vater und Tochter erzählen?«

»Es tut mir leid, aber mein Beruf verpflichtet mich, darüber zu schweigen.«

»Miss Dixon, ich muß dennoch mit Nachdruck um eine Antwort auf meine Fragen bitten. Schließlich sind beide Gesprächspartner inzwischen verstorben.«

»Also gut, Mr. Selby – ich habe ihre Gespräche tatsächlich zum guten Teil mit angehört. Der Arzt hatte ihr zwar untersagt, viel zu sprechen, aber aus den Worten, die ich vernahm, konnte ich mir ein Bild machen von dem, was geschehen war. Marcias Mutter war gestorben, als sie noch ein Kind war. Der Vater zog sie allein auf. Er war ein Mann mit weichem Herzen und unumstößlich feststehenden Moralbegriffen. Das Mädchen ist dann mit einem Mann auf und davon gegangen. Sie erwartete, daß er sie heiraten würde. Aber das tat er nicht. Sie bekam ein Kind und . . . tja, als sie dann starb, drehte sich das Gespräch im Grund ausschließlich um das Kind. Er wollte jede Kleinigkeit über die Enkelin erfahren und sich um sie kümmern . . . Ich weiß nicht, wie ich Ihnen diese erschütternde Szene beschreiben soll. Sie lag sterbend im Bett. Wir alle wußten, daß es nicht mehr lange dauern würde. Sie selbst war sich dessen ebenso bewußt wie ihr Vater. Er liebte sie, aber seine Enkelin war für ihn ein Kind der Sünde. Miss Watkins erklärte ihm, daß er das Kind niemals zu sehen bekäme, wenn er auf diesem Standpunkt beharrte. Er saß mit fest zusammengepreßten Lippen an ihrem Bett. Die Tränen liefen ihm über die Wangen. Seine Tochter hatte gesündigt . . . Und die Sünde wurde mit dem Tod

gesühnt ... Das Unglück, das ihr zustieß, war die Strafe für das, was sie getan hatte ...«
»Befand sich das Kind hier in San Diego?«
»Anscheinend nicht. Ich glaube, es ist irgendwo in einem Schulheim. Miss Watkins war in dieser Beziehung sehr wortkarg. Sie wollte ihrem Vater unter keinen Umständen einen Hinweis geben ... Er war so streng und unnachgiebig, daß ... daß ich es einfach nicht mehr ertragen konnte. Er quälte sich furchtbar, blieb aber hart wie Granit ... Und so nahm sie ihr Geheimnis mit ins Grab.«
»Warum war sie nach San Diego gekommen?« fragte Selby. »Um hier zu arbeiten?«
»Nein, anscheinend wollte sie sich mit ihrem Vater aussprechen. Sie war Jahre hindurch nicht mit ihm zusammengewesen. Vielleicht nahm sie an, daß er im Lauf der Zeit etwas zugänglicher geworden sei. Anscheinend hatte sie ihm mehrfach geschrieben, aber niemals eine Adresse angegeben, an die er einen Antwortbrief schicken konnte. Sie wußte, wo sie ihn erreichen konnte, weil er Mitglied der Zimmermannsinnung war.«
»Fuhr sie einen Wagen?«
»Nein. Sie wurde gegen zehn Uhr abends von einem Auto überfahren. Der Fahrer war betrunken und beging Fahrerflucht. Die Polizei hat sie ausführlich über den Wagen befragt. Sie konnte zwar eine allgemeine Beschreibung von ihm geben, aber, wenn ich mich recht entsinne, gelang es ihr nur, sich den Buchstaben und die erste Ziffer des Nummernschildes einzuprägen. Ich habe aber vergessen, um welchen Buchstaben und welche Ziffer es sich dabei handelte ...«
»Wie steht es denn mit ihrem Gepäck?« fragte Selby. »Fand sich im Koffer nicht irgendein Anhaltspunkt über den Aufenthaltsort des Kindes?«
»Als sie im Krankenhaus eintraf, hatte sie kein Gepäck. Sie wurde von einem Unfallwagen hergebracht. Zunächst sah es so aus, als ob sie durchkommen würde. Aber sie hatte innerliche Verletzungen erlitten und wurde zusehends schwächer. Er hielt ihre Hand und weinte wie ein Kind, aber sein Mund war fest zusammengepreßt. Wir Schwestern sehen wirklich viel, aber dies war einer der erschütterndsten Fälle, die ich je erlebt habe.«
»Recht schönen Dank, Miss Dixon«, sagte Selby. »Ich glaube, wir sehen nun schon etwas klarer.«
»Falls Sie mich benötigen, Mr. Selby, können Sie mich jederzeit

über das Krankenhaus erreichen.«
Selby nahm Sylvia Martin am Arm und führte sie hinaus. Draußen in der kühlen Nachtluft sagte sie mit zitternder Stimme: »Glauben Sie, Doug, daß ich je als Reporterin Karriere machen werde, wenn ich bei einer solchen Geschichte heulen muß?«
Er legte den Arm um ihre Taille und ging schweigend mit ihr zum Wagen. Sie wischte sich mit dem Taschentuch über die Augen und murmelte: »Wie furchtbar sinnlos war die Schranke, die dieser Mann zwischen sich und seiner Tochter errichtet hatte!«
Selby klopfte ihr tröstend auf die Schulter. »Ich kann sehr gut verstehen, daß Ihnen das so nahegeht, Sylvia.«
»Tja«, sagte sie, etwas gezwungen lächelnd, »wir müssen aber trotz allem unsere Aufgabe im Auge behalten... Es geht jetzt darum, herauszukriegen, warum Madge Trent heute ihre Tochter nicht anrief.«
Selby nickte und ließ den Motor an.

16

»Können wir hier einen Moment halten, Doug?« sagte Sylvia. »Ich möchte gern meine Redaktion anrufen.«
Er hielt vor einem Hotel und sagte: »Lassen Sie sich ruhig Zeit, Sylvia. Ich knoble mir gerade etwas aus.«
Als Sylvia zehn Minuten später wieder zum Wagen kam, fragte sie: »Nun, worüber haben Sie sich den Kopf zerbrochen, Doug?«
»Ich habe eine Idee, mit der ich aber noch nichts Rechtes anzufangen weiß, bevor ich Beweise in der Hand habe. Ich habe keine Ahnung, wie ich an sie herankomme.«
»Ich schlage vor, Doug, daß Sie mir Ihre Idee verraten. Ich werde Ihnen dann sagen, was ich davon halte.«
Selby zog seine Hand aus der Tasche und rieb mit den Fingerspitzen an dem polierten Holz des Steuerrades entlang. »Bis jetzt, Sylvia, sind wir von der Voraussetzung ausgegangen, daß Watkins entweder auf der Suche nach seinem Enkelkind war oder jemanden aufstöbern wollte, den er aus Gründen, die den Briefen zu entnehmen sind, umzubringen beabsichtigte.«
Sie nickte. »Weiter, Doug!«
»Es scheint mir, daß selbst bei einem Mann mit so strengen Grundsätzen und einer so verbohrten Starrköpfigkeit nicht damit

zu rechnen ist, daß er nach so vielen Jahren dem Verführer seiner Tochter nach dem Leben trachtet. Andererseits hatte Watkins einen Revolver bei sich und beabsichtigte aller Wahrscheinlichkeit nach, irgend jemanden zu töten. Nehmen wir einmal an, wir hätten uns bis jetzt über das Motiv, das ihn zu diesem Vorhaben veranlaßte, geirrt.«

»Wie meinen Sie das, Doug?«

»Es wäre doch schließlich denkbar, daß Watkins nach dem Tod seiner Tochter nicht etwa ihre Ehre rächen wollte, sondern einen Akt der Vergeltung plante, und zwar an demjenigen, der den Tod seiner Tochter auf dem Gewissen hatte.«

»Sie meinen also, er hatte es auf den geflohenen Fahrer abgesehen?«

Selby nickte. »Denken Sie daran, Sylvia, daß das Mädchen keine genaue Beschreibung des Wagens geben konnte, dafür jedoch den Buchstaben und die erste Ziffer des Nummernschildes erkannt hatte. Der Buchstabe läßt ja erkennen, aus welcher Gegend der Wagen stammt und . . .«

»Ja, das weiß ich, Doug. Aber worauf wollen Sie denn hinaus?«

»Entsinnen Sie sich, daß George Stapleton einen teuren Sportwagen fuhr, der ohne weiteres für zweitausend Dollar zu verkaufen gewesen wäre? Er hat ihn dann plötzlich für nur siebenhundertfünfzig Dollar an Cuttings abgegeben.«

»Das haben Sie mir nie erzählt!«

»Es kam zufällig heraus, als wir Ross Blaine auf den Zahn fühlten.«

»Und Sie meinen also, Stapleton hat . . .?« Sylvia stockte, als ob ihr plötzlich die volle Tragweite dieses Gedankens bewußt würde. »Mein Gott, Doug, das ist doch ausgeschlossen! George Stapleton hat es zwar faustdick hinter den Ohren und macht alle möglichen Dummheiten, aber schließlich ist er doch der Sohn eines der angesehensten Männer in Madison City.«

Selby vergrub seine Hände wieder in den Taschen. »Eben darum! Der junge Stapleton rast ständig mit überhöhter Geschwindigkeit durch die Gegend und zahlt nie Strafmandate. Das erledigt sein Vater für ihn.«

»Und Sie glauben allen Ernstes, daß er dieses Mädchen überfahren haben könnte?«

Selby antwortete nicht sofort. Sein Kinn lag auf der Brust, während er nachdenklich auf das erleuchtete Armaturenbrett starrte. Dann nickte er langsam. »Ja, es würde sich vieles klären, wenn er es getan hätte. Das Mädchen hat nur einen Teil der Autonummer behalten. Das genügte aber, um ihrem Vater einen Anhaltspunkt dafür zu geben, woher der Wagen stammt. Sie war wahrscheinlich in der Lage, ihm Farbe und Bauart des Wagens anzugeben. Daraufhin machte er sich auf, um den Fahrer zu finden und Rache zu nehmen. Er wußte, daß der Wagen aus der Gegend von Madison City stammte. Da er sich sagte, daß jemand, der einen so teuren Wagen fährt, wahrscheinlich viel Geld hat und daher oft nach Los Angeles hinüberfährt, begann er die Autostraße zwischen Madison City und Los Angeles zu überwachen. Er hatte bloß nicht mit der Schlauheit des jungen Stapleton gerechnet, der wußte, daß, wenn jemand die volle Nummer des Wagens behalten hatte, die Polizei bereits vor seiner Rückkehr bei ihm zu Hause erschienen wäre. George Stapleton überlegte sich also, daß möglicherweise jemand nur ein paar Ziffern der Nummer behalten hatte und eine Beschreibung des Wagens geben konnte. Folglich rechnete er damit, daß man nach seinem Wagen Ausschau halten würde, ohne zu wissen, wer der Eigentümer war. Er beschloß deshalb, den Wagen zu verkaufen, und zwar in ein Gebiet mit anderer Kennummer.«

»Doug«, sagte Sylvia, »ich kann das einfach nicht glauben!«

»Ich weiß, daß es fast unmöglich klingt. Aber kombinieren wir weiter: Angenommen, Watkins patrouillierte also auf der Autostraße, um jenen Wagen zu finden. Er konnte ihm aber zunächst gar nicht begegnen, weil Cuttings ihn ja in eine andere Gegend gebracht hatte. Gestern abend kam nun Cuttings wieder her und wurde von Watkins gesehen. Er brauchte eine gewisse Zeit, bis er festgestellt hatte, wo Cuttings wohnte. Aber nachdem er in den Auto-Camps Umschau gehalten hatte, entdeckte er ihn schließlich. Vergessen Sie nicht, Sylvia, daß Watkins gestern abend, als der Wagen an ihm vorbeifuhr, die ganze Nummer erkennen konnte. Als er dann schließlich herausgefunden hatte, wo Cuttings wohnte, war dieser gerade im *Palm Thatch*. Watkins beschloß, Cuttings' Heimkehr abzuwarten, und drang aus diesem Grund in den Bungalow ein.«

»Aber wie hat er das geschafft, Doug?«

»Diese Frage bleibt noch zu klären.«

»Und was wollen Sie nun unternehmen?«

»Erstens werde ich die Unfallakten studieren und feststellen, wieviel die Polizei von Marcia Watkins noch in Erfahrung bringen konnte. Wenn ich entdecke, daß sie das Auto als einen großen roten Sportwagen mit weißem Streifen beschrieb und wenn sich ferner herausstellt, daß es sich bei den ersten beiden Ziffern der Autonummer um hiesige Kennzeichen handelte, bin ich meiner Sache so gut wie sicher.«

»Das ist eine riskante Sache, Doug! Stellen Sie sich vor, was Charles DeWitt Stapleton macht, wenn sein Sohn wegen schwerer Fahrerflucht vor Gericht gestellt werden soll! Sie dürfen nichts unternehmen, Doug, bevor Sie nicht hundertprozentig sichere Beweise in der Hand haben.«

»Tja, ich weiß eben noch nicht, wie ich mir diese bombensicheren Beweise verschaffen soll! Die einzige Zeugin ist ja tot.«

»Und jetzt wollen Sie also Ihr Glück zunächst bei der Polizei versuchen?«

Er nickte, schaltete die Zündung ein und ließ den Motor an.

»Du meine Güte!« sagte er, als sie langsam anfuhren, »wenn meine Vermutungen stimmen, wird in Madison City bald der Teufel los sein! Stapleton wird Himmel und Hölle in Bewegung setzen, um mich von einem Verfahren abzubringen.«

»Und was ist mit Inez, Doug?«

»Wie meinen Sie das?«

»Doug, wäre es nicht besser, wenn Sie den Fall an Brandon abgeben? Schließlich haben Sie doch Charles DeWitt Stapleton schon die Zähne gezeigt, und wenn Sie jetzt gegen Inez' Bruder Anklage wegen eines Verbrechens erheben . . .«

Selby schüttelte den Kopf. »Diese Sache fechte ich durch«, sagte er.

Schweigend fuhren sie eine Weile weiter. Schließlich hielt Selby vor dem Polizeibüro von San Diego und sagte: »Bleiben Sie lieber hier im Wagen, Sylvia. Es dauert nur ein paar Minuten.«

Nach einer Viertelstunde trat Selby wieder aus dem Gebäude.

»Nun?« fragte Sylvia.

»Meine Vermutungen scheinen sich zu bestätigen«, sagte er. »Die Polizei erklärt, das Mädchen wäre in der Lage gewesen, die erste Ziffer und den Kennbuchstaben anzugeben. Sie hat ferner das Fahrzeug als einen großen roten Sportwagen mit weißem Streifen und langem Heck beschrieben. Mit anderen Worten – ihre Beschreibung trifft haargenau auf George Stapletons Wagen zu, den er dann zu einem Schleuderpreis an Cuttings verkauft hat.«

»Sie wissen, Doug«, sagte sie warnend, »daß Sie nichts beweisen können. Sie gehen lediglich von Mutmaßungen aus. Marcia Watkins wurde von einem Wagen überfahren, der bei uns zugelassen war – vorausgesetzt, daß sie sich nicht geirrt hat. Wie sie sagte, war es ein großer roter Wagen mit weißem Streifen. Das ist alles, worauf sie sich besinnen konnte. Und jetzt ist sie tot und kann also keine Zeugenaussage mehr machen. Ich gebe zu, daß die Situation anders gewesen wäre, wenn Sie dies am Morgen nach dem Unfall erfahren hätten und . . .«

»Ich weiß es *jetzt*«, sagte Selby, »und das genügt.«

»Doug, Sie wollen doch nicht im Ernst gegen George Stapleton Anklage erheben, solange Sie nicht richtiges Beweismaterial in der Hand haben?«

»Ich weiß eben noch nicht, wie und wo ich mir das verschaffen könnte!«

»Und trotzdem werden Sie Anklage gegen Stapleton erheben?«

»Ich wäre pflichtvergessen, wenn ich es nicht täte.«

»Und was ist mit der Bardame, Doug?«

»Mir ist noch unklar, welche Rolle sie eigentlich gespielt hat.«

»Was steht nun also als nächstes auf Ihrem Programm? Fahren wir jetzt nach Madison City zurück?«

Selby zog seine Pfeife aus der Tasche, stopfte sie und steckte sie in Brand. Sylvia betrachtete seine jungenhaften, energischen Züge, die kurz von dem Streichholzflämmchen beleuchtet wurden.

»Die hiesige Polizei hat wegen Marcia Watkins nicht viel in Erfahrung gebracht«, sagte er. »Die Beamten entsinnen sich, daß ihr Vater darum bat, die Hotels zu überprüfen, um festzustellen, ob sie irgendwo gemeldet war. Man kämmte alle Hotels und Pensionen durch, ohne Ergebnis. Nehmen wir einmal an, sie kam mit dem Bus nach San Diego und ließ ihren Koffer in der Gepäckaufbewahrung des Autobus-Bahnhofs stehen, während sie sich auf den Weg machte, um sich mit ihrem Vater zu treffen.«

»Wenn Sie das getan hätte, müßte sich in ihrem Geldbeutel ein Aufbewahrungsschein befunden haben.«

»Da haben Sie recht, Sylvia. Aber sie muß schließlich irgendwelches Gepäck besessen haben, das sie irgendwo deponierte. Fahren wir also zum Autobus-Bahnhof und versuchen dort unser Glück, Sylvia. Die Stelle, wo sie überfahren wurde, lag nur ein paar Straßen weit entfernt.«

Als Selby vor dem Bus-Bahnhof hielt, sagte er: »Sylvia, warten Sie bitte auf mich. Ich werde mich da drinnen mal ein bißchen umsehen.«

Nach zehn Minuten tauchte er mit triumphierendem Lächeln wieder aus dem Gebäude auf. Er trug zwei Koffer.

»Doug!« rief Sylvia. »Sie haben das Gepäck also tatsächlich gefunden!«

»Die Sache war ganz einfach«, sagte Selby. »Marcia Watkins hat dem diensttuenden Beamten gesagt, daß sie ein paar Telefongespräche führen wolle, und ihn deshalb gebeten, für fünf oder zehn Minuten auf ihr Gepäck aufzupassen. Als sie nicht wiederkam, stellte der Beamte die Koffer in den Lagerraum. Der Beamte war, als ich mich erkundigte, sofort im Bild. Aber ich mußte erst bei der Polizei anrufen, um die Erlaubnis zu erhalten, das Gepäck mitnehmen zu dürfen.« Er stellte die Koffer hinten in den Wagen und sagte: »Fahren wir also los, Sylvia.«
»Wollen Sie nicht erst einen Blick hineinwerfen?«
»Nein, jetzt nicht, ich halte draußen vor der Stadt.«
Als sie den Stadtrand von San Diego passiert hatten, bremste Selby und schaltete die Innenbeleuchtung ein. Mit behutsamen Fingern tastete Sylvia in den Koffern umher. Schließlich zog sie zwischen der Wäsche ein paar Umschläge, ein Notizbuch und einige zusammengefaltete Briefbogen hervor.
Schon der erste Brief, den Selby auseinanderfaltete, lieferte ihm die gewünschte Information. Er war auf dem Geschäftsbogen eines Chicagoer Anwaltsbüros geschrieben und lautete:

Sehr geehrte Mrs. Watkins,
bezugnehmend auf Ihr Schreiben, in dem Sie uns ersuchen, Verbindung mit dem Vater Ihrer Tochter Edith aufzunehmen, um ihn zu einer Erhöhung der Unterhaltszahlungen für das Kind zu veranlassen, teilen wir Ihnen mit, daß uns ein Brief von Mr. Samuel C. Roper, einem Rechtsanwalt in Madison City, zuging.
Er stellt darin fest, daß ihn sein Klient auf Grund unserer Mahnung aufgesucht habe. Sein Mandant vertrete den Standpunkt, daß die gegenwärtige Summe aus freien Stücken gezahlt werde. Sollte Ihrerseits irgendein Versuch unternommen werden, ihn zu einer Erhöhung der Zahlungen zu zwingen oder auf gerichtlichem Wege eine Anerkennung der Vaterschaft durchzusetzen, würde er sich mit allen Rechtsmitteln zur Wehr setzen. Mr. Roper erklärt ferner, der Betrag von fünfundzwanzig Dollar, der gegenwärtig von seinem Mandanten pro Monat an Sie ausgezahlt werde, stelle das absolute Maximum dessen dar, was sein Mandant zu zahlen bereit sei. Er würde seine Zahlungen unverzüglich einstellen, falls Sie irgendwelche weitergehende Ansprüche anmeldeten.
Wir erwarten Ihre Stellungnahme und zeichnen mit

vorzüglicher Hochachtung

Selby sah auf und begegnete Sylvia Martins ratlosem Blick. »Mein Gott, Doug«, sagte sie, »was machen wir nun?«
»Das wissen die Götter.«
»Sie glauben doch nicht etwa, daß Sie Roper den Namen seines Mandanten entlocken können?«
»Nein, aber die Chicagoer Anwälte werden wissen, um wen es sich handelt.«
»Wie wäre es, wenn Sie denen ein Telegramm schickten, Doug?«
»Wir haben nur ihre Büroadresse. Jetzt ist Samstagabend und . . .«
»Vielleicht kann man über die Chicagoer Polizei ihre Privatadresse feststellen?«
Selby schüttelte den Kopf. »Wer der Vater des Kindes ist, spielt im Moment eine zweitrangige Rolle. Jetzt geht es vor allem darum, festzustellen, ob George Stapleton Marcia Watkins überfahren hat oder nicht.«
»Aber das ist ein sehr heißes Eisen, Doug!«
»Ich liebe heiße Eisen.«
»Und was halten Sie von der Bardame?«
»Es kann durchaus sein, daß der junge Stapleton zur Zeit des Unfalls ein Mädchen im Wagen hatte. Und dieses Mädchen kann unter Umständen Madge Trent gewesen sein.« Er schloß Marcia Watkins Koffer und meinte dann: »Aber zerbrechen wir uns jetzt nicht mehr den Kopf darüber. Versuchen Sie lieber ein bißchen zu schlafen, Sylvia.«
»Soll ich mich nicht ein wenig ans Steuer setzen, Doug?«
»Ich fahre so lange, bis ich müde werde. Dann können Sie mich für eine Weile ablösen.«
Sie zog die Knie auf den Sitz und machte es sich bequem. »Wie wäre es mit einer Geschichte zum Einschlafen?« sagte sie. »Können Sie mir erzählen, was aus der Hasenmama und dem bösen Wolf wurde?«
Selby grinste. »Auf den bösen Wolf wird jetzt Jagd gemacht. Hoffentlich kriegt man ihn zu fassen, bevor er die Hasenmama ausgegraben hat.«

17

Als sie Madison City erreichten, hörte Selby hinter sich plötzlich eine Polizeisirene aufheulen. Er fuhr an den Straßenrand und hielt. Aus dem Polizeiwagen blickte ihn Brandon grinsend an.
»Du weißt anscheinend nicht, daß hier in der Stadt eine Geschwindigkeitsbeschränkung existiert?«
Er stieg aus und trat zu Selbys Wagen. »Hallo, Sylvia!« rief er. »Handelt es sich um eine Spazierfahrt, oder seid ihr zwei aus dienstlichen Gründen unterwegs?«
»Wen geht das etwas an?« fragte Selby lächelnd.
»Mich zum Beispiel«, erwiderte der Sheriff. »Wenn es sich um eine Spazierfahrt handelt, werde ich euch wegen der zu hohen Geschwindigkeit ins Gefängnis bringen.«
»Ja, es ist eine Spazierfahrt.«
»Los, Doug!« sagte Brandon und wurde ernst. »Verrate mir doch, woher du kommst.«
»Lieber nicht, Rex.«
»Warum denn?«
»Weil ich meine Karriere aufs Spiel setze. Ich bin vielleicht ein Aussätziger und möchte nicht, daß du mir zu nahe kommst, weil ich dich sonst anstecke.«
»Was soll das heißen?«
»Ich lasse es auf eine Kraftprobe mit Charles DeWitt Stapleton ankommen.«
Brandon grinste. »Ach, das weiß ich längst. Die ganze Stadt spricht schon davon. Und jetzt begreife ich auch, warum du wolltest, daß ich nach San Francisco fahre. Ich sollte aus der Gefahrenzone evakuiert werden, nicht wahr?«
»Ja, allerdings.«
»Ich nehme an, daß er von dir verlangt hat, George ungeschoren zu lassen, stimmt's?«
Selby nickte.
»Warum hast du ihm das nicht zugesagt, Doug? Du hattest doch gar nicht die Absicht, wegen des Spiels ein Verfahren einzuleiten, oder?«
»Ich weiß noch nicht, ob ich es tue, aber ich liebe es nicht, wenn mich jemand bevormunden will. Dieses Spielvergehen ist inzwischen ganz nebensächlich geworden.«
»Wieso?«
»Ich werde jetzt zu Stapleton fahren, seinen Sohn aus dem Bett

trommeln und ihn der Fahrerflucht beschuldigen. Ich verfüge allerdings nicht über den geringsten stichhaltigen Beweis dafür, sondern gehe von einer ziemlich vagen Spekulation aus. Das Ganze ist ein Bluff. Entweder habe ich den richtigen Riecher, oder ich schaufle mir mein eigenes Grab.«
»Was veranlaßt dich denn zu diesem Manöver?«
»Offen gestanden nur mein Fingerspitzengefühl und ein paar Anhaltspunkte, die aber viel zu wenig Gewicht haben, um meine Aktion wirklich zu rechtfertigen.«
Brandon ging langsam zu seinem Wagen, schaltete den Motor und die Scheinwerfer aus, zog den Zündungsschlüssel ab und kehrte zu Selbys Wagen zurück. Er machte die rechte Tür auf und sagte zu Sylvia: »Rücken Sie bitte in die Mitte.«
Als Sylvia ihm Platz gemacht hatte, stieg er ein und brummte: »So, jetzt kann's losgehen, Doug.«
»Es kommt gar nicht in Frage, daß du mitfährst, Rex!«
Der Sheriff grinste. »Versuch nur, mich hinauszuwerfen!«
Selby zögerte einen Moment, zuckte dann resigniert mit den Achseln und fuhr los. »Gibt es etwas Neues?« fragte er.
»Nicht allzuviel«, sagte Brandon. »Larkin schnüffelt in der Stadt herum und läßt sich überall in Gespräche über den Fall ein. Er tut zunächst immer so, als wollte er kein Wort darüber sagen, aber schließlich endet es regelmäßig damit, daß er ausposaunt, die Mädchen wüßten seiner Ansicht nach viel mehr, als sie zugegeben hätten. Er halte es für einen großen Fehler, daß man sie laufengelassen habe. Natürlich betont er unentwegt, daß er niemandem am Zeug flicken wolle ... Plötzlich verschwindet er dann still und heimlich, als ob er befürchtet, schon zuviel gesagt zu haben. Einen Häuserblock weiter erzählt er die gleiche Geschichte.«
Selby grinste finster. »Der wird sich eines Tages noch wundern.«
Brandon nickte. »Er wäre heilfroh, wenn Roper wieder Staatsanwalt würde. Damals konnte er tun und lassen, was ihm paßte.«
Selby fuhr die Anhöhe hinauf, auf der das vornehme Villenviertel der Stadt lag. »Ich möchte wirklich, daß du dich aus dieser Sache heraushältst, Rex«, sagte er.
»Ach, Unsinn!«
»Wie du willst! Wir haben jedenfalls ein paar Dinge herausbekommen. Erstens stimmt es tatsächlich, daß der Tote Emil Watkins heißt. Zweitens konnten wir feststellen, daß er Zimmermann in San Diego war. Seine Tochter wurde von einem betrunkenen Autofahrer getötet. Der Betreffende beging Fahrerflucht. Der Wagen hat

genauso ausgesehen wie das frühere Auto des jungen Stapleton, das er dann in aller Eile zu einem Schleuderpreis verkaufte. Im übrigen hat der Vater von Marcias Tochter Sam Roper zu seinem Anwalt bestellt.«

»Donnerwetter!«

»Ja, es existiert ein Brief von einem Chicagoer Anwaltsbüro, in dem auf ein Schreiben von Roper Bezug genommen wird.«

»Hast du eine Ahnung, wer der Vater ist?«

»Nein.«

»Jetzt wird mir vieles klar, Doug! Roper vertritt also jemanden, der gern anonym bleiben möchte ... Und jetzt, wo die Wahrheit über Marcia in der Zeitung veröffentlicht werden könnte, muß Ropers Mandant ziemlich kalte Füße bekommen haben ... Wäre es nicht besser, Doug, wenn du erst mal versuchtest, dem Burschen auf die Spur zu kommen, bevor du dir den jungen Stapleton vorknöpfst?«

»Nein«, sagte Selby. »Ich möchte das Eisen gern schmieden, solange es heiß ist. Aber mir wäre es wirklich lieb, wenn du jetzt ausstiegst, Rex!«

»Ich denke gar nicht daran!«

Selby fuhr langsam den Hügel hinauf. Brandon sah zu dem hell erleuchteten Haus hinüber und sagte: »Da findet heute anscheinend eine Party zu Ehren des heimgekehrten Familienoberhaupts statt.«

»Soll ich im Wagen warten?« fragte Sylvia.

»Sie können doch stenografieren, nicht wahr?« fragte der Sheriff.

»Und ob!«

»Gut. Dann begleiten Sie uns bitte mit hinein und halten sich im Hintergrund. Wenn es zu einem Wortwechsel kommt, notieren Sie bitte alles, was gesagt wird. Achten Sie besonders auf die Worte des jungen Stapleton.«

»Keine Angst«, erwiderte Sylvia. »Sollte er ein Geständnis ablegen, wird es von mir sofort schwarz auf weiß festgehalten.«

Nachdem Selby den Wagen geparkt hatte, gingen alle drei auf die Haustür zu und klingelten.

Ein Diener öffnete.

»Ist Mr. George Stapleton zu Hause?« fragte Selby.

»Ja, Sir ... Der Herr in Ihrer Begleitung ist doch wohl der Sheriff, nicht wahr?«

»Allerdings«, sagte Brandon und betrat die Diele. Aus einem der Zimmer drang lautes Stimmengewirr und Gelächter.

»Wo können wir mit Mr. George Stapleton ungestört sprechen?« fragte Brandon.
»Am besten im Arbeitszimmer, Sir.«
»Gut, dann führen Sie uns hin.«
Der Diener geleitete sie in einen kleinen Bibliotheksraum, der mit Jagdtrophäen und Fotografien ausstaffiert war.
»Bitte, warten Sie hier einen Moment«, sagte er. »Ich werde Mr. George rufen. Sein Vater ist soeben aus New York zurückgekehrt. Es sind daher ein paar Gäste anwesend.«
»Das habe ich bemerkt«, sagte Selby trocken.
Als der Diener hinausgehen wollte, rief ihn Brandon zurück: »Einen Moment! Sagen Sie bitte niemandem, wer hier ist. Bestellen Sie George nur, es seien ein paar Herren da, die ihn dringend zu sprechen wünschten. Haben Sie verstanden?«
»Jawohl, Sir.«
»Gut, dann beeilen Sie sich bitte.«
Selby zog seine Pfeife hervor und sagte grinsend: »Jetzt geht's um die Wurst.«
Brandon drehte sich seelenruhig eine Zigarette. »Lassen wir also die Bombe hochgehen.«
Eine Weile saßen sie schweigend da und rauchten. Schließlich hörten sie, wie jemand mit schnellen Schritten auf die Bibliothek zusteuerte. Dann wurde die Tür aufgerissen, und George Stapleton kam mit verdutztem Gesicht herein. »Nanu . . . Guten Abend, Mr. Selby . . . Oh, Mr. Brandon und Miss Martin sind ja auch da . . . Kann ich Ihnen irgendwie behilflich sein?«
»Nehmen Sie Platz«, sagte Selby. Der junge Stapleton zögerte einen Augenblick und setzte sich dann auf die Kante eines Stuhls. Seine angespannte Haltung verriet, wie sehr er auf der Hut war.
»Wie lange kennen Sie Cuttings schon?« fragte Selby.
»Ach, wir sind Schulfreunde.«
»Sie stehen mit ihm auf recht vertrautem Fuß, nicht wahr?«
»Ja.«
»Und Sie haben ihm doch kürzlich Ihren Wagen verkauft, stimmt's?« – »Ja.«
»Haben Sie nicht ein bißchen wenig dafür verlangt?«
»Ja, vielleicht. Aber er gefiel mir eben nicht mehr, und ich wollte mir deshalb einen neuen anschaffen.«
Selby warf dem Sheriff einen vielsagenden Blick zu und meinte dann: »Hören Sie, Stapleton . . . ich habe Ihnen eine bedauerliche Mitteilung zu machen. Wir sind leider genötigt, anzunehmen, daß

Cuttings, kurz nachdem er Ihren Wagen gekauft hatte, nach San Diego fuhr, dort ein paar Gläser zu viel trank und eine junge Frau überfuhr. Sie ist nach ein paar Tagen im Krankenhaus ihren Verletzungen erlegen. Cuttings hat diesen Unfall der Polizei nie gemeldet. Der Wagen wurde aber eindeutig identifiziert.«

Im Zimmer wurde es totenstill. Nur die Uhr auf dem Kamin tickte laut und vernehmlich. Sylvia Martin hielt Papier und Bleistift bereit. Sheriff Brandon blickte mit undurchdringlicher Miene auf den jungen Stapleton. George schluckte und war schon im Begriff, etwas zu sagen. Dann besann er sich und kaute an der Oberlippe. Schließlich murmelte er: »So etwas würde Cuttings nie tun.«

»Hat Cuttings jemals mit Ihnen über diese Angelegenheit gesprochen?« fragte Selby.

»Nein.«

»Wann haben Sie ihm denn den Wagen verkauft?«

»Ich weiß nicht mehr genau, wann das war. Aber vielleicht fällt es mir wieder ein.«

»Und wann haben Sie Ihren neuen Wagen gekauft?«

»Auch das kann ich nicht mehr genau sagen.«

»Vielleicht kann ich Ihnen helfen«, sagte Sylvia Martin. »Ich habe Ihren neuen Wagen nämlich unmittelbar nach Weihnachten beim Autohändler stehen gesehen. Wie ich mich entsinne, erzählte mir der Verkäufer, daß er versucht habe, ihn bis zum Weihnachtsfest für Sie zu beschaffen. Aber das sei ihm nicht gelungen, weil Sie ihn erst wenige Tage vor Weihnachten bestellt hätten.«

»Und dieser Unfall fand am achtzehnten Dezember statt«, bemerkte Selby.

Wieder trat eine Pause ein. Drei Augenpaare ruhten auf Stapletons Gesicht. Er wurde blaß und ließ seine Augen unruhig im Zimmer umherwandern. Als er Brandons durchbohrendem Blick begegnete, sah er rasch weg. Seine Schultern sackten schlaff herab. In diesem Augenblick tauchte Charles DeWitt Stapletons massige Gestalt im Türrahmen auf. »Was ist denn hier eigentlich los?« fragte er barsch.

»Guten Abend«, sagte Brandon. »Wir erkundigen uns bei Ihrem Sohn wegen eines Autounfalls.«

»Wieso?«

»Weil sein Wagen offensichtlich an diesem Unfall beteiligt war«, sagte Selby. »Wir hatten bisher angenommen, daß er ihn zu diesem Zeitpunkt bereits verkauft hatte. Jetzt stellt sich jedoch heraus, daß er an jenem Tag allem Anschein nach noch der Eigentümer des

Fahrzeugs war. Sie haben es unmittelbar nach dem Unfall verkauft, nicht wahr, George?«

»Du gibst auf diese Frage keine Antwort!« rief sein Vater. Er trat auf Selby zu und sagte: »Hören Sie, mir paßt Ihr ganzes Benehmen nicht. Ich war schon heute nachmittag über Ihren Ton verstimmt, und dieses Verhör, das Sie hier mit meinem Sohn anstellne, ist einfach ungehörig. Was wäre denn schon dabei, wenn mein Sohn einen Unfall gehabt hätte? Er ist ja versichert. Was soll also dieses Theater?«

»In San Diego wurde eine Frau von einem betrunkenen Fahrer schwer verletzt. Der Betreffende beging nach dem Unfall Fahrerflucht. Die Frau starb zwei Tage später im Krankenhaus.«

»Wann ist das passiert?« fragte Stapleton senior.

»Am achtzehnten Dezember.«

»Und jetzt wollen Sie meinem Sohn die Sache in die Schuhe schieben, nicht wahr?«

»Davon kann überhaupt nicht die Rede sein«, sagte Selby. »Wir stellen lediglich unsere Ermittlungen an.«

»Ich weiß ganz genau, worauf Sie hinauswollen, mein Lieber!« erwiderte Stapleton senior. »Sie sind verärgert darüber, daß ich Ihnen heute nachmittag erklärt habe, Sie begingen einen schweren Fehler, wenn Sie meine Wünsche ignorierten. Und jetzt wollen Sie deshalb meinem Sohn etwas anhängen.«

»Wir versuchen nur, die Tatsachen zu klären, weiter nichts«, sagte Selby. »George, ich frage Sie nochmals: Sind Sie am achtzehnten Dezember in San Diego gewesen?«

»Da ... da muß ein Mißverständnis vorliegen«, stotterte George. »... Ich habe an dem Tag den Wagen nicht gefahren ... und auch keinen Unfall verursacht.«

»Waren Sie am achtzehnten Dezember in San Diego?«

»Das ... das weiß ich nicht mehr.«

»Damit wäre der Fall ja wohl erledigt«, sagte Charles DeWitt Stapleton. »George hat Ihnen mitgeteilt, was er weiß, und das dürfte genügen. Er hat an dem Tag weder in betrunkenem Zustand am Steuer eines Wagens gesessen, noch jemanden überfahren. Er hat überhaupt keinen Unfall gehabt ... Außerdem hätten wir ja, wenn irgendwelche definitiven Beweise dafür vorlägen, daß George oder Georges Wagen an jenem Unfall beteiligt war, längst etwas davon erfahren. Jetzt, nach so langer Zeit, kommt mir das alles reichlich faul vor. Sie scheinen sich die ganze Geschichte nur auszutüfteln, um mich in Verlegenheit zu bringen. Im übrigen möchte ich Sie darauf hinweisen, daß ich die Art und Weise, wie Sie einen unbescholtenen jungen Menschen einzuschüchtern versuchen, keineswegs billigen kann. Also Schluß jetzt mit diesem Verhör!«

»Wir möchten aber doch noch einige Fragen stellen«, sagte Selby.

»Und die wären?«

»George – warum haben Sie Ihren Wagen eigentlich so plötzlich verkauft?«

»Du lieber Himmel, weil er ihm eben nicht mehr gefiel!« rief Stapleton senior. »Ich bin darüber durchaus im Bild. George wollte gern das neueste Modell haben. Der Name Stapleton verpflichtet schließlich zu einem gewissen Aufwand. Mein Sohn möchte nicht gern mit einem altmodischen Wagen in den Straßen von Madison City gesehen werden. Und ich selbst wünsche das auch nicht.«

»Der Wagen war meines Wissens kaum ein Jahr alt«, sagte Selby.

»Inzwischen sind neue Modelle auf den Markt gekommen, und mein Sohn hat eben eine Vorliebe für die modernsten Wagentypen. Er ist ja weiß Gott dem Sheriff und dem Staatsanwalt von Madison City keine Rechenschaft darüber schuldig, ob und wann er sich ein neues Auto leistet!«

»George«, sagte Selby, »seien Sie ehrlich: Haben Sie den Wagen nicht doch deshalb verkaufen wollen, weil Sie befürchteten, daß man Ihnen sonst auf die Schliche käme?«

Charles DeWitt Stapleton baute sich vor Selby auf. »Diese Frage ist gänzlich überflüssig. Im übrigen halte ich eine weitere Fortsetzung dieses Verhörs für höchst unangebracht. Mein Sohn hat sich Ihnen gegenüber weitaus höflicher und toleranter verhalten, als ich dies getan hätte. Wäre ich bei Ihrer Ankunft in meinem Haus zufällig zur Stelle gewesen, hätte ich Sie sofort hinausgeworfen. So – und jetzt wünsche ich, daß George wieder zu meinen Gästen zurückkehrt. Wenn Sie ihm noch irgendwelche Fragen stellen wollen, setzen Sie sich bitte mit seinem Anwalt in Verbindung. Komm, George!«

Selby sprang auf und trat auf Charles DeWitt Stapleton zu. »Sie wollen also Ihr gesamtes Ansehen in die Waagschale werfen, um Ihren Sohn zu schützen«, sagte er. »Ich hoffe, Sie sind sich über die Tragweite dieses Schrittes im klaren.«

Stapleton lief rot an. »Ich weiß verdammt genau, was ich tue!« donnerte er. »Ich habe es satt, mich von einem unerfahrenen Staatsanwalt und einem ungehobelten Sheriff schikanieren zu lassen. Sie werden sehr bald merken, was Sie sich eingebrockt haben! Verlassen Sie auf der Stelle mein Haus!«

Brandon war im Begriff, etwas zu erwidern, aber Selby packte ihn am Arm. »Komm, Rex.«

Schweigend stiegen sie in Selbys Wagen.
»Tja«, sagte Sylvia, »da hätten wir die Bescherung.«
»Es tut mir leid, Rex«, meinte Selby, »daß du nun mit hineingeraten bist.«
»Am liebsten hätte ich George in den Wagen verfrachtet«, fauchte der Sheriff, »und ihn zum Verhör ins Gefängnis gebracht.«
»Das würde nichts genützt haben«, sagte Selby. »Er hat sich vorgenommen, den Unschuldsknaben zu spielen. Und letzten Endes ist es womöglich doch nicht sein Wagen gewesen . . .«
Er überlegte, daß er am nächsten Morgen wahrscheinlich einen Katzenjammer haben würde. Aber jetzt war er einfach zu erschöpft, um sich Sorgen zu machen. Er hatte nur den einen Wunsch, auf dem schnellsten Weg ins Bett zu kommen.
»Ich bring dich jetzt zu deinem Wagen zurück«, sagte er zu Brandon. »Und dann legen wir uns erst mal aufs Ohr. Morgen früh sieht vielleicht alles ganz anders aus.«
»Ich glaube kaum, daß ich einschlafen kann, bevor ich weiß, was aus dem bösen Wolf geworden ist«, sagte Sylvia.
»Was meinen Sie denn damit?« fragte Brandon.
Als Selby hinter dem Wagen des Sheriffs hielt, war Sylvia gerade damit fertig, Brandon die Sache mit dem bösen Wolf zu erklären.
»Wir sehen uns also morgen, Rex«, sagte Selby. »Vielen Dank, daß du mitgekommen bist. Aber ich bedaure trotzdem, daß ich es zugelassen habe.«
»Du hättest es doch nicht geschafft, mich daran zu hindern«, erwiderte Brandon. »Übrigens möchte ich dir noch sagen, daß mir das Verschwinden dieses Barmädchens Kopfzerbrechen macht. Von einem Tankwart erfuhr ich, daß er Triggs und Madge Trent heute morgen gegen sechs Uhr in die Stadt fahren sah.«
Mit einem Schlage war Selby wieder hellwach. »Was sagst du da? Triggs hat mir doch erklärt, sie habe zu der Zeit das Haus nicht verlassen!«
»Ich glaube nicht, daß dieser Mann an der Tankstelle sich geirrt hat. Er erkannte sowohl den Wagen als auch die beiden Insassen. Danach sieht es also so aus, als ob *sie* dich vom *All Night Drugstore* angerufen hat. Wenn man sich alles einmal gründlich überlegt, kommt ja auch kaum jemand anders in Frage. Sie wußte, daß du im Leichenschauhaus bist. Nur noch die beiden Mädchen im

Auto-Camp waren darüber informiert. Aber ich möchte wetten, daß Madge Trent und nicht eines dieser Mädchen telefoniert hat.«
»Hör zu, Rex«, sagte Selby. »Wir können in Los Angeles versuchen, vom Fernamt die Nummer zu bekommen, die Triggs vom *Palm Thatch* aus gewöhnlich anrief. Mir schwant, daß er jedesmal, wenn in seinem Lokal etwas zu holen war, jenen Berufsspieler anrief. Handley muß eine Menge über Triggs wissen. Vielleicht können wir ihn zum Reden bringen und ...«
»Du möchtest jetzt also nach Los Angeles fahren, stimmt's?«
Selby nickte.
»Doug und ich werden auf dem Rücksitz schlafen«, sagte Sylvia Martin. »Spielen Sie doch bitte den Chauffeur, Mr. Brandon.«

18

Die Polizeizentrale von Los Angeles glich einem Bienenhaus. Es war ein ständiges Kommen und Gehen. Andauernd stürzten Leute aus dem Gebäude, warfen sich in die bereitstehenden Einsatzwagen und rasten hinaus in die Finsternis. Der leitende Beamte, der den Nachtdienst versah, hörte sich Brandons Bericht an und sagte dann: »Einen Moment, das werden wir gleich haben.« Er drückte auf einen Knopf.
Selby sank in einen Sessel und kämpfte gegen seine Müdigkeit an. Die stickige Büroluft übte nach der langen Fahrt durch die kühle Nacht eine einschläfernde Wirkung auf ihn aus.
Ein Mann mit dem bläßlichen Gesicht von Leuten, die ständig nachts arbeiten, trat ins Zimmer. In seinem Mundwinkel hing eine Zigarette.
»Hier sind ein paar Telefonnummern«, sagte der Wachhabende. »Stellen Sie bitte die Inhaber der Anschlüsse fest. Außerdem gehen Sie unsere Karteien durch und sehen nach, ob ein gewisser Carlo Handley drinsteht. Es kann sich dabei auch um ein Pseudonym handeln. Bringen Sie alle Fotos her, die Sie von schlanken dunkelhaarigen Männern um die Vierzig finden.«
Der Kriminalbeamte drehte sich schweigend um und verließ den Raum. Selby versuchte verzweifelt, sich wach zu halten, aber er spürte, daß alle Bemühungen zum Scheitern verurteilt waren ...
Nach einer Weile erwachte er, weil Brandon ihn an der Schulter rüttelte. »Hör zu, Doug! Wir haben etwas entdeckt!«

Selby betrachtete das Foto, das ihm Brandon hinhielt. »Das ist er!« sagte er verschlafen.
Der diensthabende Beamte horchte auf. Er tippte auf Handleys Foto und sagte: »Dieser Bursche wird schon seit einiger Zeit gesucht. Wir haben die zu den Telefonnummern gehörigen Adressen festgestellt. Vielleicht kommen wir auf diesem Wege weiter.« Er ergriff den Telefonhörer und sagte: »Wenn Steve Blake da ist, schicken Sie ihn zu mir. Legen Sie Vorschlaghämmer, Maschinenpistolen und Tränengas bereit.«
Als er aufgelegt hatte, meinte er: »Man muß bei diesen Brüdern auf alles gefaßt sein.«
Selby wischte sich die Augen und gähnte. Dann grinste er. »Ich komme gegen meine Müdigkeit einfach nicht mehr an.«
»Mein Gott«, sagte Sylvia Martin mitfühlend. »Sie und Sheriff Brandon sind ja schließlich auch seit gestern morgen um vier ständig auf den Beinen. Ich wundere mich überhaupt, daß Sie vor Müdigkeit nicht längst umgefallen sind.«
»Worum geht's denn eigentlich?« fragte der Polizeibeamte.
Selby schmunzelte. »Wir sind hinter einem bösen Wolf her.«
Bevor er eine nähere Erklärung geben konnte, betrat ein untersetzter, breitschultriger Mann das Zimmer und blickte fragend zu den Besuchern hinüber.
»Das ist Steve Blake«, sagte der Polizeibeamte. »Er kennt sich in solchen Sachen aus. Hören Sie, Steve – hier ist eine Karteikarte mit Foto und Fingerabdrücken. Außerdem liegen zwei Adressen bei. Der Bursche, der da abgebildet ist, wird dringend gesucht. Nehmen Sie vier oder fünf Mann mit und machen Sie Jagd auf ihn. Die beiden Herren dort sind der Sheriff aus Madison City und Staatsanwalt Douglas Selby. Den Namen der jungen Dame habe ich leider nicht verstanden.«
»Ich heiße Sylvia Martin und bin Reporterin vom *Clarion*.«
Steve Blake grinste. »Wollen Sie etwa auch mitkommen?«
»Und ob!« rief Sylvia mit blitzenden Augen. »Versuchen Sie ja nicht, mich davon abzuhalten!«
»Nehmen Sie zwei Einsatzwagen«, sagte der diensthabende Beamte. »Ich habe schon Vorschlaghämmer, Maschinenpistolen und Tränengas bereitlegen lassen. Suchen Sie sich Ihre Leute selbst aus.«
»Wissen Sie eigentlich Bescheid, meine Herren, nach welchem Schema diese Berufsspieler arbeiten?« fragte Blake.
»Nein, offen gestanden nicht«, erwiderte Selby. »Ich nehme jedoch

an, daß dieser Handley mit Triggs unter einer Decke steckt. Triggs hat ihn aller Wahrscheinlichkeit nach immer dann angerufen, wenn mit einem einträglichen Spiel zu rechnen war.«
»Diese Gangster arbeiten nie allein«, sagte Blake. »Sie drehen ihre krummen Dinger immer zu zweit. Der eine tritt meistens als reicher Mann auf, der sich vom Geschäftsleben zurückgezogen hat und nur wegen des prickelnden Reizes am Spieltisch erscheint. Er tut, als ob es ihm überhaupt nichts ausmacht, wenn er verliert. Er mimt den reichen, gutmütigen Onkel, der ausgenommen wird, und animiert dadurch die übrige Runde zu hohen Einsätzen. An den Berufsspieler verliert er natürlich nur pro forma.«
Selby und Brandon blickten sich an. »Ja, das stimmt!« rief Selby dann. »In unserem Fall hat sich das genau so abgespielt. Wenn Handley kam, saß bereits immer ein gewisser Morley Needham am Spieltisch, der sich als Makler im Ruhestand ausgab ...«
»Kommen Sie«, sagte Blake. »Wir werden den Burschen jetzt ihr Handwerk legen.«
Er führte die drei in einen Nebenraum, wo bereits einige Männer damit beschäftigt waren, Maschinenpistolen zu laden. Man sah ihnen an, daß für sie jeder Handgriff Routine war. Steve Blake schulterte einen schweren Vorschlaghammer und sagte: »Die Reise kann losgehen!«
Sheriff Brandon nahm auf dem Vordersitz neben Steve Blake Platz. Selby und Sylvia Martin setzten sich in den Fond des Polizeiwagens. Das Einsatzkommando bestieg das zweite Fahrzeug. Die Motoren heulten auf, und dann fegten die schweren Wagen mit quietschenden Reifen davon.
Blake schaltete Rotlicht und Sirene ein. Überall fuhren die Autos rechts heran. Nach einer wilden Jagd durch das Stadtzentrum sagte Blake schließlich: »So, jetzt will ich die Sirene und das Rotlicht lieber ausschalten. Die Kerle sollen nicht gewarnt werden.«
Sie fuhren nun in mäßigem Tempo weiter. Der zweite Wagen blieb ihnen hart auf den Fersen.
»Achten Sie auf die Hausnummern«, sagte Blake zu Brandon. Brandon kurbelte das Seitenfenster herunter und steckte den Kopf hinaus. Blake schaltete für einen Moment einen Suchscheinwerfer ein, der an der Häuserfront entlangglitt.
»Hier ist hundertneunundsechzig«, sagte Brandon.
Die Wagen schlichen mit zwanzig Stundenkilometer die Straße entlang. Schließlich bogen sie um eine Kurve. Blake schaltete den Motor aus und ließ den Wagen langsam am Bürgersteig entlang-

rollen. Vor einer großen Villa, deren Fenster unbeleuchtet waren, hielt er an.
»Es scheint, als ob wir Pech hätten«, sagte er. »Vielleicht haben wir bei den anderen Adressen mehr Glück. Schließlich ist das ja nicht weit von hier.«
Sylvia Martin gähnte. »Ach, Doug, das ist zwar alles sehr aufregend, aber ein kleines Nickerchen könnte mir trotzdem nicht schaden.«
Selby wollte gerade etwas erwidern. Da bemerkte er etwas, das ihn stutzig machte.
»Warten Sie einen Augenblick!« sagte er zu Blake. »Sehen Sie alle die Autos, die da drüben parken?«
Blake machte die Tür auf und sagte: »Na also!«
Auch aus dem zweiten Wagen stiegen die Männer aus und begannen sofort die Villa zu umzingeln.
Blake ging mit Selby, Brandon, Sylvia Martin und einem Beamten auf die Haustür zu. Er drückte auf einen Knopf. Man hörte, wie es drinnen klingelte. Aber nichts rührte sich. Blake drückte abermals auf den Klingelknopf. Ohne daß irgendwelche Schritte oder andere Geräusche zu vernehmen waren, wurde plötzlich in der Türfüllung eine Klappe herabgelassen. Drinnen war es finster. Schemenhaft tauchte das Gesicht eines Mannes in der Öffnung auf.
»Was wollen Sie hier?« fragte er.
»Wir wollen hinein«, erwiderte Blake trocken.
»Wer sind Sie?«
»Kriminalpolizei. Kommissar Blake.«
»Was, Polizei?«
»Jawohl.«
»Sie dürfen nicht rein.«
»Wer sagt das?«
»Ich. Haben Sie einen Haussuchungsbefehl?«
»Ich habe einen Vorschlaghammer und Tränengas. Genügt Ihnen das?«
»Damit können Sie mir nicht imponieren!« sagte der Mann und begann die Klappe zu schließen.
Blake holte mit dem Vorschlaghammer aus und sagte: »Na, wird's bald?«
Der Mann zögerte einen Moment und schlug dann die Klappe zu. Blake ließ den Vorschlaghammer auf den Türgriff hinabsausen. Das war das Signal für die Leute, die sich auf der Rückseite des Hauses postiert hatten. Mit wuchtigen Schlägen hämmerten sie

gegen die Tür des Hinterausgangs. Blake zertrümmerte das Schloß der Haustür. Sie hielt aber noch stand, weil innen ein Querbalken vorgelegt war. Blake schlug die Füllung entzwei und ließ seinen Hammer auf den Balken niedersausen. Man hörte von drinnen Stimmengewirr, eilige Schritte und das Kreischen einer Frau. Schließlich hatte Blake es geschafft: Die Tür flog auf. Als sie hineinstürmten, sahen sie von der Treppe her einen schwachen Lichtschimmer. Blake rannte hinauf in den ersten Stock. Oben kauerten in einem kleinen Zimmer einige Frauen im Abendkleid. Selby hörte unten im Erdgeschoß ein Durcheinander von Männerstimmen. Blake stürzte sofort hinunter und stieß eine Tür auf. Eine Anzahl Männer in dunklen Anzügen starrte ihn konsterniert an. Sie waren gerade dabei, durch einen Schacht, der durch eine Wandtür getarnt war, allerlei Gegenstände hinauszubefördern. Einer der Männer hatte eine Roulettschale in der Hand. Er zögerte einen Moment und eilte dann auf die Schachtöffnung zu.
»Her damit, mein Lieber!« rief Blake und vertrat ihm den Weg. Der Mann versuchte, die Roulettschale in den Schacht zu werfen. Krachend fuhr im Blakes Faust unters Kinn.
»Laß den Unfug«, sagte Blake ruhig, während der Mann mit blutendem Mund zurücktaumelte.
Die Roulettschale war zu Boden gefallen. Blake ging zur Wand und schloß die Schachtöffnung. »Keine dumme Idee«, sagte er. »Wo endet der Schacht denn – im Keller oder in einer Stahlkammer?«
Keiner sagte ein Wort. Irgendwo im Korridor fiel eine Tür ins Schloß. Dann hörte man eilige Schritte. Ein Mann stürzte ins Zimmer und rief: »Was erlauben Sie sich! Das ist eine Privatwohnung. Sie können doch nicht . . .«
»Sieh mal einer an!« sagte Blake. »Wenn ich mich nicht irre, ist das unser alter Freund Chicago Dick, alias Carlo Handley, nicht wahr? Sie haben eine hübsche kleine Betrugsaffäre in San Francisco auf dem Kerbholz, und in Illinois ist man sogar wegen Totschlags hinter Ihnen her!«
Selby grinste. »Erinnern Sie sich daran, Handley, daß ich mit Ihnen jede Wette eingehen wollte, weil ich überzeugt war, daß über Sie bereits eine Akte bei der Polizei existiert?«
Handley starrte Selby haßerfüllt an. Hinter ihm tauchte Morley Needham in der Tür auf.
»Immer hereinspaziert, meine Herrschaften!« rief Sheriff Brandon grinsend.
Blake tastete die beiden Männer blitzschnell nach Waffen ab und

sagte dann: »Wo ist das Telefon?«
»Hinten im Büro.«
Sie gingen den Korridor hinunter und stießen in einem Zimmer am Ende des Ganges auf einen korpulenten Mann mit wulstigen Lippen, roten Backen und vorquellenden Augen. Er saß hinter einem Schreibtisch und tat, als ob ihn alles nichts anginge. Er war emsig damit beschäftigt, verschiedene Papiere im Kamin zu verbrennen.
»Schluß damit!« rief Blake.
Handley, den sie mitgenommen hatten, sagte: »Das hat uns Triggs eingebrockt!«
Der Dicke stöhnte. »Ich habe euch doch gesagt, daß ihr euch vor den Kleinstädtern in acht nehmen sollt ...«
»Wußten Sie, daß bei der Polizei über Handley bereits eine Akte existiert?« fragte Blake.
»Nein, ich weiß über ihn kaum Bescheid.«
Blake grinste. »Packen Sie Ihre Siebensachen und kommen Sie mit.«
Handley wandte sich blitzschnell zu Needham um und flüsterte hastig: »Das Ganze ist ein Bluff. Laß dich nicht einschüchtern!«
Mit eisenhartem Griff packte Blake ihn am Kragen und stieß ihn gegen die Wand. »Schluß jetzt!«
Dann ging er gelassen zum Telefon, wählte eine Nummer und sagte: »Schickt einen Lastwagen her. Wir haben einen Haufen Leute einkassiert.«

19

Selby, der mittlerweile zwar wieder hellwach geworden war, aber unter Kopfschmerzen litt, saß im Büro des leitenden Polizeileutenants. Brandon schien überhaupt keine Ermüdungserscheinungen zu verspüren. Er drehte sich eine Zigarette und betrachtete Selby. Sylvia Martin sah bleich und abgespannt aus. Aber sie saß beherrscht da und hielt Papier und Bleistift bereit, um jederzeit Dinge notieren zu können, die für die Leser des *Clarion* von Interesse sein konnten.
»Tja, wir verfügen also über Schuldscheine mit George Stapletons Unterschrift«, sagte der Lieutenant, »die auf insgesamt zwanzigtausend Dollar lauten. Ferner hat er seinen ihm eines Tages zufließenden Erbteil im voraus verpfändet und ...«

»Ich bin überzeugt«, sagte Selby, »daß diese beiden Gangster etwas verschweigen. Sie wissen bestimmt einiges über Triggs und das Barmädchen.«

»Versuchen Sie doch, etwas aus ihnen herauszukriegen. Wir haben sie getrennt inhaftiert.«

Selby starrte versonnen auf Brandons Zigarette und sah dem aufkräuselnden Rauch nach. »Ich glaube zu wissen«, sagte er dann, »was sich abgespielt hat. Aber das Problem ist eben, wie man es beweisen soll.«

»Wenn Sie das Gefühl haben, daß es eine Entführung ist«, sagte der Kriminallieutenant, »bin ich bereit, zum äußersten Mittel zu greifen. Wir halten zwar nichts vom Prügeln, könnten den Brüdern aber trotzdem die Hölle heiß machen.«

»Ich glaube, das würde uns gar nichts nützen«, sagte Selby. »Wie wäre es aber, wenn wir Needham gegenüber behaupteten, Handley habe gestanden?«

Der Lieutenant schüttelte den Kopf. »Der Trick zieht nicht mehr. Früher konnte man damit eine Menge erreichen, aber heutzutage fallen nur noch Dummköpfe darauf herein. Solche abgebrühten Jungen lassen sich den Bären nicht mehr aufbinden.«

»Ich glaube gar nicht, daß die Brüder so ausgekocht sind«, sagte Brandon.

»Needham ist derjenige, den man in die Zange nehmen muß«, meinte der Lieutenant. »Handley hat ein zu dickes Fell. Der gibt sich nicht so schnell geschlagen. Das beweist seine Akte. Für uns dreht sich aber alles um ihn. Needham dagegen scheint der Polizei noch nie aufgefallen zu sein. Wahrscheinlich werden wir später entdecken, daß er auch schon allerhand auf dem Kerbholz hat, aber im Moment liegt gegen ihn kein Fahndungsersuchen vor. Wenn Sie also der Meinung sind, daß irgendein Verbrechen, das in Ihrem Bezirk begangen wurde, auf sein Konto kommt, können Sie ihn ja in Gewahrsam nehmen. Ich würde ihn dann an Sie übergeben. Wenn Sie die Verantwortung dafür tragen, ist mir egal, was mit ihm passiert. Aber Sie müssen ihn mit nach Madison City nehmen.«

»Hören Sie«, sagte Selby, »bei uns im Gefängnisbüro befindet sich ein Telefonapparat, der mit einer Verstärkeranlage versehen ist. Man kann auf diese Weise alles, was der Teilnehmer am anderen Ende der Leitung sagt, im ganzen Büro mithören. Wir werden Needham dort im Büro ins Verhör nehmen. Um Punkt zwanzig nach sieben rufen Sie mich an und sagen mir genau das, was wir

vorher verabreden. Könnten Sie mir diesen Gefallen tun?«
»Wenn Sie mir den Text aufschreiben, gern.«
»Wo ist hier eine Schreibmaschine?«
Der Lieutenant führte ihn hinaus ins Vorzimmer. Sylvia Martin folgte ihnen und sagte: »Doug, Sie sind doch so müde. Diktieren Sie mir den Text!«
Selby schüttelte den Kopf. »Nein, das schreibe ich lieber selbst. Ich muß ihn mir genau überlegen. Und nehmen Sie es mir bitte nicht übel, Sylvia – ich möchte auch nicht, daß jemand anders weiß, wie dieser Text lautet.«
»Bitte, wie Sie wollen, Doug. Wenn ich Ihnen helfen kann, geben Sie mir nur Bescheid.«
Selby nickte, spannte einen Bogen in die Maschine und begann zu tippen. Er arbeitete eine halbe Stunde an dem Text. Als er fertig war, steckte er den Bogen in einen Umschlag und klebte ihn zu.
»Öffnen Sie das bitte erst, wenn Sie mich anrufen«, sagte er zum Lieutenant. »Und sehen Sie zu, daß es möglichst überzeugend klingt!«
»Ich werde darauf achten, daß ich Sie pünktlich anrufe«, versicherte der Lieutenant. »Kann ich sonst noch etwas für Sie tun?«
»Nein, vielen Dank. Nehmen Sie aber Handley weiter in die Zange!«
»Keine Sorge! Ich habe ein paar Leute auf ihn angesetzt, die ihn nach allen Regeln der Kunst ausquetschen. Das Dumme bei dieser pausenlosen Fragerei ist nur, daß die Brüder allmählich merken, wie sehr wir im dunkeln tappen. Das gibt ihnen den Mut, alles über sich ergehen zu lassen.«
»Wenn der Fall so liegt, wie ich annehme«, sagte Selby, »wird Handley bestimmt darauf bauen, daß für Needham eine Kaution gestellt wird, damit er auf freien Fuß kommt.«
Der Lieutenant nickte. »Ich habe auch das Gefühl, daß es besser ist, wenn Sie Needham gleich mitnehmen.«
Sie gingen einen Korridor entlang und betraten ein kleines Zimmer. Needham hockte ziemlich erschöpft in einem Sessel. Eine starke Glühbirne beleuchtete sein Gesicht. Im Lichtschatten saßen zwei Männer.
»Ist die Kaution schon eingetroffen?« fragte er, als er Brandon erblickte.
»Nein.«
»Ich wette mit Ihnen, daß innerhalb der nächsten dreißig Minuten Kaution für mich gestellt wird!«

»Das würde Ihnen gar nichts nützen«, erwiderte Brandon. »Sie kommen jetzt nämlich mit nach Madison City.«
»Was liegt dort schon gegen mich vor! Sie können mir bestenfalls ein Verfahren wegen dieser lächerlichen Spielaffäre anhängen!«
»Da irren Sie sich gründlich«, sagte Selby. »Wir werden Sie wegen Mordverdacht in Untersuchungshaft stecken. Glauben Sie bloß nicht, daß Ihnen in so einem Fall eine Kaution auch nur das geringste nützen würde! Und jetzt strecken Sie die Arme aus!«
Needham war verblüfft. »Was wird hier gespielt?« brüllte er dann. »Sie können doch nicht . . .«
Brandon packte seine Arme und legte ihm Handschellen an. »Und ob wir das können, mein Lieber! Los, kommen Sie!«
»Jetzt verstehe ich, was Sie vorhaben! Sie wollen mich bei Ihnen einsperren, weil Sie glauben, daß mir meine Freunde dort nicht helfen können. Aber bilden Sie sich ja nicht ein, daß Sie Ihren Zweck erreichen. Handley wird dafür sorgen, daß man erfährt, wo ich festgehalten werde. Das ist ein ganz fauler Trick von Ihnen, aber Sie Trottel werden damit kein Glück haben!«
»Los, stehen Sie auf.«
Sie stiegen in Brandons Wagen. Während Sylvia Martin vorn Platz nahm, setzte sich Selby mit dem Gefangenen nach hinten. Needham sagte während der ganzen Fahrt nach Madison City nicht ein Wort.
Als Selby feststellte, daß es keinen Zweck hatte, Needham mit Fragen zu traktieren, begann er vor sich hinzudösen. Nach einer Weile bot er Brandon an, ihn am Steuer abzulösen, aber der Sheriff lachte nur. »Ach, von mir aus kann es noch achtundvierzig Stunden so weitergehen. Aber du machst einen völlig erledigten Eindruck, Doug! Du mußt eben noch dreißig Jahre älter werden; dann wirst du auch abgehärtet sein.«
Selby kam es vor, als ob diese Nachtfahrt überhaupt kein Ende nehmen wollte. Er war so übermüdet, daß ihm sein Kopf zu zerspringen drohte. Aber er hatte das Gefühl, nun des Rätsels Lösung in der Hand zu haben. Eine andere Erklärung konnte es einfach nicht geben. Sollte seine Theorie trotzdem nicht stimmen, so war ihm klar, daß die Presse über ihn herfallen würde. Charles DeWitt Stapleton würde erbarmungslos Rache an ihm nehmen . . .
Schließlich hielt der Wagen vor dem Gefängnis von Madison City. Brandon öffnete die hintere Autotür. Needham stieg aus, betrachtete das Gebäude mit spöttischer Miene und sagte: »Ich wette, daß Sie mich nicht länger als eine halbe Stunde hier festhalten können.

Im übrigen verlange ich, auf der Stelle mit meinem Anwalt telefonieren zu können.«
»Wer ist denn Ihr Anwalt?«
»Sam Roper.«
Brandon grinste und führte Needham die Treppe hinauf. Der Nachtpförtner öffnete. Eine Woge stickiger Luft schlug ihnen entgegen. Es roch süßlich nach Desinfektionsmitteln.
»Ich wünsche sofort meinen Anwalt zu sprechen«, wiederholte Needham.
»Es besteht kein Anlaß, Ihren Anwalt anzurufen«, sagte Brandon. »Sie befinden sich ja noch nicht in Haft.«
»Dann lassen Sie mich auf der Stelle frei!«
»Seien Sie nicht so ungeduldig! Das ist schlecht für Ihren Blutdruck.«
Sie ließen Needham mit einem Gefängnisbeamten im Gefängnisbüro und begaben sich in ein kleines Zimmer, um eine Tasse Kaffee zu trinken.
»Erklären Sie mir bitte«, sagte Sylvia, »was Ihnen eigentlich vorschwebt.«
»Ich glaube«, erwiderte Selby, »daß diese beiden Männer etwas mit dem Verschwinden des Barmädchens zu tun haben.«
»Wie kommen Sie darauf?«
»Needham und Handley waren anwesend, als Brandon ihr erklärte, sie habe mich angerufen, um mir zu sagen, daß ein Mord geschehen sei. Angenommen, sie wollte mich auf die Spur der beiden führen und ...«
»Ich bedaure jetzt wirklich, daß ich zum *Palm Thatch* gefahren bin«, sagte Brandon. »Das war die größte Dummheit, die ich begehen konnte.«
»Das ist nun nicht mehr zu ändern, Rex. Jedenfalls waren zu dem Zeitpunkt Needham, Handley, Triggs und das Barfräulein im *Palm Thatch*. Triggs wußte offenbar, daß Madge Trent jemanden anrief, denn er ist ja mit ihr in die Stadt gefahren. Ob er darüber informiert war, *wen* sie anrief, bleibt dahingestellt. Jedenfalls wird er über den von dir geäußerten Verdacht nicht allzu erstaunt gewesen sein. Die Tatsache, daß Madge Trent nicht wagte, an Ort und Stelle zu telefonieren, sondern deshalb extra in die Stadt fuhr, läßt erkennen, daß sie erstens nicht als Anruferin identifiziert werden wollte und zweitens offenbar Angst hatte, daß jemand sie belauschen könnte. Needham und Handley hörten nun, wie du ihr auf den Kopf zusagtest, daß sie telefoniert habe. Daraufhin stritt

Madge Trent das zwar ab, aber sie wußte, daß die beiden ihr diese fromme Lüge niemals glauben würden. Deshalb schützte sie einen hysterischen Anfall vor, lief hinauf in ihr Zimmer und schloß sich ein. Dann überlegte sie eine Weile und beschloß, sich über das Dach aus dem Staube zu machen.«

»Und was passierte Ihrer Ansicht nach dann?«

Man hörte Schritte auf dem Korridor. Der diensttuende Beamte der Gefängnisverwaltung trat ein und sagte: »Da ist ein Anruf für Mr. Selby aus Los Angeles.«

Selby blickte auf die Uhr, setzte seine Kaffeetasse ab und sagte: »Leute, jetzt wird's spannend!«

Sie eilten den Korridor entlang. Im Büro starrte Needham mit mürrischer Miene vor sich hin und sagte kein Wort. Selby nahm den Telefonhörer auf. »Hallo, hier Selby.«

Die Stimme am anderen Ende der Leitung drang so laut aus dem Hörer, daß alle sie verstehen konnten.

»Hier Lieutenant Rockaway, Los Angeles. Wir haben uns seit Ihrer Abfahrt eingehend mit Handley beschäftigt. Schließlich hat er kapituliert.«

»Ich hatte gedacht, er würde stur bleiben«, erwiderte Selby mit einem Seitenblick auf Needham. Der schien auf diesen Blick gewartet zu haben, denn seine Miene zeigte spöttische Verachtung.

Selby hielt seine Hand über die Muschel und sagte hastig zu Brandon: »Handley hat gestanden!«

Needham lachte höhnisch. »Warum laßt ihr Esel euch nicht mal was Neues einfallen? Der Trick ist uralt!«

»Mr. Rockaway, berichten Sie mir bitte die Details«, sagte Selby.

»Nun, Handley machte zunächst einen hartgesottenen Eindruck. Aber dann hat er sich anscheinend alles überlegt und darauf verzichtet, für Needham den Prügelknaben zu spielen. Die Sache hat sich folgendermaßen abgespielt: Der junge Stapleton saß in San Diego in volltrunkenem Zustand am Steuer eines Wagens. Er überfuhr eine junge Frau und verletzte sie schwer. Daraufhin bekam er es mit der Angst zu tun und beging Fahrerflucht. Die junge Frau starb kurz darauf. Ihr Vater war der Mann, den man bei Ihnen in Madison City tot im Bungalow gefunden hat. Er konnte von seiner sterbenden Tochter noch so viel über die Autonummer erfahren, daß er erkannte, aus welcher Gegend der Wagen stammte. Sie besann sich auch noch darauf, daß es ein eleganter roter Sportwagen gewesen war. Er überlegte sich, daß er ihn wahrscheinlich erkennen würde, wenn er ihn auf der Straße sähe, und hielt deshalb in der Umgebung von Madison City Ausschau danach. Gestern abend hatte er endlich Glück. Er entdeckte nämlich den Wagen in einem Garagenschuppen des *Palm Thatch.* Daraufhin suchte er den Wagen nach Unfallspuren ab. Da der junge Stapleton das Auto inzwischen verkauft hatte, besaß er ein neues Kennzeichen. Der Vater des überfahrenen Mädchens war daher seiner Sache noch nicht ganz sicher.«

»Ja, ja«, sagte Selby gespannt, »das leuchtet mir alles ein. Weiter!«

»Handley und Needham kamen von Los Angeles herüber. Triggs hatte sie benachrichtigt, daß ein paar Leute kommen würden, bei denen etwas zu holen sei. Needham traf als erster ein und bemerkte, daß sich jemand im Schuppen an dem Wagen zu schaffen machte. Er dachte zunächst, der alte Mann wolle den Wagen stehlen, und stellte ihn zur Rede. Daraufhin bekannte der Mann Farbe und erzählte Needham, weshalb er sich so für den Wagen interessierte. Er sagte, sein Name sei Watkins. Er habe den Wagen als das Fahrzeug identifiziert, von dem seine Tochter überfahren worden sei, und wünsche nun, die Polizei zu informieren. Es ist natürlich möglich, daß einzelne Details nicht stimmen, weil Handley wahrscheinlich versuchen wird, sich reinzuwaschen – hier ist jedenfalls seine Version der weiteren Vorgänge: Er und Needham verfügten über einen Haufen Schuldscheine von George Stapleton. Sie wußten, daß Stapletons Vater, wenn sein Sohn ins Gefängnis wanderte, niemals dessen Spielschulden begleichen würde. Sie konnten also nur zu ihrem Geld kommen, wenn sich Stapleton junior auf freiem Fuß befand und seinem Vater nach und nach das Geld aus der Tasche zog. Ferner hatte der junge Stapleton ihnen im voraus sein gesamtes Erbteil übereignet. Handley hat sich nun offenbar zum Geständnis entschlossen, weil er keine Lust hatte, für Needham die Kastanien aus dem Feuer zu holen. Er und Needham wußten anscheinend, daß Stapleton den Wagen verkauft hatte, weil sie bereits seit vier bis sechs Wochen mit ihm spielten. Da Needham immer etwa eine halbe Stunde vor Handley eintraf und nicht wußte, was er mit dem Mann anfangen sollte, beschloß er, Handleys Ankunft abzuwarten. Er sperrte den Mann also in den Garagenschuppen ein. Watkins hatte den Motor bereits angelassen, um mit dem Wagen zur Polizei zu fahren. Needham stellte den Motor jedoch nicht ab. Er fesselte den alten Mann und ließ ihn im geschlossenen Schuppen liegen. Dann ging er ins *Palm Thatch* und wartete Handleys Ankunft ab. Die beiden gingen dann unauffällig

zum Schuppen hinaus und wollten mit dem Vater des überfahrenen Mädchens reden. Inzwischen hatte jedoch das Kohlenmonoxydgas, das dem Auspuff entströmte, den Mann getötet. Needham und Handley waren jetzt in einer verzwickten Lage. Sie beschlossen, daß es besser sei, Stapleton herauszurufen und ihm mitzuteilen, was passiert sei. George Stapleton hatte dann eine raffinierte Idee. Ein paar Freunde von ihm waren in einem Bungalow im Keystone-Auto-Camp eingezogen. Ihre Mädchen, mit denen sie sich auf dem Wege zu einer Segelpartie befanden, waren bereits zu Bett gegangen. Die Jungen wollten jedoch die Nacht durchfeiern. Stapleton wußte das alles. Dieser Bungalow war der einzige Ort, wo sie die Leiche hinschaffen konnten, ohne daß die Runde im *Palm Thatch* damit in Verbindung gebracht würde. Die drei stellten also den Motor ab, schleppten die Leiche aus dem Schuppen und brachten sie mit Stapletons neuem Wagen zum Bungalow. Needham kam auf eine schlaue Idee: Eine Kohlenmonoxydvergiftung hat natürlich immer die gleiche Wirkung – egal, aus welcher Quelle das Gas auch stammt. Needham sagte also: ›Wir werden es so drehen, daß man denkt, der alte Mann habe in den Bungalow eingebrochen, um auf jemanden zu warten, den er umbringen wollte. Während er wartete, wäre er dann durch das aus dem Ofen ausströmende Gas gestorben.‹
Gesagt, getan – sie setzten also den Gasofen in Betrieb, holten aus der Tasche des Toten einen Bleistift und schrieben in Druckbuchstaben etwas auf einen Zettel, das den Anschein erweckte, als habe er jemandem aufgelauert. Needham hatte einen Revolver bei sich. Sie wischten die Fingerabdrücke von der Waffe ab und drückten sie dem Toten in die Hand. Dann schleppten sie ihn hinter den Ankleidetisch. Aber sie machten einen Fehler: Die ganze Sache hatte ihnen so sehr auf den Magen geschlagen, daß sie schnell ein Glas trinken wollten. Im Handschuhkasten des Stapletonschen Wagens lag eine Flasche Whisky. Stapleton hatte sie am Geburtstag seines Vaters geklaut. Außerdem lagen im Auto ein paar Gläser. Sie labten sich also jeder an einem großen Glas Whisky. Als sie dann den Bungalow verließen, vergaßen sie in der Aufregung, Flasche und Gläser wieder mitzunehmen. Handley schiebt nun die Schuld auf Needham ab, der seiner Ansicht nach den Motor absichtlich während der halben Stunde habe laufen lassen, weil das genügte, um den Mann aus dem Weg zu schaffen. Er hat ja schon einiges auf dem Kerbholz und will auch eine Strafe wegen des Spielvergehens in Kauf nehmen, aber ihm geht es vor allem

darum, nicht als Komplice in eine Mordaffäre verwickelt zu werden. Wenn man ihm zusichert, daß er nicht zu hart bestraft wird, ist er bereit, als Belastungszeuge gegen Stapleton und Needham aufzutreten und . . .«

»Er lügt!« schrie Needham mit gellender Stimme. »*Ich* bin von *ihm* in diese Sache hineingezerrt worden! Ich wollte nichts damit zu tun haben!«

Selby legte den Hörer auf. Sylvia Martin begann mitzustenografieren.

»Carlo Handley ist an allem schuld!« brüllte Needham. »Er kam eine halbe Stunde vor mir an und entdeckte den Mann in Cuttings' Wagen. Carlo glaubte, er wollte das Auto stehlen, aber der Alte erzählte ihm seine Geschichte und erklärte, daß er jetzt mit dem Wagen zur Polizei fahren würde. Es war ihm gelungen, den Motor in Gang zu bringen, indem er das Zündschloß überbrückte. Der junge Stapleton hatte uns bereits berichtet, daß er in San Diego eine Frau überfahren hatte. Wir rieten ihm, den Wagen zu verkaufen und dafür zu sorgen, daß er aus der Gegend verschwand. Der Bursche hatte riesige Schulden bei uns. Wir konnten es einfach nicht zulassen, daß er eingesperrt würde. Handley hatte dem Alten eine Ohrfeige versetzt und ihn dann bei laufendem Motor im Schuppen eingesperrt. Dann kam er zu uns herein, und wir fingen an zu spielen. Eine halbe Stunde später ging er hinaus und stellte den Motor ab. Als er wiederkam, berichtete er, daß er im Schuppen einen Mann gefunden habe, der durch die Auspuffgase des Motors getötet worden sei. Er stellte sich ganz ahnungslos.«

»Gut, Needham«, sagte Selby, »und nun erzählen Sie uns, wie es weiterging.«

Es bedurfte dieser Aufforderung nicht, um Needham zum Sprechen zu veranlassen. Sein Gesicht zuckte vor Nervosität, während er seine Anklagen gegen Handley hinausschrie.

»Wenn Sie mir nicht glauben«, rief er, »fahren Sie zu Handleys Schlupfwinkel, einem kleinen Bungalow in der South Figuerosa Street! Ich gebe Ihnen die Adresse. Im Keller finden Sie Madge Trent. Wir wußten es zunächst auch nicht – aber sie ist Handley gefolgt, als er hinaus in den Schuppen ging, um den Motor abzustellen. Sie *muß* es getan haben, weil sie Sie ja im Leichenschauhaus angerufen hat. Der Sheriff sagte ihr das auf den Kopf zu. Ihr war daraufhin klar, daß Handley versuchen würde, sich an ihr zu rächen. Sie kletterte deshalb aus dem Fenster und kam bis zur Autostraße. Handley hatte nämlich sofort gewittert, was sie vorhatte, und wartete dort schon auf sie. Er gab ihr ein starkes Betäubungsmittel. Dann brachten wir sie nach Los Angeles. Bevor wir in den Spielklub fuhren, jagte er ihr noch eine Spritze in den Arm. Zu uns sagte er dann, daß sie auf diese Weise so lange betäubt bleiben würde, bis wir entschieden hätten, was mit ihr geschehen sollte. Aber ich wußte, was er beabsichtigte: Er würde sie schließlich mit einer Überdosis dieses Betäubungsmittels ins Jenseits befördern und ihre Leiche dann . . .«

»Wie lautet die Adresse dieses Bungalows?« fragte Selby und griff hastig nach dem Telefonhörer.

20

Als Sylvia Martin Needhams Geständnis abgetippt hatte, sandte die Morgensonne ihre ersten Strahlen durch die Gefängnisfenster.

»Bitte, lesen Sie es durch«, sagte Selby zu Needham, »und vergewissern Sie sich, daß alles stimmt. Dann setzen Sie Ihre Unterschrift darunter und bekunden ausdrücklich, daß es sich um ein freiwilliges Geständnis handelt, das ohne Druckmaßnahmen oder Versprechungen meinerseits von Ihnen abgelegt wurde. Ich möchte nicht, daß Sie Ihre Unterschrift leisten, wenn nicht jedes Wort stimmt.«

»Es stimmt leider alles haargenau«, sagte Needham. Er zog einen Füllfederhalter hervor und wollte unterschreiben. Selby nahm ihm den Füller aus der Hand und sagte: »Nein, lesen Sie den Text bitte erst durch!«

Sylvia Martin lehnte sich in ihrem Sessel zurück und schloß für einen Moment die Augen. Brandon rauchte eine selbstgedrehte Zigarette und betrachtete Needham, während dieser sein Geständnis durchlas. Selby stopfte sich müde eine Pfeife. Er war so erschöpft, daß er nicht einmal mehr für ein paar Augenblicke vor sich hindösen konnte. Er steckte die Pfeife in Brand, stand auf und wanderte umher. Nervös sog er die Tabakswolken ein. Needham hatte mittlerweile seine Lektüre beendet und sagte: »Ja, genau das habe ich gesagt. So und nicht anders hat sich alles zugetragen.«

Er setzte seinen Namen darunter und fügte hinzu, daß er diese Unterschrift aus freiem Willen leistete.

»Und nun lassen Sie uns noch einen Punkt klären«, sagte Selby. »Der junge Stapleton kam doch erst zum Schuppen hinaus, als der

Mann schon tot war, nicht wahr?«
»Ja, *ich* wußte was passiert war, aber George Stapleton hatte keine Ahnung, daß der Mann von Handley ermordet worden war. Handley behauptete, seine Leiche entdeckt zu haben. Es war nicht klug, den jungen Stapleton über den wahren Sachverhalt aufzuklären, weil er uns dann völlig in der Hand gehabt hätte. Man kann nicht zwanzigtausend Dollar von jemandem kassieren, der einen jederzeit an den Galgen bringen kann. Wir redeten Stapleton ein, daß es unter den herrschenden Umständen besser wäre, wenn der Mann woanders gefunden würde. Er selbst kam dann auf die Idee, die Leiche in den Bungalow zu schaffen.«
Selby blickte zu Brandon hinüber.
»Gut«, sagte der Sheriff. »Das genügt uns.«
Needham wurde in eine Zelle gebracht. Selby fuhr sich über sein stoppliges Kinn und sagte: »Ich glaube, es ist höchste Zeit, daß ich mich rasiere, Rex.«
»Ihr kommt jetzt mit mir nach Haus«, sagte Brandon. »Meine Frau bereitet uns ein Frühstück. Dann könnt ihr ein heißes Bad nehmen, und du rasierst dich, Doug.«
»Ob uns Ihre Frau wohl Rührei mit Schinken spendiert?« fragte Sylvia.
Brandon nickte.
Sylvia blickte auf ihre Armbanduhr und meinte dann: »Ich würde so gern noch hören, was der Lieutenant in Los Angeles über . . .«
Das Telefon klingelte. Rockaway war am Apparat.
»Sagen Sie, Selby – kennen Sie einen gewissen Ross Blaine?«
»Ja.«
»Was halten Sie von ihm?«
»Ach, er hat mal eine Dummheit begangen, aber das ist mittlerweile erledigt. Der Junge ist in Ordnung.«
»Tja«, sagte der Lieutenant, »dieser Blaine scheint in Madge Trent – das Barfräulein, nach dem Sie fahnden – verliebt zu sein. Sie hat Ihnen ja telefonisch mitgeteilt, daß ein Mord begangen worden sei, mußte ihr Gespräch aber abbrechen, weil draußen irgend etwas passiert war. Der Bursche, der den Wagen steuerte, bekam es mit der Angst zu tun und hupte. Sie hängte daraufhin hastig ein und eilte hinaus zum Wagen. Anschließend begab sie sich zurück zum *Palm Thatch*. Kurz darauf kam Sheriff Brandon und sagte ihr auf den Kopf zu, daß sie bei Ihnen angerufen habe. Die beiden Männer, wegen denen sie angerufen hatte, konnten hören, was der Sheriff sagte. Madge Trent wußte, daß man sie auf der Stelle

umbringen würde. Deshalb stürmte sie die Treppe hinauf und schützte einen hysterischen Anfall vor. Anscheinend hatte dieser Triggs noch mehr Angst als Madge Trent, daß aufkommen würde, *wer* Sie angerufen habe. Das Mädchen kletterte jedenfalls aus dem Fenster und bat dann von einer Telefonzelle aus Ross Blaine, ihr nachzukommen. Blaine borgte sich Stapletons Wagen und fuhr zu der verabredeten Stelle, aber Madge war verschwunden. Offenbar war Handley ihm zuvorgekommen. Er hatte sie in seinen Wagen verfrachtet, mit einer starken Dosis Morphium betäubt und dann in die Stadt gebracht. Er muß fünf oder zehn Minuten vor Blaine losgefahren sein. Der Junge begriff aber sofort, was passiert sein mußte, fuhr nach Los Angeles und begann auf eigene Faust, den Detektiv zu spielen. Er stellte fest, wo Handley wohnte, und erschien dort. Handley hatte einen Kerl als Leibwächter angeheuert. Dieser versuchte Blaine niederzustechen und richtete ihn auch böse zu. Aber Blaine setzte sich heftig zur Wehr und hat den Mann schließlich bewußtlos geschlagen. Als er dann das Mädchen entdeckte, war sie immer noch betäubt. Anstatt uns zu benachrichtigen, schaffte er sie in ein Krankenhaus. Die Ärzte haben sich lange um sie bemüht und sie retten können. Sie schwebt wenigstens nicht mehr in Lebensgefahr. Anscheinend befindet sie sich jetzt in einem Delirium, denn sie schreit ständig, daß wir ein Mädchen namens Ruby anrufen sollten, um ihr zu sagen, daß der böse Wolf der Hasenmama nichts anhaben konnte.«

»Sind Sie jetzt im Krankenhaus?« fragte Selby.

»Ja.«

»Gut. Erfüllen Sie ihr die Bitte. Sie ist gar nicht so verrückt, wie sie klingt. Übrigens – Needham hat ein Geständnis abgelegt und das Protokoll schon unterzeichnet. Es ist alles so gewesen, wie ich es bei Ihnen in Los Angeles für das Telefongespräch mit mir aufgeschrieben habe. Wir möchten, daß Handley hierher überführt wird, weil wir ihn unter Mordanklage stellen wollen.«

»Wenn Sie den Kerl an den Galgen bringen«, sagte der Lieutenant, »werde ich ihm keine Träne nachweinen. Er treibt seit Beginn des Verhörs sein Spiel mit uns und tut so, als ob ihm niemand etwas anhaben könnte.«

»Nun, Sie brauchen ihm nur zu sagen«, erklärte Selby, »daß Sie Madge Trent gefunden haben. Schildern Sie ihm, wo und unter welchen Umständen man sie entdeckt hat. Fügen Sie hinzu, woher Sie die Informationen haben, und dann werden Sie sehen, daß er verdammt schnell weich wird.«

»Ich beende jetzt zwar meinen Dienst«, sagte Rockaway, »aber ich werde meinem Kollegen, der mich ablöst, alles genau erklären. Sie können dann jederzeit mit ihm reden. Bevor ich es vergesse – dieser Blaine und Madge Trent werden in Stapletons Wagen nach Yuma hinüberfahren und sich trauen lassen. Zumindest behauptet *er* das. Haben Sie etwas dagegen einzuwenden?«
»Nicht das geringste«, erwiderte Selby. »Ich werde den beiden sogar ein Hochzeitsgeschenk schicken. Ihnen aber danke ich für alles, was Sie für uns getan haben!«
»Keine Ursache. Wir sind Ihnen zu Dank verpflichtet, Mr. Selby!«
»Auf Wiedersehen«, sagte Selby und hängte ein.
Selby und Sylvia Martin fuhren mit Brandon nach Hause. Mrs. Brandon, eine mütterliche, gutmütige Frau, briet sofort eine große Portion Rührei mit Speck. Selby rasierte sich und nahm ein Bad. Das ungewohnt kalte Wetter war nun vorüber. Es herrschte strahlender Sonnenschein.
»Hab vielen Dank, Rex«, sagte Selby, als sie am Frühstückstisch saßen. »Ich weiß nicht, woran es liegt – aber ich hätte jetzt einfach nicht in meine Wohnung gehen können. Aus irgendeinem Grunde möchte ich im Moment nicht allein sein. Wir haben ja noch eine unerfreuliche Aufgabe vor uns und . . .«
»Mir geht es nicht anders!« sagte Sylvia Martin.
»Es wird allerdings kein Vergnügen sein, im Hause von Charles DeWitt Stapleton die Bombe losgehen zu lassen«, meinte Selby, »aber ich garantiere euch, daß es mir trotzdem Spaß machen wird, zu beobachten, wie der feine Herr vor Wut kocht. Kommt, laßt uns fahren!«
Sie fuhren zu Stapletons Villa. Der Hausherr war gerade in Pyjama und Schlafrock aus der Haustür getreten, um die Sonntagszeitung hereinzuholen. Als er Selby, Brandon und Sylvia Martin erblickte, lief er rot an. »Jetzt ist Schluß mit dem Theater!« rief er. »Ich habe eine lange Unterredung mit George gehabt. Er versicherte mir, daß er nicht das geringste auf dem Gewissen habe. Sie haben sich verrechnet! Ich wünsche nicht, daß mein Sohn weiter von Ihnen belästigt wird. In meinem Hause haben Sie nichts zu suchen!«
»Es tut mir leid, Mr. Stapleton«, sagte Selby, »aber wir haben eine unerfreuliche Nachricht für Sie. Bitte, glauben Sie mir, daß ich aufrichtiges Mitgefühl für Sie hege.«
»Was reden Sie da für einen Unsinn?«
»Wir müssen mit George sprechen.«

»Ich habe Ihnen doch eben gesagt, daß das nicht in Frage kommt!«
»Ich glaube, Mr. Stapleton, Sie werden die Dinge in einem gänzlich anderen Licht betrachten, sobald wir ein paar Minuten mit George gesprochen haben. Im übrigen will ich mich gern darum bemühen, das unvermeidliche Aufsehen, das die Angelegenheit in der Öffentlichkeit erregen wird, auf ein Minimum zu reduzieren.«
»Was heißt hier *Aufsehen!«* donnerte Stapleton. *»Sie* werden diejenigen sein, auf die man mit Fingern zeigen wird. Wenn Sie morgen den *Blade* aufschlagen, können Sie schwarz auf weiß lesen, was Sie in Wirklichkeit sind – nämlich zwei größenwahnsinnig gewordene Provinzbeamte, die nicht einmal einem gewöhnlichen Großstadtpolizisten das Wasser reichen können. Sie sind ...«
»Ich möchte mich mit Ihnen nicht herumstreiten, Mr. Stapleton«, sagte Selby sehr ruhig. »Nehmen Sie bitte nur zur Kenntnis, daß wir im Begriff sind, Ihren Sohn wegen Mordverdacht zu verhaften.«
»Sie wagen es also, meinen Sohn einen Mörder zu schimpfen, nur weil irgendein verrückter Zeuge behauptet, er habe ein Auto gesehen, das dem meines Sohnes ähnelte?«
»Nein. Ihrem Sohn wird die Mitwirkung an Watkins' Ermordung zur Last gelegt. Der Mann wurde gestern morgen tot im Keystone-Auto-Camp aufgefunden.«
Stapleton blickte Selby mit aufgerissenen Augen an. »Mein Gott! Sie sind total verrückt geworden!«
In diesem Moment trat George Stapleton aus der Tür. »Weshalb bringst du die Zeitung nicht herein, Papa?« fragte er. »Ich möchte gern den Sportteil haben und ...« Als er die kleine Gruppe auf dem Rasen bemerkte, stockte er plötzlich.
Sheriff Brandon ging auf ihn zu und sagte: »Kommen Sie her, George. Wir haben mit Ihnen zu reden.«
Der junge Stapleton zögerte einen Moment. Dann näherte er sich widerwillig dem Sheriff.
»George Stapleton«, sagte Brandon, »im Namen des Gesetzes verhafte ich Sie. Sie werden des Mordes an Emil Watkins beschuldigt, dessen Leiche gestern im Keystone-Auto-Camp gefunden wurde.«
»Sie sind verrückt!« murmelte George. »Mein Vater hat Ihnen doch schon gesagt, daß ...«
»Ihr Vater kann zwar Ihre Strafmandate aus der Welt schaffen«, sagte Selby, »und Ihnen schwere Sportwagen schenken, mit denen Sie in der Gegend herumrasen können, aber in diesem Fall ist auch er machtlos. Sie haben mit einem Mordprozeß zu rechnen, George.

Wenn Sie uns ohne alle Umschweife die Wahrheit sagen und beweisen können, daß Sie nichts davon wußten, daß Handley absichtlich den Mann bei laufendem Motor in dem Schuppen einsperrte, bis er an Kohlenmonoxydvergiftung starb, sehen wir noch eine gewisse Chance für Sie. Sollten Sie jedoch versuchen, Ausflüchte zu machen, werden wir Sie als Mörder vor Gericht stellen.«

George Stapleton starrte Selby fassungslos an. »Handley hat ihn in der Garage eingeschlossen und den Motor angelassen«, sagte er dann leise.

»Handley und Needham besaßen Schuldscheine über zwanzigtausend Dollar, die Ihren Namenszug tragen«, sagte Selby. »Sie hatten von Ihnen erfahren, warum Sie Ihr Auto verkauften. Ich glaube sogar, daß Sie Ihren Wagen veräußerten, weil Needham und Handley Ihnen das geraten haben. Als dann der Vater des Mädchens auftauchte, fanden die beiden, daß der Mann umgebracht werden müsse, weil sie sonst niemals in den Besitz ihrer zwanzigtausend Dollar kommen würden.«

»Sag ihm, daß er ein verdammter Schwindler ist, und komm ins Haus!« schrie Stapleton senior.

George blickte seinen Vater bedrückt an und sagte: »Nein, Mr. Selby lügt nicht, Papa.«

»Was?«

»Kommen Sie, George«, sagte Brandon. »Wir müssen Sie mitnehmen.«

Der Vater starrte seinen Sohn an. »Soll das heißen ... George! ... Das ist doch ausgeschlossen ... Du willst doch nicht behaupten, daß du eine Frau überfahren hast und dann wie ein gemeiner Schuft geflüchtet bist?«

»Ich war betrunken, Papa.«

»Betrunken!« brüllte Charles DeWitt Stapleton. »Das ist doch keine Entschuldigung.«

»Diese Frage ist im Augenblick zweitrangig«, sagte Brandon. »Ihr Sohn ist wahrscheinlich mitschuldig an einem kaltblütig begangenen Mord.«

»Mein Sohn?«

»Ja, Ihr Sohn George Stapleton.«

Charles DeWitt Stapleton ließ die Zeitung ins Gras fallen.

»Mr. Stapleton«, erklärte Brandon, »als ich jung war, taten die Söhne so etwas nicht, weil ihre Väter sie zur Arbeit anhielten. Sie sind mit schuld an dem, was passiert ist. George war ein anständiger Junge. Sie schenkten ihm einen schweren Sportwagen, mit dem er prompt in der Gegend herumraste und dafür Strafmandate erhielt. Daraufhin machten Sie der Verkehrspolizei die Hölle heiß und erreichten, daß die Strafmandate annulliert wurden. George wurde ein- oder zweimal festgenommen, weil er in volltrunkenem Zustand am Steuer angetroffen wurde. Sie setzten dann alle Hebel in Bewegung, um George vor einer Bestrafung zu schützen. In diesem Fall aber wird Ihnen all Ihr Einfluß nichts nützen! Kommen Sie, George!«

Brandon nahm George Stapleton am Arm und führte ihn zum Wagen. Als sie abfuhren, stand Charles DeWitt Stapleton noch immer auf dem Rasen und starrte dem Polizeiauto nach, das seinen Sohn ins Gefängnis brachte. Sein hartes Gesicht wirkte plötzlich um Jahre älter.

21

Selby öffnete die Garagentür, damit Sylvia Martin ihren Wagen herausholen konnte. Als sie in das Halbdunkel der Garage traten, legte er den Arm um ihre Taille.

»Müde, Sylvia?«

»Müde ist gar kein Ausdruck. Aber ich bin furchtbar stolz.«

»Stolz?«

»Ja, auf Sie, Doug.«

»Ich habe nichts Besonderes geleistet.«

»Das war ein Meisterstück, Doug! Sie witterten, was passiert sein mußte, brachten dann alle Tatsachen auf einen Nenner und zwangen diese Gangster mit einem Kunstgriff zum Geständnis. Hier in der Stadt gibt es zwar Leute, die behaupten, Sie könnten den Großstadtkriminalisten nicht das Wasser reichen, aber ... aber die werden ihr blaues Wunder erleben, wenn sie morgen den *Clarion* aufschlagen. Darauf können Sie sich verlassen, Doug!«

Er lächelte und zog sie fester an sich. »Wir zwei sind eigentlich kein schlechtes Gespann, Sylvia.«

Sie warf ihm mit ihren warmen dunkelbraunen Augen einen zärtlichen Blick zu. Einen Augenblick lang schmiegte sie sich an ihn. Dann machte sie sich frei. »Bitte, lassen Sie mich los, Doug«, sagte sie leise lachend. »Sie bringen mich ganz durcheinander. Ich habe jetzt keine Zeit, um ... um ans Privatleben zu denken. Erst muß ich meinen Bericht für den *Clarion* schreiben, damit den Leuten die

Augen geöffnet werden.«
»Und dann?« fragte er. »Was halten Sie davon, wenn wir zwei heute abend – sagen wir, gegen Mitternacht – im *Palm Thatch* essen?«
»Warum im *Palm Thatch*, Doug?«
»Weil ich mit Triggs reden möchte. Ich habe das Gefühl, daß eigentlich kein triftiger Grund besteht, ihm seine Schanklizenz zu entziehen. Er hat schließlich Madge Trent zur Telefonzelle gefahren, damit sie mir mitteilen konnte, es sei ein Mord geschehen. Er wußte, daß Needham und Handley sowohl Madge Trent als auch ihn selbst umbringen würden, sobald sich herausstellte, daß sie bei mir verpfiffen worden waren. Trotzdem tat er, was er konnte, um uns auf die rechte Spur zu bringen.«
Sylvia stieg in ihren Wagen, ließ den Motor an und sagte: »Wir sehen uns also heute abend, Mr. Staatsanwalt.«
»Ja, kurz vor Mitternacht, Miss Star-Reporterin!« erwiderte Selby und verbeugte sich.
Sie zwinkerte ihm lächelnd zu und fuhr aus der Garage. Als sie um die Ecke bog, wandte sie sich noch einmal um und winkte. Selby stand im Sonnenschein und blickte ihr nach.
Als er seine Wohnung betrat, klingelte gerade das Telefon. Sheriff Brandon war am Apparat.
»Hör zu, Doug«, sagte er. »Bevor du zu Bett gehst, wollte ich dir noch mitteilen, daß Stapleton bereits im Wagen ausgepackt hat. Ich glaube, was den Mord angeht, hat er wirklich eine reine Weste. Der Junge macht einen völlig verstörten Eindruck. Wegen der Fahrerflucht wird er die Suppe auslöffeln müssen, und das ist ihm auch durchaus klar. Die Sache hat ihm von Anfang an schwer zu schaffen gemacht. Aber jetzt zu einem anderen Punkt: Er weiß, daß Marcia Watkins damals mit Hugo Larkin, dem Sohn unseres verehrten Polizeichefs, durchgebrannt ist. Der Bursche ist sehr redegewandt und macht von diesem Talent auch gern Gebrauch. Offensichtlich kannten vier oder fünf von Hugos Freunden Marcia Watkins – zumindest dem Namen nach. Sie war ein Mädchen, das von Konventionen nichts hielt. Für sie wurde nur das Wort ›Liebe‹ groß geschrieben. Die Ehe bedeutete ihr gar nichts. Hugo nutzte das aus. Wahrscheinlich hat er sie eine Weile sogar wirklich geliebt. Als er dann merkte, daß Marcia schwanger war, machte er sich aus dem Staub.«
»Ich frage mich«, sagte Selby, »ob Otto Larkin von dem Verhältnis wußte, als wir die Briefe an den Vater fanden.«

»Das wissen die Götter«, erwiderte Brandon. »Otto Larkin würde das natürlich abstreiten. Übrigens – Charles DeWitt Stapleton hat sich in aller Eile etwas übergezogen und ist uns ins Gefängnis nachgekommen. Er ist völlig zusammengebrochen. Ich fange allen Ernstes an, Mitleid mit ihm zu haben, Doug. Ihm wird nämlich plötzlich klar, daß er an allem schuld ist. Er will unbedingt Marcias Kind aufstöbern und für das kleine Mädchen in großzügiger Weise sorgen.«
»Tja, für den Fall sind wir jedenfalls nicht zuständig. Die Fahrerflucht geschah in San Diego. George Stapleton wird sich deshalb vor dem dortigen Gericht verantworten müssen.«
»Du willst ihn hier also nicht wegen der Mordsache vor Gericht stellen?«
»Ich bin nicht der Ansicht, daß er mitschuldig ist«, sagte Selby. »Er hat offensichtlich geglaubt, was ihm Handley vorschwindelte.«
»Charles DeWitt Stapleton ist nicht mehr wiederzuerkennen, Doug. Sein Dünkel hat sich in tiefe Verzweiflung verwandelt.«
»Vielen Dank für deinen Anruf, Rex. Ich glaube, dir könnte jetzt ein bißchen Schlaf auch nichts schaden.«
»Ach wo! Ich bin frisch und munter. Auf Wiedersehen, Doug.«
Selby hängte ein und ging ins Badezimmer. Als er sich im Spiegel erblickte, war er nicht gerade erbaut: Sein Gesicht war grau vor Müdigkeit. Aber trotzdem konnte er sich noch nicht entschließen, ins Bett zu gehen. Er stopfte sich eine Pfeife und steckte sie in Brand.
Plötzlich klingelte es. Es war Inez Stapleton. Sie ging mit verweinten Augen schweigend an ihm vorbei. Selby schloß die Tür hinter ihr und sah ihr ins Gesicht. Für einen Moment begegnete sie seinem Blick. Dann sah sie beiseite, trat ans Fenster und starrte hinaus. Schließlich drehte sie sich zu ihm um und sagte mit fester Stimme: »Doug, bist du großzügig genug, um jemandem verzeihen zu können?«
Selby gab sich einen Ruck und erwiderte: »Inez, ich tue doch nur meine Pflicht ...«
»O nein, so meine ich es nicht, Doug. George wird für das, was er getan hat, büßen müssen. Ich weiß nicht, wie hoch seine Strafe sein wird, hoffe aber, daß sie nicht allzu hart ausfällt. Allerdings verdient er eine Lektion. Er ist wie ein Wilder durch die Gegend gerast. Aber die alleinige Schuld trifft ihn nicht. Vater ist viel zu nachsichtig mit ihm umgegangen und hat sich außerdem eingebildet, daß er hier in der Stadt tun und lassen könne, was ihm gefällt.

Er glaubte, die Gesetze existieren nur für den Durchschnittsbürger und nicht für ihn. Ich entsinne mich eines Falles, wo ein Polizeibeamter George stoppte, weil er total betrunken war. Er brachte ihn zu uns nach Hause, und Vater wurde wild. Aber er fuhr nicht etwa George an, sondern den Polizeibeamten. Das hat er nun davon ... Als der Sheriff mit meinem Bruder wegfuhr, kam mein Vater zurück ins Haus und zog sich mit zitternden Händen etwas über. Er war gestern abend wütend auf dich, Doug, und ich selbst war auch tief enttäuscht, weil ich glaubte, du könntest die Angelegenheit regeln, ohne dich mit meinem Vater zu überwerfen. Jetzt sehe ich die Dinge mit anderen Augen an ... und möchte einzig und allein, daß du auch mich verstehst.«

»Wie meinst du das, Inez?«

»Weißt du, es ist eine schlimme Sache, viel Geld zu haben. Ich zum Beispiel habe nichts zu tun, als ein paar überflüssige gesellschaftliche Verpflichtungen wahrzunehmen. Wenn ich in eine größere Stadt zöge, würde sich daran kaum etwas ändern. Suche ich mir aber eine Stellung, bezöge ich ein Gehalt, das ich nicht benötige, und würde also nur jemandem den Posten wegnehmen, der sich damit seinen Lebensunterhalt verdienen könnte. Bitte unterbrich mich nicht ... Vielleicht war ich eifersüchtig, Doug, und habe ganz übersehen, daß du von anderen Dingen voll in Anspruch genommen wirst. Jetzt begreife ich, daß du von deiner Arbeit besessen bist. Dir kommt es bei einem Mädchen nicht nur darauf an, daß sie arbeitet, sondern vor allem, daß sie *gern* arbeitet ...«

Sie trat auf ihn zu und legte ihm die Hand auf den Arm. »Ich bin hergekommen, um dir zu sagen, daß ich morgen fortfahre, um Rechtswissenschaft zu studieren. Ich will etwas aus mir machen. Und ... tja, Mr. Staatsanwalt, es wird der Tag kommen, wo ich dir als Verteidigerin gegenübertrete und hoffentlich erreiche, daß du mit Achtung ...«

»Inez«, sagte er, »bitte glaube mir ...«

Sie eilte zur Tür, riß sie auf und sagte dann: »Ich vermute, daß du heute abend schon eine Verabredung hast, stimmt's?«

Er spürte ihre Verzweiflung und wäre froh gewesen, wenn er es über sich gebracht hätte, sie anzulügen. Aber dazu war er nicht fähig und nickte deshalb stumm.

»Gut«, sagte sie. »Geh nur hin! Aber eines möchte ich dir noch fest versichern, Doug: Ich bin entschlossen, ebenso wie du etwas auf dieser Welt zu leisten! Wir sprechen uns eines Tages wieder.«

»Wann?«

»Wenn ich als Anwältin bei Gericht zugelassen bin«, sagte sie und ließ die Tür hinter sich ins Schloß fallen.
Selby trat ans Fenster und schaute auf die Straße hinunter. Ohne zu ihm hinaufzusehen, ging Inez mit festen Schritten zu ihrem Straßenkreuzer, setzte sich ans Steuer und brauste davon. Selby öffnete beide Fensterflügel und sog die warme Luft ein. Er schob einen Sessel heran und ließ sich hineinsinken. Die Sonne hüllte ihn in wohlige Wärme.
Allmählich ließ die Anspannung nach. Er legte seine Pfeife in einen Aschenbecher und überließ sich ganz der köstlichen Schläfrigkeit, die ihn durchrieselte. Sein Kopf sank vornüber auf die Brust. Im nächsten Augenblick war er fest eingeschlafen.